Direito da Criança e do Adolescente

Maíra Zapater

Direito da Criança e do Adolescente

3ª edição
revista e
atualizada

2025

- Data do fechamento do livro: 21/10/2024

  Publicada pelo selo **SaraivaJUR**
  Uma editora integrante do GEN | Grupo Editorial Nacional
  Travessa do Ouvidor, 11
  Rio de Janeiro – RJ – 20040-040
  www.grupogen.com.br

- **Atendimento ao cliente: (11) 5080-0751 | faleconosco@grupogen.com.br**

- Capa: Tiago Fabiano Dela Rosa
  Diagramação: Fernando Cesar Ribeiro

- **DADOS INTERNACIONAIS DE CATALOGAÇÃO NA PUBLICAÇÃO (CIP)**
  VAGNER RODOLFO DA SILVA - CRB-8/9410

Z35d Zapater, Maíra

Direito da criança e do adolescente / Maíra Zapater. – 3. ed. [3. Reimp.] – São Paulo: Saraiva Jur, 2025.

384 p.
ISBN 978-85-5362-648-9 (impresso)

1. Direito. 2. Direito da criança. I. Título.

CDD 342.17
2024-3245 CDU 342.726

Índices para catálogo sistemático:
1. Direito da criança 342.17
2. Direito da criança 342.726

AGRADECIMENTOS

"Professora, o que acha de escrever um livro didático sobre Direito da Criança e do Adolescente"?

Quem me colocava essa pergunta era Deborah, integrante da equipe responsável por este livro na Editora Saraiva. Eu já ministrava as aulas da disciplina sobre o Estatuto da Criança e do Adolescente no curso preparatório Saraiva Aprova, e havia acabado de iniciar minha pesquisa de pós-doutorado na área do Direito da Infância e Juventude, então a proposta chegava em ótimo momento: uma bela oportunidade de ampliar a visão sobre alguns temas e aprofundar o estudo em outros. Ainda assim, um baita desafio, que aceitei com entusiasmo especialmente renovado após a equipe editorial aprovar meu projeto para a obra, em que pretendia incluir (como o fiz) pesquisas sobre crianças e adolescentes no Brasil como elementos empíricos sobre o assunto para além das decisões judiciais, além de propostas para atividades em sala de aula realizadas por métodos de ensino participativo. Revelo aqui essa "conversa de bastidores" para começar agradecendo a todas e todos que estiveram ou estão na equipe que trabalhou comigo nessa obra, tanto pelo convite para escrevê-la quanto pelo apoio à proposta que se realiza aqui nestas páginas impressas.

Agradeço aqui à Carla Carvalho, colega querida do curso Saraiva Aprova, pelas indicações de leitura sobre as questões de guarda e poder familiar relacionadas com Direito de Família, sua área de especialidade, e pela intensa troca de mensagens que tivemos sobre o tema. Muito obrigada!

Seguem também agradecimentos especiais para a Vanessa Vaitekunas Zapater, pela generosidade com seu tempo e com sua larga experiência como juíza na área de família na leitura cuidadosa do 3º capítulo deste livro. Suas contribuições foram indispensáveis!

Agradecimentos sempre ao querido professor Guilherme de Assis Almeida, pelo prefácio com que brindou esta obra. Uma vez orientador, sempre orientador!

Ao Marcos, muito obrigada por ser sempre o primeiro a ouvir a ideia de um capítulo, a ler a conclusão de um parágrafo, a argumentar e contra-argumentar cada *insight*, da primeira à última letra.

E, claro, não podia deixar de agradecer à família – Elizabeth Zapater, Tiago Zapater e Marcos Zapater – e às amigas e aos amigos pela compreensão em todas aquelas vezes em que eu disse "poxa, agradeço muito o convite, mas estou escrevendo"... Espero que gostem do resultado!

Como todas e todos que escrevem – e que querem agradecer àqueles que estiveram ao seu redor durante o processo de escrita – finalizo estes agradecimentos naquele formato que, embora clichê, não poderia ser mais sincero: são sempre muitas as pessoas queridas a lembrar (e que sorte a nossa ter tanta gente bacana por perto!), e me desculpo de antemão caso tenha esquecido justo de você. Deixo aqui prometido em palavras impressas: o agradecimento virá em encontro presencial acompanhado de um café!

E obrigada a você leitora, você leitor, por estar com esse livro em mãos e por se interessar pelo que tenho a dizer. Que essa leitura estimule suas reflexões e discussões!

Maíra Zapater

Coordenadora e docente no curso de Direito da Escola Paulista de Política, Economia e Negócios da Universidade Federal de São Paulo (EPPEN – Unifesp).

Pós-doutorado sobre execução de medidas socioeducativas realizado no Núcleo de Estudos sobre o Crime e a Pena da FGV – Direito SP.

Doutora em Direitos Humanos pela Faculdade de Direito de São Paulo.

Especialista em Direito Penal e Processual Penal pela Escola Superior do Ministério Público de São Paulo – ESMP.

Graduada em Direito pela PUC-SP e em Ciências Sociais pela Faculdade de Filosofia, Letras e Ciências Humanas da USP.

Professora universitária e pesquisadora.

PREFÁCIO

Em 2018, a Declaração Universal dos Direitos Humanos (DUDH) comemorou setenta anos. Esse instrumento jurídico – de forma inédita – alçou o ser humano à condição de pessoa no âmbito do Direito Internacional. Dito de outro modo, a DUDH reconheceu a pessoa humana no horizonte da "comunidade jurídica do gênero humano". Esse reconhecimento – na data em que a Assembleia Geral da ONU assinou a DUDH – abrangia apenas a dimensão moral e ética da pessoa humana. Importante observar que, setenta anos depois, a DUDH tem valor de *jus cogens* pelo seu uso ser considerado um verdadeiro costume internacional.

Elaborada a DUDH, a tarefa da comunidade internacional foi a de elaborar tratados internacionais que vinculassem os Estados às obrigações estabelecidas. Tais tratados, no dizer de Norberto Bobbio, possibilitaram a "especificação do sujeito de direito". Bobbio cita, como exemplo concreto, como a criança transformou-se em um sujeito de Direito para o Direito Internacional dos Direitos Humanos. Primeiramente foi elaborada a Declaração Universal dos Direitos da Criança (1959) e, no ano de 1990, a Convenção dos Direitos da Criança ou Convenção de Nova York, que entrou em vigor em 2 de setembro de 1990 e foi incorporada ao ordenamento jurídico pátrio por meio do Decreto presidencial n. 99.710 (21 de novembro de 1990).

O Estatuto da Criança e do Adolescente (Lei n. 8.069, de 13 de julho de 1990) foi o instrumento legislativo por meio do qual o Brasil incorporou a nova doutrina da proteção integral (presente na Convenção de 1990) que superou a antiga doutrina da "situação irregular do menor" presente no Código de Menores (1927).

Fiz essa breve recapitulação histórica a fim de deixar claro ao leitor e leitora desse livro que a possibilidade do exercício de direitos por crianças e adolescentes é, indubitavelmente, fruto de uma conquista cidadã no contexto internacional.

Nesse sentido, o livro *Direito da Criança e do Adolescente* é um marco nos estudos da Infância e Juventude em nosso país, uma vez que principia por uma abordagem histórica no âmbito internacional, tanto no plano jurídico como no plano da história das mentalidades, e em seguida faz um detalhado histórico da criança enquanto sujeito no Direito Brasileiro. Na segunda parte, a autora apresenta os direitos da criança e do adolescente enquanto direitos humanos (Direito Internacional) e direitos fundamentais (Direito Constitucional) e desenvolve uma pormenorizada investigação da parte especial do ECA e de seus principais conceitos e instituições. Em seguida é apresentado um estudo da legislação inserida "para além do ECA" (na feliz expressão da autora) que apresenta um detalhado levantamento de toda normativa referente à criança e ao adolescente presente no ordenamento jurídico brasileiro. Na última parte, inspirada tanto na pesquisa empírica em Direito como no ensino jurídico participativo, a autora oferece diversos materiais de apoio para utilização em sala de aula.

A conferência de Nova York (1990) foi a primeira das várias conferências temáticas da ONU na década de 1990. Gostaria de lembrar A ECO 1992 presidida pelo chanceler Celso Lafer e realizada na cidade do Rio de Janeiro e a Conferência Mundial de Direitos Humanos realizada em Viena (1993). A Declaração e Programa de Ação de Viena pela primeira vez incorpora uma preocupação da comunidade internacional com a proteção de meninos e meninas e inaugura a fase de implementação dos Direitos Humanos.

A fase de implementação sucede a fase legislativa, na qual foram estabelecidos os principais tratados de direitos humanos e aponta para a imperiosidade de que os direitos humanos previstos em normas internacionais, a partir de agora, sejam efetivados!

Essa é, a meu ver, a principal contribuição do livro *Direito da Criança e do Adolescente*. Para a implementação de direitos é preciso que estes sejam estudados e compreendidos, de forma ampla e profunda, com técnica e rigor acadêmico, sem falsos moralismos. O livro em tela propicia esse conhecimento com uma linguagem clara, elegante e refinada sem perder de vista seu caráter didático.

Antes de concluir, gostaria de expressar minha alegria em prefaciar essa obra de Maíra Cardoso Zapater. Maíra foi minha orientanda de doutorado e demonstrou ser uma jurista talentosa e dedicada com uma preocupação genuína com o tema dos direitos humanos.

É motivo de satisfação da cidadania brasileira como um todo receber essa obra jurídica, que indubitavelmente segue o mandamento constitucional no tocante a dar "absoluta prioridade" à criança (art. 227, CF/88).

Boa leitura!

Guilherme Assis de Almeida

Professor Associado do Departamento de Filosofia e Teoria Geral do Direito da Faculdade de Direito da USP.

Autor do livro Proteção da Pessoa Humana no Direito Internacional: Conflitos Armados, Refugiados e Discriminação Racial *(São Paulo: CLA, 2018).*

NOTA À 3ª EDIÇÃO

Desde a primeira edição do livro *Direito da Criança e do Adolescente*, em novembro de 2019, o texto do ECA sofreu alterações, demandando reedições da obra.

Após a 2ª edição, lançada em janeiro de 2023, novas previsões legislativas motivaram as atualizações desta 3ª edição.

A Lei n. 14.548/2023 amplia o respaldo legal às ações de investigação e resgate de crianças e adolescentes desaparecidos, por meio de melhorias na articulação dos sistemas de informações.

Já a Lei n. 14.721/2023 traz normas que ampliam a assistência à gestante e à mãe no período de gravidez, do pré-natal e do puerpério.

Por meio das inovações trazidas pela Lei n. 14.950/2024, crianças e adolescentes poderão visitar o pai ou a mãe internados em instituições de saúde, mediante implementação de referido direito por normas regulamentadoras de saúde.

Por fim, a Lei n. 14.811/2024, que ficou popularmente conhecida como "Lei do *Bullying*" e que pretende estabelecer um sistema de proteção a crianças e adolescentes contra diversas modalidades de violência, tais como aquela praticada em estabelecimentos educacionais ou similares, bem como o abuso e a exploração sexual, mediante a criação e inserção de dispositivos legais no Código Penal, na Lei dos Crimes Hediondos (Lei n. 8.072/90) e no Estatuto da Criança e do Adolescente.

Como sempre, registro aqui meus agradecimentos pelo seu interesse no conteúdo aqui compartilhado. Boa leitura!

São Paulo, setembro de 2024.

Maíra Zapater

SUMÁRIO

INTRODUÇÃO

DIREITOS DAS CRIANÇAS E DOS ADOLESCENTES COMO DIREITOS HUMANOS

Esta obra propõe trazer às leitoras e aos leitores os principais elementos do Direito da Criança e do Adolescente no Brasil, partindo de uma visão contextualizada social, cultural e politicamente do processo de reconhecimento de crianças e adolescentes como sujeitos de Direito. A adoção de uma perspectiva empírica do tema, demonstrada no uso de pesquisas sobre direitos de crianças e adolescentes como fonte, pretende demonstrar a importância de se conhecer a dimensão da realidade social para uma adequada compreensão da gênese das normas jurídicas que positivaram os Direitos Humanos das pessoas com menos de dezoito anos.

O presente livro não tem a pretensão de ser um manual jurídico: um manual pode ser descrito como um guia de instruções sobre como desempenhar determinada tarefa ou atividade, estabelecendo as regras pelas quais se faz algo da forma "correta" (ou, ao menos, mais eficaz para a finalidade a que se destina). Portanto, um livro que se apresente como um manual jurídico pode oferecer, por exemplo, informações concisas e objetivas que instruam seus leitores sobre a melhor maneira de obter um bom desempenho em uma prova (vamos nos lembrar que grande parte dos cargos dos operadores do Direito atuantes no sistema de justiça somente são acessíveis por meio de disputados concursos públicos), ou que apresentem soluções rápidas para problemas cotidianos na práxis forense. Esse tipo de publicação é tradicional na literatura jurídica brasileira e é sem dúvida uma ferramenta de grande utilidade para diversas finalidades. Todavia, a utilidade de uma ferramenta somente pode ser aferida a partir da finalidade a que se destina, e este livro não pretende conter as respostas úteis dos manuais: a intenção é que a obra possa fomentar a proposição de novas perguntas, sobre novos e antigos problemas sociais e culturais a partir do ponto de vista do Direito.

O livro apresenta o *Direito da Criança e do Adolescente* com fundamento em dois pilares distintos, porém interligados: um primeiro, de natureza jurídica, que é o reconhecimento de crianças e adolescentes como pessoas e como sujeitos de Direito. Este reconhecimento de novos sujeitos gerou um ramo do Direito regulador de determinadas relações sociais consideradas juridicamente relevantes, cujo traço distintivo são as diferentes faixas etárias das partes envolvidas, no qual se preveem que crianças e adolescentes são titulares de direitos e deveres. Sua contextualização é importante para que se compreendam as especificidades dos direitos conferidos a crianças e adolescentes, buscando-se sempre examinar a moldura legal brasileira referente ao Direito da Criança e do Adolescente de forma articulada (ou, muitas vezes, contrastada) com a realidade social que tais normas pretendem regular.

Assim, como acepção jurídica do *Direito da Criança e do Adolescente* entende-se aqui o conjunto de normas jurídicas que regulam as relações sociais havidas entre dois grupos definidos pelo critério etário: as crianças e os adolescentes, e os adultos. Todos esses sujeitos, por sua vez, comporão outras unidades sociais, quais sejam, as entidades familiares, a sociedade civil e as instituições formadoras do Estado. Dessa forma, o Direito da Criança e do Adolescente pode ser descrito como o ramo do Direito que, a um só tempo, reconhece direitos de crianças e adolescentes e atribui os deveres correspondentes aos adultos, seja na posição social de familiares, de representantes das instituições estatais ou de membros da sociedade civil.

Essa concepção contemporânea que prevê um conjunto de direitos específicos para crianças e adolescentes se consolida no final do século XX, não sem ser objeto de muitas críticas, especialmente no sentido de que tais previsões seriam excessivamente permissivas com as crianças e adolescentes, "privilegiando-lhes" com uma série de direitos sem impor nenhum dever. Aqui encontramos um primeiro ponto a esclarecer para que possamos percorrer a trajetória de estudo proposta promovendo a visão mais ampla possível sobre o Direito da Criança e do Adolescente: quando se fala de direitos e deveres em sua acepção jurídica, fazemos referência à situação em que um determinado sujeito deve praticar um ato (ou, em certos casos, omitir-se de praticar) em vantagem de outro sujeito, sob pena de sofrer uma sanção. À situação descrita damos o nome de *relação jurídica*, que é aquela definida por uma norma jurídica que estabelece faculdades (direitos) e obrigações (deveres) entre as partes ali designadas, cuja sanção pelo descumprimento pode ser exigida do Estado. Falar em *Direito da Criança e do Adolescente* é falar nos direitos e deveres de crianças e adolescentes nessa acepção jurídica.

O segundo pilar sobre o qual se desenvolve esta obra é de natureza empírica: para um estudo crítico que permita reflexões e inovações na solução de problemas sociais pela via do Direito é preciso, antes de mais nada, conhecer a realidade que as normas jurídicas pretendem regulamentar. É necessária a tomada de consciência de que, ainda que o Estatuto da Criança e do Adolescente se refira a "criança" e "adolescente" no singular, o emprego do plural para nos referirmos aos destinatários dessas normas – "crianças" e "adolescentes" – contribui para uma visão transversalizada da infância e juventude a partir de outros marcadores de diferenças produtoras de vulnerabilidades, tais como elementos culturais racializados, classe, etnia, origem regional, identidade de gênero, orientação sexual etc. Ao reconhecer a existência dessas diferenças, torna-se possível sublinhar as desigualdades injustas que delas decorrem e qual a melhor forma de superá-las. Discutir e questionar a noção de uma "criança universal abstrata" construída como sujeito de Direito pode auxiliar na visibilidade das desigualdades e permitir pensar prioridades e especificidades de políticas públicas e atuações do Poder Judiciário. Se houve modificações legais relevantes trazidas pelo Estatuto da Criança e do Adolescente pelo reconhecimento de que as relações entre crianças, adolescentes e adultos já não mais correspondiam às descrições dos antigos códigos de menores de 1927 e de 1979, é imprescindível manter o olhar crítico tanto em relação às propostas de mudanças legislativas restritivas de direitos quanto em relação às práticas do sistema de justiça que ainda carregam elementos e estigmas de legislações passadas, atentando para os fatores reprodutores de desigualdades e injustiças.

Contextualizar o estudo do Direito da Criança e do Adolescente significa examinar o processo pelo qual essas relações foram construídas, reconhecidas e ressignificadas, e consideradas passíveis de regulação por normas jurídicas, para além das normas sociais e morais. Examinar o momento de surgimento das primeiras normas jurídicas que reconhecem crianças e adolescentes como sujeitos de Direito (ou seja, pessoas reconhecidas pelo Estado como aptas a participarem de relações jurídicas) e titulares de direitos (tanto gerais quanto os específicos decorrentes de sua condição de desenvolvimento) é o passo central para a melhor compreensão da situação jurídica (e mesmo social) contemporânea das crianças e adolescentes.

As discussões de contextualização antecederão a análise jurídica e sociocultural do arcabouço normativo brasileiro referente às crianças e aos adolescentes, partindo da seguinte questão: como se deu o processo de juridicização das relações dos adultos (seja na figura de familiares, da sociedade ou representantes das instituições estatais) com as crianças e adolescentes?

Partindo desta pergunta, no primeiro capítulo é feita a abordagem histórica do tema, propondo à leitora e ao leitor o exame da constituição histórica do sujeito de Direito criança/adolescente para compreender como as pessoas com menos de dezoito anos eram pensadas até seu reconhecimento social e jurídico como pessoas e como sujeitos, para assim compreender a concepção contemporânea dessas populações. Na sequência, é apresentado o histórico da legislação sobre crianças e adolescentes no Brasil, desde o período colonial, passando pela 1ª República, os governos autoritários de Getúlio Vargas e dos militares e os intervalos democráticos, sempre levantando elementos para contextualização social e cultural nos quais as normas jurídicas em questão foram produzidas. Feito esse percurso histórico, passa-se ao exame do contexto social, cultural e político da redemocratização do Brasil no final dos anos 1980, com ênfase no processo de elaboração da Constituição de 1988, cenário da gênese do Estatuto da Criança e do Adolescente, para que se possa compreender o significado de sua transformação paradigmática. A Constituição Federal de 1988 é considerada o marco jurídico desse processo no Brasil, por alçar o ser humano e a preservação de sua dignidade a posições centrais da nova organização política do Estado brasileiro. A valorização dos Direitos Humanos possibilitou ainda o reconhecimento expresso de novos sujeitos de Direito: pela primeira vez, mulheres e homens são juridicamente considerados iguais perante a lei, pessoas indígenas ganham capítulo próprio no texto constitucional e crianças e adolescentes passam a integrar essa categoria política e jurídica.

Nesse período há uma sobreposição deste contexto nacional a outro global, que se manifesta no impacto da adoção da Convenção dos Direitos da Criança pela ONU em 1989 no processo brasileiro de reconhecimento das crianças e adolescentes como sujeitos de Direito. Esse novo olhar a respeito de crianças e adolescentes se reflete nos tratados internacionais sobre seus direitos, que passavam a ser adotados à época[1], tais como as Regras Mínimas das Nações Unidas para a Administração da Justiça da Infância e da Juventude (Regras de Beijing, 1980), a Convenção das Nações Unidas sobre os Direitos da Criança (1989) e os Princípios das Nações Unidas para a Prevenção da Delinquência Juvenil – (Princípios Orientadores de Riad, 1990), influenciaram a formulação de uma nova legislação referente ao Direito da Infância e Juventude.

1. Embora seja importante destacar a existência prévia da Declaração dos Direitos da Criança (1959).

O segundo capítulo deste livro, intitulado "Compreendendo os direitos das crianças e dos adolescentes como Direitos Humanos: a Constituição Federal de 1988 e o Estatuto da Criança e do Adolescente", trata do estado atual de positivação e juridicização dos direitos das crianças e adolescentes, compreendendo-os como Direitos Humanos e, ao mesmo tempo, explorando a tensão entre a sua peculiar condição de desenvolvimento e a autonomia e capacidade para exercer direitos, elemento justificador da intervenção biográfica dos adultos responsáveis pelas pessoas com menos de dezoito anos nessa etapa de vida.

A Constituição Federal de 1988, ao reconhecer as crianças e adolescentes como pessoas e sujeitos de Direito, adota a premissa da proteção integral, fundamental para que se compreenda a estrutura jurídica (ou seja, como se dá a atribuição de direitos e deveres aos envolvidos) das normas referentes à infância e juventude. A consideração das crianças e adolescentes como titulares de direitos tais como a vida, a liberdade, a segurança, a saúde, a educação etc., como todas as demais pessoas (observadas suas especificidades decorrentes do processo de desenvolvimento) acarreta, em contrapartida, a atribuição de deveres para que possam ser exercidos. A doutrina da proteção integral distribui solidariamente a responsabilidade por tais deveres entre a família, a sociedade e o Estado, ou seja: tanto nas relações privadas, quanto na vida social e na interação com as instituições públicas, cabe a todos observar os deveres a serem cumpridos para que as crianças e adolescentes exerçam plenamente seus direitos.

O Estatuto da Criança e do Adolescente, plenamente amparado em dispositivos constitucionais, representa a norma jurídica central do Direito da Infância e da Juventude, e se divide em Parte Geral e Parte Especial.

A Parte Geral do ECA contém os direitos fundamentais das crianças e adolescentes. Para compreendê-los como direitos humanos, é útil categorizá-los sob a tradicional organização didática em gerações (ou dimensões) de direitos, não com o intuito meramente classificatório, mas para que se possa extrair o tipo de atuação do Estado mais adequada a partir do conteúdo dos referidos direitos. Assim, neste capítulo será analisado como os direitos civis e políticos, os direitos econômicos, sociais e culturais e os direitos difusos das crianças e adolescentes são positivados no Estatuto da Criança e do Adolescente, tanto nos aspectos gerais (ou seja, de como esses direitos de titularidade de qualquer pessoa se aplicam às crianças e adolescentes) quanto nas especificidades decorrentes de sua condição de desenvolvimento (como, por exemplo, as previsões contidas no Marco Legal da 1ª Infância, que dispõe sobre as políticas públicas para crianças de até 6 anos).

A Parte Especial do ECA contém as disposições referentes ao atendimento institucional e o acesso à Justiça, ou seja, quais são as medidas institucionais passíveis de serem tomadas quando houver violação dos direitos das crianças e adolescentes, ou quando estes violarem direitos de terceiros, mediante a prática de ato infracional.

No tópico referente à violação de direitos de crianças e adolescentes, serão examinadas as principais instituições estatais responsáveis pela proteção das crianças e dos adolescentes: o Conselho Tutelar e a Justiça da Infância e Juventude. Além dessas, serão abordadas as funções de outras instituições integrantes da rede de atendimento. Também serão abordadas as medidas de proteção destinadas aos pais e responsáveis.

Em relação à atribuição de prática de ato infracional e seus desdobramentos, serão trazidos os debates a respeito da questão da idade penal, examinando suas repercussões sociais (tais como mobilização política da defesa da redução da maioridade penal para produção das chamadas "legislações de pânico", ou o impacto de uma eventual redução da idade penal na situação carcerária, entre outros pontos relevantes) e jurídicas (tais como os debates a respeito da constitucionalidade ou inconstitucionalidade de propostas de redução da idade para imputabilidade penal e as potenciais reverberações no ordenamento jurídico brasileiro). Colocado esse debate, serão analisadas as consequências jurídicas decorrentes da prática de ato infracional por crianças e adolescentes, o procedimento de apuração de ato infracional (desde a etapa policial até a fase recursal) e as medidas socioeducativas e sua execução nos termos da Lei do Sistema Nacional Socioeducativo (Sinase). Ao final do capítulo, será levantada a discussão sobre a natureza do sistema de justiça juvenil infracional, se de tutela socioeducativa ou de Direito Penal Juvenil e quais as consequências jurídicas dos respectivos posicionamentos doutrinários.

No terceiro capítulo serão analisadas outras previsões da legislação brasileira referentes às crianças e adolescentes à luz da contextualização levada a cabo nos dois primeiros capítulos, verificando especialmente como a doutrina da proteção integral está ou não contemplada nessas previsões, uma vez que parte delas é anterior não só ao ECA, mas à própria Constituição Federal de 1988.

Assim, em relação ao Código Civil serão abordadas questões relativas ao regime de incapacidades, ao poder familiar, ao parentesco, modalidades de unidade familiar e as transformações em relação aos direitos de filiação a partir da Constituição de 1988.

Quanto ao Código Penal, além da previsão da inimputabilidade já referida no capítulo anterior, serão examinados dispositivos do Código Penal especificamente referentes a crianças e adolescentes (tais como a agravante genérica do art. 61; os crimes que preveem crianças e/ou adolescentes como sujeito passivo, como o infanticídio, a omissão de socorro, o estupro de vulnerável, a corrupção de menores, a exploração sexual e o tráfico de crianças e adolescentes; além dos crimes correspondentes ao descumprimento dos deveres inerentes ao poder familiar, quais sejam, o abandono material e moral). O capítulo conta ainda com um tópico para discutir a questão da proteção dos direitos sexuais e reprodutivos dos adolescentes e seu confronto com a lei penal e a idade mínima para consentimento para a prática de ato sexual, e como propor esse debate levando em consideração o panorama criminal da exploração sexual infantojuvenil.

As normas do direito processual e as previsões legais acerca da possibilidade da participação de crianças e adolescentes em processos judiciais (tanto de natureza cível quanto criminal), seja na figura de parte, de vítima ou de testemunha, e as especificidades a serem observadas para assegurar seus direitos nessa situação como determina a Lei n. 13.341/2017 (que estabelece parâmetros para a escuta protegida de crianças e adolescentes vítimas ou testemunhas de violência) serão abordadas no último tópico do terceiro capítulo.

No quarto e último capítulo apresentamos o Anexo com Propostas de Atividade, com objetivo de sugerir atividades realizadas a partir de relatórios de pesquisas empreendidas em temas referentes à infância e juventude no Brasil, e de filmes cujas narrativas contenham crianças e/ou adolescentes como protagonistas. Convido aqui os leitores e leitoras a se enveredar pelos caminhos do ensino participativo como referencial metodológico, no qual alunas e alunos são agentes na construção de seu próprio conhecimento pela participação ativa no processo de aprendizado, desenvolvendo habilidades como raciocínio e a instrumentalização do conhecimento adquirido (FARIA; FEFERBAUM, 2012, p. 9). O anexo apresenta propostas de atividades que poderão ser realizadas tanto pelos próprios leitores e leitoras estudantes de graduação ou pós-graduação, a possibilitar uma construção ativa de seu conhecimento, quanto por seus professores (e inclusive por docentes do Ensino Médio), que podem se utilizar dos materiais de apoio e dos suportes audiovisuais aqui sugeridos para discussão dos temas jurídicos, políticos, sociais e culturais abordados neste livro.

Enfim, o presente livro tem a intenção de apresentar outra possibilidade de caminho, diverso daquele tradicionalmente oferecido pela literatura jurídica brasileira, cuja produção (ou, ao menos, a maior parte de sua vertente mais tradicional) ainda se firma sobre a tríade legislação-doutrina-jurisprudência, mantendo-se o hábito do "*argumento de autoridade (...) claramente vinculado à uma tradição romano-germânica de excessivas codificações, tanto que tal realidade é sentida também em outros países de matriz jurídica similar*" (BEDÊ; COLÁCIO; NETO, 2012, p. 256). Pretende-se aqui questionar as razões da insistência em formulações legais e teóricas abstratas quando as práticas judiciárias as desmentem diuturnamente, reproduzindo há décadas um "saber jurídico" (aqui pensado tanto como aquele manifestado em decisões judiciais quanto nos textos legais) descolado da realidade e que, quando confrontado com o lugar-comum que indaga "por que as leis 'não pegam' no Brasil", responde com mais leis (não raro mais duras e punitivas, com reconhecida má técnica em sua produção) e mais sentenças, sendo o Brasil um dos países que mais judicializa seus conflitos, sem, contudo, resolvê-los, perpetuando desigualdades e injustiças sociais por séculos.

Recorrer a uma outra forma de ensinar, aprender e estudar o Direito, produzindo e fazendo uso de pesquisas empíricas – não só as do tipo quantitativo com suas estatísticas, mas também as qualitativas, nas quais o pesquisador procura registrar a fala e a voz das pessoas envolvidas no objeto ou situação pesquisada –, bem como da reflexão criativa permitida pelas diversas formas de arte, permite ao estudante e ao profissional do Direito a possibilidade de construir um olhar crítico sobre as legislações, desde seus processos de produção até sua aplicação pelo operador do Direito no sistema de justiça.

Se o Direito pode ser um instrumento de conservação do poder quando pensado e aplicado sem qualquer questionamento dos cânones tradicionais, o conhecimento da realidade – cujos dados empíricos tantas vezes desmentem a teoria jurídica e transformam o texto legal em verdadeira ficção – é o primeiro passo para se operacionalizar as ferramentas oferecidas pelo Direito como instrumento de transformação social.

1

ABORDAGEM HISTÓRICA:

COMPREENDENDO DE ONDE VIEMOS PARA ENTENDER ONDE ESTAMOS

O estudo do Direito não pode nem deve se restringir ao conhecimento do texto da lei e de seu manuseio no sistema de justiça: quem estuda o Direito deve exercitar o olhar crítico, tanto para reconhecer a importância de institutos quanto para apontar a necessidade de melhorias do texto legal ou novas interpretações. E tal exercício somente é viável pela compreensão de como se construiu a norma jurídica, quais as disputas institucionais envolvidas e o contexto social e cultural em que a norma teve sua gênese e produz seus efeitos.

Contudo, fazer uma abordagem histórica do Direito requer algumas cautelas para que, ao mesmo tempo, sejam agregados elementos que contribuam para as reflexões das leitoras e leitores e se evitem dois riscos frequentes nesse tipo de conteúdo: primeiro, que em nada acrescente àquilo que está sendo produzido, seguindo-se apenas o hábito de citar instituições jurídicas de civilizações passadas sem estabelecer qualquer ligação relevante com o tema efetivamente abordado. O segundo risco – esse sim, podendo conduzir a conclusões equivocadas – é o de construir uma história do direito a partir de termos e expressões que se mantiveram em uso no decorrer dos séculos, sem, contudo, fazer a devida contextualização (QUEIROZ, 2007, p. 37):

> O uso legitimador da história traz problemas metodológicos muito sérios (...) A história legitimadora é enormemente facilitada no direito por este tratar essencialmente com textos técnico-jurídicos, muitos dos quais trazem conceitos que conservam a mesma identidade léxica há séculos. "Propriedade", "família", "contrato", "delito", "pena", "homicídio", entre tantos outros, são termos com que trabalham os juristas desde sempre. Para quem assume que "o que era antigo, era bom", eles são um verdadeiro deleite, pois

> permitem regressos históricos praticamente infinitos, ou apenas até o ponto mais conveniente. (QUEIROZ, 2007, p. 38)

Quando se trata do estudo do Direito relacionado a conceitos como "família", "casamento", "crianças", "adolescentes", que traduzem representações tão intrinsecamente relacionadas a conotações culturais e morais muito específicas, e mais, que sofreram transformações tão profundas nos últimos cinquenta anos, é indispensável não só examinar esse período histórico recente como também contextualizar o momento de surgimento da sua forma chamada de "tradicional" no final do século XIX, sem ceder ao risco de retroceder a conceitos, por exemplo, concebidos pelo Direito Romano ou em textos de matriz religiosa, na tentativa de legitimar o continuísmo de um determinado vocábulo:

> O conceito de família, embora use o mesmo suporte vocabular desde o direito romano, abrangia não apenas parentelas muito mais vastas, mas também não parentes (como os escravos ou criados [famuli]) e até os bens da casa. (HESPANHA apud QUEIROZ, 2007, p. 38)

A primeira providência, portanto, é delimitar um recorte temporal que demonstre a relevância de se fazer uma abordagem histórica do tema: no caso dos direitos humanos de crianças e adolescentes, é importante examinar o período histórico de reconhecimento jurídico dos Direitos Humanos de uma forma geral na passagem para a Modernidade no século XVIII, para poder compreender porque esse processo não se deu da mesma forma para todos os grupos sociais – as chamadas "minorias políticas", que somente em contextos políticos e culturais posteriores tiveram sua condição de pessoa e de sujeito de Direito reconhecida: no caso das crianças e adolescentes, isso somente ocorrerá nas últimas décadas do século XX, ou seja, cerca de duzentos anos depois do advento da Modernidade.

Levando esses pontos em consideração, este primeiro capítulo tratará da contextualização sociocultural do arcabouço normativo brasileiro referente às crianças e aos adolescentes, partindo da seguinte questão: como se deu o processo de juridicização das relações dos adultos (seja na figura de familiares, da sociedade ou representantes das instituições estatais) com as crianças e adolescentes? Como ocorreu o reconhecimento de crianças e adolescentes como pessoas e como sujeitos de Direito, e como isso influenciou a construção histórica de sua representação enquanto tais na forma como concebida hoje? E mais, como essa construção impactou as formulações jurídicas contemporâneas sobre esse segmento social? Ainda, quais especificidades do contexto brasileiro levaram à produção do Estatuto da Criança e do Adolescente?

1.1. A constituição histórica do sujeito de Direito criança/adolescente

O processo de reconhecimento de indivíduos como pessoa e como sujeito não ocorre apenas com crianças e adolescentes. Para localizá-lo e compreendê-lo, é preciso remontar ao século XVIII, na passagem para a Modernidade, quando o Ocidente passa por uma transformação paradigmática: a partir das grandes transformações políticas, culturais, sociais e econômicas trazidas pelas Revoluções Liberais e filosoficamente fundamentadas pelo pensamento iluminista, os indivíduos passam a ser reconhecidos como seres nascidos livres e iguais, autônomos e dotados de racionalidade. A partir desse momento histórico, a noção de um indivíduo considerado protagonista de suas narrativas pessoais e públicas atinge sua maior expressão: a verificação da formação de uma mentalidade pela qual os humanos passam a se enxergar como seres ao mesmo tempo únicos e iguais entre si, como se unidos por um laço de Humanidade comum a todos, acarretará uma transformação política, cultural e social pelo surgimento do conceito de "Eu". Como reflexo dessa tomada de consciência do "Eu" e da experiência psíquica coletiva de ver ao outro como pessoa, o ser humano começa a pensar a si mesmo.

Politicamente, as Revoluções Liberais foram responsáveis por abrir os caminhos para a criação do Estado Moderno, cujo poder seria exercido não por um soberano designado por uma "vontade divina", mas sim por aquele selecionado pela livre escolha dos cidadãos iguais entre si. O reconhecimento da igualdade e liberdade dos indivíduos constituirá a base das primeiras declarações de direitos (a exemplo da Declaração de Direitos do Homem e do Cidadão, na Revolução Francesa em 1789, ou a Declaração de Direitos de Virgínia, de 1776), as quais por sua vez formarão os pilares jurídicos do poder republicano.

O surgimento da noção de pessoa e seu impacto no Direito: a formação do conceito de sujeito de Direito

Entretanto, para o humano ser abstratamente concebido como um universal e automaticamente titular de direitos e sujeito de Direito, foi necessário que antes se desenvolvesse a ideia de "pessoa", que não é uma realidade biológica, mas sim uma representação a respeito do ser humano advinda da formação da racionalidade moderna. Trata-se de conceito com acepção filosófica e política e, apesar da pretensão universalista, tem seu lugar geográfico, histórico, social e cultural nitidamente demarcados: constitui-se como uma concepção que, ineditamente, articula e sobrepõe valores do individualismo iluminista secular à tradição judaico-cristã. A partir de então, a sociedade passará a ser pensada como o conjunto de seres humanos atomizados, individuais, completos, distintos entre si e oponíveis à coletividade.

A expressão *sujeito de direito* é o termo que designa a pessoa reconhecida pelo Direito enquanto tal e, assim sendo, suas características dependerão de como o Direito (e, portanto, o Estado que produz esse Direito) a descreve. Mas *sujeito* é também o autor da ação, é aquele que age, o protagonista da narrativa: dessa forma, quando o Direito nomeia e descreve o sujeito, tem-se que o Estado está a reconhecer quem são as pessoas consideradas autoras de suas ações e protagonistas de suas existências. A passagem da noção de *pessoa* para a de *sujeito* é mediada pela articulação do indivíduo com o Estado, sendo um elemento central para a construção da relação jurídica estabelecida pelas Declarações de Direitos entre os indivíduos e o Poder posto. Pode-se dizer que sujeito de Direito é, portanto, a pessoa em relação ao Estado onipotente e única fonte da lei cuja existência se justifica pelo homem como um fim em si mesmo (SUPIOT, 2008, p. 14).

Essa passagem que decorre do reconhecimento da pessoa pelo Estado implicará profunda modificação da ordem jurídica, claramente identificada no sistema legal de punição e no desenvolvimento do Direito Penal que, posteriormente, viria a ser identificado como Clássico[1], e que é uma das mais importantes expressões de limitação do poder do Estado em face do indivíduo.

Essa nova forma de conceber a organização social, baseada na consideração de todos os indivíduos como iguais perante a lei, poderia parecer, sob um olhar contemporâneo, suficiente para que a titularidade de direitos fosse entendida como extensível a qualquer pessoa. Mas, embora as Declarações se pretendessem universais, juridicamente excluíam já em sua época muitas categorias de humanos, que não eram classificados como sujeitos de Direito porque não eram sequer considerados pessoas (termo aqui empregado como categoria política): os direitos naturais então recentemente reconhecidos decorriam de uma fundamentação lógica, e sua titularidade somente caberia àqueles capazes de exercê-los. Dessa forma, somente os considerados dotados de racionalidade seriam titulares do direito de participar dessa nova organização política denominada "Estado".

A Revolução Científica contemporânea a esses processos de transformação social no Ocidente colaborou fortemente nas investidas para demons-

---

1. Vale aqui consignar a importância da obra *Dos delitos e das penas*, de Cesare Beccaria (1760) e sua profunda influência na modificação do sistema legal de punições corporais.

trar que, não obstante a lei assegurasse igualdade entre as pessoas, na prática as desigualdades se evidenciavam. A "prova da verdade científica" das diferenças entre as pessoas legitimou muitas das desigualdades jurídicas que se produziram desde então, pois se considerava que grupos sociais como mulheres, insanos, prisioneiros e crianças eram incapazes ou indignos de plena participação no processo político (HUNT, 2009, p. 26). Significa dizer que a "verdade autoevidente" positivada na forma de igualdade na lei não se construiu senão se cercando de muitos paradoxos: a Revolução Científica trabalhou para mostrar que, não obstante a lei assegurasse igualdade entre as pessoas, na prática as desigualdades se evidenciavam. A "prova da verdade científica" das diferenças entre as pessoas legitimou muitas das desigualdades jurídicas que se produziram desde então:

> Ainda mais perturbador é que aqueles que com tanta confiança declaravam no final do século XVIII que os direitos são universais vieram a demonstrar que tinham algo muito menos inclusivo em mente. Não ficamos surpresos por eles considerarem que *as crianças*, os insanos, os prisioneiros ou os estrangeiros eram incapazes ou indignos de plena participação no processo político, pois pensamos da mesma maneira. Mas eles também excluíam aqueles sem propriedade, os escravos, os negros livres, em alguns casos as minorias religiosas e, sempre e por toda parte, as mulheres. (HUNT, 2009, p. 26, grifo nosso)

A mobilização do conceito de *pessoa* passa, então, para outro plano: haveria características inerentes[2] a determinados grupos sociais impeditivas de considerar todas as pessoas como sujeitos de Direito, pois lhes faltaria a capacidade individual de articular um raciocínio lógico exigido para a tomada de decisões e para participação da arena política. E, vale ressaltar, quem tem poder de fala nesta arena é que poderá escolher quem será reconhecido como sujeito de Direito, ou seja, qual situação social de assimetria de poder deverá ser trazida a lume e combatida[3]. Na análise de Paul Ricoeur, este poder de fala está intrinsecamente relacionado ao conceito de sujeito de Direito: este equivale ao "sujeito digno de estima e de respeito" (2008, p. 21), e somente é considerado como tal enquanto um ser capaz, ou seja, apto a falar por si e a praticar ações, característica de "significado considerável para a atribuição ulterior de direitos e deveres" (2008, p. 23). O sujeito capaz é aquele que, ao falar por si, narra sua própria história e faz reco-

2. Inclusive no sentido biológico e hereditário.

3. A exemplo dos revolucionários burgueses do século XVIII posicionando-se contra as monarquias absolutas e os privilégios da nobreza.

nhecer socialmente o seu protagonismo, com um novo significado para sua identidade, carregado de predicados éticos e morais, que categorizarão as ações dos agentes como "boas" ou "más", "proibidas" ou "permitidas" (RICOEUR, 2008, p. 24), a definir exatamente a autoestima e o autorrespeito daqueles que as praticam conforme sejam estas valoradas de forma positiva ou negativa.

Para que esse sujeito capaz (a quem se atribui um *poder-fazer*[4]) se torne um sujeito de Direito, suas aptidões precisam da "mediação contínua de formas interpessoais de alteridades e de formas institucionais de associação para se tornarem poderes reais aos quais corresponderiam direitos reais" (RICOEUR, 2008, p. 25). Essa mediação acontece no interior de sistemas sociais por meio dos quais os locutores interagem por compartilharem o conhecimento de regras comuns. "O sistema democrático é uma dessas ordens de reconhecimento dos autores de ações" (RICOEUR, 2008, p. 27).

Dessa forma, aqueles que detiveram o lugar de falar sobre si (e, portanto, a hegemonia) nos processos históricos das Revoluções Liberais e Científica é que nomearam quais seriam as desigualdades a se eliminar por meio da lei, e quais se manteriam pelo discurso da Ciência. Desde seu nascedouro, o discurso dos Direitos Humanos é seletivo e obedece a finalidades políticas: escolhem-se episódios de violência em detrimento de outros (JOAS, 2012, p. 112), cujo passado (a exemplo dos negros escravizados e da exclusão das mulheres e crianças na transformação política iluminista) não é assimilado. E essa escolha sobre quais eventos serão narrados como traumas coletivos e quais ficarão à sombra é feita a partir de um referencial valorativo que, como qualquer outro, priorizará determinados episódios em detrimento de outros (JOAS, 2012, p. 115).

A partir do que foi exposto até aqui, é razoável sustentar que a universalidade dos Direitos Humanos seja uma ficção cultural. Trata-se de uma opção política por um determinado conjunto de ideias alicerçado em uma base teórica filosófica (e não empírica), e que somente tem sentido em determinado contexto de conjunto de símbolos. Como visto no tópico anterior, trata-se de fenômeno histórico ocidental e europeu. Como pensar, neste contexto de valores hegemônicos, a colocação dos valores culturais de minorias políticas para torná-las sujeitos de Direito? E aqui, já adentrando o tema central desta tese, se nem ao menos há um consenso cultural a respeito do que é *pessoa* e *indivíduo* (base para o sujeito de Direito), como sobrepor a esta abstração outra abstração que é *ser criança*?

4. Ou *agency*, no termo em inglês citado por Ricoeur (2008, p. 25).

Tem-se, portanto, que essa noção de indivíduo é meramente ideal para se ter um critério jurídico (de herança cristã e ocidental, como visto) de sujeito de Direito. Por considerar o indivíduo em uma acepção moral, o conceito de *pessoa* é abertamente valorativo e permite desconsiderar alguns seres, a exemplo do que ocorria na civilização romana em relação aos escravizados ou na Alemanha Nazista com os judeus e outros não arianos – e com as crianças e adolescentes. A adoção do princípio da universalidade dos Direitos Humanos após 1948, que implica a inexigibilidade de condições para classificar um indivíduo em pessoa/não pessoa, revela a tentativa de se criar um conceito fixo de pessoa, o que, no marco jurídico dos Direitos Humanos, significa merecer a proteção do Direito e ter reconhecimento jurídico. Tornar-se sujeito é considerar o indivíduo em uma acepção jurídica e, portanto, relacional com o Estado. O sujeito de Direito é a pessoa institucionalizada e nomeada pelo poder hegemônico.

O impacto das Revoluções Liberais na vida privada: novas formas familiares e o lugar das crianças

Socialmente, enquanto se enfraquecia politicamente o poder das monarquias absolutas, fortalecia-se a ideia de que a família era a base natural da sociedade, em oposição ao fundamento divino do poder dos reis. E, sendo formada livremente pela vontade dos indivíduos, a nova proposta de organização da vida privada a partir da célula familiar contribuirá para "desnaturalizar" o direito divino dos reis. Em *Do Contrato Social*, Rousseau (2003, p. 15) expõe uma teoria radicalmente nova da família, afirmando ser esta a mais antiga e a única forma natural de sociedade, o que implicava recusar a legitimação à autoridade do rei sobre seus súditos: desse momento histórico em diante, a autoridade nas relações da vida privada caberá ao cidadão chefe da família – o pai, papel desempenhado pelo homem burguês. Assim se forma a família monogâmica heterossexual burguesa, quando o casamento deixa de ser assunto político relacionado à união de reinos e patrimônios para se tornar objeto da vida privada, com a valorização do amor romântico concomitante à atribuição dos cuidados com a vida doméstica às mulheres – o que incluirá o cuidado com as crianças, acarretando a construção de uma nova noção de maternidade e de deveres da família para com seus filhos.

Esse novo formato de interações sociais na vida privada representará uma mudança de paradigma com diferentes consequências para homens, mulheres e crianças. Se até meados do século XVIII há fortes indícios da insignificância social da criança (BADINTER, 1980, p. 82), a partir daqui surge o entendimento de que a criança deve permanecer no seio familiar, preferencialmente sob os cuidados de sua mãe. Progressivamente, forma-se uma ideia de responsabilidade parental, pela qual os pais passam a ser considerados cada vez mais responsáveis pela felicidade e a infelicidade dos filhos (BADINTER, 1980, p. 178-9): embora ainda não reconhecida sequer como pessoa (e, portanto, também alijada da condição de sujeito de Direito), a criança ganha importância na sociedade, com contribuição de um discurso econômico segundo o qual ela passa a ser vista como força de trabalho, o que justifica ser preservada e cuidada pela família (e especialmente por sua mãe, como mencionado) para que sobrevivesse à infância. Nesse contexto, a Ciência ditará os cuidados de higiene e saúde para que as crianças – futuros trabalhadores – cresçam sadias, e contribuirá com teorias que associarão classes sociais pobres (e, portanto, sem acesso a condições mínimas de subsistência) à ideia de desvio moral e degenerescência, construindo a noção de necessidade de assistência e controle social pelo Estado das "classes perigosas". Assim, pobres, mendigos, prostitutas e crianças abandonadas tornam-se interessantes enquanto forças de produção em potencial (BADINTER, 1980, p. 155). Nesse período entre o final do século XIX e as primeiras décadas do século XX, não obstante esse princípio de interesse sobre sua figura, a criança não é vista como nada além de um objeto de tutela dos adultos, e somente as situações que representassem risco à ordem social eram objeto de intervenção do Estado.

É somente após a Segunda Guerra Mundial que se dá a "invenção da infância e da adolescência" em um formato mais próximo do que concebemos nessas primeiras décadas do século XXI. Nesse período, a chamada "Era de Ouro" vivida pelos países vencedores do conflito (em especial os EUA) contava com uma realidade de prosperidade econômica e pleno emprego, o que possibilitou às novas gerações de jovens com idades entre 14 e 20 anos usufruir de tempo livre fora da escola (onde passaram a poder permanecer por mais anos do que ocorrera com seus pais) e de seus salários para gastos individuais (e não sustento da família), no caso daqueles que trabalhavam, o que foi determinante para a construção de uma "cultura jovem", caracterizada especialmente pelos hábitos de consumo específicos dessa faixa etária, e o reconhecimento dos adolescentes como um segmento social distinto tanto do mundo adulto como do mundo infantil, algo até então inédito (HOBSBAWN, 1994, p. 318). Na mesma época, o processo de descolonização da África e da Ásia trouxe os países então identificados como do "Terceiro Mundo" para a arena política global, tornando pela primeira vez a pobreza um problema político. As altas taxas de natalidade desses países tornavam largas as bases de suas pirâmides etárias (HOBSBAWN, 1994, p. 337), tendo como consequência um alto contingente de população infantojuvenil em condições de miserabilidade (que, aliás, também atingiam mulheres, frequentemente responsáveis pelos cuidados das crianças). A fome infantil, as crianças-soldados e outras situações de risco extremo se opunham a um universo de consumo que se dirigia às crianças do "Primeiro Mundo". De acordo com Fúlvia Rosemberg e Carmen Mariano (2010):

> Dois documentos modificaram o entendimento a respeito de crianças e adolescentes, impactando o percurso histórico das instituições sociais: "Declaração Universal dos Direitos da Criança promulgada pela Organização das Nações Unidas" - ONU -, em 1959, e a publicação do livro de Philippe Ariès (1961), *L'enfant et la vie familiale sous l'ancien régime*. Apesar de críticas que lhes foram feitas, ambos os textos instalaram discursos e práticas sobre a infância e as crianças contemporâneas. (MARIANO, ROSEMBERG, 2010)

Essa retomada do percurso histórico serve para mostrar como se deu a chegada do Ocidente ao século XX: embora os ordenamentos jurídicos consolidados a partir do século XVIII com base no direito liberal e a igualdade perante a lei já fossem uma realidade em boa parte dos Estados modernos, essa igualdade somente produzia efeitos para um grupo hegemônico. Mesmo considerando que as crianças passam a ter uma relevância social a partir do final do século XIX por simbolizarem os braços que irão trabalhar e fortalecer a nação, a ideia de desigualdade fortalecida pela Revolução Científica justificava o não reconhecimento de crianças e adolescentes como pessoas, e o recorte de classe agravava a exclusão e a estigmatização desse grupo. É justamente neste período que as propostas de "higiene social" construirão o estigma ainda hoje persistente que associa a pobreza à degenerescência, ao vício e à criminalidade, influenciando fortemente a produção de normas jurídicas relativas a crianças e adolescentes.

Essa nova conformação mundial se constituirá de novas formas de interação social, novos significados e papéis sociais e familiares e, com isso, novas normas jurídicas surgirão para regulamentar as novas situações: é nesse contexto que se adotam normas como a Convenção dos Direitos da Criança em âmbito global e o Estatuto da Criança e do Adolescente em âmbito nacional. Assim, ainda nesse primeiro capítulo, serão examinados o percurso histórico da legislação sobre crianças e adolescentes no Brasil para analisar o contexto social, cultural e político do Estatuto da Criança e do Adolescente e da legislação brasileira contemporânea.

No tópico a seguir, verificaremos como se deu o processo de reconhecimento das crianças e adolescentes pela legislação no Brasil, e como a fase da indiferença social, seguida pela fase da vigilância e da higiene social deram lugar à doutrina da proteção integral que atualmente informa os documentos internacionais de Direitos Humanos sobre o tema, bem como o ordenamento jurídico brasileiro, na figura da Constituição Federal de 1988 e do Estatuto da Criança e do Adolescente.

1.2. Histórico da legislação sobre crianças e adolescentes no Brasil

Por que percorrer a trajetória da História do ordenamento jurídico brasileiro no que diz respeito às crianças e aos adolescentes?

O tema é relativamente recente até mesmo no âmbito internacional, como visto no tópico anterior. A consideração de crianças e adolescentes como pessoas e como sujeitos de Direito – e, portanto, titulares de direitos – é um processo que se consolida em normas jurídicas somente na segunda metade do século XX, o que explica, em grande medida, porque persiste tanta disputa nesse campo. No caso do Brasil, a essa característica de ser recente deve-se acrescentar peculiaridades da História brasileira, de passado colonial, experiência escravista legalmente encerrada há pouco mais de um século e de pouca tradição democrática, o que inclui períodos autoritários. Para uma melhor compreensão da legislação brasileira sobre crianças e adolescentes produzida desde então, vale fazer uma breve digressão apontando os principais períodos da História do Brasil relacionados a essa produção normativa.

O Brasil somente se torna um Estado soberano 324 anos depois do início da sua história de fato: o marco zero de nossa história jurídico-política começa em 1824, com a Constituição do Império e, a partir de então, foram 67 anos de uma ordem político-jurídica monárquica (e, portanto, não democrática) que perdurou até ser instaurada nossa 1ª República por meio de um golpe militar em 1889.

Em 1891, a Constituição da República se torna o primeiro documento político a estabelecer que todos são iguais perante a lei: embora o direito à igualdade formal já estivesse, no mínimo, em debate desde um século antes em outros países (e juridicamente formulado a partir das Declarações de Direitos feitas nas Revoluções Liberais), somente foi incorporada ao ordenamento jurídico brasileiro há menos de duzentos anos – vale lembrar que esse direito é pré-requisito básico para que se possa, entre os iguais, escolher aquele que nos governa, o que torna sua menção indispensável em um texto constitucional que se pretende republicano. Não obstante, nos 39 anos seguintes formou-se um Estado pseudodemocrático, com restrições ao direito ao voto (negado a mulheres até 1932 e a analfabetos até 1988), em que eleitos e eleitores pertenciam todos a uma diminuta classe social, mantendo à margem da vida política um batalhão de não cidadãos.

Em 1930, o primeiro golpe de Estado de Getúlio Vargas produz intensa instabilidade política até 1934, quando Vargas entrega uma nova Constituição, prevendo uma até então inédita gama de direitos sociais (inclusive assegurando o voto feminino, já inserido no Código Eleitoral dois anos antes). Porém, em 1937, outro golpe de Estado instauraria a ditadura do Estado Novo, impondo uma nova constituição, bastante restritiva quanto aos direitos individuais. Serão 15 anos de ditadura varguista no Brasil, durante os quais, aliás, são decretados por atos do Poder Executivo nossos Códigos Penal e de Processo Penal, ainda hoje em vigor.

Somente em 1946 – ou seja, 446 anos após a data oficializada do descobrimento do Brasil – se dá a primeira experiência de uma constituição promulgada em um contexto minimamente democrático[5] e não autoritário. Contudo, apenas 18 anos depois do início da construção de uma democracia, em 1964, um novo golpe de Estado, agora liderado pelas Forças Armadas, solaparia de forma grave a incipiente construção de direitos civis e políticos até então empreendida. Serão 21 anos de ditadura militar, e outros 3 anos – entre 1985 e 1988 – de transição e Congresso Constituinte até a promulgação da sétima Constituição brasileira, atualmente em vigor.

Estes parágrafos sobre a História recente do Brasil têm por finalidade demonstrar que, em 515 anos de existência, contabilizam-se apenas 44 anos – não consecutivos – de experiência democrática. Além de todo o custo humano das múltiplas e reiteradas violações de Direitos Humanos praticadas em vários desses períodos, o Brasil carrega as marcas das legislações produzidas nesses períodos autoritários que, quando não ainda em vigor, continuam a produzir efeitos na cultura jurídica experienciada pelos atores do sistema de justiça. Ademais, a lacuna histórica e cultural de reconhecimento de todos os indivíduos como pessoas e como cidadãos portadores de direitos atinge sobremaneira os grupos socialmente vulneráveis e politicamente minorizados – tais como crianças e adolescentes.

---

5. O voto ainda não era universal na Constituição de 1946: o art. 132, I, vedava aos analfabetos o alistamento como eleitores, o que excluía metade da população brasileira do processo eleitoral. Em 1950, 50% dos brasileiros eram analfabetos. Disponível em: *Mapa do Analfabetismo no Brasil*: http://portal.inep.gov.br/documents/186968/485745/Mapa+do+analfabetismo+no+Brasil/a53ac9ee-c0c0-4727-b216-035c65c45e1b?version=1.3. Acesso em: abril de 2018.

Leis não se criam no vácuo, e é importante compreender os processos sociais que envolvem a produção legislativa e a aplicação dos textos legais pelos operadores do Direito, não só para ampliar o repertório de conhecimento sobre História, mas principalmente para compreender como se formam mentalidades e se consolidam normas jurídicas fundamentadas em normas morais hegemônicas – que não necessariamente serão éticas ou socialmente justas. O fato de o Brasil possuir desde 1988 uma Constituição detalhista no campo dos direitos fundamentais (tanto individuais como sociais) e uma legislação específica para regular o exercício de tais direitos por crianças e adolescentes não quer dizer que na prática tais direitos tenham sido (ou nem mesmo estejam sendo) satisfatoriamente implementados. Isso se explica, em alguma medida, pela permanência de mentalidades ainda forjadas sob legislações produzidas em outros contextos sociais e culturais. Portanto, retornar aos textos constitucionais e legais brasileiros e suas principais referências a crianças e adolescentes pode se revelar uma estratégia interessante para compreender a situação atual dos direitos das crianças e dos adolescentes no Brasil.

O Estatuto da Criança e do Adolescente encontra amparo integral no texto constitucional, mas nem sempre foi assim. Por essa razão, para além da tradicional apresentação das legislações codificadas de 1927 e 1979, serão revistas aqui as normas constitucionais e respectivos períodos históricos e como crianças e adolescentes foram representados nas cartas constitucionais brasileiras, para que se verifique o contraste entre estas e o reconhecimento como sujeito feito na Constituição de 1988 e sua reverberação na elaboração de leis.

A análise histórica, social e cultural da produção de leis possibilita compreender que o ECA, mesmo quando apontadas suas imperfeições, representou um avanço em muitos aspectos. Muitas das distorções em sua aplicação se devem à reprodução de padrões culturais decorrentes de situações sociais de exclusão e vulnerabilidade econômica que se perpetuam desde o Império, e o texto do ECA apresenta dentre suas finalidades a proposta de ruptura com tais padrões.

Na história social brasileira das crianças e adolescentes, pode-se identificar quatro representações mais recorrentes, e que corresponderão a cenários sócio-históricos específicos: criança e adolescente como (i) objeto de proteção social no Brasil-Colônia; (ii) objeto de controle e de disciplinamento no Brasil-República; (iii) objeto de repressão social em meados do século XX até os anos 1980; e (iv) sujeitos de direitos a partir da redemocratização (PINHEIRO, 2004, p. 345).

Essas representações resultam da interação de vários fatores sociais, históricos e culturais, que não serão analisados em profundidade por escaparem ao escopo desta obra. Mas mesmo dentro das fronteiras do estudo do Direito é imprescindível consignar a existência desses fatores e representações, pois é dessas realidades, com sua carga social, histórica e cultural, que emergirão as normas jurídicas. É o conhecimento desses contextos que permitirá compreender por que as primeiras crianças e adolescentes a terem previsão legal para si foram os denominados "abandonados" e "delinquentes": para estes, que juntos compunham a categoria "menor", havia leis que visavam o controle dessas populações, com ênfase em modalidades de institucionalização. Já às crianças e adolescentes provenientes das classes economicamente dominantes, por não serem representadas no imaginário social como potenciais delinquentes ou vítimas de abandono moral ou material, restava o limbo da invisibilidade jurídica.

Em comum a todas as crianças e adolescentes, independentemente de classe, havia o *status* de não pessoa, de incapacidade e de necessidade de tutela do mundo adulto. Exemplo disso é a ampla aceitação de castigos corporais, sendo até mesmo consenso entre os autores tradicionais de Direito Penal o reconhecimento da excludente de ilicitude do exercício regular de direito nas situações de pais ou responsáveis que agredissem fisicamente suas crianças e adolescentes a pretexto de discipliná-los. A vedação expressa contida no ECA em relação ao tratamento cruel, vexatório ou degradante de crianças e adolescentes demonstra que o direito ao corpo e à integridade física decorrem desse processo de reconhecimento como pessoa e como sujeito na legislação pós-1988.

Nos tópicos seguintes serão examinados os arcabouços jurídicos do Brasil a partir da Constituição de 1824, de forma relacionada com seus contextos histórico, social e cultural, e como crianças e adolescentes eram ali representados.

Crianças e adolescentes na Constituição de 1824

A primeira constituição brasileira é a Constituição Imperial de 1824. Não se pode dizer que fosse uma constituição democrática, nem tampouco classificar o Brasil de então como Estado Democrático de Direito. Isto porque o texto constitucional estabelecia o regime monárquico (portanto, não democrático por definição), no qual se sustentava, nos termos do art. 99, que "A Pessoa do Imperador é inviolável, e Sagrada: Ele não está sujeito a responsabilidade alguma", o que implica um Estado no qual aquele que exerce o poder não estava submetido à lei. Ademais, é indispensável lembrar que no período imperial o Brasil adotava a mão-de-obra escrava, a significar que uma parcela expressiva da população brasileira não era juridicamente considerada como pessoa, e, logo, não tinha sequer direito ao próprio corpo ou qualquer das liberdades civis. Em 1872, o primeiro Censo do Brasil registrou quase 10 milhões de habitantes, sendo que os escravizados representavam 15,24% da população brasileira[6].

A considerar tal contexto, verifica-se que a noção de sujeito de Direito ainda não havia sido incorporada pelo Direito brasileiro: não só crianças e adolescentes não integravam essa categoria, mas a própria noção de "pessoa" não se aplicava. Havia categorias de privilegiados, a exemplo daqueles cuja renda anual superior a duzentos mil réis garantia o acesso ao voto[7], e outros como pessoas escravizadas, mulheres e crianças aos quais não havia qualquer tipo de reconhecimento como pessoa ou titularidade de direitos.

Não há qualquer referência a crianças e adolescentes na Constituição Imperial de 1824, salvo no que diz respeito à regência no caso de menoridade do imperador (arts. 121 e 122). Nesse período histórico, crianças são consideradas adultos em miniatura (SPOSATO, 2011, p. 60) e a única referência normativa aos "menores" dizia respeito à responsabilidade penal: o Código Criminal do Império adotava o critério do discernimento – conceito que jamais foi definido de maneira válida e uniforme (SPOSATO, 2011, p. 61) –, estabelecendo que menores de 14 anos poderiam ser julgados como criminosos se demonstrassem discernimento. A noção de discernimento foi herdada da Escola Penal Clássica, na qual a prática de um fato definido como crime decorria do livre-arbítrio do indivíduo. Assim sendo, independentemente da idade da pessoa com menos de 14 anos, caso o juiz entendesse que o acusado agira dotado de discernimento a respeito da própria conduta, deveria ser julgado como criminoso, tendo como diferença apenas a atenuação das penas.

Ao lado desse modelo de responsabilidade penal que não diferenciava crianças e adultos, a modalidade de institucionalização disponível para as crianças em situação de abandono era a roda dos expostos, que consistia em:

---

6. A pesquisa sobre o censo de 1872 foi desenvolvida e disponibilizada em: http://www.brasil.gov.br/governo/2013/01/censo-de-1872-e-disponibilizado-ao-publico?TSPD_101_R0=56e33448a5036a9e319fc0d0f85ffe0dmj500000000000000000cea06c9ffff000000000000000000000000005abfcde100c7822fad. Acesso em: abril de 2018. Base de dados: http://www.nphed.cedeplar.ufmg.br. Acesso em: abril de 2018.

7. "Art. 94. Podem ser Eleitores, e votar na eleição dos Deputados, Senadores, e Membros dos Conselhos de Provincia todos, os que podem votar na Assembléa Parochial. Exceptuam-se I. Os que não tiverem de renda liquida annual duzentos mil réis por bens de raiz, industria, commercio, ou emprego. II. Os Libertos. III. Os criminosos pronunciados em queréla, ou devassa".

(...) aparelho, em geral de madeira, do formato de um cilindro, com um dos lados vazado, assentado num eixo que produzia um movimento rotativo, anexo a um asilo de menores. A utilização desse tipo de engrenagem permitia o ocultamento da identidade daquele(a) que abandonava. A pessoa que levava e "lançava" a criança na Roda não estabelecia nenhuma espécie de contato com quem a recolhia do lado de dentro do estabelecimento. A manutenção do segredo sobre a origem social da criança resultava da relação promovida entre abandono de crianças e amores ilícitos. Os espaços especialmente destinados a acolher crianças visavam, num primeiro momento, absorver os frutos de tais uniões. Com o tempo, essas instituições passaram a ser utilizadas também por outros motivos – indivíduos das camadas populares, por exemplo, abandonavam seus filhos na Roda por não possuir meios materiais de mantê-los e criá-los. Casa dos Expostos, Depósito dos Expostos e Casa da Roda eram designações correntes no Brasil para os asilos de menores abandonados. (Gonçalves, 1978, p. 37-38 apud ALVAREZ, 1989, p. 35-36)

Vale observar aqui a relação havida entre a questão da moral sexual inerente aos denominados "amores ilícitos" e as crianças nascidas desses relacionamentos: a vida privada e os relacionamentos afetivos e sexuais eram controlados pela legislação civil[8], e em especial pela categorização dos filhos havidos fora do casamento como um segmento social à parte dos grupos hegemônicos, o que se evidenciava pelo não reconhecimento de direitos. É somente com a Constituição Federal de 1988 que se extinguirá a classificação jurídica dos filhos em "legítimos" e "ilegítimos".

A licitude dos castigos físicos aplicados aos filhos (assim como a escravizados e alunos) era expressa no Código Criminal do Império de 1831:

Art. 14. Será o crime justificável, e não terá lugar a punição dele:

6º Quando o mal consistir no castigo moderado, que os pais derem a seus filhos, os senhores a seus escravos, e os mestres a seus discípulos; ou desse castigo resultar, uma vez que a qualidade dele, não seja contrária às Leis em vigor.

As transformações socioeconômicas sofridas pelo Brasil na segunda metade do século XIX – em especial a formação do mercado de trabalho

8. A noção jurídica de desonra pela prática de ato sexual em desacordo com a moral vigente permaneceu, no mínimo, até a elaboração do Código Penal de 1940, ainda em vigor, e que mantém até hoje a previsão legal do crime de exposição ou abandono de recém-nascido nos seguintes termos: "Art. 134. Expor ou abandonar recém-nascido, *para ocultar desonra própria*: Pena – detenção, de seis meses a dois anos" (grifo nosso).

livre e as sucessivas leis para extinção da escravidão no Brasil – impactarão também a condição da infância e, principalmente, da infância pobre (ALVAREZ, 1989, p. 38): tanto é assim que uma das primeiras normas (se não a primeira) a juridicizar relações entre adultos e crianças foi a Lei do Ventre Livre (1871)[9].

A Lei do Ventre Livre ficou conhecida por libertar, a partir do momento de sua vigência, as crianças cujas mães fossem mulheres escravas. Porém, esse mesmo texto legal estabelecia as seguintes condições:

> Art. 1º Os filhos de mulher escrava que nascerem no Imperio desde a data desta lei, serão considerados de condição livre.
>
> § 1º Os ditos filhos menores ficarão em poder o sob a autoridade dos senhores de suas mãis, os quaes terão obrigação de crial-os e tratal-os até a idade de oito annos completos. Chegando o filho da escrava a esta idade, o senhor da mãi terá opção, ou de receber do Estado a indemnização de 600$000, ou de utilisar-se dos serviços do menor até a idade de 21 annos completos. No primeiro caso, o Governo receberá o menor, e lhe dará destino, em conformidade da presente lei. A indemnização pecuniaria acima fixada será paga em titulos de renda com o juro annual de 6%, os quaes se considerarão extinctos no fim de 30 annos. A declaração do senhor deverá ser feita dentro de 30 dias, a contar daquelle em que o menor chegar á idade de oito annos e, se a não fizer então, ficará entendido que opta pelo arbitrio de utilizar-se dos serviços do mesmo menor.

Portanto, não se tratou de uma norma com vistas a reconhecer as crianças filhas de mulheres escravas como pessoas titulares do direito à liberdade, mas sim de regular uma forma de dar um destino a essas crianças sem onerar os senhores de suas mães. Nesse contexto, é possível afirmar que, desde as primeiras normatizações, as leis referentes a crianças e adolescentes no Brasil estabeleciam duas infâncias juridicamente distintas em razão da classe social e econômica.

Crianças e adolescentes na Constituição de 1891

Em 1889, um golpe militar encerra o período imperial brasileiro, instaurando a primeira República e outorgando um novo texto constitucional

9. Texto integral disponível em: http://www.planalto.gov.br/ccivil_03/leis/lim/lim2040.htm?TSPD_101_R0=2f92ebc2afa79506c6a2bb74342e49c7k8r00000000000000000cea06c9ffff000000000000000000000000005abfcff9007daca9c4. Acesso em: abril de 2018.

em 1891. Não obstante ter havido avanços importantes em relação aos direitos civis – esta foi a primeira constituição brasileira a estabelecer igualdade de todos perante a lei e a estabelecer que o Estado é laico, separando (ao menos formalmente) Igreja e política – os direitos políticos ainda são bastante incipientes.

Concomitantemente a essas transformações políticas, a extinção legal da escravidão no Brasil produziu impactos no campo social, tais como a migração dos ex-escravizados, agora libertos, para as cidades em processo de urbanização como a capital no Rio de Janeiro e São Paulo, levando a um crescimento da população acompanhado da acentuação das desigualdades sociais, o que afetaria as condições de vida das crianças e adolescentes das famílias mais vulneráveis. Ao êxodo dos ex-escravizados libertos somou-se a vinda de imigrantes para trabalharem como mão-de-obra livre no Brasil do início do século XX, aumentando a população das cidades e elevando os índices de pobreza urbana, bem como acarretando o agravamento das más condições de habitação e do abandono de crianças.

A Constituição de 1891 não contém qualquer referência à infância, adolescência ou juventude, mas o cenário socioeconômico no qual se evidenciavam as diferentes classes sociais gerou uma demanda pela criação de normas de contenção das populações economicamente vulneráveis. No campo da infância e da juventude[10], esses fatores contribuem para campanhas contra os "menores arruaceiros" ou abandonados e impulsionam políticas higienistas[11], a exemplo da criação do Instituto Disciplinar em 1902 (FAUSTO, [1984] 2001, p. 21-22):

> Desde o século XIX, São Paulo já contava com institutos privados de recolhimento de menores, tais como o Lyceo do Sagrado Coração de Jesus, o Abri-

---

10. Mas não só, pois as políticas higienistas e de controle social também tinham como objetivo a contenção de prostitutas e organizadores do movimento operário.

11. O higienismo é o nome dado a um movimento surgido no final do século XIX, no contexto da urbanização e formação das cidades modernas, inicialmente relacionado a políticas públicas destinadas ao saneamento básico das cidades, mas posteriormente voltadas a tratar das chamadas "patologias sociais" atribuídas às classes mais pobres da população. De acordo com Mary Del Priore, na cidade de São Paulo do início do século XX "Coexistiam, então, dois objetivos: o de embelezar a cidade para atrair investimentos nacionais e estrangeiros e garantir uma qualidade de vida mínima ao operariado. As moradias dos trabalhadores passaram a ser alteradas conforme ideais de higiene e economia e a elite passou a ter interesses em zelar pela saúde e bem-estar de trabalhadores. Afinal, as epidemias não viam distinção entre ruas pobres e avenidas ricas e as cruzavam, sem cerimônias. Junto à campanha de higienização de moradias ocorreu outra. A de moralização de seus habitantes. Era preciso lutar contra o alcoolismo, a violência doméstica, os concubinatos. A casa devia ser higienizada junto com a família!" (DEL PRIORE, Mary. "São Paulo: urbanização e higienismo". In: *História Hoje*, março de 2018. Disponível em: http://historiahoje.com/sao-paulo-urbanizacao-e-higienismo/. Acesso em: julho de 2018).

> go de Santa Maria, o Instituto D. Ana Rosa e o Instituto Escholastica Rosa, da cidade de Santos.
>
> (...) o Instituto Disciplinar destinaria-se não só a todos os criminosos menores de 21 anos, como também aos 'pequenos mendigos, vadios, viciosos, abandonados, maiores de nove e menores de 14 anos' que lá deviam ficar até completarem 21 anos. (SANTOS, 1999, p. 222-224)

Ao lado de instituições disciplinares desse tipo, ainda havia a realidade do trabalho infantil[12] generalizado nas fábricas, nas quais operavam mecanismos de superexploração e baixos salários. Essa conjuntura impulsiona a discussão de uma reforma legal que contemplasse novas formas de institucionalização de menores, em um movimento em favor da infância identificada como abandonada e delinquente (ALVAREZ, 1989, p. 48).

Em 1926, o Decreto n. 5.083 põe em vigor o primeiro Código de Menores e, em 12 de outubro de 1927, o Decreto n. 17.943-A institui o Código Mello Mattos[13], que cria a categoria jurídica "menor", subdividindo-a em "menores abandonados" e "menores delinquentes", nos termos do art. 1º:

> Art. 1º O menor, de um ou outro sexo, abandonado ou delinquente, que tiver menos de 18 annos de idade, será submettido pela autoridade competente ás medidas de assistencia e protecção contidas neste Codigo.

É nesta legislação que surge a chamada doutrina da situação irregular, na qual não se faz distinção entre "menores abandonados" e "menores delinquentes". No dizer de Karyna Sposato, esta doutrina "não significa outra coisa que legitimar uma potencial ação judicial indiscriminada sobre crianças e adolescentes em situação de dificuldade" (SPOSATO, 2011, p. 24). Ademais, se de um lado a legislação abre a possiblidade de arbitrariedades para crianças e adolescentes vulneráveis, de outro mantém as demais pessoas com menos de dezoito anos em categoria cuja cidadania não se reconhece.

Os arts. 26 a 29 do Código de Mello Mattos incluíam sob a epígrafe "menores abandonados" não só as crianças ou adolescentes em situação de abandono, mas também os considerados "vadios", "mendigos" ou "libertinos"[14].

---

12. E feminino, pois tanto crianças quanto mulheres recebiam salários mais baixos.

13. Vale notar que, assim como o Código Penal e o Código de Processo Penal – estes, ainda em vigor – os dois primeiros códigos de menores eram normas estabelecidas por decreto do Poder Executivo, sem qualquer participação de um Legislativo representativo e menos ainda da sociedade civil.

14. Referidos artigos do Código de Mello Mattos dispunham o seguinte: "Art. 26. Consideram-se abandonados os menores de 18 annos: I. que não tenham habitação certa, nem meios de subsistencia, por serem seus paes fallecidos, desapparecidos ou desconhecidos ou por não

Em relação à idade penal, O Código de Menores de 1927 estabeleceu a maioridade aos 18 anos, tornando absolutamente inimputável o menor de 14 anos e criando uma responsabilidade penal especial para a faixa etária entre 14 e 18 anos. Os adolescentes com idade entre 16 e 18 anos considerados perigosos poderiam ser internados até a cessação da periculosidade[15]. Ainda, o Código cria a figura do Juiz de Menores, e atribui à família o dever de suprir as necessidades básicas da criança, independentemente de sua situação econômica. Estabelece também medidas assistenciais, extingue a roda dos expostos e propõe novas formas de institucionalização da infância, delineando o que ficaria conhecido como Modelo de Proteção ou Etapa Tutelar.

O surgimento da Justiça de Menores guarda forte correspondência com a ideologia positivista (SPOSATO, 2011, p. 63): é aqui que se nota com in-

---

terem tutor ou pessoa sob cuja guarda vivam; II. que se encontrem eventualmente sem habitação certa, nem meios de subsistencia, devido a indigencia, enfermidade, ausencia ou prisão dos paes, tutor ou pessoa encarregada de sua guarda; III. que tenham pae, mãe ou tutor ou encarregado de sua guarda reconhecidamente impossibilitado ou incapaz de cumprir os seus deveres para com o filho ou pupillo ou protegido; IV. que vivam em companhia de pae, mãe, tutor ou pessoa que se entregue á pratica de actos contrarios á moral e aos bons costumes; V. que se encontrem em estado habitual do vadiagem, mendicidade ou libertinagem; VI. que frequentem logares de jogo ou de moralidade duvidosa, ou andem na companhia de gente viciosa ou de má vida. VII. que, devido á crueldade, abuso de autoridade, negligencia ou exploração dos paes, tutor ou encarregado de sua guarda, sejam: a) victimas de máos tratos physicos habituaes ou castigos immoderados; b) privados habitualmente dos alimentos ou dos cuidados indispensaveis á saude; c) empregados em occupações prohibidas ou manifestamente contrarias á moral e aos bons costumes, ou que lhes ponham em risco a vida ou a saude; d) excitados habitualmente para a gatunice, mendicidade ou libertinagem; VIII. que tenham pae, mãe ou tutor, ou pessoa encarregada de sua guarda, condemnado por sentença irrecorrivel; a) a mais de dous annos de prisão por qualquer crime; b) a qualquer pena como co-autor, cumplice, encobridor ou receptador de crime commettido por filho, pupillo ou menor sob sua guarda, ou por crime contra estes. Art. 27. Entende-se por encarregado da guarda do menor a pessoa que, não sendo seu pae, mãe, tutor, tem por qualquer titulo a responsabilidade da vigilancia, direcção ou educação delle, ou voluntariamente o traz em seu poder ou companhia. Art. 28. São vadios os menores que: a) vivem em casa dos paes ou tutor ou guarda, porém, se mostram refractarios a receber instrucção ou entregar-se a trabalho sério e util, vagando habitualmente pelas ruas e logradouros publicos; b) tendo deixado sem causa legitima o domicilio do pae, mãe ou tutor ou guarda, ou os logares onde se achavam collocados por aquelle a cuja autoridade estavam submettidos ou confiados, ou não tendo domicilio nem alguem por si, são encontrados habitualmente a vagar pelas ruas ou logradouros publicos, sem que tenham meio de vida regular, ou tirando seus recursos de occupação immoral ou prohibida. Art. 29. São mendigos os menores que habitualmente pedem esmola para si ou para outrem, ainda que este seja seu pae ou sua mãe, ou pedem donativo sob pretexto de venda ou offerecimento de objectos. Art. 30. São libertinos os menores que habitualmente: a) na via publica perseguem ou convidam companheiros ou transeuntes para a pratica de actos obscenos; b) se entregam á prostituição em seu proprio domicilio, ou vivem em casa de prostituta, ou frequentam casa de tolerancia, para praticar actos obscenos; c) forem encontrados em qualquer casa, ou logar não destinado á prostituição, praticando actos obscenos com outrem; d) vivem da prostituição de outrem".

15. O tema da idade mínima para imputação penal será abordado de forma detida no Capítulo 2, no tópico *"A questão da idade penal: repercussões sociais e jurídicas"*.

tensidade a reverberação da Revolução Científica na forma pela qual o Estado propõe políticas para as crianças e adolescentes, sem que se lhes reconheça a condição de pessoa e de sujeito. A Justiça de Menores se constituirá a partir da contribuição de três fatores: o estabelecimento de uma relação entre a chamada "delinquência juvenil" como consequência das transformações econômicas decorrentes da abolição da mão-de-obra escrava; a presença de crianças no cárcere e a influência do Correcionalismo[16], além da já mencionada Escola Positivista (SPOSATO, 2011, p. 63).

No Correcionalismo, a pena é pensada sob a óptica de um bem que ajudará na reforma moral do delinquente (que seria aquele cuja vontade é "defeituosa" e que poderia ser submetida a um processo de cura). Graças à influência dessa escola de pensamento, os Tribunais de Menores não eram considerados instituições repressivas, sendo o juiz pensado como uma figura a um só tempo paternal e educativa (SPOSATO, 2011, p. 67).

Crianças e adolescentes na Constituição de 1934

A Constituição de 1934 foi aprovada na vigência do primeiro golpe de Estado promovido por Getúlio Vargas quatro anos antes. Apesar de não se tratar de um contexto democrático, foi a primeira constituição a conter um capítulo sobre a ordem econômica e social, inspirada na constituição social-democrata alemã de Weimar (CARVALHO, 2007, p. 102), incorporando pela primeira vez direitos sociais ao texto constitucional.

É também a primeira Constituição brasileira a incluir um capítulo sobre a instituição da família (Capítulo V – Da Família, da Educação e da Cultura, Título I – Da Família), tornando-a uma categoria política e jurídica em seu art. 144:

> Art 144. A família, constituída pelo casamento indissolúvel, está sob a proteção especial do Estado.

Conforme visto nos tópicos anteriores deste capítulo, as Constituições de 1824 e 1891 não incluíram o tema da família em seu texto: essa ausên-

16. No dizer de Miler Borges, "o correcionalismo é uma doutrina de cunho cristão, de caráter ético-panteísta, tendo em conta a moral e o Direito Natural. Levando-se em consideração que o fim da pena, para tal corrente, não era a defesa social, tampouco a retribuição, e sim de readaptação do delinquente à sociedade, para o correcionalismo o sistema penal não deveria ser utilizado abstratamente em decorrência do crime propriamente dito ou direcionada a um criminoso genérico. Como instrumento de correção do delinquente, a pena deveria ser aplicada particularmente a um criminoso em concreto, atendendo suas necessidades para que pudesse de fato voltar à sociedade sem resquícios do delito cometido" (BORGES, 2012, p. 129).

cia de previsão nos dois primeiros textos constitucionais brasileiros demonstra que o processo de formação da entidade familiar e consolidação da família como unidade política ainda estava em andamento, e por essa razão não fora considerado pelos poderes constituintes do Império e da primeira República como tema que necessitasse de controle político por meio de previsão constitucional.

Neste contexto político e jurídico no qual a organização familiar passa a ser objeto de normatização pelo Estado, também pela primeira vez surgem no texto constitucional dispositivos com referências à infância e à juventude, a exemplo do art. 147, que faz menção a alguma medida de igualdade formal entre os filhos:

> Art. 147. O reconhecimento dos filhos naturais será isento de quaisquer selos ou emolumentos, e a herança, que lhes caiba, ficará sujeita a impostos iguais aos que recaiam sobre a dos filhos legítimos.

O caráter social da Constituição de 1934 evidencia-se em várias passagens, recorrentemente relacionadas ao trabalho e à educação. O trabalho aparece, por exemplo, no texto que reconhece a subsistência – e sua obtenção mediante "trabalho honesto" – como um direito:

> Dos Direitos e das Garantias Individuais
>
> Art 113. A Constituição assegura a brasileiros e a estrangeiros residentes no País a inviolabilidade dos direitos concernentes à liberdade, à *subsistência*, à segurança individual e à propriedade, nos termos seguintes:
>
> (...)
>
> 34) A todos cabe *o direito de prover à própria subsistência e à de sua família, mediante trabalho honesto. O Poder Público deve amparar, na forma da lei, os que estejam em indigência.* (grifo nosso)

Todavia, é interessante notar que, mesmo sendo a atribuição do sustento material à família uma previsão constitucional, a obrigação do Estado nesse sentido é apenas subsidiária, formulada como um amparo àqueles em situação de indigência.

Já a educação é prevista pela primeira vez como um direito constitucionalmente assegurado, cujo dever de ministrar é dividido solidariamente entre família e Poderes Públicos:

> Art. 149. A educação é direito de todos e deve ser ministrada, pela família e pelos Poderes Públicos, cumprindo a estes proporcioná-la a brasileiros e a

estrangeiros domiciliados no País, de modo que possibilite *eficientes fatores da vida moral e econômica da Nação*, e desenvolva num *espírito brasileiro* a consciência da solidariedade humana. (grifo nosso)

Como se depreende da leitura do dispositivo, apesar da previsão constitucional, o acesso à educação é associado à formação de uma "vida moral" e de um "espírito brasileiro".

Outro elemento nesse sentido pode ser observado no art. 138 da Constituição de 1934, cuja alínea *b* trata sobre o estímulo à *educação eugênica:*

> Art. 138. Incumbe à União, aos Estados e aos Municípios, nos termos das leis respectivas:
>
> a) *assegurar amparo aos desvalidos*, criando serviços especializados e animando os serviços sociais, cuja orientação procurarão coordenar;
>
> b) estimular a educação eugênica;
>
> c) amparar a *maternidade e a infância;*
>
> d) socorrer as *famílias de prole numerosa;*
>
> e) proteger a *juventude* contra toda exploração, bem como contra o abandono físico, moral e intelectual;
>
> f) adotar medidas legislativas e administrativas tendentes a *restringir a moralidade e a morbidade infantis*; e de higiene social, que impeçam a propagação das doenças transmissíveis;
>
> g) *cuidar da higiene mental e incentivar a luta contra os venenos sociais.* (grifo nosso)

A eugenia foi um movimento em sua época considerado de base científica, integrante das chamadas "doutrinas raciais", que ganharam força na área médica no Brasil na primeira metade do século XIX, quando se procurou promover políticas para um "branqueamento" da população. A relevância de tais ideais na época se mostra patente pela inclusão de um dispositivo constitucional relacionando o direito à educação à promoção de ideias eugênicas.

No dizer de Simone Rocha:

> O projeto elaborado pela Comissão Brasileira de Eugenia, que possibilitou mudanças na constituição de 1934, promulgando o art. 138, determinava a responsabilidade da União, dos Estados e Municípios, nos termos da respectiva lei, do estímulo à educação eugênica, condicionando a educação como prática de melhoramento racial.

> (...)
>
> Concluímos deste modo, que a Constituição de 1934 foi divergente no modo como definiu seus conceitos a respeito da educação a qual se pretendia legislar. Ao mesmo tempo em que se discute a obrigatoriedade de ensino gratuito no país, e geralmente os estudos sobre este período ressaltam esta afirmativa, a partir da criação de um Plano Nacional de Educação, defende-se o estímulo à "Educação Eugênica", amparada por um discurso de exclusão do pobre, negro e do imigrante. (ROCHA, 2017, p. 71-72)

Em que pese a inspiração na Constituição de Weimar e seus aspectos social-democratas, é perceptível nos excertos da Constituição Brasileira de 1934 transcritos acima a preocupação com o "resguardo moral" das crianças e adolescentes, o que é indicativo do avanço do regime autoritário de Getúlio Vargas, que assumiria traços fascistas a partir de 1937 com a ditadura do Estado Novo. A análise desses elementos históricos é relevante em razão do impacto que esse tipo de mentalidade exercerá sobre a produção normativa referente a crianças e adolescentes (em especial àqueles pertencentes às camadas mais pobres da população), bem como sobre a atuação dos membros dos poderes públicos responsáveis pela aplicação de tais normas. São esses os dados que permitem pensar as realidades de exclusão e injustiça social na gênese da legislação brasileira e os obstáculos até hoje enfrentados nesse campo.

Crianças e adolescentes na Constituição de 1937

A Constituição de 1937 foi outorgada na ditadura de características fascistas do Estado Novo e continha em seu texto previsões referentes à infância e à juventude. Porém, tais previsões não se davam pela chave do reconhecimento como sujeito de Direito e titular de direitos, mas sim como objetos de tutela e de regulação moral, intelectual e de sua saúde, manifestando mais uma vez os ideais de higiene e controle social, bem como da eugenia mencionada no tópico anterior.

São mantidas no texto constitucional as previsões relativas à família, seus deveres em relação aos seus filhos e qual o âmbito de interferência do Estado no caso das famílias pobres e/ou numerosas:

> DA FAMÍLIA
>
> Art. 124. A família, constituída pelo casamento indissolúvel, está sob a proteção especial do Estado. *Às famílias numerosas serão atribuídas compensações na proporção dos seus encargos.*

Art. 125. *A educação integral da prole é o primeiro dever e o direito natural dos pais. O Estado não será estranho a esse dever, colaborando, de maneira principal ou subsidiária, para facilitar a sua execução ou suprir as deficiências e lacunas da educação particular.*

Como foi típico nos regimes totalitários de inclinação fascista ocorridos no período da Segunda Guerra Mundial, na ditadura do Estado novo de Getúlio Vargas a questão da educação era considerada de grande relevância para formação de uma mentalidade de acordo com o regime, manifestada em uma intensa preocupação com a formação "moral" e "saudável" de crianças e jovens. É o que se depreende da leitura do art. 15 da Constituição de 1937, por exemplo:

Art. 15. Compete privativamente à União:

(...)

IX – fixar as bases e determinar os quadros da educação nacional, traçando as diretrizes a que *deve obedecer a formação física, intelectual e moral da infância e da juventude*;

(...) XXVII – normas fundamentais da defesa e proteção da saúde, especialmente da saúde da criança. (grifo nosso)

O art. 127 afirma expressamente que "infância" e "juventude" (e não crianças/adolescentes considerados enquanto pessoas) são "objeto" do qual o Estado deve se ocupar com tal finalidade, tornando, ainda, norma constitucional o dever do Estado quanto às crianças submetidas ao chamado "abandono moral, intelectual ou físico"[17]:

Art. 127. A infância e a juventude devem ser *objeto* de cuidados e garantias especiais por parte do *Estado*, que tomará todas as medidas destinadas a *assegurar-lhes condições físicas e morais de vida sã* e de harmonioso desenvolvimento das suas faculdades.

O abandono moral, intelectual ou físico da infância e da juventude importará *falta grave dos responsáveis por sua guarda e educação, e cria ao Estado o*

17. A vigilância do Estado quanto a condutas de "abandono moral, intelectual ou físico" praticadas por pessoas em situação de vulnerabilidade social em relação a seus filhos é uma noção que ainda encontra manifestações em decisões judiciais e politicas públicas, não obstante as previsões atuais do ECA no sentido de dar preferência à inclusão destas famílias em programas de assistência social. O tema será analisado em profundidade no Capítulo 2, no tópico referente ao direito à convivência familiar.

> *dever de provê-las* do conforto e dos cuidados indispensáveis à preservação física e moral.
>
> Aos pais miseráveis assiste o direito de invocar o auxílio e proteção do Estado para a subsistência e educação da sua prole.

Não obstante, o direito à educação é formulado a partir da ideia de um "dever da Nação, dos Estados e dos Municípios", mas somente existente quando as famílias não dispuserem dos recursos necessários para educar seus filhos em instituições particulares:

> DA EDUCAÇÃO E DA CULTURA
>
> Art. 129. À infância e à juventude, a que faltarem os recursos necessários à educação em instituições particulares, é dever da Nação, dos Estados e dos Municípios assegurar, pela fundação de instituições públicas de ensino em todos os seus graus, a possibilidade de receber uma educação adequada às suas faculdades, aptidões e tendências vocacionais.

No mesmo art. 129 estabelece-se o dever patronal de criar escolas de aprendizes para os filhos de seus operários:

> (...)
>
> É dever das indústrias e dos sindicatos econômicos criar, na esfera da sua especialidade, escolas de aprendizes, destinadas aos filhos de seus operários ou de seus associados. A lei regulará o cumprimento desse dever e os poderes que caberão ao Estado, sobre essas escolas, bem como os auxílios, facilidades e subsídios a lhes serem concedidos pelo Poder Público.

A gratuidade e a obrigatoriedade do ensino existiam somente em relação ao ensino primário, estabelecendo-se o dever de contribuição pecuniária para a caixa escolar:

> Art. 130. O ensino primário é obrigatório e gratuito. A gratuidade, porém, não exclui o dever de solidariedade dos menos para com os mais necessitados; assim, por ocasião da matrícula, será exigida aos que não alegarem, ou notoriamente não puderem alegar escassez de recursos, uma contribuição módica e mensal para a caixa escolar.

Junto a essa noção de educação como elemento de formação de uma mentalidade adequada ao regime fascista do Estado Novo a pretexto de "proteção da infância e juventude", também a censura prévia era tema de previsão constitucional. A redação do art. 122, 15, *b* evidencia que a expressão "proteção da infância e da juventude" continha um significado de tutela moral pensada a partir de critérios morais fixados pelo Estado – como é típico em regimes totalitários –, e não de proteção de situação de risco para evitar a violação de direitos fundamentais, como se concebe hoje:

> Art. 122. A Constituição assegura aos brasileiros e estrangeiros residentes no País o direito à liberdade, à segurança individual e à propriedade, nos termos seguintes:
>
> (...)
>
> 15) todo cidadão tem o direito de manifestar o seu pensamento, oralmente, ou por escrito, impresso ou por imagens, mediante as condições e nos limites prescritos em lei.
>
> A lei pode prescrever:
>
> (...)
>
> b) medidas para impedir as manifestações contrárias à moralidade pública e aos bons costumes, assim como as especialmente destinadas à proteção da infância e da juventude.

Na esteira do que já previa a Constituição de 1934, o art. 126 da Constituição de 1937 também trazia previsão referente a algum reconhecimento de igualdade entre os filhos, independentemente de sua origem:

> Art. 126. Aos filhos naturais, facilitando-lhes o reconhecimento, a lei assegurará igualdade com os legítimos, extensivos àqueles os direitos e deveres que em relação a estes incumbem aos pais.

Em decorrência das tendências fascistas, a política do Estado Novo pretendeu atingir toda a sociedade e para isso instituiu o paternalismo assistencial, sendo criados serviços tais como o Serviço Social de Menores Abandonados e Delinquentes (Decreto-lei n. 9.744/38[18]) em São Paulo, com atribuições tais como fiscalizar estabelecimentos de amparo e reeducação de menores, recolher temporariamente menores sujeitos a investigação e processo e exercer vigilância sobre eles. No Rio de Janeiro foi criado o Serviço Social e do Serviço de Assistência ao Menor (SAM) pelo Decreto-lei n. 3.799/41[19], com a finalidade de "sistematizar e orientar os serviços de assis-

18. Íntegra disponível em: https://www.al.sp.gov.br/repositorio/legislacao/decreto/1938/decreto-9744-19.11.1938.html. Acesso em: julho de 2018.

19. Íntegra disponível em: http://www2.camara.leg.br/legin/fed/declei/1940-1949/decreto-lei-3799-5-novembro-1941-413971-publicacaooriginal-1-pe.html. Acesso em: abril de 2018.

tência a menores desvalidos e delinquentes, internados em estabelecimentos oficiais e particulares (art. 2º-A)". (PASSETTI, 1999, p. 326)

Também durante o Estado Novo foi instituído o primeiro programa estatal de proteção à maternidade, à infância e à adolescência no Brasil, executado pelo Departamento Nacional da Criança (DNCr), então um órgão do Ministério da Educação e Saúde (PEREIRA, 1999).

Algumas considerações sobre a situação jurídica de crianças e adolescentes durante a Era Vargas

Não obstante tais previsões dos textos constitucionais de 1934 e 1937, permanecia vigente o Código de Menores de 1927: isso significa que as normas constitucionais acima mencionadas não reconhecem crianças e adolescentes como sujeitos de Direito, e tampouco isso ocorrerá com a norma infraconstitucional. E dificilmente teria sido diferente, uma vez que a própria noção de reconhecimento como pessoa e sujeito de Direito por meio da norma jurídica positivada somente ganhará corpo após a Segunda Guerra Mundial e a adoção da Declaração Universal dos Direitos Humanos.

Vale ressaltar que a redação do Código Penal de 1940, ainda em vigor, permitia uma leitura no sentido de autorizar o emprego de castigos físicos em crianças e adolescentes com o fim de disciplina-los: o art. 23 do Código Penal traz as excludentes de ilicitude, dentre as quais o exercício regular de direito, que é exemplificado por autores tradicionais de Direito Penal pelo direito dos pais ou responsáveis disciplinarem seus filhos[20]. Nos termos ainda vigentes do Código Penal, o castigo físico so-

20. Magalhães Noronha, falecido em 1982, mas cuja obra continuou a ser atualizada e utilizada por várias gerações após sua morte, afirmava o seguinte em relação ao crime de maus-tratos, previsto no art. 136 do Código Penal: "Constitui ainda maus-tratos o abuso de meios de correção e disciplina. Abuso é o uso ilegítimo, é mau emprego, é excesso de uso (...). No abuso o meio deve ser lícito, mas torna-se ilegítimo pela intensidade ou qualquer outra circunstância. Ninguém condenará por maus-tratos um pai que deu uma palmada no filho, mas o punirá, por esse crime, se ele desferiu um soco no menor, e o apensará por delito de lesões corporais se o queimou com ferro em brasa" (NORONHA, 2001, 32. ed. atual., p. 108). Sobre o mesmo delito, afirma Cezar Roberto Bitencourt que o "direito de correção conferido a pais, tutores e curadores deve ser exercido com moderação e finalidade educativa, sendo inadmissível o emprego da violência contra filho menor, pupilo ou curatelado". Mas continua o mesmo autor: "O corretivo aplicado pelo pai que resulta em leves escoriações ou hematomas, não afetando a saúde do menor, nem colocando em risco sua vida, não caracteriza o excesso do *ius corrigendi*" (BITENCOURT, 2002, p. 507). Em 2016, o entendimento de Cezar Roberto Bitencourt foi citado como referência doutrinária pelo magistrado que proferiu sentença na Ação Penal n. 6529-86.2016.8.26.0224 (Comarca de Guarulhos/SP), cuja denúncia narrava fatos que atribuíam a um homem a prática de lesões corporais de natureza leve em sua filha, "descritas no laudo de fls. 13 (equimoses lineares de 8 mm de largura em número de oito me-

mente é crime quando expuser a vida ou a saúde a perigo pelo abuso de correção ou disciplina:

> Maus-tratos
>
> Art. 136. Expor a perigo a vida ou a saúde de pessoa sob sua autoridade, guarda ou vigilância, para fim de educação, ensino, tratamento ou custódia, quer privando-a de alimentação ou cuidados indispensáveis, quer sujeitando-a a trabalho excessivo ou inadequado, quer abusando de meios de correção ou disciplina:
>
> Pena – detenção, de dois meses a um ano, ou multa.

Evidentemente, tal interpretação não resiste às atuais previsões legais do ECA, e tampouco encontra amparo constitucional, conforme será analisado de forma mais detida no Capítulo 2, no tópico referente ao direito à liberdade, ao respeito e à dignidade.

---

dindo entre 9 cm e 22 cm de extensão na região supra clavicular e escapular esquerda e cabelo cortado curto com falhas). Na ocasião, o denunciado, enfurecido ao descobrir que a vítima estava em um relacionamento sério com um rapaz, passou a agredi-la com um fio de televisão, golpeando-a diversas vezes nas costas. Não satisfeito, o denunciado munido de uma tesoura, cortou o cabelo da vítima. As agressões causaram-lhe as lesões corporais acima mencionadas". Ao julgar a causa, o juiz assim se manifestou em sua decisão: "Das provas produzidas, observo que o agente aplicou moderadamente uma correção física contra a sua filha, gerando uma lesão de natureza leve (fls. 11/12). O fato foi isolado e, segundo a vítima e a testemunha a intenção do réu era de corrigi-la, após saber que a mesma tinha perdido a virgindade. Tal versão foi corroborada pelo réu, o qual afirmou categoricamente que, caso tivesse um filho homem e o mesmo tivesse perdido a virgindade aos 13 anos, tomaria a mesma postura. A meu ver, não está caracterizado o crime tipificado no art. 129, § 9º, do Código Penal, eis que não restou demonstrado o dolo na conduta, quando, na verdade, a real intenção do pai era apenas corrigir a filha. A conduta assim desenvolvida encontra-se acobertada por causa supralegal de exclusão da antijuridicidade, autorizando a absolvição do acusado. Em outras palavras, é preciso que se use em excesso ou de modo inconveniente os meios disciplinadores, sem o que a conduta não pode ser considerada criminosa, mas apenas mero exercício do direito de correção (*jus corrigendi*). Convém acentuar que as medidas corretivas ou disciplinares, quando não ultrapassam os limites outorgados por lei, são consideradas lícitas, pelo exercício regular de um direito. Permite-se, como na espécie, o exercício moderado do poder disciplinar. No mesmo sentido são as lições de César Roberto Bittencourt (*Código Penal comentado*, 5.ed., São Paulo: Saraiva, 2009, p. 412): 'Não se veda o direito de corrigir, mas tão somente se proíbe o seu exercício abusivo. A ação inicialmente é lícita; o seu exercício abusivo é que a torna ilícita, atingido o nível de crime'. No caso em apreço, todavia, não existem provas suficientes no sentido de que o réu tenha utilizado dos meios disciplinadores de modo excessivo. (...) Quanto ao corte de cabelo, ao que tudo indica, a intenção do réu não era de humilhar a filha, mas apenas de protegê-la de ameaças que aquela vinha sofrendo de amigas na época dos fatos. Em sua cabeça, não obstante não fosse o mais adequado, a intenção do réu era que a filha não saísse de casa. Sendo assim, a absolvição é medida de rigor. Ante o exposto, julgo improcedente a pretensão punitiva estatal, a fim de absolver o réu qualificado nos autos, da imputação que lhe fora feita, com arrimo no art. 386, III, do Código de Processo Penal." As peças do processo aqui mencionadas estão disponíveis em: https://www.conjur.com.br/dl/pai-espancou-filha-redacted.pdf. Acesso em: julho de 2018.

Crianças e adolescentes na Constituição de 1946

Em 1946, com a democratização após a ditadura do Estado Novo, uma nova Constituição é promulgada. O novo texto manterá os direitos sociais previstos desde 1934, reincorporando os direitos civis e políticos suprimidos pela carta de 1937.

Em relação às crianças e adolescentes, persiste a vertente assistencialista, surgindo pela primeira vez a menção à adolescência em um texto constitucional:

> DA FAMÍLIA, EDUCAÇÃO E CULTURA
>
> Art. 164. É obrigatória, em todo o território nacional, a assistência à maternidade, à infância e à *adolescência*. A lei instituirá o amparo de famílias de prole numerosa. (grifo nosso)

A permanência no enfoque assistencialista perpetua a noção de que somente as crianças e adolescentes pertencentes às classes sociais mais vulneráveis é que deveriam ser objeto de tutela do Poder Público, o que se reflete na manutenção do Código Mello Mattos como norma jurídica central da regulação da vida de crianças e adolescentes. Não obstante, a feição do Direito no Ocidente passaria por transformações paradigmáticas após a Segunda Guerra Mundial: a fundação da ONU e a publicação da Declaração Universal de Direitos Humanos marcam o início da positivação das normas de Direitos Humanos no plano internacional. No campo da infância, é importante registrar a criação da Unicef em 1946. Sob influência desse contexto, em 1943 havia sido formada uma Comissão Revisora do Código Mello Mattos.

Todavia, o golpe militar em 1964 levou à dissolução da comissão (AMIN, 2017, p. 52), e o novo desenho político e institucional estabelecido pelo regime autoritário não deixará de repercutir no tratamento jurídico dispensado às crianças e aos adolescentes: no mesmo ano de 1964 é extinto o SAM e criada a Fundação Nacional do Bem-Estar do Menor (Funabem) pela Lei n. 4.513/64, que propunha a modernização do setor, cabendo a ela formular e implantar a Política Nacional do Bem-Estar do Menor em cada estado, "integrando-se a programas nacionais de desenvolvimento econômico e social, dimensionando as necessidades afetivas, nutritivas, sanitárias e educacionais dos internos e racionalizando os métodos" (PASSETTI, 1999, p. 363-4).

Embora a Constituição de 1946 e suas disposições democráticas permanecessem formalmente em vigor, o regime autoritário dos militares operará por meio de Atos Institucionais, que progressivamente suprimirão os direitos civis e políticos (CARVALHO, 2007, p. 160), até a entrada em vigor da Constituição de 1967, que restringirá ainda mais os direitos fundamentais.

Crianças e adolescentes na Constituição de 1967

A Constituição de 1967 foi produzida e vigorou durante a ditadura militar (1964-1985), período de supressão legal e violação de Direitos fundamentais por parte do Estado, cenário acentuado pela edição do Ato Institucional n. 5, em dezembro de 1968. Assim sendo, seu texto relegou a segundo plano a proteção constitucional aos direitos fundamentais[21] de forma geral, e suas previsões relativas às crianças e adolescentes foram tímidas[22], incorporadas nas disposições relativas à família[23], ainda sob a chave do assistencialismo:

> Art. 167. A família é constituída pelo casamento e terá direito à proteção dos Poderes Públicos.
>
> (...)
>
> § 4º *A lei* instituirá a *assistência* à maternidade, *à infância e à adolescência*. (grifo nosso)

A lei a que se refere o § 4º do art. 167 é o Código de Menores de 1979[24], que entrou em vigor nos últimos anos da ditadura militar, e pretendia ser mais um exemplo do rigor autoritário dos ditadores militares[25]. Muito embora a abertura do regime militar tenha início com o governo do General Ernesto Geisel em 1974, sendo inclusive publicada a Lei da Anistia[26] em

21. Os direitos e garantias fundamentais eram objeto do Capítulo IV da Constituição de 1967, que continha apenas dois artigos: o art. 150, que arrolava em 35 parágrafos os direitos fundamentais, e o art. 151, que tratava da hipótese de suspensão dos direitos políticos por dez anos nos casos de "abuso" dos direitos à livre manifestação do pensamento, à liberdade de trabalho, de reunião de associação, ou dos direitos políticos "para atentar contra a ordem democrática ou praticar a corrupção".

22. É interessante notar que, em paralelo, a Constituição determinava obrigações ao empresariado no sentido de fornecer o acesso à educação para seus empregados e os filhos destes: "Art. 170. As empresas comerciais, industriais e agrícolas são obrigadas a manter, pela forma que a lei estabelecer, o ensino primário gratuito de seus empregados e dos filhos destes. Parágrafo único. As empresas comerciais e industriais são ainda obrigadas a ministrar, em cooperação, aprendizagem aos seus trabalhadores menores".

23. Somente reconhecida pelo casamento, conforme texto expresso da Constituição.

24. Para acessar o texto integral: http://www.planalto.gov.br/ccivil_03/leis/1970-1979/L6697impressao.htm.

25. Gutemberg Alexandrino Rodrigues afirma que o Código pode ser considerado "propaganda política do regime (...)", e que simbolizava "a ideia de uma nação forte, preconizada pelos militares" (p. 20). In: *Os filhos do mundo: a face oculta da menoridade (1964-1979)*; Monografias IBCCrim, volume 17, 2001.

26. A Lei n. 6.683/79, nos termos de seu art. 1º, concedeu "anistia a todos quantos, no período compreendido entre 2 de setembro de 1961 e 15 de agosto de 1979, cometeram crimes políticos ou conexo com estes, crimes eleitorais, aos que tiveram seus direitos políticos suspensos e aos servidores da Administração Direta e Indireta, de fundações vinculadas ao poder público,

1979 – o que denotava a intenção de algum avanço no campo dos direitos humanos no Brasil – esse cenário não se refletiu no tratamento jurídico dado a crianças e adolescentes: o regime militar tratará a "questão dos menores" como problema de "segurança nacional" e estabelecerá a ideia do Estado como preceptor da questão do menor, confundindo a trajetória da Funabem com a própria trajetória do regime autoritário (RODRIGUES, 2001, p. 18). Nesse período, a Doutrina do Direito do Menor, já em construção desde o início do século XX, se consolidará, instituindo a categoria jurídica do "menor" como a criança em relação à situação de abandono e marginalidade. Essa representação será fruto da interação dos discursos legais e médicos, que juntos contribuíram para delinear a condição civil e jurídica das crianças e adolescentes provenientes das classes sociais vulneráveis (RODRIGUES, 2001, p. 273).

O texto adotou a denominada doutrina da "situação irregular", que dispunha "sobre a assistência, proteção e vigilância" a menores "de até dezoito anos de idade", que se encontrassem "em situação irregular". Como já mencionado, a Constituição de 1967 (vigente à época do Código de Menores de 1979) não reconhecia crianças e adolescentes como sujeitos de Direito, nem continha qualquer previsão para regulamentar direitos especificamente concebidos para essa faixa etária, restringindo-se a determinar a instituição por lei de "assistência à maternidade, à infância e à adolescência", adotando fundamento expressamente assistencialista, e não de juridicização de direitos fundamentais.

O Código de Menores de 1979 perpetuou a divisão jurídica das crianças e adolescentes brasileiros em duas infâncias distintas por um critério que se materializava nas diferenças econômicas e sociais: uma "regular" e outra "irregular". A "regular" prescinde de definição legal e corresponde às crianças que não passam por qualquer "privação de condições essenciais à sua subsistência, saúde e instrução obrigatória" e são, portanto, consideradas a salvo do "perigo moral" e cuja conduta não é desviante. Destas o Estado não se ocupa, pois somente as crianças em situação irregular serão legalmente definidas e estarão sob vigilância do Estado:

> Art. 1º Este Código dispõe sobre assistência, proteção e vigilância a menores:
>
> I – até dezoito anos de idade, que se encontrem em situação irregular;

---

aos Servidores dos Poderes Legislativo e Judiciário, aos Militares e aos dirigentes e representantes sindicais, punidos com fundamento em Atos Institucionais e Complementares".

A doutrina da situação irregular reproduzia em sua essência o pensamento menorista já manifestado no Código de Menores de 1927: continuava a classificar crianças e adolescentes não como pessoas sujeitos de Direito, mas sim como objetos de tutela e intervenção dos adultos, o que deveria ocorrer em caso de se encontrar o menor de 18 anos na mencionada "situação irregular", definida pelo art. 2º do Código:

> Art. 2º Para os efeitos deste Código, considera-se em situação irregular o menor:
>
> I – privado de condições essenciais à sua subsistência, saúde e instrução obrigatória, ainda que eventualmente, em razão de:
>
> a) falta, ação ou omissão dos pais ou responsável;
>
> b) manifesta impossibilidade dos pais ou responsável para provê-las;
>
> II – vítima de maus tratos ou castigos imoderados impostos pelos pais ou responsável;
>
> III – em perigo moral, devido a:
>
> a) encontrar-se, de modo habitual, em ambiente contrário aos bons costumes;
>
> b) exploração em atividade contrária aos bons costumes;
>
> IV – privado de representação ou assistência legal, pela falta eventual dos pais ou responsável;
>
> V – com desvio de conduta, em virtude de grave inadaptação familiar ou comunitária;
>
> VI – autor de infração penal.

Em outras palavras, a doutrina adotada na legislação anterior colocava sob a mesma categoria jurídica de "situação irregular" duas situações distintas, as quais o Estatuto da Criança e do Adolescente viria a diferenciar, denominando-as como "situação de risco" e "prática de ato infracional". Além de não estabelecer essa diferenciação (e, consequentemente, não designar medidas jurídicas específicas e individualizadas para cada um dos casos), o Código de Menores continha formulações vagas e carregadas de conotação moral, tais como o "perigo moral" e o "desvio de conduta", que seriam definidas pelo critério moral do julgador.

Em suma, o Código de Menores de 1979 não alterou significativamente o cenário construído pelo Código de Mello Mattos: continuava a permitir a institucionalização ao largo de regras processuais ou constitucionais, bem como o aprisionamento de adolescentes com adultos (SPOSATO, 2011, p. 68).

Crianças e adolescentes na Constituição de 1988

Será somente durante a transição para a democracia, após os 21 anos da ditadura militar, que se realizarão no Brasil os debates sobre o reconhecimento legal da garantia dos direitos e da proteção da criança e do adolescente. A Assembleia Nacional Constituinte, realizada entre 1987 e 1988, contará com a participação de movimentos sociais como o Movimento Nacional de Meninos e Meninas de Rua, trazendo suas principais reivindicações, e também com campanhas como a Campanha Criança e Constituinte (PINHEIRO, 2004, p. 344).

A concepção constitucional da criança e do adolescente como sujeitos de Direito representa a ruptura jurídica com a ideia de crianças e adolescentes como objeto de intervenção e tutela do mundo adulto, substituída pela proposta de sua proteção integral, extinguindo a distinção entre "menores em situação irregular" e os "regulares".

Pela primeira vez um texto constitucional brasileiro conterá dispositivos específicos reconhecendo direitos de crianças e adolescentes: o Título VII da Constituição Federal dispõe sobre a Ordem Social, e seu Capítulo VII contém os dispositivos sobre a família, a criança, o adolescente e o idoso, e os arts. 227 a 229 tratam dos direitos fundamentais de crianças e adolescentes e os correspondentes deveres da família, sociedade e Estado. Dessa forma, os direitos contidos no ECA são fundamentais e todos têm correspondência ou fundamento constitucional.

> CAPÍTULO VII
>
> Da Família, da Criança, do Adolescente, do Jovem e do Idoso
>
> Art. 227. É dever da família, da sociedade e do Estado assegurar à criança, ao adolescente e ao jovem, com absoluta prioridade, o direito à vida, à saúde, à alimentação, à educação, ao lazer, à profissionalização, à cultura, à dignidade, ao respeito, à liberdade e à convivência familiar e comunitária, além de colocá-los a salvo de toda forma de negligência, discriminação, exploração, violência, crueldade e opressão.

Também pela primeira vez estabelecem-se parâmetros orçamentários para que o Estado cumpra suas obrigações no que diz respeito aos direitos sociais de crianças e adolescentes:

> § 1º O Estado promoverá programas de assistência integral à saúde da criança, do adolescente e do jovem, admitida a participação de entidades não governamentais, mediante políticas específicas e obedecendo aos seguintes preceitos:

I – aplicação de percentual dos recursos públicos destinados à saúde na assistência materno-infantil;

II – criação de programas de prevenção e atendimento especializado para as pessoas portadoras de deficiência física, sensorial ou mental, bem como de integração social do adolescente e do jovem portador de deficiência, mediante o treinamento para o trabalho e a convivência, e a facilitação do acesso aos bens e serviços coletivos, com a eliminação de obstáculos arquitetônicos e de todas as formas de discriminação.

(...)

§ 7º No atendimento dos direitos da criança e do adolescente levar-se-á em consideração o disposto no art. 204[27].

O texto constitucional proibirá o trabalho infantil e fornecerá as balizas para a proteção especial do trabalho do adolescente a partir dos 14 anos:

§ 3º O direito a proteção especial abrangerá os seguintes aspectos:

I – idade mínima de quatorze anos para admissão ao trabalho, observado o disposto no art. 7º, XXXIII;

II – garantia de direitos previdenciários e trabalhistas;

III – garantia de acesso do trabalhador adolescente e jovem à escola;

O procedimento para apuração de ato infracional e a imposição de medidas de privação de liberdade ganham garantias de observância do devido processo legal e da ampla defesa, tornando automaticamente inconstitucional o Código de Menores de 1979:

IV – garantia de pleno e formal conhecimento da atribuição de ato infracional, igualdade na relação processual e defesa técnica por profissional habilitado, segundo dispuser a legislação tutelar específica;

---

27. "Art. 204. As ações governamentais na área da assistência social serão realizadas com recursos do orçamento da seguridade social, previstos no art. 195, além de outras fontes, e organizadas com base nas seguintes diretrizes: I – descentralização político-administrativa, cabendo a coordenação e as normas gerais à esfera federal e a coordenação e a execução dos respectivos programas às esferas estadual e municipal, bem como a entidades beneficentes e de assistência social; II – participação da população, por meio de organizações representativas, na formulação das políticas e no controle das ações em todos os níveis. Parágrafo único. É facultado aos Estados e ao Distrito Federal vincular a programa de apoio à inclusão e promoção social até cinco décimos por cento de sua receita tributária líquida, vedada a aplicação desses recursos no pagamento de: I – despesas com pessoal e encargos sociais; II – serviço da dívida; III – qualquer outra despesa corrente não vinculada diretamente aos investimentos ou ações apoiados."

V – obediência aos princípios de brevidade, excepcionalidade e respeito à condição peculiar de pessoa em desenvolvimento, quando da aplicação de qualquer medida privativa da liberdade;

As situações de vulnerabilidade passam a ter tratamento jurídico distinto das situações de prática de ato infracional:

VI – estímulo do Poder Público, através de assistência jurídica, incentivos fiscais e subsídios, nos termos da lei, ao acolhimento, sob a forma de guarda, de criança ou adolescente órfão ou abandonado;

VII – programas de prevenção e atendimento especializado à criança, ao adolescente e ao jovem dependente de entorpecentes e drogas afins.

§ 4º A lei punirá severamente o abuso, a violência e a exploração sexual da criança e do adolescente.

Além da garantia dos mesmos direitos entre filhos naturais e adotivos, a assistência à adoção pelo Poder Público se torna norma constitucional:

§ 5º A adoção será assistida pelo Poder Público, na forma da lei, que estabelecerá casos e condições de sua efetivação por parte de estrangeiros.

Ao reconhecer crianças e adolescentes como sujeitos de Direito, a Constituição lhes confere a titularidade de direitos fundamentais, entre eles a igualdade: não há mais que se fazer distinção de tratamento jurídico entre filhos "legítimos" e "ilegítimos":

§ 6º Os filhos, havidos ou não da relação do casamento, ou por adoção, terão os mesmos direitos e qualificações, proibidas quaisquer designações discriminatórias relativas à filiação.

Ainda, o texto constitucional passa a conter normas de continuidade de cuidados com os jovens[28]:

§ 8º A lei estabelecerá:

I – o estatuto da juventude, destinado a regular os direitos dos jovens;

II – o plano nacional de juventude, de duração decenal, visando à articulação das várias esferas do poder público para a execução de políticas públicas.

---

28. O Estatuto da Juventude foi instituído pela Lei n. 12.852/2013, que estabelece os direitos dos jovens e os princípios e diretrizes das políticas públicas de juventude, além do Sistema Nacional da Juventude (Sinajuve). Consideram-se "jovens" as pessoas com idade entre 15 e 29 anos, nos termos do art. 1º, § 1º da lei, sendo que o § 2º ressalva a aplicação do Estatuto da Criança e do Adolescente aos adolescentes com idade entre 15 e 18 anos e, excepcionalmente, o Estatuto da Juventude, quando não conflitar com as normas de proteção integral do adolescente.

É também em 1988 que se estabelece pela primeira vez fundamento constitucional para a inimputabilidade penal de crianças e adolescentes:

> Art. 228. São penalmente inimputáveis os menores de dezoito anos, sujeitos às normas da legislação especial.

O disposto no art. 228 da Constituição Federal é corolário do princípio da isonomia, que assegura a dimensão material do direito à igualdade: o Direito deve tratar igualmente os iguais e desigualmente os desiguais, na medida de suas desigualdades. Adultos não são iguais a crianças e adolescentes e, por isso, a isonomia entre pessoas de faixa etária diferente somente ser realizada no campo penal por formas diferentes de responsabilização[29].

São estabelecidos deveres recíprocos de cuidados entre pais e filhos:

> Art. 229. Os pais têm o dever de assistir, criar e educar os filhos menores, e os filhos maiores têm o dever de ajudar e amparar os pais na velhice, carência ou enfermidade.

Por fim, é importante acrescentar que a partir da Constituição de 1988, todas as crianças e adolescentes passam a ser sujeitos de Direito, prevendo-se adicionalmente o direito à assistência social para aquelas pertencentes às classes economicamente vulneráveis. Se em textos constitucionais anteriores[30] justificava-se a retirada da criança ou adolescente da família de origem a pretexto de sua proteção, a partir de 1988 o ECA preverá políticas públicas para famílias pobres:

> DA ASSISTÊNCIA SOCIAL
>
> Art. 203. A assistência social será prestada a quem dela necessitar, independentemente de contribuição à seguridade social, e tem por objetivos:
>
> I – a proteção à família, à maternidade, à infância, à adolescência e à velhice;
>
> II – o amparo às crianças e adolescentes carentes;

---

29. A constitucionalização da regra da imputabilidade penal será abordada de forma mais aprofundada no Capítulo 2, no tópico *A questão da idade penal: repercussões sociais e jurídicas*.

30. A exemplo do art. 127 da Constituição de 1937, que determinava que o "abandono moral, intelectual ou físico da infância e da juventude importará falta grave dos responsáveis por sua guarda e educação, e cria ao Estado o dever de provê-las do conforto e dos cuidados indispensáveis à preservação física e moral", possibilitando juridicamente ao Estado extinguir o poder familiar (então denominado pátrio poder) de famílias sobre as quais recaíssem estigmas sociais associados ao abandono.

Art. 208. O dever do Estado com a educação será efetivado mediante a garantia de:

V – educação infantil, em creche e pré-escola, às crianças até 5 (cinco) anos de idade;

O novo texto legal elaborado a partir da Constituição de 1988 estabelecerá proibições de que pobreza e drogadição sejam *de per si* motivos para perda do poder familiar, conforme será explicado em tópico próprio no próximo capítulo.

Além do contexto histórico e social brasileiro de democratização e positivação de direitos fundamentais, no plano internacional novos instrumentos jurídicos fortalecerão os sistemas domésticos de proteção às crianças e adolescentes.

Além da publicação do Estatuto da Criança e do Adolescente em 1990, outras leis preverão direitos específicos com base no texto constitucional: em 2006, o Conselho Nacional dos Direitos da Criança e do Adolescente (Conanda) emitiu a Resolução n. 119/2006, instituindo pela primeira vez o Sistema Nacional Socioeducativo, que em 2007 foi apresentado como projeto de lei (PL n. 1.627/2007) ao Plenário da Câmara dos Deputados, tendo sido convertido na Lei n. 12.594/2012, que ficaria conhecida como Lei do Sistema Nacional Socioeducativo, responsável pela regulação legal da execução das medidas socioeducativas.

A Lei n. 13.257/2016, que ficou conhecida como Marco Legal da Primeira Infância, é uma legislação multidisciplinar, que tem por objetivo assegurar direitos de crianças de zero a seis anos, por meio da formulação e implementação de políticas públicas específicas. A nova lei alterou textos de outras legislações, como o Estatuto da Criança e do Adolescente, a Consolidação das Leis do Trabalho e até mesmo o Código de Processo Penal, além de leis referentes a registro civil e a incentivos a empresas para concessão de licença maternidade e paternidade. Trata-se, portanto, de uma lei referente a direitos econômicos, sociais e culturais – ou seja, é uma legislação que tem por objetivo ampliar o alcance e o exercício de direitos humanos das crianças.

Após percorrer a trajetória histórica da construção sociocultural da criança e do adolescente como sujeitos, bem como da incorporação de seu reconhecimento aos ordenamentos jurídicos, torna-se evidente a relevância dessa abordagem, a reforçar a importância de um texto constitucional que reconheça crianças e adolescentes como sujeitos de direito e seu impacto na legislação infraconstitucional.

2

A CONSTITUIÇÃO FEDERAL DE 1988 E O ESTATUTO DA CRIANÇA E DO ADOLESCENTE: COMPREENDENDO OS DIREITOS DAS CRIANÇAS E DOS ADOLESCENTES COMO DIREITOS HUMANOS

2.1. Por que há direitos específicos de crianças e adolescentes?

Conforme já abordamos na Introdução desta obra, o *Direito da Criança e do Adolescente* corresponde ao conjunto de normas jurídicas que regulam as relações sociais havidas entre crianças, adolescentes e adultos nos diversos contextos sociais, quais sejam, as entidades familiares, a sociedade civil e as instituições formadoras do Estado. Regular juridicamente essas relações implica duas consequências: (i) reconhecer direitos de crianças e adolescentes e (ii) atribuir os deveres correspondentes aos adultos, seja na posição social de familiar, de representante das instituições estatais ou de membro da sociedade civil.

Essa concepção contemporânea que prevê um conjunto de direitos específicos para crianças e adolescentes (e que, como visto no Capítulo 1, somente se consolida no final do século XX) por vezes é compreendida de forma equivocada, interpretando-se erroneamente tais previsões como excessivamente permissivas com as crianças e adolescentes, "privilegiando-lhes" com uma série de direitos sem impor nenhum dever. E aqui é importante esclarecer o equívoco: quando se fala de direitos e deveres em sua acepção jurídica, fazemos referência à situação em que um determinado sujeito tem a obrigação legal de praticar um ato (ou, em certos casos, de não praticar) em vantagem de outro sujeito, sob pena de sofrer uma sanção. Essa é, precisamente, a descrição de uma *relação jurídica*, que é aquela definida por uma norma jurídica que estabelece faculdades (direitos) e obrigações (deveres) entre as partes ali designadas, cuja sanção pelo descumprimento pode ser exigida do Estado. Portanto, pensar o *Direito da Criança e do Adolescente* significa pensar nos direitos e deveres de crianças e adolescentes nessa acepção jurídica. A condição peculiar de desenvolvimento das crianças e adolescentes gera direitos específicos para esse grupo, bem como os deveres jurídicos específicos correspondentes para os adultos.

Também é equivocada a noção de que crianças e adolescentes não teriam deveres: como toda cidadã e cidadão, crianças e adolescentes são juridicamente obrigados a não violar direitos de terceiros (ou seja, estão proibidos de atentar contra a vida, a integridade física, a propriedade e qualquer outro direito de quem quer que seja). Nem o Estatuto da Criança e do Adolescente, nem qualquer outra legislação autorizam qualquer criança ou adolescente a descumprir a lei ou a Constituição Federal. Porém, há muitas diferenças entre pessoas adultas e as crianças e os adolescentes, que justificam haver previsões legais diversas para cada um desses grupos etários. Essas previsões são estabelecidas em respeito ao princípio da isonomia, que determina à lei tratar igualmente os iguais e desigualmente os desiguais. É por essa razão que as consequências legais aplicáveis a um adulto que descumpra a lei serão distintas daquelas referentes às crianças e aos adolescentes: os adultos a quem se atribua a prática de um crime estão sujeitos às penas impostas por processo criminal, enquanto a atribuição de prática de ato infracional poderá impor medidas de proteção para as crianças e socioeducativas para os adolescentes[1]. Por outro lado, a capacidade de autonomia e de autogestão dos adultos também autoriza que a lei preveja direitos que lhes são específicos, vedados para quem tem menos de dezoito anos, tais como consumir determinadas substâncias regulamentadas (como tabaco e álcool), conduzir veículo automotor, adquirir propriedades, entre outros direitos – e não "privilégios" – que somente podem ser exercidos por quem detiver capacidade plena.

Deveres morais como "respeitar os pais", "ir à escola", ou "respeitar professores" não são juridicamente exigíveis: não se pode processar uma criança ou adolescente por comportamento socialmente inadequado. Mas é possível acionar juridicamente pais ou responsáveis por maus tratos aos seus filhos, ou o Estado por não cumprimento de direitos como educação e saúde. Isto não significa dizer que as interações sociais de crianças e adolescentes não sejam também pautadas por regras morais e éticas, que irão variar de acordo com a época, o lugar, os valores de cada família (e mesmo de cada indivíduo). Mas não se pode confundi-las com os direitos e deveres estipulados juridicamente: nem toda interação social é (ou pode ser) regulada por normas jurídicas. Neste capítulo, examinaremos quais foram as

1. As consequências legais decorrentes da prática de ato infracional serão examinadas em detalhe no tópico "As medidas socioeducativas", neste capítulo.

relações sociais que o Estado entendeu ser necessário regular por norma jurídica, buscando compreender o contexto social, cultural e político subjacente a esse processo, como forma de uma compreensão aprofundada da norma jurídica e do papel social que desempenha.

2.2. Os direitos das crianças e adolescentes no Direito internacional dos Direitos Humanos: relembrando a formulação das gerações de direitos

O conjunto de normas que denominamos Direitos Humanos corresponde a uma construção histórica na qual se observa o reconhecimento e a positivação de determinados direitos em contextos históricos, culturais e políticos específicos. Porém, essa construção se deu em meio a muitas contradições, mantendo minorias políticas historicamente apartadas de diversos processos de estabelecimento de direitos, sem lhes reconhecer a condição de pessoa e de sujeito de Direito.

Essa ambiguidade presente na gênese dos Direitos Humanos desde a passagem para a Modernidade se evidenciará no século XX na existência de tratados internacionais para tratar de grupos específicos de pessoas, a exemplo da Convenção para Eliminação de todas as Formas de Discriminação contra a Mulher (1979), da Convenção sobre a Eliminação de Todas as Formas de Discriminação Racial (1965) e, claro, da Convenção dos Direitos das Crianças (1989), levantando a seguinte questão: se os Direitos Humanos são universais nos termos da Declaração Universal de 1948, isso não deveria bastar para que todos tivessem acesso aos mesmos direitos?

A experiência histórica e as evidências empíricas cuidaram de demonstrar haver diferenças nas vidas das pessoas pertencentes a diferentes segmentos sociais, por exemplo na desproporção da população de negros e brancos em estabelecimentos prisionais no Brasil e nos Estados Unidos[2]; ou entre mulheres e homens em Parlamentos[3], ou nas previsões legais que autorizavam a aplicação de castigos físicos a crianças e adolescentes[4]. Todos os exemplos mencionados tratam de direitos humanos: liberdade de ir e vir

---

2. A respeito do perfil da população carcerária no Brasil, acessar o Mapa do Encarceramento 2015 em: http://juventude.gov.br/articles/participatorio/0010/1092/Mapa_do_Encarceramento_-_Os_jovens_do_brasil.pdf. Acesso em: agosto de 2018.

3. A exemplo da Câmara dos Deputados no Brasil. A esse respeito, ver: http://www2.camara.leg.br/a-camara/documentos-e-pesquisa/fiquePorDentro/temas/temas-anteriores-desativados-sem-texto-da-consultoria/mulheresnoparlamento/bancada-feminina. Acesso em: agosto de 2018.

4. O crime de maus-tratos será debatido no Capítulo 3, no tópico "Crimes decorrentes da violação dos deveres de proteção a criança e adolescente".

(e os limites à sua privação), participação na vida política e educação são direitos humanos, e os exemplos das situações mencionadas mostram que pessoas pertencentes a determinados grupos vão ser mais ou menos presentes em algumas situações sociais correlatas ao exercício de direitos. Isso significa que, empiricamente, verifica-se que aqueles direitos propostos inicialmente como universais acabam se restringindo a alguns grupos de pessoas.

Foi o que ocorreu com as crianças e adolescentes[5]. Conforme já afirmado em outros tópicos, foi somente no final do século XX que crianças e adolescentes foram reconhecidos como sujeitos de Direito, o que implica também que seus direitos foram reconhecidos como Direitos Humanos.

Por isso, vale aqui fazer uma digressão para lembrarmos o processo histórico de reconhecimento dos Direitos Humanos para compreender as previsões do ECA relativas a tais direitos direcionados para crianças e adolescentes. Para fins didáticos, divide-se recorrentemente a história dos Direitos Humanos em "direitos de 1ª geração" e "direitos de 2ª geração". Mas é importante frisar que esta divisão se presta apenas a uma melhor compreensão do tema, e é imprescindível problematizá-la para compreender a narrativa da História dos Direitos Humanos no Ocidente sem presumi-la seja neutra ou livre de contradições.

Essa percepção da necessidade de alguma intervenção estatal para que o acesso ao mínimo de direitos fosse estendido a todas as pessoas surge a partir do século XIX e avança até os primeiros anos do século XX, quando os efeitos da Revolução Industrial ocorrida entre o final do século XVIII e a primeira metade do século XIX começavam a se fazer sentir, refletidos nos primeiros sinais da desigualdade social que brotava entre proletários e detentores do capital e dos meios de produção. Se as Revoluções Liberais dos séculos XVII e XVIII tiveram o mérito de estabelecer que a lei não faria distinção de tratamento entre os cidadãos, no campo econômico fez desenvolver as ideias da livre concorrência e da liberdade de contratar, partindo do pressuposto de que as relações entre capitalistas e proletários eram igualitárias. Contudo, o agravamento das desigualdades sociais nos países industrializados fundamentou a ideia de que a abstenção do Estado poderia significar uma omissão quanto à garantia da dignidade da pessoa humana.

Assim, movimentos sociais como ocorridos no México e na Rússia (1917), bem como na Alemanha (1919) produziram documentos (como a

5. Como já debatido no Capítulo 1.

Constituição Mexicana, a Constituição do Povo Trabalhador e Explorado da Rússia e a Constituição de Weimar) em que constavam não somente previsões de direitos civis decorrentes de deveres de abstenção do Estado, mas também previsões de prestações positivas do Estado no sentido de assegurar, sempre que necessário, tratamento desigual para os desiguais, sempre com o escopo de reduzir tais desigualdades. São exemplos disso as previsões referentes a direitos dos trabalhadores (em decorrência da conclusão de que a liberdade formal de contratação não impedia situações abusivas em relação a estes), como ocorreu de maneira inaugural na Constituição Mexicana, ou a estruturação mais elaborada de uma social-democracia (com previsões quanto à educação pública e de direitos fundamentais com forte conteúdo social), como feito pela Constituição de Weimar, ou ainda declarações mais radicais, como ocorreu com a abolição da propriedade privada decretada pela Constituição do Povo Trabalhador e Explorado da União Soviética.

Os direitos econômicos, sociais e culturais são aqueles associados ao direito à igualdade em sua dimensão material, ou seja: o conteúdo enunciado no princípio esclarece que a garantia de igualdade perante a lei é insuficiente para assegurar que, na prática, todos os indivíduos tenham igual acesso a bens e direitos, sendo necessário, desta forma, que o Estado tome medidas neste sentido.

Embora fossem incorporados em processos políticos, nem os direitos civis e políticos, nem os direitos econômicos, sociais e culturais foram positivados como um conjunto de Direitos Humanos Universais até o ano de 1948, no contexto do pós-Segunda Guerra Mundial, quando a inédita violência do conflito[6] foi vista como uma ruptura com todos os antecedentes de direitos fundamentais que vinham se construindo desde o século XVIII. Essa constatação fomenta o ambiente político para a criação de sistemas internacionais de proteção aos direitos humanos, que articularão órgãos e instituições nas esferas nacional e internacional a possibilitar a demanda jurídica no caso de violação de direitos humanos. No âmbito global, a ONU é fundada em 1948, ano em que é adotada e proclamada pela Resolução n. 217-A (III) da Assembleia Geral das Nações Unidas a Declaração Universal dos Direitos Humanos. A Declaração foi aprovada por votação unânime de

6. Em especial com as múltiplas violações perpetradas pela Alemanha nazista (que elaborou normas fundamentadas em ideologia racista pretensamente científica, e determinou legalmente a perseguição dos cidadãos não arianos) e a bomba atômica jogada contra populações civis japonesas (cujos efeitos de seu alto poder de destruição ultrapassaram em muitas gerações além daquelas atingidas pelo ataque).

48 Estados[7] e contempla os direitos civis e políticos (arts. 3º a 21) e econômicos, sociais e culturais (arts. 22 a 28) sob uma perspectiva de indivisibilidade, interdependência e universalidade. Em 1966, após quase duas décadas de debates acerca da força jurídica vinculante da Declaração, foram aprovados dois pactos pela Assembleia da ONU: o Pacto dos Direitos Civis e Políticos e o Pacto dos Direitos Econômicos, Sociais e Culturais.

A partir de então, inicia-se o processo de elaboração de tratados prevendo direitos de minorias políticas, observando-se suas especificidades históricas, culturais e sociais. É neste contexto que começam a ser produzidos os primeiros documentos que reconhecem crianças e adolescentes como sujeitos de Direito[8], e no qual se inserirá, no final do século XX, o Estatuto da Criança e do Adolescente e a legislação brasileira contemporânea. Aqui há uma sobreposição de um contexto global a outro nacional, correspondente à redemocratização após 21 anos de ditadura militar. A Constituição Federal de 1988 é considerada o marco jurídico desse processo, por alçar o ser humano e a preservação de sua dignidade a posições centrais da nova organização política do Estado brasileiro, com a valorização dos Direitos Humanos a possibilitar o reconhecimento expresso de novos sujeitos de Direito: pela primeira vez, mulheres e homens são juridicamente considerados iguais perante a lei, pessoas indígenas ganham capítulo próprio no texto constitucional e crianças e adolescentes passam a integrar essa categoria jurídica. Esse novo olhar, somado aos tratados internacionais sobre direitos das crianças e adolescentes que passavam a ser adotados à época[9], devendo ser mencionados, além da própria Convenção da Criança, outros textos tais como as Regras Mínimas das Nações Unidas para a Administração da Justiça da Infância e da Juventude (Regras de Beijing, 1980), a Declaração Mundial Sobre a Sobrevivência, a Proteção e o Desenvolvimento da Criança nos Anos 90 (1990) e os Princípios das Nações Unidas para a Prevenção da Delinquência Juvenil (Princípios Orientadores de Riad, 1990), que influenciaram a formulação de uma nova legislação referente ao Direito da Infância e Juventude.

A Convenção das Nações Unidas sobre os Direitos da Criança, adotada em 1989, é o primeiro documento internacional de força vinculante (ou

---

7. Tendo havido, todavia, oito abstenções.

8. A exemplo do Congresso internacional de Menores (1911) e da Declaração de Gênova de Direitos da Criança (1924), que demonstram o reconhecimento da existência de um Direito da Infância pela Liga das Nações.

9. Embora seja importante destacar a existência prévia da Declaração dos Direitos da Criança (1959).

seja, que obriga juridicamente os Estados-partes a adotarem seus dispositivos e aplicá-los à sua ordem jurídica doméstica) a reconhecer crianças e adolescentes como sujeitos de Direito e a afirmar seus direitos como dimensão dos Direitos Humanos. Mas para que se chegasse a esse documento, houve movimentações pontuais com iniciativas de se reconhecer os direitos de crianças e adolescentes que remontam ao período entre as duas guerras mundiais. A Primeira Guerra Mundial (1914-1918) foi marcada por uma violência até então inédita (e que somente seria superada em lesividade pela Segunda Guerra Mundial), cujo impacto nas populações civis – incluindo-se crianças – fomentou a preocupação com a vida, a segurança e a integridade física destas pessoas, dando origem ao Direito Humanitário (que corresponde à regulamentação jurídica do uso de violência em situação de guerra e direitos das vítimas de conflitos armados). Datam deste período textos como os do polonês Janusz Korczak, de 1919 e 1929, e a Declaração dos Direitos das Crianças elaborada pela sessão moscovita da organização Proletkult (ROSEMBERG, MARIANO, 2010).

No período entre Guerras, além do desenvolvimento do Direito Humanitário, também se verificam os primeiros esforços de cooperação internacional para manutenção da paz com a criação da Organização Internacional do Trabalho (a primeira organização internacional fundada para proteção dos direitos de pessoas – e não apenas de Estados ou organizações internacionais –, sendo voltada para a promoção de padrões internacionais de bem-estar no trabalho, e já nessa época elaborará convenções para combater o trabalho infantil) e a Liga das Nações (primeira experiência de relativização da soberania estatal), organização atuante entre 1919 e 1946 que chega a produzir alguns documentos relativos a direitos humanos, como a Declaração de Genebra sobre os Direitos da Criança (1924)[10], redigida pela reformadora social inglesa Eglantyne Jebb e considerada o primeiro documento internacional de promoção de direitos das crianças. Além do contexto do final da Primeira Guerra Mundial, Jebb também foi influenciada pelas guerras promovidas pelos turcos otomanos (1919-1922) e a crise de fome russa (ocorrida entre 1921 e 1922), eventos que, ao vitimarem gravemente crianças, contribuiu para o surgimento da ideia da primazia de socorro destas (STORNIG, 2015).

A Declaração de Genebra continha apenas quatro artigos, cuja leitura permite verificar que seu conteúdo ainda é referência para a positivação de

10. Disponível em: https://www.unicef.org/vietnam/01_-_Declaration_of_Geneva_1924.PDF. Acesso em: julho de 2018.

direitos de crianças e adolescentes no plano do Direito Internacional dos Direitos Humanos:

1. A criança deve receber os meios necessários para o seu desenvolvimento normal, tanto material quanto espiritualmente;
2. A criança que está com fome deve ser alimentada; a criança doente deve ser cuidada; a criança que está em defasagem deve ser ajudada; a criança delinquente deve ser reclamada; e o órfão e a criança abandonada devem ser abrigados e socorridos;
3. A criança deve estar em condições de ganhar a vida, e deve ser protegida contra toda forma de exploração;
4. A criança deve ser educada na consciência de que seus talentos devem ser dedicados ao serviço de outros homens[11].

A respeito desses movimentos em defesa dos direitos da criança ocorridos no início do século XX, observa Katharina Stornig (2015):

> Ao mesmo tempo, esses ativistas também se voltaram para as crianças por razões políticas, pois foi na figura da criança inocente e educável que encontraram a esperança de um futuro pacífico e democrático. Embora os estados e as igrejas estivessem prestando mais atenção à educação dos jovens como recursos do futuro desde o século XIX, grupos ativistas na Europa entre guerras incutiram o bem-estar infantil em sua luta pela democratização internacional e pela paz[12].

A atuação da Liga das Nações se mostrou insuficiente com o início de um novo conflito mundial em 1938, caracterizado pelo emprego de novas formas de violência[13], as quais, ao término dos combates, conduziram ao

11. Livre tradução da autora. No original: "1. The child must be given the means requisite for its normal development, both materially and spiritually; 2. The child that is hungry must be fed; the child that is sick must be nursed; the child that is backward must be helped; the delinquent child must be reclaimed; and the orphan and the waif must be sheltered and succored; 3. The child must be put in a position to earn a livelihood, and must be protected against every form of exploitation; 4. The child must be brought up in the consciousness that its talents must be devoted to the service of fellow men".

12. Livre tradução da autora. No original: "At the same time, these activists also turned to children for political reasons, for it was in the figure of the innocent and educable child that they found hope for a peaceful and democratic future. While states and churches had been paying heightened attention to the education of the young as resources of the future since the nineteenth century, activist groups in interwar Europe embedded child welfare in their striving for international democratization and peace". Íntegra do original disponível em: http://wiki.ieg-mainz.de/ghra/articles/stornig-geneva . Acesso em: julho de 2018.

13. Notadamente a elaboração, pela Alemanha nazista, de normas jurídicas fundamentadas em ideologia racista pretensamente científica, determinando legalmente a perseguição dos cidadãos

processo histórico conhecido como internacionalização dos Direitos Humanos, que tem como consequência a relativização do conceito de soberania e a transformação dos indivíduos em sujeitos de Direito Internacional. Os Estados passam a poder integrar sistemas internacionais de Direitos Humanos por meio da assinatura de tratados internacionais, nos quais os Estados limitam seus próprios poderes políticos quando estes violarem direitos fundamentais, e abre a possibilidade de um cidadão seu, que se veja violado em um destes direitos, recorrer a um destes órgãos internacionais para que o país seja responsabilizado. É neste momento histórico que se funda a Organização das Nações Unidas – ONU (1945) e se proclama a Declaração Universal dos Direitos Humanos (1948), marcos normativos que irão impactar toda a produção jurídica dos países que então passarão a integrar politicamente a comunidade internacional.

Em 1948 é adotada a Declaração Universal de Direitos Humanos, considerada o marco jurídico inicial da concepção contemporânea dos Direitos Humanos no plano internacional, com a aprovação unânime de 48 Estados (8 abstenções, nenhum voto contra). Seu texto contempla direitos de primeira geração (arts. 3º a 21) e segunda geração (arts. 22 a 28) de forma indivisível, e é orientada pelos princípios da universalidade, indivisibilidade e interdependência.

É também no contexto da fundação da ONU que se cria o United Nations International Child Emergency Fund (Unicef) em 1946, como resultado da necessidade de assistência às crianças órfãs da Segunda Guerra Mundial (ANDRADE, 2010, p. 82), e em 1959 é proclamada a Declaração Universal dos Direitos da Criança, que reconhece a criança como sujeito de Direito, incorporando o direito à prioridade absoluta, inovando ainda em relação às declarações anteriores, reconhecendo à criança o direito à nacionalidade, ao nome e a desenvolver-se em um clima de paz e amizade (ANDRADE, 2010, p. 83).

A Declaração viria a ser aperfeiçoada pela adoção das Regras Mínimas das Nações Unidas para a Administração da Justiça da Infância e da Juventude (Regras de Beijing, 1980) e os Princípios das Nações Unidas para a Prevenção da Delinquência Juvenil – (Princípios Orientadores de Riad, 1990), que influenciaram a formulação de novas legislações referentes ao Direito da Infância e Juventude. Todavia, todos estes documentos não contavam

---

não arianos, e uso de bomba atômica pelos Estados Unidos contra populações civis japonesas, cujos efeitos de seu alto poder de destruição ultrapassaram em muitas gerações além daquelas atingidas pelo ataque.

com força jurídica vinculante em razão de sua natureza declaratória – esta característica seria exclusiva da Convenção das Nações Unidas sobre os Direitos da Criança, de 1989, cujo projeto original da Convenção Internacional sobre os Direitos da Criança foi apresentado em 1978 pelo governo polonês, à Comissão de Direitos Humanos da ONU, em homenagem a Janusz Korczak, já mencionado neste tópico (ROSEMBERG, MARIANO, 2010).

A Convenção dos Direitos da Criança foi ratificada por 196 países[14], o que corresponde a um alto índice de adesões. Além de dotar de força jurídica vinculante o reconhecimento de crianças e adolescentes[15] como sujeitos de Direito, seu texto contempla direitos de primeira e de segunda geração, além de incluir direitos especiais de proteção (ROSEMBERG, MARIANO, 2010).

Ao adotar esta formulação, a Convenção dos Direitos da Criança, de um lado, inova no reconhecimento e positivação de direitos de crianças e adolescentes com suas especificidades; mas, por outro, inaugura discussões relevantes a respeito da tensão entre o direito à autonomia de crianças e adolescentes (manifestado na previsão dos direitos e liberdades civis) e sua necessidade de proteção (contemplada na previsão dos direitos econômicos, sociais e culturais e de forma expressa nos direitos de proteção). Nesse sentido, ponderam Fúlvia Rosemberg e Carmem Mariano (2010):

> Este nos parece ser um dos pontos cruciais na tensão instaurada quando avançamos na atribuição do direito de crianças e adolescentes à autonomia e à voz. Ou seja: cabe-nos indagar se reconhecer as crianças como atores sociais – dotadas de competências para apreender e alterar a realidade, com algum (ou certo) grau de consciência sobre o que pensam, sentem e desejam, com capacidade para emitir opiniões e fazer escolhas – significa, também, reconhecer que devem assumir o ônus de decisões importantes ou de ser envolvidas em processos judiciais, cujo controle lhes escapa, em boa medida, porque as instituições estão erigidas e funcionam em sociedades adultocêntricas?

A contraposição destes elementos – bem como a necessidade de se refletir sobre formas de conciliá-los – será sensível em diversos pontos da legislação brasileira referente aos direitos de crianças e adolescentes, tais como

14. Embora tenham assinado a Convenção em 1995, os Estados Unidos da América, até o fechamento desta obra, continuam a ser o único Estado a não ratificá-la. Para verificar o *status* da Convenção dos Direitos da Criança, acessar: https://treaties.un.org/Pages/ViewDetails.aspx?src=TREATY&mtdsg_no=IV-11&chapter=4&clang=_en. Acesso em: julho 2018.

15. A Convenção define como "criança" todas as pessoas com menos de dezoito anos, deixando para a legislação doméstica de cada um dos Estados-partes eventual diferenciação entre crianças e adolescentes, a exemplo do que dispõe o Estatuto da Criança e do Adolescente no Brasil.

as relações entre o regime de incapacidades do Código Civil e a lacuna legal sobre o exercício do poder familiar por pessoas com menos de dezoito anos que sejam pais ou mães, ou sobre os direitos sexuais e reprodutivos de adolescentes no aspecto do direito à saúde, entre outros[16].

No Brasil, os debates a respeito da Convenção sobre os Direitos da Criança influenciaram a elaboração dos dispositivos referentes às crianças e adolescentes[17]: os arts. 227 a 229 da Constituição Federal simbolizariam a ruptura jurídica com a doutrina da "situação irregular" do Código de Menores de 1979.

2.3. Os princípios orientadores do Direito da Criança e do Adolescente

Conforme já examinado no Capítulo 1 e nos tópicos 2.1. e 2.2. deste capítulo, a partir do final do século XX se consolida uma nova compreensão social a respeito de crianças e adolescentes, em decorrência de passarem a ser politicamente considerados como pessoas – e, portanto, como sujeitos de Direito –, dotados da peculiaridade de se encontrarem em condição de desenvolvimento que os distingue dos adultos.

Essa nova concepção acarreta transformações socioculturais em vários aspectos, o que inclui o Direito: a modificação na maneira de se pensar crianças e adolescentes irá gerar novas premissas, segundo as quais as relações sociais integradas por estes sujeitos estarão pautadas a partir de então, o que reverberará nas normas jurídicas produzidas neste contexto. Assim se desenvolve o sistema específico do Direito da Criança e do Adolescente, orientado por princípios jurídicos próprios.

16. Estas questões serão abordadas com maior profundidade no Capítulo 3, no tópico "Questões para reflexão: as lacunas e ambiguidades do Código Civil e do Código Penal e os problemas decorrentes da ausência de regulamentação expressa dos direitos sexuais e reprodutivos de adolescentes no ECA".

17. Sobre esse período, Fúlvia Rosemberg e Carmem Mariano apontam o seguinte (2010): "Dois meses antes de sancionar o ECA, em maio de 1990, o então Presidente Fernando Collor de Mello anunciava, em 31-5-1989, a criação do Ministério da Criança, concomitantemente ao encaminhamento, ao Congresso Nacional, da proposta de ratificação da Convenção Internacional sobre os Direitos da Criança. Seu discurso naquela ocasião: '...a partir de hoje, deste momento, a qualidade de vida de nossas crianças será preocupação central e objetivo maior da ação do Governo [...] Não podemos ser o Brasil dos 'pixotes' [...]. Temos o dever de reverter essa situação; de garantir alimentação e saúde para as nossas crianças. Temos de tirá-las das ruas e dos desvios da marginalidade; de encaminhá-las à escola motivando-as para o estudo. Temos de levá-las de volta ao seio da família, ao convívio e guarda de pais capazes de dar-lhes sustento, afeto e amor; de fazer prevalecer o sentido da paternidade responsável. Temos de recuperar de uma vez por todas a família brasileira'. (Mello, apud Costa et al., 1990, p. 16)". A expressão "pixote" empregada pelo ex-presidente Collor em seu discurso faz referência ao filme *Pixote: a lei do mais fraco* (Hector Babenco, Brasil, 1980), material de apoio sugerido na Ficha de Atividade n. 11 do Anexo de Atividades Complementares deste livro.

Princípios orientadores têm por finalidade garantir coesão lógica às normas jurídicas e constitucionais de uma determinada área de estudo e exercício do Direito, bem como indicar formas de interpretação quando houver conflito ou mesmo ausência de normas específicas diante de um determinado caso concreto submetido à apreciação judicial.

Neste tópico serão abordados os seguintes princípios orientadores do Direito da Criança e do Adolescente: (i) dignidade da pessoa em desenvolvimento; (ii) proteção integral; (iii) prioridade absoluta; (iv) interesse superior da criança e do adolescente; (v) municipalização do atendimento.

O princípio da dignidade da pessoa em desenvolvimento

O princípio da dignidade da pessoa em desenvolvimento decorre do reconhecimento de crianças e adolescentes como pessoas enquanto categoria política, o que implica a consideração de seu valor inato pelo fato de serem humanos. Pode-se dizer que o princípio aqui comentado corresponde à base filosófica dos Direitos Humanos aplicada ao Direito da Criança e do Adolescente: é pela incorporação e juridicização deste princípio que decorrem os demais a serem examinados a seguir.

O princípio da proteção integral

A compreensão do princípio da proteção integral é fundamental para que se possa empreender a análise adequada da estrutura jurídica das normas referentes à infância e juventude: é esta premissa que fundamenta a maneira pela qual se atribuem direitos e deveres aos envolvidos.

O princípio da proteção integral consiste na consideração de crianças e adolescentes como pessoas em peculiar condição de desenvolvimento, a quem se atribui a qualidade de sujeitos de Direito, independentemente de exposição a situação de risco ou de eventual conflito com a lei[18]. Esta qualidade os torna titulares de direitos tais como a vida, a liberdade, a segurança, a saúde, a educação e todos os outros direitos fundamentais individuais e sociais, como todas as demais pessoas.

Porém, o princípio da proteção integral também contempla a necessidade de se observar as especificidades decorrentes do processo de desen-

18. Como ocorria nos Códigos de Menores de 1927 e 1979, conforme já mencionado no Capítulo 1.

volvimento: crianças e adolescentes são diferentes de adultos no tocante à sua capacidade de autonomia e autogestão, em regra detida por estes últimos. Para poderem exercer os direitos de que são titulares, crianças e adolescentes dependem da atuação dos adultos, a quem se atribuem deveres correspondentes. O princípio da proteção integral distribui solidariamente a responsabilidade por tais deveres entre a família, a sociedade e o Estado, ou seja: tanto nas relações privadas, quanto na vida social e na interação com as instituições públicas, cabe a todas e todos observar os deveres a serem cumpridos para que as crianças e adolescentes exerçam plenamente seus direitos.

O princípio da proteção integral confere juridicidade aos direitos das crianças e adolescentes, a significar que os deveres contrapostos a tais direitos não são de natureza meramente moral, mas sim exigíveis dos poderes públicos, instituições e indivíduos mediante direito de ação no Poder Judiciário, como, por exemplo, a impetração de mandado de segurança para garantir a determinada criança o direito à vaga em escola pública, medidas cautelares para acesso a serviços de saúde em caráter de urgência, entre outros. Além disso, para implementar as diretrizes propostas pela doutrina da proteção integral, o Estatuto da Criança e do Adolescente reformula todo o sistema de políticas públicas e rede de atendimento referentes à criança e ao adolescente, passando a prevê-los de forma municipalmente organizada, contemplando diversas possibilidades de participação da sociedade civil, conforme será comentado em tópico adiante.

O princípio da prioridade absoluta

É um dos princípios informadores do Direito da Criança e do Adolescente, como reflexo do respeito à condição peculiar de pessoa em desenvolvimento e com âmbito reduzido de autonomia e ingerência de si próprio, que justifica a preferência a ser dada ao exercício de seus direitos.

É necessário também destacar que, quando tanto o constituinte como o legislador exigem que a prioridade absoluta se estenda inclusive à formulação de políticas públicas e destinação de recursos para a área da infância e da juventude, isso implica sua exigibilidade judicial nos moldes previstos em lei. Por exemplo: admite-se o ajuizamento de ação civil pública por seus legitimados legais em face do oferecimento irregular de serviços essenciais (como saúde e educação) pelo Poder Público pela não priorização de recursos.

Conforme será visto em tópico específico mais adiante neste capítulo, o princípio da prioridade absoluta é incorporado ao ECA como direito em seu art. 4º. O direito à prioridade absoluta é corolário da proteção integral e decorre da obrigação da família, da sociedade e do Estado de garantir o tratamento prioritário tanto no atendimento individual como na formulação e no financiamento de políticas públicas na forma descrita nas alíneas *a*, *b*, *c* e *d* do parágrafo único.

O princípio do interesse superior

O princípio do interesse superior (também denominado *princípio do melhor interesse*) não se encontra expresso nesta formulação, nem no ECA nem na CF. Porém, pode-se afirmar que decorre da interpretação harmônica de todo o sistema jurídico referente aos direitos de crianças e adolescentes, bem como de sua previsão expressa[19] tanto na Declaração de Direitos da Criança (1959) quanto na Convenção dos Direitos da Criança (1989), ambas ratificadas pelo Brasil. O Código de Menores[20] continha em seu art. 5º a previsão da proteção prioritária "aos interesses do menor", somente aplicável às crianças e aos adolescentes em "situação irregular", sujeitas ao Código. É somente com a Convenção de 1989 e a adoção da doutrina da proteção integral que o paradigma do melhor interesse da criança se estende a todas as crianças como regra de interpretação do Direito da Criança e do Adolescente, para que a aplicação do ECA leve em consideração em primeiro lugar o interesse da criança e do adolescente, e não a proteção da sociedade ou preservação da família ou qualquer outra coisa neste sentido.

Por não constar de forma expressa, nem estar descrito de forma clara na legislação brasileira, mas sim como "cláusula genérica que inspira os direitos fundamentais assegurados pela Constituição às crianças e adolescentes" (GONÇALVES, 2011), é importante delimitar o alcance e a função de tal princípio para que seja possível evitar, em casos concretos, que o melhor interesse da criança ou adolescente seja interpretado a partir "daquilo que subjetivamente signifique o melhor interesse para o julgador", abrindo-se brechas para injustiças e arbitrariedades (GONÇALVES, 2011). Para Camila de Jesus Mello Gonçalves (2011), deve-se procurar operacionalizar o princípio, levando em consideração outros valores e direitos previstos no

19. Na expressão "best interest of the child".

20. "Art. 5º Na aplicação desta Lei, a proteção aos interesses do menor sobrelevará qualquer outro bem ou interesse juridicamente tutelado."

ordenamento jurídico, a fim de que a interpretação mantenha o sistema coerente e lógico. Para tanto, a autora argumenta o seguinte:

> O ECA assegura o direito de liberdade, o direito ao respeito e à autonomia dos menores de 18 anos, que se desdobram nos direitos de ser ouvido e de participar, expressos no ECA, art. 28, §§ 1º e 2º, e no art. 100, parágrafo único, XII, originalmente previstos no art. 12, da Convenção dos Direitos da Criança e atualmente expressamente incorporados pela legislação nacional.
>
> Nessa quadra, diante do conjunto normativo brasileiro, observa-se que o legislador remete o intérprete a buscar na manifestação de vontade da criança um elemento de convicção, valorizando a participação infantojuvenil no processo voltado à interpretação do melhor interesse.
>
> A incapacidade civil não é incompatível com o direito de participar, seja porque deve ser prestigiada uma interpretação harmônica entre as normas de igual hierarquia, seja porque ouvir não se confunde com o atendimento da vontade externada, tratando-se apenas de incluir a voz da criança e do adolescente entre os elementos considerados pelo adulto na tarefa hermenêutica.
>
> Nesse contexto, a participação da criança e do adolescente no processo de decisão sobre seu melhor interesse afigura-se essencial e obrigatória, em observância aos valores positivados pelo legislador e, em especial, para a concretização da dignidade que se realiza pela concepção da criança como sujeito de direito e não apenas como objeto de proteção. (GONÇALVES, 2011)

Pode-se afirmar que a definição dos contornos do princípio do melhor interesse da criança e do adolescente passa pela construção de sua progressiva autonomia[21], compatível com sua idade e condição, para que a pessoa com menos de dezoito anos possa manifestar sua opinião a respeito daquilo que entende como seu "melhor interesse": trata-se de conferir à criança e ao adolescente o direito à voz, adotando-se abordagens participativas, a exemplo do texto do Marco Legal da Primeira Infância, que em seu art. 4º consagra o interesse superior da criança, determinando que seja atendido por abordagem participativa (ANDREUCCI, JUNQUEIRA, 2011, p. 295).

O princípio da municipalização

O princípio da municipalização estabelece que as políticas de atendimento a crianças e adolescentes deverão ser, preferencialmente, uma atri-

21. A relação entre a autonomia e o regime de incapacidades do Código Civil será abordada no Capítulo 3.

buição dos municípios. Sua adoção têm por finalidade atender às necessidades de crianças e adolescentes observando as demandas e características específicas de cada região, o que possibilita adaptar os programas de atendimento às realidades locais.

Não obstante a descentralização administrativa destes serviços, é importante ressaltar que os Estados e a União são solidariamente responsáveis pela efetivação dos direitos de crianças e adolescentes, nos termos do art. 100, parágrafo único, III, do Estatuto da Criança e do Adolescente[22].

As diretrizes e o funcionamento da rede serão vistos em detalhes no tópico "Os órgãos e instituições responsáveis pela proteção aos direitos de crianças e adolescentes".

2.4. A Constituição Federal de 1988 e o Estatuto da Criança e do Adolescente: a constitucionalização dos direitos fundamentais de crianças e adolescentes

O Estatuto da Criança e do Adolescente é o principal texto legal do Direito da Criança e do Adolescente, mas o ordenamento jurídico brasileiro conta com outras normas referentes ao tema. Além disso, deve-se enfatizar a importância das normas constitucionais a respeito: o Título VII da Constituição Federal dispõe sobre a Ordem Social, e seu Capítulo VII contém os dispositivos sobre a família, a criança, o adolescente e o idoso. Os arts. 227 a 229 da CF tratam dos direitos fundamentais de crianças e adolescentes, e os correspondentes deveres da família, da sociedade e do Estado.

O art. 227 contém a previsão específica tanto de direitos fundamentais individuais (como vida, respeito, liberdade e proteção contra discriminação) quanto sociais, econômicos e culturais (saúde, alimentação, educação, lazer, profissionalização):

> Art. 227. É dever da família, da sociedade e do Estado assegurar à criança, ao adolescente e ao jovem, com absoluta prioridade, o direito à vida, à saúde,

---

22. "Art. 100. Na aplicação das medidas levar-se-ão em conta as necessidades pedagógicas, preferindo-se aquelas que visem ao fortalecimento dos vínculos familiares e comunitários. Parágrafo único. São também princípios que regem a aplicação das medidas: III – responsabilidade primária e solidária do poder público: a plena efetivação dos direitos assegurados a crianças e a adolescentes por esta Lei e pela Constituição Federal, salvo nos casos por esta expressamente ressalvados, é de responsabilidade primária e solidária das 3 (três) esferas de governo, sem prejuízo da municipalização do atendimento e da possibilidade da execução de programas por entidades não governamentais."

> à alimentação, à educação, ao lazer, à profissionalização, à cultura, à dignidade, ao respeito, à liberdade e à convivência familiar e comunitária, além de colocá-los a salvo de toda forma de negligência, discriminação, exploração, violência, crueldade e opressão.

Em decorrência do princípio da interdependência dos Direitos Humanos, prevalece contemporaneamente que mesmo os direitos de primeira geração dependem de prestações estatais para seu adequado exercício. Por isso os parágrafos do art. 227 inovam em relação aos textos constitucionais anteriores ao estipular obrigações estatais específicas relacionadas à garantia do exercício de crianças e adolescentes. O § 1º deste artigo atribui ao Estado o dever de promoção de programas de assistência à saúde (incluindo no inciso II disposição sobre pessoas com deficiência), determinando expressamente a destinação de recursos públicos para tal fim:

> § 1º O Estado promoverá programas de assistência integral à saúde da criança, do adolescente e do jovem, admitida a participação de entidades não governamentais, mediante políticas específicas e obedecendo aos seguintes preceitos:
>
> I – aplicação de percentual dos recursos públicos destinados à saúde na assistência materno-infantil;
>
> II – criação de programas de prevenção e atendimento especializado para as pessoas portadoras de deficiência física, sensorial ou mental, bem como de integração social do adolescente e do jovem portador de deficiência, mediante o treinamento para o trabalho e a convivência, e a facilitação do acesso aos bens e serviços coletivos, com a eliminação de obstáculos arquitetônicos e de todas as formas de discriminação.

Os incisos I, II e III do § 3º tratam das disposições referentes ao trabalho do jovem aprendiz[23], determinando expressamente o direito de acesso à escola do trabalhador adolescente e jovem:

> § 3º O direito a proteção especial abrangerá os seguintes aspectos:
>
> I – idade mínima de quatorze anos para admissão ao trabalho, observado o disposto no art. 7º, XXXIII;
>
> II – garantia de direitos previdenciários e trabalhistas;
>
> III – garantia de acesso do trabalhador adolescente e jovem à escola;

23. O direito do adolescente ao trabalho na condição de aprendiz será examinado em detalhes neste capítulo no tópico "O direito à profissionalização e à proteção no trabalho".

Os incisos IV e V do mesmo parágrafo estabelecem direitos processuais garantidos aos adolescentes submetidos a processo de apuração de ato infracional, do qual pode resultar privação de liberdade[24]:

> IV – garantia de pleno e formal conhecimento da atribuição de ato infracional, igualdade na relação processual e defesa técnica por profissional habilitado, segundo dispuser a legislação tutelar específica;
>
> V – obediência aos princípios de brevidade, excepcionalidade e respeito à condição peculiar de pessoa em desenvolvimento, quando da aplicação de qualquer medida privativa da liberdade;

Ainda no § 3º, os incisos VI e VII criam normas de proteção para situações de risco específicas, em respeito ao princípio da proteção integral:

> VI – estímulo do Poder Público, através de assistência jurídica, incentivos fiscais e subsídios, nos termos da lei, ao acolhimento, sob a forma de guarda, de criança ou adolescente órfão ou abandonado;
>
> VII – programas de prevenção e atendimento especializado à criança, ao adolescente e ao jovem dependente de entorpecentes e drogas afins.

Por fim, os §§ 4º a 8º contêm normas programáticas para o Estado produzir textos normativos de garantia de direitos:

> § 4º A lei punirá severamente o abuso, a violência e a exploração sexual da criança e do adolescente.
>
> § 5º A adoção será assistida pelo Poder Público, na forma da lei, que estabelecerá casos e condições de sua efetivação por parte de estrangeiros.
>
> § 6º Os filhos, havidos ou não da relação do casamento, ou por adoção, terão os mesmos direitos e qualificações, proibidas quaisquer designações discriminatórias relativas à filiação.
>
> § 7º No atendimento dos direitos da criança e do adolescente levar-se-á em consideração o disposto no art. 204.
>
> § 8º A lei estabelecerá:
>
> I – o estatuto da juventude, destinado a regular os direitos dos jovens;
>
> II – o plano nacional de juventude, de duração decenal, visando à articulação das várias esferas do poder público para a execução de políticas públicas.

---

24. As garantias processuais asseguradas no decorrer do processo de aplicação de medida socioeducativa serão examinadas detidamente no tópico "Adolescente e ato infracional: os direitos individuais. As garantias processuais".

Já o art. 228 alça à categoria constitucional a norma que veda a imputação penal de pessoas com menos de dezoito anos, que ficam sujeitas às regras do ECA:

> Art. 228. São penalmente inimputáveis os menores de dezoito anos, sujeitos às normas da legislação especial.

O art. 229 trata da dimensão dos deveres dos pais em relação aos seus filhos menores inerentes ao poder familiar[25] – e, se há atribuição de deveres a uma parte, há titularidade de direitos de outra:

> Art. 229. Os pais têm o dever de assistir, criar e educar os filhos menores, e os filhos maiores têm o dever de ajudar e amparar os pais na velhice, carência ou enfermidade.

Dessa forma, os direitos previstos no ECA e nos demais textos legislativos sobre crianças e adolescentes são fundamentais, e todos têm correspondência ou fundamento constitucional.

Por se localizarem topograficamente fora do rol de direitos individuais fundamentais expressamente identificados como tais no Título II da Constituição Federal, não é incomum que se questione a respeito dos direitos previstos nos arts. 227 a 229 da CF o seguinte: seriam eles cláusulas pétreas?

O questionamento é relevante porque a consideração de disposições constitucionais como cláusulas pétreas garante que seu conteúdo seja mantido íntegro em razão da vedação de sua alteração por emenda constitucional, nos termos do art. 60, § 4º, IV, da CF, que veda emenda constitucional tendente a abolir direitos e garantias individuais.

Para uma interpretação conforme os princípios basilares de Direitos Humanos, a noção de cláusula pétrea não pode se cingir a uma interpretação restritiva do rol do art. 60, § 4º da Constituição Federal, pois há outras previsões constitucionais que igualmente dispõem sobre direitos fundamentais e que não estão contidas nos dispositivos do Título II da CF, pois:

> Tudo o que puder ser identificado como opção jurídica central para o projeto do constituinte originário cabe ser considerado como imune à ação do poder constituinte de reforma, dada a natureza desse poder. Por isso, não é dado afirmar que a lista do art. 60, § 4º, da Constituição é taxativa. (BRANCO, 2017)

25. Estabelecendo também uma regra de reciprocidade nas relações familiares, atribuindo também aos filhos deveres em relação aos pais quando em situação de vulnerabilidade, tema que não será abordado aqui em razão dos limites propostos para esta obra.

Entendemos que deve prevalecer a interpretação que considera os direitos constitucionais de crianças e adolescentes como cláusulas pétreas, por diversos fundamentos: primeiro, por se tratar de normas de direitos fundamentais – os incisos aqui comentados nada mais são do que reproduções de direitos fundamentais previstos no art. 5º, de forma ampliada e observando-se as especificidades de sua titularidade por pessoas em especial condição de desenvolvimento; segundo, considerando a opção pela primazia dos Direitos Humanos feita pelo constituinte[26], não há qualquer limitação à previsão de outros direitos fundamentais de forma esparsa no texto constitucional. Terceiro, a alteração ou supressão dos direitos de crianças e adolescentes corresponderia a um retrocesso em matéria de Direitos Humanos, o que é vedado pelo art. 5º do Pacto dos Direitos Civis e Políticos (1966) e pelo art. 5º, § 2º, do Pacto Internacional dos Direitos Econômicos, Sociais e Culturais (1966), ambos ratificados pelo Brasil.

2.5. O critério legal para definição de criança e adolescente

Ainda que infância e juventude sejam marcadores sociais frutos de construção histórica e cultural, foi necessário estabelecer limites etários definidos para se poder aplicar o reconhecimento de direitos por norma jurídica.

O art. 2º do Estatuto da Criança e do Adolescente estabelece o critério legal para classificar crianças e adolescentes conforme sua idade:

> Art. 2º Considera-se criança, para os efeitos desta Lei, a pessoa até doze anos de idade incompletos, e adolescente aquela entre doze e dezoito anos de idade.
>
> Parágrafo único. Nos casos expressos em lei, aplica-se excepcionalmente este Estatuto às pessoas entre dezoito e vinte e um anos de idade.

Essa distinção estabelecida no art. 2º do ECA tem por finalidade atender às necessidades distintas e específicas de crianças e adolescentes, e repercutirá em vários dispositivos ao longo do texto legal, que estipulam diferentes medidas jurídicas para um e para outro.

Vale destacar desde já que o limite etário para a imputabilidade penal aos 18 anos encontra previsão no art. 228 da CF, e é um dos direitos fundamentais de crianças e adolescentes:

> Art. 228. São penalmente inimputáveis os menores de dezoito anos, sujeitos às normas da legislação especial.

26. A exemplo do disposto nos arts. 1º, III; 4º, II e 5º, § 2º.

Considera-se que a regra da inimputabilidade penal é um direito fundamental por contemplar as diferenças que existem entre crianças e adolescentes e adultos: os primeiros, por se encontrarem ainda em desenvolvimento físico, intelectual e emocional, têm direito a serem submetidos a normas específicas.

É importante destacar que o critério eleito pelo legislador para definir alguém como criança ou adolescente é objetivo e absoluto, não sendo passível de qualquer questionamento em casos concretos: não se admite, por exemplo, autorizar uma criança ou adolescente viajar desacompanhada sem autorização judicial[27], ainda que demonstre alto grau de maturidade emocional. Da mesma forma, um adolescente de 15 anos[28] não poderá adquirir um imóvel de sua propriedade, ainda que trabalhe e aufira renda. Como se verifica, o Estatuto da Criança e do Adolescente procura levar em consideração a evolução do amadurecimento em cada faixa etária, mas estabelecendo limites legais absolutos quanto a este aspecto.

Em relação à aplicação excepcional do ECA para pessoas de até 21 anos, é preciso relembrar que o texto foi escrito na vigência do Código Civil de 1916, que previa a categoria da pessoa com idade entre 18 e 21 anos relativamente capaz para os atos da vida civil, disposição que repercutia em alguns dispositivos do Estatuto. Com a adoção do Código Civil de 2002, que igualou a maioridade civil à penal aos 18 anos, o parágrafo único do art. 2º passou a ser aplicável somente ao caso de adolescente autor de ato infracional, a quem se imponha medida socioeducativa de internação e que atinja a maioridade durante o seu cumprimento. Nesse caso, sua liberação compulsória ocorrerá quando completar 21 anos, sendo o ECA a legislação aplicável durante o período.

2.6. A doutrina da proteção integral: estrutura de direitos e deveres

A doutrina da proteção integral é adotada expressamente no art. 1º do Estatuto da Criança e do Adolescente:

> Art. 1º Esta Lei dispõe sobre a proteção integral à criança e ao adolescente.

---

27. ECA: "Art. 83. Nenhuma criança ou adolescente menor de 16 (dezesseis) anos poderá viajar para fora da comarca onde reside, desacompanhada dos pais ou responsável, sem expressa autorização judicial".

28. Código Civil: "Art. 3º São absolutamente incapazes de exercer pessoalmente os atos da vida civil os menores de 16 (dezesseis) anos".

A concepção das crianças e adolescentes como sujeitos de Direito é perceptível na forma como os dispositivos do Estatuto são organizados: o ECA se divide em uma Parte Geral, na qual são previstos direitos fundamentais (correspondente ao Livro I, subdividido em Título I – Das Disposições Preliminares; Título II – Dos Direitos Fundamentais; e Título III – Da Prevenção), e uma Parte Especial, com disposições pertinentes ao atendimento institucional e o acesso à Justiça (correspondente ao Livro II, subdividido em Título I – Da Política de Atendimento; Título II – Das Medidas de Proteção; Título III – Da Prática de Ato Infracional; Título IV – Das Medidas Pertinentes aos Pais ou Responsável; Título V – Do Conselho Tutelar; Título VI – Do Acesso à Justiça; e Título VII – Dos Crimes e das Infrações Administrativas). É sensível a diferença em relação ao que ocorria no modelo do Código de Menores de 1979, no qual somente a verificação da situação irregular gerava a intervenção do Estado, silenciando tanto a norma legal como a Constituição de 1967 quanto a quaisquer previsões de direitos de titularidade de crianças e adolescentes.

Verifica-se desta forma que o Estatuto da Criança e do Adolescente constitui-se em instrumento multidisciplinar, articulando em uma única lei normas de Direito Civil, Penal e Administrativo, de forma sistemática com o escopo de estruturar o conjunto de direitos subjetivos de que são titulares crianças e adolescentes, cujo exercício está condicionado à observância dos deveres atribuídos ao Estado, à sociedade e à família, conforme já abordado no tópico referente ao princípio da proteção integral.

2.7. Parte Geral do ECA: Os Direitos Humanos das crianças e dos adolescentes

Disposições preliminares

As disposições preliminares do ECA, previstas nos arts. 1º a 6º, enunciam as regras gerais que estruturam o sistema de direitos das crianças e dos adolescentes, decorrente de seu reconhecimento como sujeitos de Direito.

Mas o que significa ser *sujeito de Direito*?

Como verificamos no Capítulo 1, a gênese da noção de *pessoa* se dá no momento da passagem para a Modernidade, quando também ocorrem os processos de transformação política deflagrados pelas Revoluções Liberais, nos quais se elaboram as declarações[29] que enunciam os direitos das pessoas perante o Estado, criando-se, então, a categoria *cidadão*. Pode-se dizer que sujeito de Direito é, portanto, a pessoa em relação ao Estado, ou seja, o cidadão titular de direitos e a quem se atribuem deveres. Tornar-se sujeito é considerar o indivíduo em uma acepção jurídica e, portanto, relacional com o Estado.

Mas também verificamos que essa noção moderna de sujeito de Direito está relacionada a um sujeito capaz, ou seja, dotado de pensamento lógico e por isso apto a falar por si e a praticar ações e ser responsabilizado por elas, além de tomar parte da produção da vontade coletiva e das arenas decisórias públicas nas quais se estabelecem as normas jurídicas que regularão a vida de todos. Por essa razão, nos séculos que se seguiram às declarações de direitos, vários grupos sociais considerados inaptos a falar por si foram excluídos do reconhecimento como sujeitos de Direito – caso das crianças e dos adolescentes.

Reconhecer juridicamente crianças e adolescentes como pessoas implica seu reconhecimento como sujeitos de Direito e todas as consequências daí decorrentes: ser titular de direitos, ser responsável por suas ações e poder participar do processo político inerente à vida em sociedade. E eis que surge o desafio: como compatibilizar todas essas atribuições com o processo de amadurecimento e as características próprias das faixas etárias deste grupo social?

A solução formulada para tal questão se expressa na definição da criança e do adolescente como *pessoas em condição de desenvolvimento*: é essa nota distintiva em relação aos adultos que justifica toda a construção do arcabouço normativo relativo ao sujeito de Direito criança e adolescente, por meio do qual se assegura o tratamento igual aos iguais e desigual aos desiguais – na medida de suas desigualdades.

Essa formulação permite, como já mencionamos, que se distribuam entre os adultos nos âmbitos da família, da sociedade e do Estado os deveres de cuidado necessários para que crianças e adolescentes exerçam seus direitos fundamentais, ao mesmo tempo em que prevê a consideração da vontade e da opinião da criança e do adolescente em questões que lhe digam respeito diretamente, tais como processos de guarda, visita, adoção, entre outros.

29. Ver tópico "O surgimento da noção de pessoa e seu impacto no Direito: a formação do conceito de sujeito de Direito" no Capítulo 1.

▶▶ O direito à prioridade absoluta e a formulação legal dos direitos civis e políticos; econômicos, sociais e culturais e difusos de crianças e adolescentes

O art. 3º do ECA considera de forma expressa crianças e adolescentes como titulares de direitos iguais aos de qualquer pessoa, observada sua peculiar condição de pessoa em desenvolvimento:

> Art. 3º A criança e o adolescente gozam de todos os direitos fundamentais inerentes à pessoa humana, sem prejuízo da proteção integral de que trata esta Lei, assegurando-se-lhes, por lei ou por outros meios, todas as oportunidades e facilidades, a fim de lhes facultar o desenvolvimento físico, mental, moral, espiritual e social, em condições de liberdade e de dignidade.
>
> Parágrafo único. Os direitos enunciados nesta Lei aplicam-se a todas as crianças e adolescentes, sem discriminação de nascimento, situação familiar, idade, sexo, raça, etnia ou cor, religião ou crença, deficiência, condição pessoal de desenvolvimento e aprendizagem, condição econômica, ambiente social, região e local de moradia ou outra condição que diferencie as pessoas, as famílias ou a comunidade em que vivem.

Além da enunciação da condição de pessoa humana e da decorrente titularidade de direitos fundamentais, o ECA assegura às crianças e adolescentes, ainda, o direito à prioridade absoluta, decorrente do princípio da prioridade absoluta, como já mencionado no art. 4º do ECA:

> Art. 4º É dever da família, da comunidade, da sociedade em geral e do poder público assegurar, com absoluta prioridade, a efetivação dos direitos referentes à vida, à saúde, à alimentação, à educação, ao esporte, ao lazer, à profissionalização, à cultura, à dignidade, ao respeito, à liberdade e à convivência familiar e comunitária.
>
> Parágrafo único. A garantia de prioridade compreende:
>
> a) primazia de receber proteção e socorro em quaisquer circunstâncias;
>
> b) precedência de atendimento nos serviços públicos ou de relevância pública;
>
> c) preferência na formulação e na execução das políticas sociais públicas;
>
> d) destinação privilegiada de recursos públicos nas áreas relacionadas com a proteção à infância e à juventude.

Referido dispositivo reproduz e complementa o texto do art. 227 da CF, o que atribui inequívoco *status* constitucional a esse direito fundamental (e, portanto, de cláusula pétrea)[30]. Ainda em relação ao direito à prioridade absoluta, deve-se mencionar o conflito existente entre o disposto no art. 4º do ECA e o conteúdo do art. 3º do Estatuto do Idoso (Lei n. 10.741/2003), que praticamente o reproduz nos incisos I, II e III de seu § 1º, nos seguintes termos:

> Art. 3º É obrigação da família, da comunidade, da sociedade e do Poder Público assegurar ao idoso, com absoluta prioridade, a efetivação do direito à vida, à saúde, à alimentação, à educação, à cultura, ao esporte, ao lazer, ao trabalho, à cidadania, à liberdade, à dignidade, ao respeito e à convivência familiar e comunitária.
>
> § 1º A garantia de prioridade compreende:
>
> I – atendimento preferencial imediato e individualizado junto aos órgãos públicos e privados prestadores de serviços à população;
>
> II – preferência na formulação e na execução de políticas sociais públicas específicas;
>
> III – destinação privilegiada de recursos públicos nas áreas relacionadas com a proteção ao idoso;
>
> (...)

A formulação proposta pelo legislador ao assegurar direito à prioridade absoluta a duas populações vulneráveis leva ao seguinte questionamento: havendo conflito de interesses entre direitos de indivíduos (por exemplo: atendimento em serviços públicos) ou direitos difusos ou coletivos (como no caso da preferência na formulação e execução de políticas públicas), como deve ser feita a escolha entre os sujeitos de Direito – a criança ou adolescente e o idoso?

O legislador ordinário não ofereceu solução para o eventual impasse, que, por sua própria característica (qual seja, de situação em que não há efetivo no serviço público ou recursos públicos suficientes para atender às necessidades e interesses de todas as populações em situação de vulnerabilidade), evidentemente não haverá como propor uma solução plenamente satisfatória. No intuito de escapar de soluções pensadas no campo da moral (tais como as que obrigam a analisar qual indivíduo ou grupo vulnerável seria

---

30. A respeito da natureza de direito fundamental da norma do art. 227 da CF, veja-se a decisão no RE 4826.11, rel. Min. Celso de Mello, dec. monocrática, j. 23-3-2010, *DJe* 7-4-2010.

mais fragilizado, ou mais "merecedor" da prioridade), entendemos que, no campo do Direito, a saída jurídica é sempre a mais acertada: no caso, a norma que determina a prioridade absoluta à garantia dos direitos de crianças e adolescentes tem fundamento constitucional, e deverá prevalecer sobre a norma prevista no Estatuto do Idoso, de caráter infraconstitucional.

É relevante destacar que a Lei n. 13.257/2016 (o Marco Legal da Primeira Infância) inseriu o parágrafo único nesse artigo, reforçando de forma expressa a vedação a todo tipo de discriminação nos mesmos termos da Constituição Federal (*sexo, raça, etnia ou cor, religião ou crença)*, e especificando ainda a proibição de outras discriminações, tais como *nascimento; situação familiar; condição pessoal de desenvolvimento e aprendizagem; condição econômica; ambiente social; região e local de moradia ou outra condição que diferencie as pessoas, as famílias ou a comunidade em que vivem.*

No mesmo sentido, o art. 5º reforça que é dever de todos prevenir a ocorrência de ameaça ou violação dos direitos da criança ou adolescente, e declara que toda ação ou omissão que atente de qualquer forma contra direitos fundamentais da criança e do adolescente é passível de punição legal, a enfatizar mais uma vez a dimensão juridicizada de tais direitos:

> Art. 5º Nenhuma criança ou adolescente será objeto de qualquer forma de negligência, discriminação, exploração, violência, crueldade e opressão, punido na forma da lei qualquer atentado, por ação ou omissão, aos seus direitos fundamentais.

Ambos os dispositivos mencionados são correlatos à previsão constitucional do art. 227, § 4º, da CF, que prevê punição severa para violência sexual contra crianças e adolescentes.

O art. 6º do ECA traça as diretrizes de interpretação do diploma legal a serem seguidas pelo operador do Direito:

> Art. 6º Na interpretação desta Lei levar-se-ão em conta os fins sociais a que ela se dirige, as exigências do bem comum, os direitos e deveres individuais e coletivos, e a condição peculiar da criança e do adolescente como pessoas em desenvolvimento.

O art. 6º do ECA contém uma regra hermenêutica, ou seja, uma indicação do próprio legislador sobre como atuar quando necessário interpretar o Estatuto da Criança e do Adolescente no momento de sua aplicação: qualquer conflito aparente de normas ou dúvida a respeito da interpretação dos dispositivos do ECA devem levar em consideração a finalidade social da norma, qual seja, o reconhecimento dos direitos e deveres individuais e coletivos referentes às crianças e aos adolescentes, bem como sua condição de pessoas em desenvolvimento.

▶▶ O direito à vida e à saúde

O direito da criança e do adolescente à vida e à saúde é contemplado de forma interdependente e indivisível, em consonância com os princípios gerais adotados pela Declaração Universal dos Direitos Humanos e pelos pactos internacionais. O texto do art. 7º deixa claro a articulação do direito à vida (direito humano de primeira geração) com o direito à saúde (direito de segunda geração), ao condicionar seu exercício à efetivação de políticas públicas para tanto, em complementação à determinação constitucional específica de aplicação de percentual de recursos para a saúde na assistência materno-infantil e na criação de programas para crianças e adolescentes com deficiência (art. 227, § 1º, I e II, CF):

> Art. 7º A criança e o adolescente têm direito a proteção à vida e à saúde, mediante a efetivação de políticas sociais públicas que permitam o nascimento e o desenvolvimento sadio e harmonioso, em condições dignas de existência.

O legislador demonstrou preocupação em garantir tais direitos desde a fase gestacional, e por isso incluiu já no texto original do ECA a atenção à gestante/parturiente/mãe como forma de proteção da infância, prevendo o direito da gestante ao atendimento pré-natal e perinatal. O Marco Legal da Primeira Infância (Lei n. 13.257/2016) ampliou a previsão, passando a incluir o acesso a programas de planejamento reprodutivo como direito de todas as mulheres, acrescentando, ainda, outros direitos às gestantes, parturientes e puérperas – e é importante ressaltar que referidos direitos estão em consonância com os principais instrumentos internacionais referentes aos Direitos Humanos das Mulheres, quais sejam, a Convenção para Eliminação de Todas as Formas de Discriminação contra a Mulher da ONU, de 1979 (art. 12, itens 1 e 2) e a Declaração e Plataforma de Beijing, de 1995:

> Art. 8º É assegurado a todas as mulheres o acesso aos programas e às políticas de saúde da mulher e de planejamento reprodutivo e, às gestantes, nutrição adequada, atenção humanizada à gravidez, ao parto e ao puerpério e atendimento pré-natal, perinatal e pós-natal integral no âmbito do Sistema Único de Saúde.
>
> § 1º O atendimento pré-natal será realizado por profissionais da atenção primária.

§ 2º Os profissionais de saúde de referência da gestante garantirão sua vinculação, no último trimestre da gestação, ao estabelecimento em que será realizado o parto, garantido o direito de opção da mulher.

§ 3º Os serviços de saúde onde o parto for realizado assegurarão às mulheres e aos seus filhos recém-nascidos alta hospitalar responsável e contrarreferência na atenção primária, bem como o acesso a outros serviços e a grupos de apoio à amamentação.

§ 4º Incumbe ao poder público proporcionar assistência psicológica à gestante e à mãe, no período pré e pós-natal, inclusive como forma de prevenir ou minorar as consequências do estado puerperal.

§ 5º A assistência referida no § 4º deste artigo deverá ser prestada também a gestantes e mães que manifestem interesse em entregar seus filhos para adoção, bem como a gestantes e mães que se encontrem em situação de privação de liberdade.

§ 6º A gestante e a parturiente têm direito a 1 (um) acompanhante de sua preferência durante o período do pré-natal, do trabalho de parto e do pós-parto imediato.

§ 7º A gestante deverá receber orientação sobre aleitamento materno, alimentação complementar saudável e crescimento e desenvolvimento infantil, bem como sobre formas de favorecer a criação de vínculos afetivos e de estimular o desenvolvimento integral da criança.

§ 8º A gestante tem direito a acompanhamento saudável durante toda a gestação e a parto natural cuidadoso, estabelecendo-se a aplicação de cesariana e outras intervenções cirúrgicas por motivos médicos.

§ 9º A atenção primária à saúde fará a busca ativa da gestante que não iniciar ou que abandonar as consultas de pré-natal, bem como da puérpera que não comparecer às consultas pós-parto.

§ 10. Incumbe ao poder público garantir, à gestante e à mulher com filho na primeira infância que se encontrem sob custódia em unidade de privação de liberdade, ambiência que atenda às normas sanitárias e assistenciais do Sistema Único de Saúde para o acolhimento do filho, em articulação com o sistema de ensino competente, visando ao desenvolvimento integral da criança.

§ 11. A assistência psicológica à gestante, à parturiente e à puérpera deve ser indicada após avaliação do profissional de saúde no pré-natal e no puerpério, com encaminhamento de acordo com o prognóstico[31].

---

31. Parágrafo 11 inserido pela Lei n. 14.721/2023.

Além de ampliar o leque de direitos previstos no art. 8º, outras alterações trazidas pelo Marco Legal da Primeira Infância incluem assistência psicológica prestada pelo Poder Público para gestantes e mães no período pré e pós-natal, inclusive como forma de prevenir ou minorar as consequências do estado puerperal, abrangendo expressamente as mulheres que desejem entregar seus filhos para adoção e as que estiverem privadas de liberdade[32] (art. 7º, §§ 4º e 5º, ECA[33]). Ainda, está previsto, para hospitais e demais estabelecimentos de atenção à saúde de gestantes (sejam públicos ou privados), o dever de desenvolver atividades de *educação, de conscientização e de esclarecimentos a respeito da saúde mental da mulher no período da gravidez e do puerpério*[34].

Ainda em relação às mulheres que desejem entregar seus filhos para adoção, estas devem ser obrigatoriamente encaminhadas para a Justiça da Infância e Juventude. O Marco Legal da Primeira Infância estabeleceu o

32. Em relação às mulheres que são mães e estão em privação de liberdade, é digno de nota que o expressivo crescimento dessa população vem se mostrando em tal proporção nas primeiras décadas do século XXI no Brasil que se verificou a necessidade de disciplinar legalmente, por meio do Marco Legal da Primeira Infância, os interesses de suas filhas e filhos para lhes assegurar os direitos previstos no ECA. Conforme dados levantados na pesquisa "Dar à luz na sombra – condições atuais e possibilidades futuras para o exercício de maternidade em prisão", "As mulheres representavam, em 2012, 6,4% da população prisional do país, o que em números absolutos significa 35.072 do total de 548.003 pessoas presas. Certamente esse percentual já aumentou, considerando que o número de mulheres presas vem crescendo em largas proporções. Por exemplo, entre 2008 e 2011 tal crescimento foi de 27% na região Norte, 28% no Sul, 28% no Nordeste, 8% no Sudeste e 9% no Centro-Oeste, superando, inclusive, o crescimento da população carcerária masculina. Enquanto entre 2000 e 2012 a população carcerária masculina cresceu 130% a feminina cresceu 246%. Dados do ano 2000 apontavam que a população carcerária feminina era de 10.112 mulheres presas, tendo esse número saltado para mais de 35.000 em 2012" (ANGOTTI, BRAGA, 2012, p. 17). Disponível em: http://pensando.mj.gov.br/wp-content/uploads/2016/02/PoD_51_Ana-Gabriela_web-1.pdf. Acesso em: julho de 2018. Segundo dados do Infopen Mulheres de 2016, entre 2000 e 2016, o crescimento da população de mulheres presas apresentou índice de 455%, tendo atingido então o total de 42.335 mulheres, sendo que 74% destas são mães. Para mais informações a respeito, acessar: http://www.conectas.org/noticias/brasil-e-o-4o-pais-com-mais-mulheres-presas-no-mundo. Acesso em: julho de 2018. Íntegra do relatório do Infopen Mulheres 2016 disponível em: http://www.conectas.org/wp/wp-content/uploads/2018/05/infopenmulheres_arte_07-03-18.pdf. Acesso em: julho de 2018.

33. "Art. 7º. (...) § 4º Incumbe ao poder público proporcionar assistência psicológica à gestante e à mãe, no período pré e pós-natal, inclusive como forma de prevenir ou minorar as consequências do estado puerperal. § 5º A assistência referida no § 4º deste artigo deverá ser prestada também a gestantes e mães que manifestem interesse em entregar seus filhos para adoção, bem como a gestantes e mães que se encontrem em situação de privação de liberdade."

34. Conforme redação do art. 10, conferida pela Lei n. 14.721/2023, que passou a prever referida disposição em seu inciso VII.

direito de essas mulheres se submeterem ao referido encaminhamento sem qualquer tipo de constrangimento (art. 13, § 1º, ECA)[35].

A garantia de condições adequadas ao aleitamento materno é dever compartilhado entre o Poder Público, as instituições e os empregadores. A essa disposição, prevista no art. 9º do ECA, o Marco Legal da Primeira Infância acrescentou os §§ 1º e 2º, que estabelecem diretrizes para políticas públicas referentes à amamentação:

> Art. 9º O poder público, as instituições e os empregadores propiciarão condições adequadas ao aleitamento materno, inclusive aos filhos de mães submetidas a medida privativa de liberdade.
>
> § 1º Os profissionais das unidades primárias de saúde desenvolverão ações sistemáticas, individuais ou coletivas, visando ao planejamento, à implementação e à avaliação de ações de promoção, proteção e apoio ao aleitamento materno e à alimentação complementar saudável, de forma contínua.
>
> § 2º Os serviços de unidades de terapia intensiva neonatal deverão dispor de banco de leite humano ou unidade de coleta de leite humano.

Outras ampliações de direitos relativos à saúde de crianças e adolescentes foram determinadas pelo Marco Legal da Primeira Infância, tais como previsão de cuidados específicos para crianças e adolescentes com deficiência, incluindo atendimento gratuito oferecido pelo Poder Público (art. 11, §§ 1º e 2º, ECA) e ampliação das previsões relativas à assistência médica e odontológica promovida pelo Sistema Único de Saúde (art. 14 e §§ 1º a 4º, ECA). Como já mencionado no tópico 2.3., a Lei n. 13.436/2017 inseriu o inciso VI no art. 10 do ECA, para incluir o dever de hospitais e estabelecimentos de saúde de "acompanhar a prática do processo de amamentação, prestando orientações quanto à técnica adequada, enquanto a mãe permanecer na unidade hospitalar, utilizando o corpo técnico já existente". E a Lei n. 13.438/2017 acrescentou o § 5º ao art. 14, determinando a obrigatoriedade de aplicação de protocolo (ou outro instrumento análogo) em consultas pediátricas de acompanhamento de crianças até 18 meses para detecção de risco para o seu desenvolvimento psíquico.

---

35. "Art. 13. (...) § 1º. As gestantes ou mães que manifestem interesse em entregar seus filhos para adoção serão obrigatoriamente encaminhadas, sem constrangimento, à Justiça da Infância e da Juventude." Importante notar aqui que a Lei n. 13.509/2017 inseriu no ECA o art. 19-A (a ser examinado no tópico "Adoção"), que reproduz quase na íntegra o § 1º do art. 13. No novo texto, não consta qualquer menção à revogação do art. 13. Sem prejuízo da crítica à má técnica legislativa, não havendo qualquer conflito entre as normas dos dois artigos, deve ser considerado válido o disposto no § 1º do art. 13, que é o único preceito a assegurar à mulher que seu encaminhamento para a Justiça será feito "sem constrangimento".

Em 2019, a Lei n. 13.798/2019 inseriu o art. 8º-A no capítulo referente ao direito à vida e à saúde, instituindo no texto do *caput* a *Semana Nacional de Prevenção da Gravidez na Adolescência*, "a ser realizada anualmente na semana que incluir o dia 1º de fevereiro, com o objetivo de disseminar informações sobre medidas preventivas e educativas que contribuam para a redução da incidência da gravidez na adolescência", e determinando, em seu parágrafo único, que as "ações destinadas a efetivar o disposto no *caput* deste artigo ficarão a cargo do poder público, em conjunto com organizações da sociedade civil, e serão dirigidas prioritariamente ao público adolescente".

A partir dessa alteração legal, foi estabelecido o Plano Nacional de Prevenção Primária do Risco Sexual Precoce e da Gravidez de Adolescentes (integrante do Programa de Proteção Integral da Criança e do Adolescente), nos termos do Decreto n. 11.074/2022[36]. Vale destacar que, embora inserido no tópico referente ao direito à saúde de crianças e adolescentes, a nova normativa abrange, ainda que indiretamente, a dimensão dos direitos sexuais e reprodutivos.

Em 2021, a Lei n. 14.154/2021 alterou o art. 10 do ECA, com o objetivo de aperfeiçoar o Programa Nacional de Triagem Neonatal (PNTN) por meio do estabelecimento de rol mínimo de doenças a serem rastreadas pelo teste do pezinho.

Embora não tenham alterado o texto do Estatuto da Criança e do Adolescente, é importante mencionar a entrada em vigor de outros textos legais que contemplam o direito à saúde de crianças e adolescentes. A pandemia de Covid-19 levou à publicação de duas leis específicas: a Lei n. 14.022/2020, que "dispõe sobre medidas de enfrentamento à violência doméstica e familiar contra a mulher e de enfrentamento à violência contra crianças, adolescentes, pessoas idosas e pessoas com deficiência durante a emergência de saúde pública de importância internacional decorrente do coronavírus responsável pelo surto de 2019", estabelecendo novas formas de acesso a serviços de atendimento e proteção em modalidade remota, bem como agilizando procedimentos administrativos e processuais sobre o tema. Já a Lei n. 14.190/2021 determinou a inclusão de gestantes, puérperas e lactantes, bem como de crianças e adolescentes com deficiência permanente, com comorbidade ou privados de liberdade como grupo prioritário no Plano Nacional de Operacionalização da Vacinação contra a Covid-19.

A Lei n. 13.895/2020 estabeleceu o direito de crianças com Síndrome Congênita do Zika vírus, nascidas entre 1º de janeiro de 2015 e 31 de dezembro de 2019, a pensão especial como Benefício de Prestação Continuada (BPC), e a Lei n. 14.249/2021 instituiu o Dia Nacional da Criança Traqueostomizada.

36. Disponível em: https://www.in.gov.br/en/web/dou/-/decreto-n-11.074-de-18-de-maio-de-2022-401072603. Acesso em: outubro de 2022.

Por fim, a Lei n. 14.950/2024 traz a previsão do direito de crianças e adolescentes visitarem seus pais e mães quando internados em instituição de saúde[37].

▶▶ O direito à liberdade, ao respeito e à dignidade

O Capítulo II do Título II do ECA, referente ao direito à liberdade, ao respeito e à dignidade, reafirmando em seu art. 15 o reconhecimento das crianças e adolescentes como pessoas, bem como sua especial condição de desenvolvimento:

> Art. 15. A criança e o adolescente têm direito à liberdade, ao respeito e à dignidade como pessoas humanas em processo de desenvolvimento e como sujeitos de direitos civis, humanos e sociais garantidos na Constituição e nas leis.

O art. 16 do ECA prevê às crianças e aos adolescentes os direitos humanos de primeira geração de forma ampliada e adaptada ao seu sujeito de Direito especificado: às liberdades de ir e vir, de opinião e de expressão, de crença e culto religioso e de participar da vida política, na medida cabível à condição de desenvolvimento, acrescentam-se as liberdades de brincar, praticar esportes e divertir-se, participar da vida familiar e comunitária sem discriminação, buscar refúgio, auxílio e orientação:

> Art. 16. O direito à liberdade compreende os seguintes aspectos:
>
> I – ir, vir e estar nos logradouros públicos e espaços comunitários, ressalvadas as restrições legais;
>
> II – opinião e expressão;
>
> III – crença e culto religioso;
>
> IV – brincar, praticar esportes e divertir-se[38];
>
> V – participar da vida familiar e comunitária, sem discriminação;
>
> VI – participar da vida política, na forma da lei;
>
> VII – buscar refúgio, auxílio e orientação.

Em relação à participação na "vida política na forma da lei" (inciso VI), deve-se destacar o direito ao voto garantido aos adolescentes com idade

---

37. Referida lei acresce um parágrafo único ao art. 12 do ECA, e foi publicada em 2-8-2024, entrando em vigor após *vacatio* de 180 (cento e oitenta) dias.

38. O direito ao lazer será abordado de forma mais detida em tópico mais adiante neste mesmo capítulo.

entre 16 e 18 anos, como previsto pelo art. 14, inciso II, da Constituição Federal[39], considerado pelo constituinte instrumento para educação democrática e para formação de cidadãos.

O direito ao respeito, previsto no art. 17 do ECA, agrega sob esta rubrica outros direitos individuais fundamentais:

> Art. 17. O direito ao respeito consiste na inviolabilidade da integridade física, psíquica e moral da criança e do adolescente, abrangendo a preservação da imagem, da identidade, da autonomia, dos valores, ideias e crenças, dos espaços e objetos pessoais.

A questão do direito à autonomia previsto no art. 17 do ECA, de forma relacionada aos "valores, ideias e crenças, espaços e objetos pessoais" deve repercutir por toda legislação referente aos direitos de crianças e adolescentes (tanto o ECA quanto outras normas), e será abordada em outros tópicos deste livro.

O art. 18 estabelece o dever geral de garantir que todas as crianças e adolescentes sejam tratados de forma digna:

> Art. 18. É dever de todos velar pela dignidade da criança e do adolescente, pondo-os a salvo de qualquer tratamento desumano, violento, aterrorizante, vexatório ou constrangedor.

Em 2014, a Lei n. 13.010/2014 inseriu os arts. 18-A e 18-B. Inicialmente, a lei ficaria conhecida como "Lei da Palmada", e, posteriormente como "Lei Menino Bernardo", em homenagem a Bernardo Boldrini, menino vítima de homicídio aos 11 anos de idade.

Essa alteração do ECA envolve a questão da violência doméstica contra crianças e adolescentes[40], bem como o dever e os limites da intervenção do Estado na vida privada e familiar, e é importante analisar como a disputa sobre o tema se deu no campo da produção legislativa.

---

39. A incorporação deste direito foi resultado da participação de movimentos estudantis na Assembleia Nacional Constituinte entre 1987 e 1988, que procuravam garantir a participação dos jovens nas eleições presidenciais de 1989.

40. De acordo com o relatório "A Familiar Face: Violence in the lives of children and adolescents" (2017) da Unicef, três quartos das crianças de 2 a 4 anos do mundo (cerca de 300 milhões) sofrem agressão psicológica e/ou punição física praticada por seus cuidadores. O relatório cita o Brasil como um dos 59 países que têm uma legislação que proíbe o castigo físico, e registra que apenas 9% das crianças com menos de 5 anos em todo o mundo vivem nesses países, o que corresponde a 607 milhões sem uma proteção legal contra esse tipo de violência. Íntegra do relatório disponível em: https://www.unicef.org/publications/files/Violence_in_the_lives_of_children_and_adolescents.pdf. Acesso em: julho de 2018.

A redação dos arts. 18-A e 18-B encontra suas origens no Projeto n. 2.654/2003[41], de autoria da então deputada Maria do Rosário, e no qual se discute se é ou não lícito aos pais ou responsáveis empregarem castigos físicos nas crianças e adolescentes sob sua responsabilidade.

A discussão, por sua vez, tem por base o conflito existente entre a proteção constitucional a crianças e adolescentes[42] e as normas legais que permitem deduzir ser lícito o uso de castigos físicos de forma moderada, tanto no Código Civil (2002) quanto no Código Penal (1940):

> Código Civil
>
> Art. 1.638. Perderá por ato judicial o poder familiar o pai ou a mãe que:
>
> I – castigar *imoderadamente* o filho;
>
> (...)
>
> Código Penal
>
> Maus-tratos
>
> Art. 136. Expor a perigo a vida ou a saúde de pessoa sob sua autoridade, guarda ou vigilância, para fim de educação, ensino, tratamento ou custódia, quer privando-a de alimentação ou cuidados indispensáveis, quer sujeitando-a a trabalho excessivo ou inadequado, quer *abusando de meios de correção ou disciplina*:
>
> Pena – detenção, de dois meses a um ano, ou multa.

No texto da justificativa, a deputada argumenta que a redação de ambos os dispositivos[43] contêm a noção de que existiria um limite legal para castigos, meios de correção e disciplina, o que seria prejudicial e possibilitaria abusos. Para corrigir esse cenário, o Projeto n. 2.654/2003 reconhecia expressamente o direito da criança e do adolescente

> a não serem submetidos a qualquer forma de punição corporal, mediante a adoção de castigos moderados ou imoderados, sob a alegação de quaisquer

41. Íntegra disponível em: http://www.camara.gov.br/proposicoesWeb/prop_mostrarintegra?codteor=186335&filename=PL+2654/2003. Acesso em: junho de 2018.

42. "Art. 227. É dever da família, da sociedade e do Estado assegurar à criança, ao adolescente e ao jovem, com absoluta prioridade, o direito à vida, à saúde, à alimentação, à educação, ao lazer, à profissionalização, à cultura, à dignidade, ao respeito, à liberdade e à convivência familiar e comunitária, além de colocá-los a salvo de toda forma de negligência, discriminação, exploração, violência, crueldade e opressão. (...) § 4º A lei punirá severamente o abuso, a violência e a exploração sexual da criança e do adolescente."

43. No texto do projeto, a deputada faz referência ao art. 395 do Código Civil de 1916; contudo, optou-se neste tópico por transcrever a redação atual em razão de não ter havido qualquer modificação.

> propósitos, no lar, na escola, em instituição de atendimento público ou privado ou em locais públicos[44].

O projeto remetia às medidas aplicáveis aos pais ou responsáveis no art. 129[45]. Ainda, privilegiava o dever do Estado de promoção de ações educativas, de divulgação das normas nacionais e internacionais de proteção a crianças e adolescentes, e ainda de introdução a conteúdos referentes à proteção de direitos de crianças e adolescentes nos currículos escolares[46].

Verifica-se, portanto, que o projeto original tinha por escopo principal o fomento a uma transformação cultural por meio de um debate público em que se questionasse o uso (supostamente) pedagógico da violência física contra crianças e adolescentes. Porém, a matéria do projeto foi considerada prejudicada pela propositura de um novo projeto de lei de conteúdo semelhante, o PL n. 7.672/2010[47], de iniciativa do Poder Executivo, no contexto do Programa Nacional de Direitos Humanos III[48], cujo processo de implementação é expressamente citado na Justificativa do novo projeto, em relação à sua Diretriz n. 8:

> Diretriz 8: Promoção dos direitos de crianças e adolescentes para o seu desenvolvimento integral, de forma não discriminatória, assegurando seu direito de opinião e participação. (extraído da Justificativa do projeto)
>
> Objetivo estratégico III: Proteger e defender os direitos de crianças e adolescentes com maior vulnerabilidade;
>
> Ação Programática c) Propor marco legal para a abolição das práticas de castigos físicos e corporais contra crianças e adolescentes[49].

44. Art. 18-A do PL n. 2.654/2003.

45. A esse respeito, ver tópico "Medidas pertinentes aos pais ou responsáveis" neste capítulo.

46. Art. 18-D do PL n. 2.654/2003: "Art. 18-D. Cabe ao Estado, com a participação da sociedade: I – Estimular ações educativas continuadas destinadas a conscientizar o público sobre a ilicitude do uso da violência contra criança e adolescente, ainda que sob a alegação de propósitos pedagógicos; II – Divulgar instrumentos nacionais e internacionais de proteção dos direitos da criança e do adolescente; III – Promover reformas curriculares, com vistas a introduzir disciplinas voltadas à proteção dos direitos da criança e do adolescente, nos termos dos arts. 27 e 35, da Lei n. 9394, de 20-12-1996 e do art. 1º da Lei n. 5.692, de 11-8-1971, ou a introduzir no currículo do ensino básico e médio um tema transversal referente aos direitos da criança, nos moldes dos Parâmetros Curriculares Nacionais".

47. Íntegra disponível em: http://www.camara.gov.br/proposicoesWeb/prop_mostrarintegra?codteor=790543&filename=PL+7672/2010. Acesso em: junho de 2018.

48. Disponível em: http://www.pndh3.sdh.gov.br. Acesso em: junho de 2018.

49. Programa Nacional de Direitos Humanos (PNDH–3)/Secretaria Especial dos Direitos Humanos da Presidência da República – Brasília: SEDH/PR, 2010, p. 78.

Em relação ao projeto anterior, a nova proposta acrescenta o conceito legal de "castigo corporal" e "tratamento cruel ou degradante"[50], além de reforçar as propostas educativas incluindo as ações de "IV – a formação continuada dos profissionais que atuem na promoção dos direitos de crianças e adolescentes; e V – o apoio e incentivo às práticas de resolução pacífica de conflitos que envolvam violência contra criança e adolescente[51]".

O projeto permaneceu em trâmite por 3 anos, e após sete meses sem movimentação[52], voltou a ser examinado pela Comissão de Constituição e Justiça em maio de 2014 – pouco mais de um mês após ser noticiado o assassinato de Bernardo Boldrini, aos onze anos de idade[53], sendo acusados pelo crime seu pai e sua madrasta. Em 1º de julho de 2014, o projeto foi aprovado e se transformou na Lei Federal n. 13.010/2014 – antes conhecida como "Lei da Palmada", uma vez publicada a nova lei, esta foi divulgada pelo apelido informal "Lei Menino Bernardo"[54].

O projeto aprovado introduziu no Estatuto da Criança e do Adolescente os arts. 18-A e 18-B, mantendo o objetivo de "estabelecer o direito da criança e do adolescente de ser educado sem o uso de castigos corporais ou de tratamento cruel ou degradante", nos termos do texto do respectivo projeto de lei já comentado.

O art. 18-A contém as definições legais de castigo físico:

> Art. 18-A. (...)
>
> Parágrafo único. Para os fins desta Lei, considera-se:
>
> I – castigo físico: ação de natureza disciplinar ou punitiva aplicada com o uso da força física sobre a criança ou o adolescente que resulte em:

---

50. "Art. 17-A. A criança e o adolescente têm o direito de serem educados e cuidados pelos pais, pelos integrantes da família ampliada, pelos responsáveis ou por qualquer pessoa encarregada de cuidar, tratar, educar ou vigiar, sem o uso de castigo corporal ou de tratamento cruel ou degradante, como formas de correção, disciplina, educação, ou qualquer outro pretexto. Parágrafo único. Para os efeitos desta Lei, considera-se: I – castigo corporal: ação de natureza disciplinar ou punitiva com o uso da força física que resulte em dor ou lesão à criança ou adolescente. II – tratamento cruel ou degradante: conduta que humilhe, ameace gravemente ou ridicularize a criança ou o adolescente."

51. Incisos IV e V do art. 70-A do PL n. 7.672/2010.

52. Entre 16-10-2013 e 21-5-2014, conforme informação disponibilizada na página da Câmara dos Deputados. Disponível em: http://www.camara.gov.br/proposicoesWeb/fichadetramitacao?idProposicao=483933. Acesso em: junho de 2018.

53. Bernardo Boldrini foi encontrado morto em 16-4-2014, após ser dado como desaparecido por alguns dias. Para detalhes sobre o caso, acessar: http://g1.globo.com/rs/rio-grande-do-sul/noticia/2014/04/bernardo-morreu-dia-4-de-abril-de-forma-violenta-diz-atestado-de-obito.html. Acesso em: junho de 2018.

54. Embora informal, o próprio site do Senado adotou a identificação, conforme pode ser visto na matéria: https://www12.senado.leg.br/noticias/materias/2014/11/11/lei-menino-bernardo-amplia-rede-de-protecao-a-criancas-e-adolescentes. Acesso em: junho de 2018.

a) sofrimento físico; ou

b) lesão;

II – tratamento cruel ou degradante: conduta ou forma cruel de tratamento em relação à criança ou ao adolescente que:

a) humilhe; ou

b) ameace gravemente; ou

c) ridicularize.

Já o art. 18-B dispõe sobre as medidas às quais se sujeitam os pais ou responsáveis que dispensarem o tratamento descrito no artigo anterior:

> Art. 18-B. Os pais, os integrantes da família ampliada, os responsáveis, os agentes públicos executores de medidas socioeducativas ou qualquer pessoa encarregada de cuidar de crianças e de adolescentes, tratá-los, educá-los ou protegê-los que utilizarem castigo físico ou tratamento cruel ou degradante como formas de correção, disciplina, educação ou qualquer outro pretexto estarão sujeitos, sem prejuízo de outras sanções cabíveis, às seguintes medidas, que serão aplicadas de acordo com a gravidade do caso:
>
> I – encaminhamento a programa oficial ou comunitário de proteção à família;
>
> II – encaminhamento a tratamento psicológico ou psiquiátrico;
>
> III – encaminhamento a cursos ou programas de orientação;
>
> IV – obrigação de encaminhar a criança a tratamento especializado;
>
> V – advertência.
>
> Parágrafo único. As medidas previstas neste artigo serão aplicadas pelo Conselho Tutelar, sem prejuízo de outras providências legais.

Desde os debates parlamentares até sua entrada em vigor, a "Lei da Palmada" ou "Lei Menino Bernardo" gerou polêmica, e setores sociais se posicionaram como "contrários" ou "favoráveis", em especial no que dizia respeito a um suposto direito dos pais ou responsáveis de educarem suas crianças e adolescentes em seus próprios termos. Tendo em consideração o processo de produção da lei que culminou na alteração do Estatuto da Criança e do Adolescente, é relevante colocar em pauta três questionamentos[55]: Devem-se utilizar castigos físicos em crianças e adolescentes? O Estado deve

---

55. Neste sentido, ver: ZAPATER, Maíra. "A intervenção estatal pela Lei Menino Bernardo é correta? Não". Disponível em: http://justificando.cartacapital.com.br/ 2015/04/06/a-intervencao-estatal-pela-lei-menino-bernardo-e-correta-nao/. Acesso em: junho de 2018.

intervir na educação de crianças que não estejam sob sua custódia? A Lei n. 13.010/2014 é adequada como intervenção estatal?

Quanto ao primeiro questionamento, é importante refletir o quanto castigos físicos têm o potencial de banalizar a violência física, naturalizando práticas que reproduzem e perpetuam modelos perversos que associam agressão física a figuras de autoridade. Portanto, do ponto de vista político e jurídico, é razoável partir do pressuposto de que não se devem utilizar quaisquer castigos físicos, ou cruéis e degradantes (ainda que apenas sob o aspecto psicológico).

Em relação ao segundo questionamento, a considerar o *status* constitucional da doutrina da proteção integral, tem-se que é dever do Estado intervir na educação de crianças que não estejam sob sua custódia quando o modelo educacional selecionado pelos responsáveis corresponder a uma violação sistemática de Direitos Humanos, enfrentando o desafio de delimitar as fronteiras entre o público e o privado nas hipóteses em que o particular seja um violador de direitos, buscando encontrar o equilíbrio entre a liberdade individual de agir conforme a própria consciência na esfera privada e a intervenção estatal nesta mesma esfera, quando houver condutas abusivas nas relações entre particulares.

Respondidos os dois questionamentos anteriores, passa-se ao questionamento central, que corresponde à crítica pretendida neste tópico: a Lei n. 13.010/2014 é adequada como intervenção estatal quando houver violação sistemática dos direitos humanos de crianças e adolescentes no processo pedagógico?

A primeira constatação relativa à Lei n. 13.010/2014 é no sentido de que, na forma como aprovada, seu conteúdo em nada inova o conteúdo original do Estatuto da Criança e do Adolescente, uma vez que todos os mecanismos pretensamente inovadores já se encontravam previstos desde 1990: o art. 98 trata da questão da criança ou adolescente em situação de risco[56] decorrente da violação de seus direitos, e prevê a possibilidade de aplicação de medidas de proteção à vítima, tais como *orientação, apoio e acompanhamento temporários*, ou *requisição de tratamento médico, psicológico ou psiquiátrico, em regime hospitalar ou ambulatorial* (art. 101). O art. 129, por sua vez, prevê as medidas pertinentes aos pais ou responsáveis que expuserem crianças ou adolescentes a risco por abuso e maus-tratos, e consistem em ações como *encaminhamento a tratamento psicológico ou psiquiátrico* e *encaminhamento a cursos ou programas de orientação*.

---

56. O tema será explorado no tópico "As medidas cabíveis no caso de violação de direitos".

Ademais, deve-se ressaltar que a Lei n. 13.010/2014 não inova na proibição de castigos físicos e tratamento cruel, pois, mesmo antes da vigência do Estatuto da Criança e do Adolescente, o Código Penal sempre previu os crimes de lesão corporal (art. 129, CP)[57] e maus-tratos (art. 136, CP)[58], a significar que os castigos físicos aplicados contra crianças e adolescentes sempre ensejaram responsabilização criminal[59].

O texto aprovado não conferiu a mesma ênfase dada pelo projeto original às ações educativas e debates públicos, limitando-se a uma alteração da Lei de Diretrizes e Bases da Educação Nacional em seu art. 3º:

> Art. 3º O art. 26 da Lei n. 9.394, de 20 de dezembro de 1996 (Lei de Diretrizes e Bases da Educação Nacional), passa a vigorar acrescido do seguinte § 9º:
>
> "Art. 26. ....
>
> ....
>
> § 9º Conteúdos relativos aos direitos humanos e à prevenção de todas as formas de violência contra a criança e o adolescente serão incluídos, como temas transversais, nos currículos escolares de que trata o *caput* deste artigo, tendo como diretriz a Lei n. 8.069, de 13 de julho de 1990 (Estatuto da Criança e do Adolescente), observada a produção e distribuição de material didático adequado."

Como únicas reais inovações do texto legal, cabe destacar que, além dos arts. 70-A e 70-B[60], a Lei n. 13.010/2014 ampliou a redação do art. 13 do Estatuto da Criança e do Adolescente[61], determinando que os serviços de saúde devem fazer comunicação obrigatória ao Conselho Tutelar no caso de suspeita de castigo físico ou tratamento cruel ou degradante, bem como de maus-tratos, sem prejuízo de outras providências legais (tais como registro de ocorrência policial e ajuizamento de ação de suspensão ou perda do poder familiar).

---

57. "Art. 129. Ofender a integridade corporal ou a saúde de outrem: Pena – detenção, de três meses a um ano."

58. "Art. 136. Expor a perigo a vida ou a saúde de pessoa sob sua autoridade, guarda ou vigilância, para fim de educação, ensino, tratamento ou custódia, quer privando-a de alimentação ou cuidados indispensáveis, quer sujeitando-a a trabalho excessivo ou inadequado, quer abusando de meios de correção ou disciplina: Pena – detenção, de dois meses a um ano, ou multa. § 1º Se do fato resulta lesão corporal de natureza grave: Pena – reclusão, de um a quatro anos. § 2º Se resulta a morte: Pena – reclusão, de quatro a doze anos. § 3º Aumenta-se a pena de um terço, se o crime é praticado contra pessoa menor de 14 (quatorze) anos."

59. Ao menos quando considerados "abusivos" ou "imoderados".

60. Que serão comentados ainda neste capítulo no tópico "O sistema de prevenção e a proteção aos direitos fundamentais".

61. "Art. 13. Os casos de suspeita ou confirmação de castigo físico, de tratamento cruel ou degradante e de maus-tratos contra criança ou adolescente serão obrigatoriamente comunicados ao Conselho Tutelar da respectiva localidade, sem prejuízo de outras providências legais."

Ainda sobre o tema do direito ao respeito, à dignidade e à integridade física e psíquica, é importante tecer considerações a respeito do problema da intimidação sistemática praticada contra crianças e adolescentes, ou *bullying*, expressão com origem na língua inglesa e que significa "ameaçar", "amedrontar", "maltratar", "oprimir" etc. Na descrição de Gilda de Castro Rodrigues:

> *Bullying* refere-se a atos de violência física, moral ou psíquica praticados contra estudantes que apresentam peculiaridades emocionais, corporais, étnicas, ideológicas, comportamentais ou religiosas alheias ao perfil mediano dos que controlam o espaço pelo seu carisma ou manuseiam instrumentos de poder. Implica uma relação assimétrica, em que os mais fortes demonstram intolerância por quem é diferente e não reage à altura na primeira agressão. (RODRIGUES, 2012, p. 12-13)

Em 2015 entrou em vigor a Lei n. 13.185/2015, que institui o Programa de Combate à Intimidação Sistemática (ou *bullying*), especificamente direcionada ao *bullying* que ocorre no ambiente escolar, objetivando sua prevenção por meio de práticas capazes de transformar a cultura do assédio e da intimidação. A definição legal do *bullying* está descrita no § 1º do art. 1º da referida lei[62]:

> § 1º No contexto e para os fins desta Lei, considera-se intimidação sistemática (*bullying*) todo ato de violência física ou psicológica, intencional e repetitivo que ocorre sem motivação evidente, praticado por indivíduo ou grupo, contra uma ou mais pessoas, com o objetivo de intimidá-la ou agredi-la, causando dor e angústia à vítima, em uma relação de desequilíbrio de poder entre as partes envolvidas.

Nos termos descritos no dispositivo acima transcrito, combinado ao art. 3º da lei[63], considera-se que o *bullying* pode ser praticado de forma verbal, moral, sexual, social, psicológica, física, material ou virtual.

---

62. A descrição não é taxativa, pois também o art. 2º da lei traz rol de outras condutas que podem caracterizar a intimidação sistemática: "Art. 2º Caracteriza-se a intimidação sistemática (*bullying*) quando há violência física ou psicológica em atos de intimidação, humilhação ou discriminação e, ainda: I – ataques físicos; II – insultos pessoais; III – comentários sistemáticos e apelidos pejorativos; IV – ameaças por quaisquer meios; V – grafites depreciativos; VI – expressões preconceituosas; VII – isolamento social consciente e premeditado; VIII – pilhérias. Parágrafo único. Há intimidação sistemática na rede mundial de computadores (*cyberbullying*), quando se usarem os instrumentos que lhe são próprios para depreciar, incitar a violência, adulterar fotos e dados pessoais com o intuito de criar meios de constrangimento psicossocial".

63. "Art. 3º A intimidação sistemática (*bullying*) pode ser classificada, conforme as ações praticadas, como: I – verbal: insultar, xingar e apelidar pejorativamente; II – moral: difamar, caluniar, disseminar rumores; III – sexual: assediar, induzir e/ou abusar; IV – social: ignorar, isolar e excluir; V – psicológica: perseguir, amedrontar, aterrorizar, intimidar, dominar, manipular, chan-

O programa de prevenção instituído no *caput* do art. 1º da Lei tem seus objetivos apresentados no art. 4º do mesmo diploma legal:

> Art. 4º Constituem objetivos do Programa referido no *caput* do art. 1º:
>
> I – prevenir e combater a prática da intimidação sistemática (*bullying*) em toda a sociedade;
>
> II – capacitar docentes e equipes pedagógicas para a implementação das ações de discussão, prevenção, orientação e solução do problema;
>
> III – implementar e disseminar campanhas de educação, conscientização e informação;
>
> IV – instituir práticas de conduta e orientação de pais, familiares e responsáveis diante da identificação de vítimas e agressores;
>
> V – dar assistência psicológica, social e jurídica às vítimas e aos agressores;
>
> VI – integrar os meios de comunicação de massa com as escolas e a sociedade, como forma de identificação e conscientização do problema e forma de preveni-lo e combatê-lo;
>
> VII – promover a cidadania, a capacidade empática e o respeito a terceiros, nos marcos de uma cultura de paz e tolerância mútua;
>
> VIII – evitar, tanto quanto possível, a punição dos agressores, privilegiando mecanismos e instrumentos alternativos que promovam a efetiva responsabilização e a mudança de comportamento hostil;
>
> IX – promover medidas de conscientização, prevenção e combate a todos os tipos de violência, com ênfase nas práticas recorrentes de intimidação sistemática (*bullying*), ou constrangimento físico e psicológico, cometidas por alunos, professores e outros profissionais integrantes de escola e de comunidade escolar.

Como se verifica da leitura dos incisos do art. 4º, os objetivos do programa foram pensados em especial para o ambiente escolar. Dessa forma, o art. 5º atribui às escolas, clubes e congêneres o dever de adotar o programa:

> Art. 5º É dever do estabelecimento de ensino, dos clubes e das agremiações recreativas assegurar medidas de conscientização, prevenção, diagnose e combate à violência e à intimidação sistemática (*bullying*).

---

tagear e infernizar; VI – físico: socar, chutar, bater; VII – material: furtar, roubar, destruir pertences de outrem; VIII – virtual: depreciar, enviar mensagens intrusivas da intimidade, enviar ou adulterar fotos e dados pessoais que resultem em sofrimento ou com o intuito de criar meios de constrangimento psicológico e social."

É importante destacar que a *Lei Antibullying* não tem natureza cível ou penal, mas de política pública de prevenção pela transformação de uma cultura lesiva aos direitos da criança e do adolescente, para fazer valer a proteção integral preconizada pelo Estatuto. Isso implica que o texto da lei não impede a demanda judicial de reparação civil por danos materiais ou morais, nem afasta a configuração de eventual ato infracional e respectiva responsabilidade socioeducativa. Porém, deve-se pensar que, em especial por se tratar de ambiente escolar, no qual a violência intimidatória é praticada contra *e por* crianças e adolescentes, que o princípio do melhor interesse da criança e do adolescente aponta na direção de soluções diversas das tradicionais sanções cíveis e/ou socioeducativas (cuja natureza se aproxima de medidas penais, conforme será discutido em tópico próprio), a exemplo da Justiça Restaurativa.

A Justiça Restaurativa é um modelo de solução de conflitos que surge como uma proposta alternativa à responsabilização criminal tradicional, e que envolve a participação voluntária de ofensores, vítimas e outros membros da comunidade[64]. A Justiça Restaurativa vem sendo objeto de recomendações da ONU[65] e passou a ser expressamente incentivada no Brasil – especialmente para resolução extrajudicial de conflitos ocorridos em escolas – pelo Conselho Nacional de Justiça a partir da edição da Resolução n. 225/2016 do CNJ[66], nos seguintes termos:

> Art. 1º. A Justiça Restaurativa constitui-se como um conjunto ordenado e sistêmico de princípios, métodos, técnicas e atividades próprias que visa à conscientização sobre os fatores relacionais, institucionais e sociais motivadores de conflitos e violência, e por meio do qual os conflitos que geram dano, concreto ou abstrato, são solucionados de modo estruturado na seguinte forma:
>
> I – é necessária a participação do ofensor, e, quando houver, da vítima, bem como das suas famílias e dos demais envolvidos no fato danoso com a presença dos representantes da comunidade direta ou indiretamente atingida pelo fato e de um ou mais facilitadores restaurativos;

64. Para uma leitura mais aprofundada a respeito ver: ACHUTTI, Daniel. *Justiça Restaurativa e Abolicionismo Penal*. São Paulo: Saraiva, 2016. O livro foi redigido a partir de tese de doutorado parcialmente disponível em: http://tede2.pucrs.br/tede2/bitstream/tede/4901/1/441970.pdf. Acesso em: julho de 2018.

65. Resoluções 1.999/26, 2.000/14 e 2.002/12.

66. Disponível em: http://www.cnj.jus.br///images/atos_normativos/resolucao/resolucao_225_31052016_02062016161414.pdf. Acesso em: julho de 2018.

II – as práticas restaurativas serão coordenadas por facilitadores restaurativos capacitados em técnicas autocompositivas e consensuais de solução de conflitos próprias da Justiça Restaurativa, podendo ser servidor do tribunal, agente público, voluntário ou indicado por entidades parceiras;

III – as práticas restaurativas terão como foco a satisfação das necessidades de todos os envolvidos, a responsabilização ativa daqueles que contribuíram direta ou indiretamente para a ocorrência do fato danoso e o empoderamento da comunidade, destacando a necessidade da reparação do dano e da recomposição do tecido social rompido pelo conflito e suas implicações para o futuro.

Atualmente há iniciativas de práticas restaurativas em vários Estados brasileiros na área da infância e juventude. A título de exemplo do potencial de resultados positivos desses programas, citamos os resultados da pesquisa de avaliação e monitoramento de práticas restaurativas desenvolvidas em três escolas da rede pública e privada de Porto Alegre, realizada mediante parceria da Faculdade de Serviço Social com a 3ª Vara do Juizado Regional da Infância e Juventude por meio do Projeto Justiça para o Século 21, na qual se obtiveram os seguintes dados:

> (...) Os círculos restaurativos realizados nas escolas contribuíram para a instauração de práticas dialógicas e afirmação de acordos que contemplaram as necessidades das vítimas e comunidade afetada. 90% das pessoas sentiram-se ouvidas e respeitadas, o que evidencia a necessidade contínua de fortalecimento dessas práticas no cotidiano escolar. Entre muitas das repercussões positivas do Projeto nas escolas, vale destacar a diminuição de encaminhamentos para o Serviço de Orientação Educacional (SOE), direção da instituição ou ao Departamento Estadual da Criança e do Adolescente e os sentimentos de segurança decorrentes da participação[67]. (GROSSI et al., 2009, p. 498)

Não obstante a intenção então manifestada pelo legislador em criar um programa de prevenção contra a intimidação sistemática, em 2024 a Lei n. 14.811/2024 propõe um novo sistema de medidas de proteção à criança e ao adolescente contra a violência nos estabelecimentos educacionais ou similares, valendo-se principalmente da via penal, por meio de alterações ao Código Penal, à Lei dos Crimes Hediondos e ao Estatuto da Criança e do Adolescente.

67. Íntegra disponível em: http://meriva.pucrs.br/dspace/bitstream/10923/8143/2/Implementando_praticas_restaurativas_nas_escolas_brasileiras_como_estrategia.pdf. Acesso em: julho de 2018.

Embora em seus arts. 1º ao 4º a Lei n. 14.811/2024 disponha a respeito de responsabilidades do poder público no estabelecimento de protocolos de proteção à criança e ao adolescente[68], bem como trate da construção de uma Política Nacional de Prevenção e Combate ao Abuso e Exploração Sexual da Criança e do Adolescente[69] (o que não destoa das diretrizes já previstas no próprio texto do Estatuto da Criança e do Adolescente), e ainda determine a obrigatoriedade de exigência de apresentação de ficha de antecedentes criminais de colaboradores de instituições que desenvolvam atividades com crianças e adolescentes[70], a inovação mais significativa do texto legal se encontra nas previsões de criminalização de condutas previs-

---

68. "Art. 3º É de responsabilidade do poder público local desenvolver, em conjunto com os órgãos de segurança pública e de saúde e com a participação da comunidade escolar, protocolos para estabelecer medidas de proteção à criança e ao adolescente contra qualquer forma de violência no âmbito escolar prevista no parágrafo único do art. 2º desta Lei, com ações específicas para cada uma delas. Parágrafo único. Os protocolos de medidas de proteção à violência contra a criança e o adolescente nos estabelecimentos educacionais ou similares, públicos ou privados, deverão prever a capacitação continuada do corpo docente, integrada à informação da comunidade escolar e da vizinhança em torno do estabelecimento escolar."

69. "Art. 4º A Política Nacional de Prevenção e Combate ao Abuso e Exploração Sexual da Criança e do Adolescente será elaborada no âmbito de conferência nacional a ser organizada e executada pelo órgão federal competente e deverá observar os seguintes objetivos: I – aprimorar a gestão das ações de prevenção e de combate ao abuso e à exploração sexual da criança e do adolescente; II – contribuir para fortalecer as redes de proteção e de combate ao abuso e à exploração sexual da criança e do adolescente; III – promover a produção de conhecimento, a pesquisa e a avaliação dos resultados das políticas de prevenção e de combate ao abuso e à exploração sexual da criança e do adolescente; IV – garantir o atendimento especializado, e em rede, da criança e do adolescente em situação de exploração sexual, bem como de suas famílias; V – estabelecer espaços democráticos para participação e controle social, priorizando os conselhos de direitos da criança e do adolescente. § 1º As políticas públicas de prevenção e de combate ao abuso e à exploração sexual da criança e do adolescente não se restringem às vítimas e devem considerar o contexto social amplo das famílias e das comunidades. § 2º A Política Nacional de Prevenção e Combate ao Abuso e Exploração Sexual da Criança e do Adolescente, considerada a sua transversalidade, deverá prever capacitação continuada de todos os agentes públicos que atuam com crianças e adolescentes em situação de violência sexual. § 3º A Política Nacional de Prevenção e Combate ao Abuso e Exploração Sexual da Criança e do Adolescente será detalhada em um plano nacional, reavaliada a cada 10 (dez) anos, a contar de sua elaboração, com indicação das ações estratégicas, das metas, das prioridades e dos indicadores e com definição das formas de financiamento e gestão das políticas de prevenção e de combate ao abuso e à exploração sexual da criança e do adolescente. § 4º Os conselhos de direitos da criança e do adolescente, organizações da sociedade civil e representantes do Ministério Público realizarão, em conjunto com o poder público, em intervalos de 3 (três) anos, avaliações periódicas da implementação dos Planos de Prevenção e Combate ao Abuso e Exploração Sexual da Criança e do Adolescente, a serem definidas em regulamento, com o objetivo de verificar o cumprimento das metas estabelecidas e de elaborar recomendações aos gestores e aos operadores das políticas públicas. § 5º Haverá ampla divulgação do conteúdo do Plano Nacional de Prevenção e Combate ao Abuso e Exploração Sexual da Criança e do Adolescente".

70. "Art. 59-A. As instituições sociais públicas ou privadas que desenvolvam atividades com crianças e adolescentes e que recebam recursos públicos deverão exigir e manter certidões de antecedentes criminais de todos os seus colaboradores, as quais deverão ser atualizadas a cada 6 (seis) meses".

tas no Código Penal, na Lei dos Crimes Hediondos e no Estatuto da Criança e do Adolescente[71].

Enfim, a dignidade, o respeito e a integridade física e psíquica de crianças e adolescentes podem ser garantidas não só por meio de leis que reconheçam a existência de práticas violadoras de tais direitos, mas também pela proposta de soluções inovadoras para sua prevenção e futura erradicação.

▶▶ O direito à convivência familiar e comunitária

Conceitos introdutórios

A concepção da convivência familiar e comunitária como um direito decorre da proposta de proteção integral da criança e do adolescente, cujos deveres daí decorrentes são compartilhados entre família, sociedade e Estado. A realização da parcela de direitos cabível à entidade familiar é regulamentada pelos dispositivos previstos no Capítulo III do Título II do ECA.

Para que se possa compreender melhor tais dispositivos, é necessário antes remeter às previsões constitucionais referentes ao tema, que sofreu profundas modificações com o texto de 1988.

A Constituição de 1967, vigente antes da CF/88, estabelecia em seu art. 167 que a família somente era constituída pelo casamento, sendo este indissolúvel[72]. Já o Código Civil de 1916 (que vigorou até 2002) previa em seu art. 137 que eram "legítimos os filhos concebidos na constância do casamento" (autorizando, todavia, a hipótese de legitimação por reconhecimento voluntário, salvo quanto aos filhos "adulterinos ou incestuosos", cujo reconhecimento de filiação era vedado pelo art. 358, CC/1916).

Com a promulgação da Constituição de 1988, confere-se maior ênfase aos laços de consanguinidade e afetividade do que apenas ao casamento. Além disso, adota-se a isonomia entre os filhos sem distinção de origem, sendo constitucionalmente vetada qualquer discriminação quanto aos filhos no art. 227, § 6º, da CF. Ainda assim, o art. 358 (que proibia o reconhecimento de filhos adulterinos ou incestuosos) somente foi revogado expressamente pela Lei n. 7.841/89, e o art. 137 do Código Civil de 1916 (que classificava como filhos legítimos somente aqueles havidos na constância do casamen-

71. Comentadas no tópico "Aspectos do Código Penal referentes a crianças e adolescentes", no Capítulo 3.

72. Determinação que perduraria até a aprovação da Lei do Divórcio, em 1977.

to), em 1992, com a Lei de Investigação de Paternidade[73] (embora ambos já tivessem se tornado inconstitucionais desde 1988). Com a proibição de discriminação entre os filhos, a filiação passa a ser concebida como a relação de parentesco em linha reta de primeiro grau e não vinculada ao casamento, de natureza consanguínea (por geração biológica) ou civil (por adoção), e seu reconhecimento passa a ser direito personalíssimo, indisponível e imprescritível, que pode ser oposto contra os pais ou seus herdeiros, sem qualquer impedimento para os filhos havidos fora do casamento, os quais terão os mesmos direitos e qualificações, nos termos dos arts. 20, 26 e 27 do ECA.

O poder familiar

O poder familiar pode ser descrito como um direito-função dos pais/responsáveis, correspondente ao complexo de deveres pessoais e patrimoniais com relação ao filho menor, não emancipado, e que deve ser exercido no melhor interesse deste, conforme regulamentado pelo art. 22 do Estatuto da Criança e do Adolescente:

> Art. 22. Aos pais incumbe o dever de sustento, guarda e educação dos filhos menores, cabendo-lhes ainda, no interesse destes, a obrigação de cumprir e fazer cumprir as determinações judiciais.
>
> Parágrafo único. A mãe e o pai, ou os responsáveis, têm direitos iguais e deveres e responsabilidades compartilhados no cuidado e na educação da criança, devendo ser resguardado o direito de transmissão familiar de suas crenças e culturas, assegurados os direitos da criança estabelecidos nesta Lei.

No ordenamento jurídico brasileiro anterior a 1988, o Código Civil de 1916 estipulava em seu art. 380 que o pátrio poder seria exercido pelo marido, sendo a mulher mera colaboradora, prevalecendo legalmente a decisão do pai em caso de divergência.

A expressão "poder familiar" substituiu o termo "pátrio poder" como reflexo do reconhecimento da igualdade jurídica entre homens e mulheres feito na Constituição Federal de 1988 e da alteração do Código Civil de 2002. A partir de então, pai e mãe (ou os responsáveis) exercem o poder familiar de forma simultânea e compartilhada, permanecendo os filhos sujeitos ao poder familiar até completarem 18 anos, conforme se verifica pela leitura do art. 21 do ECA:

---

73. Lei n. 8.560/92.

> Art. 21. O poder familiar será exercido, em igualdade de condições, pelo pai e pela mãe, na forma do que dispuser a legislação civil, assegurado a qualquer deles o direito de, em caso de discordância, recorrer à autoridade judiciária competente para a solução da divergência.

A Constituição de 1988[74] também foi responsável por extinguir quaisquer diferenças entre os filhos em decorrência de sua origem, consagrando o princípio da igualdade a esse respeito no art. 20 do Estatuto da Criança e do Adolescente:

> Art. 20. Os filhos, havidos ou não da relação do casamento, ou por adoção, terão os mesmos direitos e qualificações, proibidas quaisquer designações discriminatórias relativas à filiação.

Nesse mesmo sentido orientado pelo texto constitucional, o art. 26 do ECA estipula as regras para reconhecimento dos filhos havidos fora do casamento, alçando o reconhecimento do estado de filiação ao *status* de direito personalíssimo, indisponível e imprescritível no art. 27 do ECA:

> Art. 26. Os filhos havidos fora do casamento poderão ser reconhecidos pelos pais, conjunta ou separadamente, no próprio termo de nascimento, por testamento, mediante escritura ou outro documento público, qualquer que seja a origem da filiação.
>
> Parágrafo único. O reconhecimento pode preceder o nascimento do filho ou suceder-lhe ao falecimento, se deixar descendentes.
>
> Art. 27. O reconhecimento do estado de filiação é direito personalíssimo, indisponível e imprescritível, podendo ser exercitado contra os pais ou seus herdeiros, sem qualquer restrição, observado o segredo de Justiça.

Sendo a um só tempo direito e função, o poder familiar impõe deveres a quem o detiver. São eles:

(i) Dever de sustento: provisão de subsistência material (até 24 anos, se estiver estudando);

(ii) Dever de guarda: direito de o filho conviver com os pais; e de os pais manterem o filho junto de si;

(iii) Dever de educação: abrange a educação formal para instrução básica e a familiar.

---

74. Sobre as transformações de paradigma jurídico em relação aos direitos de crianças e adolescentes nas relações familiares, ver o tópico "O poder familiar no Código Civil" no Capítulo 3.

Não é demais frisar que, por se tratar de deveres jurídicos, com fundamento constitucional (arts. 227 e 229, CF) e legal (art. 22, ECA), seu descumprimento é passível de sanção, podendo gerar responsabilização civil e penal[75] (art. 133, CP – abandono de incapaz; art. 244, CP – abandono material; art. 246, CP – abandono intelectual), bem como dar causa à suspensão ou destituição do poder familiar (art. 129, X, ECA).

Espécies de família: família natural, família extensa e família substituta

Ao mesmo tempo em que os pais ou responsáveis detêm o dever/função de poder familiar sobre suas crianças e adolescentes, a convivência familiar e comunitária é um direito da criança e do adolescente, que tem como consequência a preferência absoluta de sua permanência com sua família natural, independentemente de questões econômicas, familiares em situação de drogadição ou de prisão. Como já mencionado no tópico 3, o Título VII da Constituição Federal dispõe sobre a Ordem Social, e seu Capítulo VII contém os dispositivos sobre a família, a criança, o adolescente e o idoso. O conceito constitucional de entidade familiar é descrito no art. 226 da CF, e abrange como tal o casamento ou união estável, bem como a comunidade formada por qualquer dos pais ou seus descendentes.

O Estatuto da Criança e do Adolescente define e regulamenta três modalidades de entidade familiar: a família natural, a família extensa e a família substituta. Todas as formas de família e de responsáveis têm deveres jurídicos para com crianças e adolescentes.

A família natural

A família natural, conceituada no art. 25[76] do ECA, é a correspondente ao parentesco biológico, ou seja, a comunidade formada pelos pais (ou apenas um deles) que geraram a criança ou o adolescente.

Já a família extensa está descrita no parágrafo único do art. 25 do ECA:

75. Estes artigos dos Códigos Civil e Penal serão tratados em detalhes no Capítulo 3.

76. "Art. 25. Entende-se por família natural a comunidade formada pelos pais ou qualquer deles e seus descendentes."

Parágrafo único. Entende-se por família extensa ou ampliada aquela que se estende para além da unidade pais e filhos ou da unidade do casal, formada por parentes próximos com os quais a criança ou adolescente convive e mantém vínculos de afinidade e afetividade.

Nos termos do *caput* do art. 19 do ECA, a permanência da criança ou adolescente junto à sua família natural é preferencial a todas as demais, e somente em excepcional situação de risco ao seu desenvolvimento será dela retirada. Dada sua relevância, transcreve-se seu conteúdo na íntegra:

Art. 19. É direito da criança e do adolescente ser criado e educado no seio de sua família e, excepcionalmente, em família substituta, assegurada a convivência familiar e comunitária, em ambiente que garanta seu desenvolvimento integral.

Tanto é assim que o Estatuto da Criança e do Adolescente sofreu alterações pelas Leis ns. 12.962/2014 e 13.257/2016 (Marco Legal da Primeira Infância), que alteraram o texto do ECA para assegurar que a presença de pessoas dependentes de substâncias entorpecentes no ambiente familiar, a carência de recursos materiais e mesmo a condenação criminal dos pais a pena privativa de liberdade não podem constituir fundamento obrigatório ou isolado para retirar a criança ou adolescente do seio familiar, salvo comprovação de comprometimento de seu desenvolvimento saudável ou de risco aos seus direitos fundamentais em decorrência desse motivo. A atual redação do art. 19, acima transcrita, decorrente de alteração efetivada pelo Marco Legal da Primeira Infância (Lei n. 13.257/2016), suprimiu a expressão "em ambiente livre da presença de pessoas dependentes de substâncias entorpecentes", constante da redação original.

A nova redação do Estatuto reconhece a situação de risco da entidade familiar, determinando a inclusão obrigatória de todos os seus membros em programas oficiais de proteção e apoio no § 3º do mesmo artigo:

§ 3º A manutenção ou a reintegração de criança ou adolescente à sua família terá preferência em relação a qualquer outra providência, caso em que será esta incluída em serviços e programas de proteção, apoio e promoção, nos termos do § 1º do art. 23, dos incisos I e IV do *caput* do art. 101 e dos incisos I a IV do *caput* do art. 129 desta Lei.

O mesmo artigo recebeu novo parágrafo pela Lei n. 12.962/2014 (que assegura a convivência da criança e do adolescente com os pais privados de liberdade):

§ 4º Será garantida a convivência da criança e do adolescente com a mãe ou o pai privado de liberdade, por meio de visitas periódicas promovidas pelo responsável ou, nas hipóteses de acolhimento institucional, pela entidade responsável, independentemente de autorização judicial.

A Lei n. 13.509/2017 inseriu os §§ 5º e 6º ao art. 19, passando a prever o direito de convivência também das crianças filhas de adolescentes em acolhimento institucional, com assistência da mãe adolescente por equipe especializada multidisciplinar:

§ 5º Será garantida a convivência integral da criança com a mãe adolescente que estiver em acolhimento institucional.

§ 6º A mãe adolescente será assistida por equipe especializada multidisciplinar.

Vale ressaltar que, diferentemente do previsto para os genitores adultos, a nova lei somente menciona a mãe adolescente em acolhimento institucional, e não o pai.

O art. 23 do ECA, alterado pelo Marco Legal da Primeira Infância e pela Lei n. 12.962/2014, ganhou nova redação. As alterações mencionadas evidenciam a intenção do legislador de não discriminar famílias que estejam em vulnerabilidade social[77], ou que tenham pessoas em situação de dependência química, ou mesmo em cumprimento de pena privativa de liberdade[78], determinando que esses fatores não podem fundamentar *de per si* a separação de pais e filhos e propondo outras alternativas de solução pela atuação do Poder Público por meio de programas sociais. Por outro lado, chama a atenção a necessidade de inserção de tais dispositivos na lei, a evidenciar a expressividade dos problemas sociais

---

77. Sobre mães e crianças em situação de rua e as contingências decorrentes dessa vulnerabilidade específica, acessar o relatório da pesquisa Primeira infância e Maternidade nas ruas de São Paulo (2017), produzida pela Clínica de Direitos Humanos Luiz Gama. Disponível em: https://luizgama.wordpress.com/2018/05/11/primeira-infancia-e-maternidade-nas-ruas-de-sao-paulo/. Acesso em: julho de 2018.

78. A respeito das mulheres que são mães e estão em situação de privação de liberdade, além da pesquisa "Dar à luz na sombra", já mencionada no tópico "O direito à vida e à saúde", acessar também a íntegra do *habeas corpus* coletivo impetrado pelo Coletivo de Advogados de Direitos Humanos em favor de todas as mulheres grávidas ou com filhos de até doze anos que estivessem presas, com fundamento no art. 318, IV e V do Código de Processo Penal, com a redação dada pelo Marco Legal da Primeira Infância. Disponível em: https://cadhu.wordpress.com/2018/02/27/leia-a-integra-do-habeas-corpus-coletivo-do-cadhu-peticao-inicial-documentos-amici-curiae-e-decisoes/. Acesso em: julho de 2018.

constantes de seu conteúdo. Examinemos os referidos dispositivos na íntegra abaixo:

> Art. 23. A falta ou a carência de recursos materiais não constitui motivo suficiente para a perda ou a suspensão do poder familiar.
>
> § 1º Não existindo outro motivo que por si só autorize a decretação da medida, a criança ou o adolescente será mantido em sua família de origem, a qual deverá obrigatoriamente ser incluída em serviços e programas oficiais de proteção, apoio e promoção.
>
> § 2º A condenação criminal do pai ou da mãe não implicará a destituição do poder familiar, exceto na hipótese de condenação por crime doloso sujeito à pena de reclusão contra outrem igualmente titular do mesmo poder familiar ou contra filho, filha ou outro descendente.

Diante do previsto no art. 23 do ECA, acima examinado, torna-se evidente a intenção do legislador de somente possibilitar a destituição do poder familiar da família natural quando os genitores efetivamente oferecerem risco à integridade física e/ou psíquica da criança ou adolescente, que não possa ser dirimido pela inclusão da família em programas de apoio social.

A perda e a suspensão do poder familiar são as principais sanções decorrentes do descumprimento dos deveres inerentes ao poder familiar. O art. 24 do Estatuto contém suas hipóteses de cabimento, ressaltando que o procedimento (necessariamente judicial) sempre será submetido ao contraditório:

> Art. 24. A perda e a suspensão do poder familiar serão decretadas judicialmente, em procedimento contraditório, nos casos previstos na legislação civil, bem como na hipótese de descumprimento injustificado dos deveres e obrigações a que alude o art. 22.

A legislação civil referida no artigo acima transcrito corresponde ao art. 1.638[79] do Código Civil, que arrola como causas para suspensão ou destituição do poder familiar a aplicação de castigo imoderado, o abandono do

79. "Art. 1.638. Perderá por ato judicial o poder familiar o pai ou a mãe que: I – castigar imoderadamente o filho; II – deixar o filho em abandono; III – praticar atos contrários à moral e aos bons costumes; IV – incidir, reiteradamente, nas faltas previstas no artigo antecedente; V – entregar de forma irregular o filho a terceiros para fins de adoção."

filho, a prática de atos contrários à moral e aos bons costumes e o abuso de autoridade reiterado[80].

A Lei n. 13.715/2018 e as novas causas de perda do poder familiar

Em vigor desde setembro de 2018, a Lei n. 13.715/2018 promoveu alterações no Estatuto da Criança e do Adolescente, no Código Civil e no Código Penal, especificando novas hipóteses de decretação de perda do poder familiar nos casos de prática de determinados crimes não somente contra o próprio filho ou filha submetido ao poder familiar, mas também a outrem que seja igualmente titular de tal poder (por exemplo: o genitor que praticar crime de feminicídio ou de lesão corporal gravíssima contra a genitora de seus filhos terá decretada a perda do poder familiar em relação aos filhos comuns do casal).

No ECA, foi alterado o § 2º do art. 23; no Código Civil, inserido um parágrafo único ao art. 1.638; e no Código Penal, alterado o inciso II do art. 92. Em todos os dispositivos aqui mencionados, foram incluídas ou alteradas hipóteses de destituição do poder familiar em razão de condenação criminal: no caso do ECA e do Código Civil, passa a configurar hipótese de descumprimento de dever inerente ao poder familiar; no caso do Código Penal, passa a configurar efeito secundário da condenação penal.

As alterações legais estão sistematizadas no quadro abaixo:

	Artigo com a nova redação	Modificação em relação ao texto anterior
ECA	"Art. 23. (...) § 2º A condenação criminal do pai ou da mãe não implicará a destituição do poder familiar, exceto na hipótese de condenação por crime doloso sujeito à pena de reclusão contra outrem igualmente titular do mesmo poder familiar ou contra filho, filha ou outro descendente."	Antes da alteração da lei, somente a condenação criminal do pai ou da mãe por crime doloso sujeito a pena de reclusão praticado contra o próprio filho ou filha autorizava a destituição do poder familiar.

80. Correspondência com categorias do ECA e análise detida no Capítulo 3.

Código Civil	"Art. 1.638. (...) Parágrafo único. Perderá também por ato judicial o poder familiar aquele que: I - praticar contra outrem igualmente titular do mesmo poder familiar: a) homicídio, feminicídio ou lesão corporal de natureza grave ou seguida de morte, quando se tratar de crime doloso envolvendo violência doméstica e familiar ou menosprezo ou discriminação à condição de mulher; b) estupro ou outro crime contra a dignidade sexual sujeito à pena de reclusão; II - praticar contra filho, filha ou outro descendente: a) homicídio, feminicídio ou lesão corporal de natureza grave ou seguida de morte, quando se tratar de crime doloso envolvendo violência doméstica e familiar ou menosprezo ou discriminação à condição de mulher; b) estupro, estupro de vulnerável ou outro crime contra a dignidade sexual sujeito à pena de reclusão."	Antes da alteração da lei, o art. 1.638, CC, não especificava crimes, mas apenas descrevia situações em seus incisos I a V que poderiam ou não, conforme o caso, configurar conduta típica penal, mas que poderiam fundamentar decisão judicial de perda do poder familiar.
Código Penal	Art. 92. São também efeitos da condenação: II - a incapacidade para o exercício do poder familiar, da tutela ou da curatela nos crimes dolosos sujeitos à pena de reclusão cometidos contra outrem igualmente titular do mesmo poder familiar, contra filho, filha ou outro descendente ou contra tutelado ou curatelado;	Antes da alteração da lei, somente a condenação criminal do pai ou da mãe por crime doloso sujeito a pena de reclusão praticado contra o próprio filho ou filha autorizava a destituição do poder familiar.

O novo texto legal tem origem no PL n. 7.874/2017, de autoria da deputada Laura Carneiro (PMDB-RJ)[81], e tinha como finalidade original ampliar o espectro de proteção a crianças e adolescentes cuja mãe estivesse em situação de violência doméstica e sob risco de violência letal (ou já vitimada), para evitar que estes permanecessem sob o poder familiar de um genitor agressor. A proposta previa apenas a alteração do Código Civil, para tornar "automática" a destituição do poder familiar. Após sua regular tramitação e debates parlamentares, o texto sancionado em setembro de 2018 operou modificações nos três textos legais mencionados.

Apesar de as alterações terem sido promovidas por um mesmo texto legal, a redação final sancionada apresenta algumas contradições que dependerão da atuação do Poder Judiciário para sua solução. É o caso das di-

81. Íntegra do projeto original disponível em: http://www.camara.gov.br/proposicoesWeb/prop_mostrarintegra?codteor=1569128&filename=PL+7874/2017. Acesso em: setembro de 2018.

ferenças nas hipóteses para perda do poder familiar que passaram a ser previstas no Código Civil de forma menos abrangente do que no Código Penal e no Estatuto da Criança e do Adolescente: na modificação realizada no Código Civil, somente os crimes especificados nos incisos I e II do parágrafo único inserido no art. 1.638 autorizam a perda do poder familiar, ao passo em que no Estatuto da Criança e do Adolescente e no Código Penal, qualquer crime doloso punido com reclusão que seja praticado contra filho ou filha, ou outra pessoa que também detenha o poder familiar poderá fundamentar decisão judicial neste sentido. Isto implica, por exemplo, que se um homem submete a mãe de seus filhos ao crime de tortura (que tem pena prevista de 2 a 8 anos de reclusão em seu tipo fundamental do art. 1º da Lei n. 9.455/97), ou de extorsão (pena de 4 a 10 anos de reclusão, nos termos do art. 158 do Código Penal), poderia ser destituído do poder familiar em relação aos filhos e filhas comuns com fundamento no Estatuto da Criança e do Adolescente e do Código Penal, mas não do Código Civil (em que pese a parte final da alínea *a* do inciso I do parágrafo único inserido no art. 1.638 falar em "crime doloso envolvendo violência doméstica e familiar ou menosprezo ou discriminação à condição de mulher", a redação do artigo não permite esclarecer se somente os crimes de homicídio, feminicídio ou lesão corporal seguida de morte praticados nas referidas condições autorizam a perda do poder familiar, ou qualquer crime praticado neste contexto).

Sob a perspectiva da proteção integral preconizada pelo ECA, a melhor solução para a contradição interna ao texto legal será decidir, em cada caso concreto, aplicando a lei de forma balizada pelos princípios do Direito da Criança e do Adolescente, tais como a observância do melhor interesse da criança e do adolescente e de sua proteção integral.

O acolhimento institucional

Sendo judicialmente determinado o afastamento temporário da convivência familiar, o Estatuto da Criança e do Adolescente prevê o acolhimento institucional, que consiste no atendimento institucional das crianças ou adolescentes que tiveram seus direitos violados e que necessitaram ser afastados, temporariamente, da convivência familiar (observar que a Lei n. 12.010/2009 substituiu o termo "abrigamento" por "acolhimento institucional"). Trata-se de medida excepcional e provisória, que deve se estender pelo prazo máximo de 18 meses, salvo comprovada necessidade fundamentada pelo juiz, nos termos do art. 19, § 2º do ECA[82], devendo a situação ser reavaliada semestralmente para que se verifique a possibilidade de reintegração familiar (preferencial em relação a todas as demais) ou colocação em família substituta (art. 19, § 1º, ECA[83]).

Durante o período de acolhimento institucional, pode ser realizado o apadrinhamento afetivo, que consiste em um programa instituído em 2015 pelo CNJ, voltado para crianças e adolescentes que vivem em situação de acolhimento ou em famílias acolhedoras, com o objetivo de promover vínculos afetivos seguros e duradouros entre eles e pessoas da comunidade que se dispõem a ser padrinhos e madrinhas. Antes da alteração legal, o apadrinhamento afetivo ainda não tinha regulamentação no Estatuto da Criança e do Adolescente, ficando a cargo de cada tribunal ou vara de infância estabelecer ou não o seu funcionamento, embora sempre tenha estado fundamentado no art. 4º do ECA.

Agora, o art. 19-B determina que o apadrinhamento consiste no estabelecimento de vínculos externos com pessoas voluntárias, que acompanhem e colaborem com seu desenvolvimento social, moral, físico, cognitivo, educacional e financeiro, nos termos do *caput* e do seu § 1º, podendo ser realizado tanto por órgãos públicos quanto por organizações não governamentais (§ 5º):

> Art. 19-B. A criança e o adolescente em programa de acolhimento institucional ou familiar poderão participar de programa de apadrinhamento.
>
> § 1º O apadrinhamento consiste em estabelecer e proporcionar à criança e ao adolescente vínculos externos à instituição para fins de convivência familiar e comunitária e colaboração com o seu desenvolvimento nos aspectos social, moral, físico, cognitivo, educacional e financeiro.
>
> (...)
>
> § 5º Os programas ou serviços de apadrinhamento apoiados pela Justiça da Infância e da Juventude poderão ser executados por órgãos públicos ou por organizações da sociedade civil.

---

82. "§ 2º A permanência da criança e do adolescente em programa de acolhimento institucional não se prolongará por mais de 18 (dezoito meses), salvo comprovada necessidade que atenda ao seu superior interesse, devidamente fundamentada pela autoridade judiciária."

83. "§ 1º Toda criança ou adolescente que estiver inserido em programa de acolhimento familiar ou institucional terá sua situação reavaliada, no máximo, a cada 3 (três) meses, devendo a autoridade judiciária competente, com base em relatório elaborado por equipe interprofissional ou multidisciplinar, decidir de forma fundamentada pela possibilidade de reintegração familiar ou pela colocação em família substituta, em quaisquer das modalidades previstas no art. 28 desta Lei."

Os requisitos legais para participar do programa de apadrinhamento são a idade superior a 18 (dezoito) anos e não estar inscrito em cadastros de adoção. Os programas podem, ainda, estabelecer requisitos específicos, conforme consta do § 2º do art. 19-B:

> § 2º Podem ser padrinhos ou madrinhas pessoas maiores de 18 (dezoito) anos não inscritas nos cadastros de adoção, desde que cumpram os requisitos exigidos pelo programa de apadrinhamento de que fazem parte.

Também há a possibilidade de pessoas jurídicas fazerem o apadrinhamento financeiro. O programa pode ser executado tanto por órgãos públicos (como já ocorria com os Tribunais de Justiça Estaduais) ou organizações da sociedade civil, conforme o § 3º:

> § 3º Pessoas jurídicas podem apadrinhar criança ou adolescente a fim de colaborar para o seu desenvolvimento.

Em relação às crianças e adolescentes participantes, podem participar todos em situação de acolhimento institucional. A prioridade é para crianças e adolescentes com chances remotas de colocação em família substituta:

> § 4º O perfil da criança ou do adolescente a ser apadrinhado será definido no âmbito de cada programa de apadrinhamento, com prioridade para crianças ou adolescentes com remota possibilidade de reinserção familiar ou colocação em família adotiva.

Em todos os casos, os responsáveis pelo programa têm o dever de notificar o juiz da infância e juventude no caso de violação das regras de apadrinhamento.

> § 6º Se ocorrer violação das regras de apadrinhamento, os responsáveis pelo programa e pelos serviços de acolhimento deverão imediatamente notificar a autoridade judiciária competente.

Vale frisar que todo e qualquer tipo de institucionalização de criança ou adolescente, seja por situação de risco causada por seus responsáveis ou por si mesmo, seja pela prática de ato infracional, será sempre excepcional. No caso de suspensão ou perda do poder familiar, como visto, será também transicional para a colocação em família substituta, tema do próximo tópico.

Colocação em família substituta: guarda, tutela e adoção

A família substituta é aquela que substitui a natural em caso de excepcional necessidade. Representa o reconhecimento da entidade familiar como um fenômeno sociocultural decorrente não somente dos laços biológicos, mas também da união de pessoas por sua vontade, afinidade e afetividade, e que merece igualmente reconhecimento e tutela jurídica.

O art. 28 do ECA[84] prevê três modalidades: a guarda e a tutela (que podem ser temporárias) e a adoção (sempre definitiva), todas condicionadas a decisão judicial.

Considerando o potencial do profundo impacto que a colocação em família substituta pode acarretar ao bem-estar emocional e ao desenvolvimento da criança e do adolescente, o Estatuto determina que a opinião da criança deve ser ouvida sempre que possível por equipe profissional (art. 28, § 1º, ECA[85]); no caso dos adolescentes, seu consentimento é sempre obrigatório (art. 28, § 2º, ECA[86]). Além disso, são considerados na apreciação do pedido o grau de parentesco e a relação de afetividade ou afinidade entre a criança ou adolescente e o adulto envolvidos (art. 28, § 3º, ECA[87]), mantendo-se unidos os grupos de irmãos, como regra, nos encaminhamentos às famílias substitutas, salvo situações excepcionais plenamente justificadas, como risco de abuso (art. 28, § 4º, ECA[88]).

O Estatuto procura ainda considerar fatores decorrentes de diversidade cultural, estipulando que crianças e adolescentes indígenas ou provenientes de comunidade remanescente de quilombo tenham acompanhamento de antropólogos e de agentes da Funai como atenção à identidade social e cultural, devendo preferencialmente ser feita a substituição por família da mesma etnia (art. 28, § 6º, I e II, ECA[89]).

---

84. "Art. 28. A colocação em família substituta far-se-á mediante guarda, tutela ou adoção, independentemente da situação jurídica da criança ou adolescente, nos termos desta Lei."

85. "§ 1º Sempre que possível, a criança ou o adolescente será previamente ouvido por equipe interprofissional, respeitado seu estágio de desenvolvimento e grau de compreensão sobre as implicações da medida, e terá sua opinião devidamente considerada."

86. "§ 2º Tratando-se de maior de 12 (doze) anos de idade, será necessário seu consentimento, colhido em audiência."

87. "§ 3º Na apreciação do pedido levar-se-á em conta o grau de parentesco e a relação de afinidade ou de afetividade, a fim de evitar ou minorar as consequências decorrentes da medida."

88. "§ 4º Os grupos de irmãos serão colocados sob adoção, tutela ou guarda da mesma família substituta, ressalvada a comprovada existência de risco de abuso ou outra situação que justifique plenamente a excepcionalidade de solução diversa, procurando-se, em qualquer caso, evitar o rompimento definitivo dos vínculos fraternais."

89. "§ 6º Em se tratando de criança ou adolescente indígena ou proveniente de comunidade remanescente de quilombo, é ainda obrigatório: I – que sejam consideradas e respeitadas sua

Em relação às pessoas ou famílias que pretendam receber uma criança ou adolescente na qualidade de família substituta, o Estatuto da Criança e do Adolescente determina algumas balizas gerais: sempre deve ser avaliado se a família substituta oferece ambiente adequado e compatível com a medida, sob pena de indeferimento (art. 29, ECA[90]); e a colocação em família substituta estrangeira deve ser medida excepcional, sendo admissível somente para adoção (art. 31, ECA[91]).

a) Guarda

A guarda de criança ou adolescente corresponde, a um só tempo, ao dever de prestar-lhe assistência material, moral e educacional, nos termos do art. 33 do ECA[92], e ao direito do guardião de manter consigo a criança ou adolescente. É inerente ao poder familiar, e, por isso, os pais da família de origem sempre terão preferência legal da guarda, podendo ser concedida a um dos pais (no caso de separação judicial ou divórcio) ou a terceiros.

Sua concepção como modalidade de família substituta também decorre do art. 33, ECA, e pode ser conceituada como a decisão judicial que regulariza a posse de fato da criança ou adolescente, gerando o mencionado dever de assistência material moral e educacional ao detentor da guarda e assegurando a condição de dependente à criança/adolescente.

É a mais precária dentre as três modalidades de família substituta: embora confira a seu detentor o direito de opor-se a terceiros, inclusive aos pais, *não destitui nem suspende o poder familiar, não impede o direito de visitas, nem suspende o dever de alimentos* (salvo determinação expressa em contrário). Pode ser revogada a qualquer tempo pelo juiz, ouvido o Ministério Público (art. 35, ECA).

b) Tutela

A tutela tem sua regulamentação prevista nos arts. 36 a 38 do Estatuto da Criança e do Adolescente, e também nos arts. 1.728 a 1.734 do Có-

---

identidade social e cultural, os seus costumes e tradições, bem como suas instituições, desde que não sejam incompatíveis com os direitos fundamentais reconhecidos por esta Lei e pela Constituição Federal; II – que a colocação familiar ocorra prioritariamente no seio de sua comunidade ou junto a membros da mesma etnia; (...)"

90. "Art. 29. Não se deferirá colocação em família substituta a pessoa que revele, por qualquer modo, incompatibilidade com a natureza da medida ou não ofereça ambiente familiar adequado."

91. "Art. 31. A colocação em família substituta estrangeira constitui medida excepcional, somente admissível na modalidade de adoção."

92. "Art. 33. A guarda obriga a prestação de assistência material, moral e educacional à criança ou adolescente, conferindo a seu detentor o direito de opor-se a terceiros, inclusive aos pais."

digo Civil. Consiste no poder conferido a uma pessoa capaz para reger um incapaz (menor de 18 anos) e administrar seus bens à falta dos pais.

É subsidiária ao poder familiar, podendo ser decretada judicialmente nas hipóteses de falecimento dos pais (o tutor pode ser nomeado em testamento destes), ou em caso de perda ou suspensão do poder familiar.

Nos termos do art. 38 do ECA, dá-se a destituição de tutela nas mesmas hipóteses da perda/suspensão do poder familiar (art. 24, ECA).

c) Adoção

Antes de adentrar as especificidades da família substituta na modalidade de adoção, é importante antes tecer algumas considerações a respeito da Lei n. 13.509/2017, que estabeleceu regras para pessoas que desejem entregar voluntariamente seu filho para adoção antes ou logo após o nascimento[93]:

> Art. 19-A. A gestante ou mãe que manifeste interesse em entregar seu filho para adoção, antes ou logo após o nascimento, será encaminhada à Justiça da Infância e da Juventude.

Embora o texto do dispositivo não estabeleça até que idade da criança deve-se considerar "logo após o nascimento", é razoável concluir que, nos termos da lei, a entrega voluntária do filho para adoção não pode ser realizada em qualquer idade da criança ou a qualquer tempo.

O art. 19-A determina o seguinte procedimento: a gestante ou mãe que desejar entregar voluntariamente seu filho será encaminhada à Justiça da Infância e Juventude, para ser ouvida pela equipe interprofissional. Esta equipe apresentará relatório, cuja elaboração deverá considerar os efeitos da gestação ou puerpério[94].

O relatório será enviado ao juiz da Infância e Juventude. Uma vez com o relatório em mãos, o juiz poderá encaminhar a mulher – sempre mediante expressa concordância desta – à rede pública de saúde e à assistência social[95].

Em respeito ao art. 19, § 3º do ECA, que determina ser sempre preferível a permanência da criança com a família natural, a família extensa e

93. Reproduzindo no art. 19-A a regra já contida anteriormente no § 1º do art. 13 do ECA, como já visto.

94. "§ 1º A gestante ou mãe será ouvida pela equipe interprofissional da Justiça da Infância e da Juventude, que apresentará relatório à autoridade judiciária, considerando inclusive os eventuais efeitos do estado gestacional e puerperal."

95. "§ 2º De posse do relatório, a autoridade judiciária poderá determinar o encaminhamento da gestante ou mãe, mediante sua expressa concordância, à rede pública de saúde e assistência social para atendimento especializado."

o genitor terão prioridade na guarda da criança. A família extensa[96] será procurada por até 90 dias[97] – todavia, deve-se destacar que não há determinação legal expressa de procura do pai. Somente não havendo indicação de genitor e não sendo encontrada família extensa é que se decretará a extinção do poder familiar, e a criança colocada sob guarda provisória de quem estiver habilitado para adoção ou em entidade especializada. No caso de ser entregue para adotantes habilitados, estes terão prazo de 15 dias para propor a ação de adoção, contado do dia seguinte ao do término do estágio de convivência[98].

Quando a criança nascer, será designada audiência para que a mãe ou os pais (se houver pai registral ou indicado) manifestem expressamente sua vontade de entregá-la para adoção[99]. A entrega é sigilosa. Está prevista a possibilidade de os genitores desistirem da entrega e, nesse caso, a criança será devolvida aos seus pais biológicos, devendo ser feita nova audiência acompanhada pela equipe multiprofissional, determinando-se o acompanhamento familiar por 180 dias[100].

A mesma Lei n. 13.509/2017 também inseriu o art. 19-B[101], estabelecendo regras sobre apadrinhamento. Os programas de apadrinhamento são destinados para crianças e adolescentes em acolhimento institucional e que tenham chances remotas de serem adotados[102].

A adoção, regulamentada pelos arts. 39 a 52 do Estatuto da Criança e do Adolescente, é o instituto que estabelece um vínculo de filiação por decisão judicial. Em outras palavras, o parentesco civil constituído pela filia-

---

96. Parágrafo único do art. 25, ECA.

97. "§ 3º A busca à família extensa, conforme definida nos termos do parágrafo único do art. 25 desta Lei, respeitará o prazo máximo de 90 (noventa) dias, prorrogável por igual período."

98. "§ 4º Na hipótese de não haver a indicação do genitor e de não existir outro representante da família extensa apto a receber a guarda, a autoridade judiciária competente deverá decretar a extinção do poder familiar e determinar a colocação da criança sob a guarda provisória de quem estiver habilitado a adotá-la ou de entidade que desenvolva programa de acolhimento familiar ou institucional."

99. "§ 5º Após o nascimento da criança, a vontade da mãe ou de ambos os genitores, se houver pai registral ou pai indicado, deve ser manifestada na audiência a que se refere o § 1º do art. 166 desta Lei, garantido o sigilo sobre a entrega."

100. "§ 8º Na hipótese de desistência pelos genitores – manifestada em audiência ou perante a equipe interprofissional – da entrega da criança após o nascimento, a criança será mantida com os genitores, e será determinado pela Justiça da Infância e da Juventude o acompanhamento familiar pelo prazo de 180 (cento e oitenta) dias."

101. "Art. 19-B. A criança e o adolescente em programa de acolhimento institucional ou familiar poderão participar de programa de apadrinhamento."

102. "§ 4º O perfil da criança ou do adolescente a ser apadrinhado será definido no âmbito de cada programa de apadrinhamento, com prioridade para crianças ou adolescentes com remota possibilidade de reinserção familiar ou colocação em família adotiva."

ção por adoção corresponderá a uma relação jurídica (ou seja, em que se estabelecem direitos e deveres recíprocos) análoga à do parentesco biológico, inclusive para fins sucessórios (art. 41, ECA), especialmente em se considerando a proibição de qualquer tipo de discriminação fundada na origem da filiação nos termos da Constituição Federal.

É a única hipótese de colocação definitiva em família substituta, sendo, por essa razão, uma medida excepcional e irrevogável (art. 39, § 1º, ECA).

A Lei n. 13.509/2017 inseriu o § 3º ao art. 39, estabelecendo a primazia dos interesses do adotando no caso de conflito destes com os de outras pessoas, inclusive seus pais biológicos. Devido à irrevogabilidade, os laços de parentesco estabelecidos pela adoção não se rompem sequer com a morte dos pais adotivos, e em nenhuma hipótese se restabelece o poder familiar dos pais naturais, determinando-se o desligamento de todos os vínculos em relação a estes (salvo impedimentos matrimoniais, conforme determina o art. 41 do ECA).

Ainda, uma vez constituído o vínculo de adoção por sentença judicial, o registro civil do adotado será alterado por mandado, que fará consignar o nome dos adotantes como pais, sem qualquer observação sobre a origem do ato nas certidões do registro (art. 47, §§ 1º, 2º e 4º, ECA). Porém, assegura-se ao adotado o direito de conhecer sua origem biológica e ter acesso ao processo de adoção após completar 18 anos (art. 48, ECA).

Nos termos do art. 42 do ECA, qualquer pessoa maior de 18 anos pode adotar, independentemente do estado civil, bastando ser ao menos 16 anos mais velho que o adotando, sendo vedada a adoção apenas aos ascendentes e irmãos do adotando (art. 42, § 1º, ECA). Para adoção conjunta, o ECA exige o casamento civil ou união estável, comprovada a estabilidade da família (art. 42, § 2º, ECA), inclusive para casais divorciados ou judicialmente separados (art. 42, § 4º, ECA).

Em relação à possibilidade de adoção por casais homoafetivos, o Supremo Tribunal Federal pacificou a questão a partir de seu entendimento quanto à constitucionalidade do reconhecimento dessas uniões no julgamento da Arguição de Descumprimento de Preceito Fundamental n. 132[103], bem

103. Conforme excerto da ementa do acórdão, aqui transcrita: "INTERPRETAÇÃO DO ART. 1.723 DO CÓDIGO CIVIL EM CONFORMIDADE COM A CONSTITUIÇÃO FEDERAL (TÉCNICA DA "INTERPRETAÇÃO CONFORME"). RECONHECIMENTO DA UNIÃO HOMOAFETIVA COMO FAMÍLIA. PROCEDÊNCIA DAS AÇÕES. Ante a possibilidade de interpretação em sentido preconceituoso ou discriminatório do art. 1.723 do Código Civil, não resolúvel à luz dele próprio, faz-se necessária a utilização da técnica de "interpretação conforme à Constituição". Isso para excluir do dispositivo em causa qualquer significado que impeça o reconhecimento da união

como reconhece em sua jurisprudência não só a legalidade e constitucionalidade da adoção por casais homoafetivos, como também veda quaisquer restrições quanto ao perfil da criança ou adolescente a ser adotado[104].

Os pais ou o representante legal do adotando devem consentir na adoção. O consentimento deve ser manifestado em audiência (art. 166, ECA), e somente será dispensado se desconhecidos os pais ou destituídos do poder familiar (art. 45, § 1º, ECA). Exige-se também o consentimento do adotando maior de 12 anos, e recomenda-se a oitiva da criança menor de 12 anos sempre que possível (art. 28, § 1º, ECA).

Como toda colocação em família substituta, a adoção é condicionada a processo judicial, sendo obrigatório estágio de convivência entre adotantes e adotando, o qual pode ser dispensado em face da preexistência de guarda legal ou tutela (a simples guarda de fato não dispensa), nos termos do art. 46 e seus parágrafos do ECA.

A Lei n. 13.509/2017 alterou a redação do *caput* do art. 46, determinando prazo máximo de 90 dias para o estágio de convivência, podendo ser prorrogado por mais 90 dias, desde que fundamentadamente. Na hipótese de adoção internacional (pessoa ou casal residente ou domiciliado fora do país), o estágio de convivência tem prazo especial: mínimo de 30 e máximo de 45 dias, também prorrogável uma única vez, ao final do qual será apresentado laudo fundamentado por equipe multiprofissional, recomendando ou não a adoção (art. 46, § 3º, ECA).

O estágio de convivência deve ser cumprido em território nacional, preferencialmente na comarca onde a criança resida, respeitada a competência do juízo da comarca de residência da criança.

Cabe ao Juízo da Infância e Juventude manter em cada comarca ou foro regional o registro das crianças e adolescentes e postulantes à adoção, cabendo às Autoridades Central Estadual e Federal (órgãos do Poder Executivo) fiscalizar esses cadastros (art. 50 e parágrafos, ECA). Antes de solicitarem sua inscrição no referido registro, os postulantes à adoção devem passar por um período de preparação psicossocial e jurídica, orientado pela

---

contínua, pública e duradoura entre pessoas do mesmo sexo como família. Reconhecimento que é de ser feito segundo as mesmas regras e com as mesmas consequências da união estável heteroafetiva." Íntegra do acórdão disponível em: http://redir.stf.jus.br/paginadorpub/paginador.jsp?docTP=AC&docID=628633. Acesso em: julho de 2018.

104. Nesse sentido, ver o RE 846.102 – 2015 (TJPR), com a seguinte ementa: "APELAÇÃO CÍVEL. ADOÇÃO POR CASAL HOMOAFETIVO. SENTENÇA TERMINATIVA. QUESTÃO DE MÉRITO E NÃO DE CONDIÇÃO DA AÇÃO. HABILITAÇÃO DEFERIDA. LIMITAÇÃO QUANTO AO SEXO E À IDADE DOS ADOTANDOS EM RAZÃO DA ORIENTAÇÃO SEXUAL DOS ADOTANTES. INADMISSÍVEL. AUSÊNCIA DE PREVISÃO LEGAL. APELO CONHECIDO E PROVIDO." Íntegra disponível em: http://www.stf.jus.br/portal/processo/verProcessoAndamento.asp. Acesso em: julho de 2018.

equipe técnica da Justiça da Infância e da Juventude (art. 50, § 3º, ECA), que incluirá, sempre que possível, o contato com crianças e adolescentes em acolhimento familiar ou institucional em condições de serem adotados (art. 50, § 4º, ECA). A inscrição somente será deferida após prévia consulta aos órgãos técnicos do Juizado e ouvido o Ministério Público; não se deferirá a inscrição se o interessado não satisfizer os requisitos legais, ou verificada qualquer das hipóteses previstas no art. 29 do ECA.

A Lei n. 13.509/2017 determinou no § 10 do art. 47 que a ação de adoção deverá ser concluída no máximo em 120 dias, com a possibilidade de uma única prorrogação, mediante decisão fundamentada do juiz.

O Estatuto também prevê a criação e implementação de cadastros estaduais, distrital e nacional de crianças e adolescentes em condições de serem adotados e de pessoas ou casais habilitados à adoção, que deverão obrigatoriamente ser consultados pela autoridade judiciária em qualquer procedimento de adoção, ressalvadas as hipóteses do § 13 do art. 50 e as particularidades das crianças e adolescentes indígenas ou provenientes de comunidade remanescente de quilombo previstas no inciso II do § 6º do art. 28 do ECA (art. 50, § 5º, ECA, com alteração da Lei n. 14.979/2024), bem como a existência de cadastros distintos para pessoas ou casais residentes fora do País (art. 50, § 6º, ECA), para que se possa exercer a regra de preferência dos adotantes nacionais.

A Lei n. 13.509/2017 estabeleceu, no § 15 do art. 50 do ECA, que, nos cadastros, passa a ter prioridade quem se interessar pela adoção de criança ou adolescente com deficiência, com doença crônica ou outra necessidade específica de saúde, além de grupos de irmãos.

Por fim, a adoção internacional é aquela postulada por pessoa ou casal residente ou domiciliado fora do Brasil. Somente é admitida quando esgotadas as possibilidades de família substituta no Brasil e desde que demonstrado ser essa a solução adequada ao caso concreto, sendo dada preferência para brasileiros residentes no exterior a estrangeiros (art. 51, §§ 1º e 2º, ECA).

A Lei n. 13.509/2017 alterou o art. 51 do ECA, com substituição da expressão "pessoa ou casal postulante" por "pretendente", e incluiu que tanto este quanto a criança a ser adotada devem residir em país parte da Convenção Relativa à Proteção das Crianças e à Cooperação em Matéria de Adoção. No inciso I, substituiu a expressão "família substituta" por "família adotiva" (restrição às modalidades de colocação em família substituta); e, no inciso II, passou a exigir certificação no autos de que não há adotantes habilitados no Brasil com perfil compatível com a criança ou adolescente.

Nos termos do art. 52 do ECA, a adoção internacional fica sujeita ao procedimento judicial da adoção (descrito nos arts. 165 a 170 do ECA) com as seguintes adaptações: o pedido de habilitação deve ser feito na Autoridade Central do país onde reside o adotante, que emitirá relatório e documentação pertinentes para as Autoridades Centrais Estadual e Federal no Brasil. As Autoridades do Brasil devem analisar a documentação e expedir o laudo de habilitação para adoção (validade de 1 ano, com possibilidade de renovação). Somente com o trânsito em julgado da decisão que concede a adoção é expedido o alvará de autorização de viagem do adotando.

QUADRO COMPARATIVO: ESPÉCIES DE FAMÍLIA

	Família natural	Família extensa	Família substituta
Definição legal	Comunidade formada pelos pais ou qualquer deles e seus descendentes.	Parentes próximos com os quais a criança ou adolescente convive e mantém vínculos de afinidade e afetividade.	Formada mediante guarda, tutela ou adoção.
Fundamento	Art. 25, ECA	Art. 25, parágrafo único, ECA	Art. 28, ECA

QUADRO COMPARATIVO: MODALIDADES DE FAMÍLIA SUBSTITUTA

	Guarda	Tutela	Adoção
Previsão legal	Arts. 33 a 35 do ECA	Arts. 36 a 38 do ECA	Arts. 39 a 52 do ECA
Conceito	Regularização da posse de fato da criança ou adolescente por decisão judicial, gerando dever de assistência material moral e educacional ao detentor da guarda e assegurando a condição de dependente à criança/adolescente.	Atribuição por decisão judicial do dever de cuidado de criança/adolescente e administração de seus bens à falta dos pais.	Vínculo de filiação reconhecido por decisão judicial.
Principais características	O detentor da guarda tem direito de opor-se a terceiros, inclusive aos pais; não destitui nem suspende poder familiar; não impede o direito de visitas, nem suspende o dever de alimentos (salvo determinação expressa em contrário).	É subsidiária ao poder familiar, podendo ser decretada judicialmente nas hipóteses de falecimento dos pais (o tutor pode ser nomeado em testamento destes), em caso ou perda ou suspensão do poder familiar.	Relação jurídica análoga à do parentesco biológico, inclusive para fins sucessórios; os laços de parentesco estabelecidos pela adoção não se rompem com a morte dos pais adotivos, e em nenhuma hipótese se restabelece o poder familiar dos pais naturais.
Pode ser revogada?	Sim, a qualquer tempo, por decisão do juiz, ouvido o MP.	Sim, nas mesmas hipóteses de suspensão ou perda do poder familiar.	Não. Trata-se de medida irrevogável, embora seja cabível a suspensão ou perda do poder familiar.

▶▶ O direito à educação, à cultura, ao esporte e ao lazer

O direito humano fundamental à educação e à cultura englobam, no caso de crianças e adolescentes, o acesso à informação, o direito de ter lazer e de frequentar espaços de diversão e de espetáculos.

O direito à educação é um dos direitos humanos de segunda geração. Na Constituição Federal de 1988 está previsto como direito social fundamental no art. 6º:

> Art. 6º São direitos sociais a educação, a saúde, a alimentação, o trabalho, a moradia, o transporte, o lazer, a segurança, a previdência social, a proteção à maternidade e à infância, a assistência aos desamparados, na forma desta Constituição.

Além da previsão geral do art. 6º (que lhe assegura natureza de cláusula pétra), a Constituição Federal conta disposições específicas a respeito do direito à educação em seu Título VIII – Da Ordem Social, no Capítulo III, Seção I – Da Educação. O art. 205 reforça a noção de educação como direito:

> Art. 205. A educação, direito de todos e dever do Estado e da família, será promovida e incentivada com a colaboração da sociedade, visando ao pleno desenvolvimento da pessoa, seu preparo para o exercício da cidadania e sua qualificação para o trabalho.

Referida Seção compreende os arts. 205 a 214 da CF. Dentre estes, apontam-se aqueles mais diretamente relacionados com os direitos de crianças e adolescentes à educação. O art. 206 enuncia os princípios pelos quais será ministrado o ensino:

> Art. 206. O ensino será ministrado com base nos seguintes princípios:
>
> I – igualdade de condições para o acesso e permanência na escola;
>
> II – liberdade de aprender, ensinar, pesquisar e divulgar o pensamento, a arte e o saber;
>
> III – pluralismo de ideias e de concepções pedagógicas, e coexistência de instituições públicas e privadas de ensino;
>
> IV – gratuidade do ensino público em estabelecimentos oficiais;
>
> (...)

Já o art. 208 especifica que o Estado efetivará o direito à educação mediante a garantia de[105]:

(...)

I – educação básica obrigatória e gratuita dos 4 (quatro) aos 17 (dezessete) anos de idade, assegurada inclusive sua oferta gratuita para todos os que a ela não tiveram acesso na idade própria;

II – progressiva universalização do ensino médio gratuito;

III – atendimento educacional especializado aos portadores de deficiência, preferencialmente na rede regular de ensino;

IV – educação infantil, em creche e pré-escola, às crianças até 5 (cinco) anos de idade;

V – acesso aos níveis mais elevados do ensino, da pesquisa e da criação artística, segundo a capacidade de cada um;

VI – oferta de ensino noturno regular, adequado às condições do educando;

VII – atendimento ao educando, em todas as etapas da educação básica, por meio de programas suplementares de material didático escolar, transporte, alimentação e assistência à saúde.

Os §§ 1º e 2º do art. 208 da CF dispõem expressamente que a educação é direito público subjetivo, o que implica a um só tempo sua exigibilidade jurídica perante o Estado tanto na dimensão individual quanto na dimensão difusa e/ou coletiva[106]:

§ 1º O acesso ao ensino obrigatório e gratuito é direito público subjetivo.

§ 2º O não oferecimento do ensino obrigatório pelo Poder Público, ou sua oferta irregular, importa responsabilidade da autoridade competente.

Ainda no mesmo artigo está previsto como dever solidário do Estado e da família zelar pela frequência das crianças e dos adolescentes à escola[107]:

---

105. Ainda sobre o dever do Estado de assegurar o direito à educação, o § 1º do art. 213 da CF estabelece o seguinte: "Art. 213. Os recursos públicos serão destinados às escolas públicas, podendo ser dirigidos a escolas comunitárias, confessionais ou filantrópicas, definidas em lei, que: (...) § 1º Os recursos de que trata este artigo poderão ser destinados a bolsas de estudo para o ensino fundamental e médio, na forma da lei, para os que demonstrarem insuficiência de recursos, quando houver falta de vagas e cursos regulares da rede pública na localidade da residência do educando, ficando o Poder Público obrigado a investir prioritariamente na expansão de sua rede na localidade".

106. A respeito da exigibilidade jurídica do direito à educação tanto na dimensão individual quanto coletiva, ver o tópico "Proteção Judicial dos Interesses Individuais, Difusos e Coletivos".

107. O dever dos pais ou responsáveis pelo acesso e frequência à escola e a relação deste com o crime de abandono intelectual e a questão do *homeschooling* são discutidos no Capítulo 3 no item "Crimes decorrentes da violação dos deveres de proteção a criança e adolescente".

§ 3º Compete ao Poder Público recensear os educandos no ensino fundamental, fazer-lhes a chamada e zelar, junto aos pais ou responsáveis, pela frequência à escola.

Os arts. 53 a 59 do ECA correspondem à previsão legal infraconstitucional do direito de crianças e adolescentes à educação.

O art. 53 do ECA[108] estabelece que é direito das crianças e adolescentes a igualdade de condições para acesso e permanência na escola, além de ser respeitado pelos educadores, bem como contestar critérios avaliativos, organizar e participar de entidades estudantis. Têm direito, ainda, à escola pública e gratuita perto de sua residência, e os pais ou responsáveis têm direito à ciência do processo pedagógico. Verifica-se nesse artigo a intenção do legislador de criar uma normativa que propiciasse, mais do que o acesso à escola, relações democratizadas de ensino, envolvendo alunos e seus pais ou responsáveis no processo pedagógico.

Em 2019, dois novos textos legais alteraram a redação do art. 53 do Estatuto: a Lei n. 13.840/2019 inseriu o art. 53-A, criando o "dever da instituição de ensino, clubes e agremiações recreativas e de estabelecimentos congêneres assegurar medidas de conscientização, prevenção e enfrentamento ao uso ou dependência de drogas ilícitas"; e a Lei n. 13.845/2019 conferiu nova redação ao inciso V do mesmo artigo para garantir vagas no mesmo estabelecimento a irmãos que frequentem a mesma etapa ou ciclo de ensino da educação básica.

O art. 54 do ECA[109] estabelece os principais deveres do Estado para realização dos direitos acima enunciados: assegurar ensino fundamental obrigatório e gratuito (inclusive para os que não tiveram acesso na idade própria), bem como progressiva extensão do ensino médio obrigatório e gratuito, além de atendimento especializado às crianças e adolescentes com deficiência. O

---

108. "Art. 53. A criança e o adolescente têm direito à educação, visando ao pleno desenvolvimento de sua pessoa, preparo para o exercício da cidadania e qualificação para o trabalho, assegurando-se-lhes: I – igualdade de condições para o acesso e permanência na escola; II – direito de ser respeitado por seus educadores; III – direito de contestar critérios avaliativos, podendo recorrer às instâncias escolares superiores; IV – direito de organização e participação em entidades estudantis; V – acesso à escola pública e gratuita próxima de sua residência. Parágrafo único. É direito dos pais ou responsáveis ter ciência do processo pedagógico, bem como participar da definição das propostas educacionais."

109. "Art. 54. É dever do Estado assegurar à criança e ao adolescente: I – ensino fundamental, obrigatório e gratuito, inclusive para os que a ele não tiveram acesso na idade própria; II – progressiva extensão da obrigatoriedade e gratuidade ao ensino médio; III – atendimento educacional especializado aos portadores de deficiência, preferencialmente na rede regular de ensino; IV – atendimento em creche e pré-escola às crianças de zero a cinco anos de idade; V – acesso aos níveis mais elevados do ensino, da pesquisa e da criação artística, segundo a capacidade de cada um; VI – oferta de ensino noturno regular, adequado às condições do adolescente trabalhador; VII – atendimento no ensino fundamental, através de programas suplementares de material didático-escolar, transporte, alimentação e assistência à saúde."

direito a creche e pré-escola deve ser estendido para crianças de até 5 anos (nos termos da nova redação do inciso IV do artigo em referência, após a alteração da Lei n. 13.306/2016, que rebaixou o limite etário para o acesso à creche de 6 para 5 anos). Em seus §§ 1º, 2º e 3º reproduz textualmente a norma contida no art. 208, §§ 1º e 2º da CF, anteriormente comentado.

Ainda sobre o direito à educação, destacam-se algumas situações especiais. O direito ao ensino noturno deve ser assegurado ao adolescente trabalhador (art. 54, IV, ECA), respeitados os limites para o trabalho do adolescente[110].

As estudantes gestantes têm direito a regime especial assegurado pela Lei n. 6.202/75, que assegura o regime de exercícios domiciliares a partir do oitavo mês de gravidez e durante três meses (art. 1º), mediante apresentação à escola de atestado médico, pelo qual poderá ainda ser aumentado o período de repouso antes e depois do parto (art. 2º), e sempre garantido o direito à prestação dos exames finais em qualquer caso (art. 3º).

Por fim, em relação aos adolescentes em cumprimento de medida socioeducativa, o art. 82 da Lei do Sistema Nacional Socioeducativo (Sinase) determina sua inserção na rede pública de educação em qualquer fase do período letivo[111].

O lazer é considerado um direito humano e está contemplado no art. 24 da Declaração Universal de Direitos Humanos (1948)[112]. Está também previsto como direito social na Constituição Federal no já mencionado art. 6º, bem como especificado no art. 227 da CF dentre os direitos de crianças e adolescentes.

No Estatuto da Criança e do Adolescente, o direito ao lazer está relacionado com os direitos de liberdade no art. 16:

> Art. 16. O direito à liberdade compreende os seguintes aspectos:
>
> (...)
>
> IV – brincar, praticar esportes e divertir-se;

Ainda que previsto como um direito de liberdade (ou seja, de primeira geração) em relação aos seus destinatários (crianças e adolescentes), isso não afasta o dever do Estado de criar políticas públicas para seu exercício, conferindo-lhe também natureza de direito humano de segunda geração.

---

110. A esse respeito, ver o próximo tópico.

111. "Art. 82. Os Conselhos dos Direitos da Criança e do Adolescente, em todos os níveis federados, com os órgãos responsáveis pelo sistema de educação pública e as entidades de atendimento, deverão, no prazo de 1 (um) ano a partir da publicação desta Lei, garantir a inserção de adolescentes em cumprimento de medida socioeducativa na rede pública de educação, em qualquer fase do período letivo, contemplando as diversas faixas etárias e níveis de instrução."

112. "Art. 24. Toda pessoa tem direito a repouso e lazer, inclusive a limitação razoável das horas de trabalho e a férias periódicas remuneradas."

Por fim, em relação ao direito ao esporte, é importante fazer aqui menção às crianças e adolescentes que sejam atletas. A Lei n. 9.615/98 (conhecida como "Lei Pelé") disciplina regras gerais sobre o desporto e contém previsões específicas sobre os direitos de crianças e adolescentes ao esporte.

O art. 3º desta lei reconhece as seguintes manifestações da atividade desportiva:

> Art. 3º O desporto pode ser reconhecido em qualquer das seguintes manifestações:
>
> I – desporto educacional, praticado nos sistemas de ensino e em formas assistemáticas de educação, evitando-se a seletividade, a hipercompetitividade de seus praticantes, com a finalidade de alcançar o desenvolvimento integral do indivíduo e a sua formação para o exercício da cidadania e a prática do lazer;
>
> II – desporto de participação, de modo voluntário, compreendendo as modalidades desportivas praticadas com a finalidade de contribuir para a integração dos praticantes na plenitude da vida social, na promoção da saúde e educação e na preservação do meio ambiente;
>
> III – desporto de rendimento, praticado segundo normas gerais desta Lei e regras de prática desportiva, nacionais e internacionais, com a finalidade de obter resultados e integrar pessoas e comunidades do País e estas com as de outras nações.
>
> IV – desporto de formação, caracterizado pelo fomento e aquisição inicial dos conhecimentos desportivos que garantam competência técnica na intervenção desportiva, com o objetivo de promover o aperfeiçoamento qualitativo e quantitativo da prática desportiva em termos recreativos, competitivos ou de alta competição.

Em atenção às normas de proteção integral e ao princípio do melhor interesse, o direito ao esporte previsto no ECA deve ser pensado como a prática do desporto educacional ou voluntário, atendendo a finalidades recreativas, e o art. 29 da Lei Pelé limita a idade para assinatura de contrato especial de trabalho desportivo por adolescente com entidade de prática formadora, sendo que o § 4º procura afastar a natureza de trabalho:

> Art. 29. A entidade de prática desportiva formadora do atleta terá o direito de assinar com ele, a partir de 16 (dezesseis) anos de idade, o primeiro contrato especial de trabalho desportivo, cujo prazo não poderá ser superior a 5 (cinco) anos.
>
> § 4º O atleta não profissional em formação, maior de quatorze e menor de vinte anos de idade, poderá receber auxílio financeiro da entidade de prá-

tica desportiva formadora, sob a forma de bolsa de aprendizagem livremente pactuada mediante contrato formal, sem que seja gerado vínculo empregatício entre as partes.

Portanto, qualquer prática desportiva que caracterize relação de trabalho com atletas com menos de 14 anos, por contrariar o limite etário para o trabalho, assunto do tópico seguinte. Nesse sentido:

> (...) inegável que a natureza jurídica da relação atleta/entidade formadora é de trabalho no seu aspecto lato, com vínculo de subordinação e busca por resultados (...) Assim viola o preceito constitucional a manutenção de menores de 14 anos nos centros de formação das categorias de base. A atividade esportiva para essa faixa etária deverá ser realizada apenas na modalidade desporto educacional, em escolinhas de futebol, com finalidade lúdica, recreativa, educacional. (AMIN, 2017, p. 137)

No caso de adolescentes a partir de 14 anos que atuem nas categorias de base, o art. 29, § 2º da Lei Pelé[113] estabelece direitos dos atletas em formação, destacando-se aqueles relativos ao direito à educação, como o ajuste do tempo destinado à efetiva atividade de formação do atleta, não superior a 4 horas por dia, aos horários do currículo escolar ou de curso profissionalizante, além de propiciar-lhe a matrícula escolar, com exigência de frequência e satisfatório aproveitamento, bem como demais direitos fundamentais previstos no ECA e na Constituição, sempre considerando a proteção integral e o melhor interesse da criança e do adolescente.

▶▶ O direito à profissionalização e à proteção no trabalho

O direito à profissionalização e ao trabalho protegido estão assegurados para os adolescentes, sempre considerando sua condição de pessoa em desenvolvimento, como dispõe o art. 69 do ECA:

---

113. "§ 2º É considerada formadora de atleta a entidade de prática desportiva que: I – forneça aos atletas programas de treinamento nas categorias de base e complementação educacional; e II – satisfaça cumulativamente os seguintes requisitos: a) estar o atleta em formação inscrito por ela na respectiva entidade regional de administração do desporto há, pelo menos, 1 (um) ano; b) comprovar que, efetivamente, o atleta em formação está inscrito em competições oficiais; c) garantir assistência educacional, psicológica, médica e odontológica, assim como alimentação, transporte e convivência familiar; d) manter alojamento e instalações desportivas adequados, sobretudo em matéria de alimentação, higiene, segurança e salubridade; e) manter corpo de profissionais especializados em formação tecnicodesportiva; f) ajustar o tempo destinado à efetiva atividade de formação do atleta, não superior a 4 (quatro) horas por dia, aos horários do currículo escolar ou de curso profissionalizante, além de propiciar-lhe a matrícula escolar, com exigência de frequência e satisfatório aproveitamento; g) ser a formação do atleta gratuita e a expensas da entidade de prática desportiva."

> Art. 69. O adolescente tem direito à profissionalização e à proteção no trabalho, observados os seguintes aspectos, entre outros:
>
> I – respeito à condição peculiar de pessoa em desenvolvimento;
>
> II – capacitação profissional adequada ao mercado de trabalho.

O trabalho infantil é proibido, mas o trabalho do adolescente é admitido em determinadas situações, observados critérios específicos. Nesse sentido, vale chamar a atenção para o art. 60 do ECA, redigido nos seguintes termos:

> Art. 60. É proibido qualquer trabalho a menores de quatorze anos de idade, salvo na condição de aprendiz.

Uma leitura desatenta poderia conduzir à conclusão equivocada de que menores de 14 anos podem trabalhar na condição de aprendiz. Porém, o texto do Estatuto da Criança e do Adolescente remete à redação original da Constituição Federal de 1988, que fixava a idade mínima de trabalho para o adolescente a partir dos 14 anos, ressalvada a condição de aprendiz a partir dos 12 anos de idade. Ocorre que, em 1998, o art. 7º, XXXIII, da CF passou a ter nova redação determinada pela EC n. 20/98, determinando novo limite etário para o ingresso nas atividades de trabalho:

> XXXIII – proibição de trabalho noturno, perigoso ou insalubre a menores de dezoito e de qualquer trabalho a menores de dezesseis anos, salvo na condição de aprendiz, a partir de quatorze anos;

A Consolidação das Leis do Trabalho também adequou seu texto à EC n. 20/98 com a Lei n. 10.097/2000, alterando os conteúdos dos arts. 402 e 403, que dispõem sobre a idade mínima do trabalhador e do aprendiz:

> Art. 402. Considera-se menor para os efeitos desta Consolidação o trabalhador de quatorze até dezoito anos.
>
> Art. 403. É proibido qualquer trabalho a menores de dezesseis anos de idade, salvo na condição de aprendiz, a partir dos quatorze anos.

Dessa forma, o Estatuto da Criança e do Adolescente deve ser lido de maneira articulada com as previsões da Constituição Federal e da Consolidação das Leis do Trabalho a respeito do trabalho dos adolescentes.

A leitura combinada dos arts. 60 do ECA, e 7º, inciso XXXIII da CF, permite identificar os seguintes limites etários para o trabalho de adolescentes:

Faixa etária	Tipo de trabalho permitido
Crianças e adolescentes de até 14 anos incompletos	Proibido qualquer tipo de trabalho
Adolescentes entre 14 e 18 anos incompletos	Permitido o trabalho na condição de aprendiz
Adolescentes entre 16 e 18 anos incompletos	Permitido o trabalho executado fora do processo de aprendizagem (salvo perigoso, insalubre e noturno)

Ou seja, 16 anos é a idade mínima para ingresso em qualquer atividade profissional, com vedação ao trabalho perigoso[114], insalubre[115] e noturno[116] tanto pelo ECA (art. 67) quanto pela CLT (arts. 404 e 405). Considerando que a Constituição Federal equiparou o trabalho rural ao trabalho urbano quanto às garantias previstas no art. 7º, também para esta modalidade valem os mesmos limites de idade e vedações, com a especificidade do trabalho noturno, que na lavoura é compreendido entre as 21 horas e 5 horas do dia seguinte, e na atividade pecuária, entre as 20 horas e as 4 horas do dia seguinte[117].

O trabalho na modalidade de aprendizagem, permitido para adolescentes a partir dos 14 anos, é definido pelo Estatuto da Criança e do Adolescente, e consiste em uma modalidade especial de atividade laborativa, caracterizada por ser, a um só tempo, um processo educativo e profissionalizante, mediante inscrição em programa de aprendizagem desenvolvido sob orientação de entidade qualificada em formação técnico-profissional metódica[118]. O caráter educacional da aprendizagem e a imprescindibilidade de compatibilizá-lo com a frequência à escola pode ser depreendido da leitura dos arts. 62 e 63 do ECA:

> Art. 62. Considera-se aprendizagem a formação técnico-profissional ministrada *segundo as diretrizes e bases da legislação de educação em vigor.*

---

114. Considera-se perigoso o trabalho que expõe a risco a integridade física ou a vida do trabalhador, em razão de contato com explosivos, eletricidade, substâncias radioativas, material inflamável, ionizante ou outras condições de risco acentuado.

115. São consideradas insalubres as condições ambientais que exponham a saúde do trabalhador a risco, tais como determinados agentes químicos, agentes biológicos, contato com esgotos, exposição a ruídos, calor, frio ou umidade acima de certo nível de tolerância. As condições insalubres estão expressamente previstas na NR (Norma Regulamentadora) n. 15, da Portaria n. 3.214/78, do Ministério do Trabalho. NR-15 disponível em: http://trabalho.gov.br/images/Documentos/SST/NR/NR15/NR-15.pdf. Acesso em: julho de 2018.

116. Nos termos do art. 404 da Consolidação das Leis do Trabalho: "Art. 404. Ao menor de 18 (dezoito) anos é vedado o trabalho noturno, considerado este o que for executado no período compreendido entre as 22 (vinte e duas) e as 5 (cinco) horas".

117. Arts. 7º e 8º da Lei n. 5.889/73, que regulamenta o trabalho rural.

118. Nos termos do art. 6º do Decreto n. 5.598/2005, que disciplina a contratação de aprendizes.

> Art. 63. A formação técnico-profissional obedecerá aos seguintes princípios:
>
> *I – garantia de acesso e frequência obrigatória ao ensino regular;*
>
> II – atividade compatível com o desenvolvimento do adolescente;
>
> III – horário especial para o exercício das atividades. (grifo nosso)

A Consolidação das Leis do Trabalho regulamenta o trabalho do adolescente aprendiz em seu Capítulo IV, nos arts. 402 a 441, sob a rubrica "Da Proteção ao Trabalho do Menor". O contrato de aprendizagem está previsto no art. 428 da CLT:

> Art. 428. Contrato de aprendizagem é o contrato de trabalho especial, ajustado por escrito e por prazo determinado, em que o empregador se compromete a assegurar ao maior de 14 (quatorze) e menor de 24 (vinte e quatro) anos inscrito em programa de aprendizagem formação técnico-profissional metódica, compatível com o seu desenvolvimento físico, moral e psicológico, e o aprendiz, a executar com zelo e diligência as tarefas necessárias a essa formação.

Tanto a Consolidação das Leis do Trabalho quanto o Estatuto da Criança e do Adolescente contêm previsões referentes aos direitos do aprendiz. A CLT obriga a anotação do trabalho do aprendiz na Carteira de Trabalho e Previdência Social (art. 415, CLT) e a garantia do salário-mínimo por hora (art. 428, § 2º, CLT). Já o ECA reforça a garantia ao direito à bolsa-aprendizagem, além de direitos trabalhistas e previdenciários, nos termos dos arts. 64 e 65 do ECA.

O trabalho infantil e de adolescentes de até 14 anos incompletos é sempre ilegal, não se admitindo quaisquer exceções. Vale lembrar que o Brasil é signatário das Convenções 138, sobre Idade Mínima para Admissão no Emprego, e 182 da Organização Internacional do Trabalho, que trata da proibição das piores formas de trabalho infantil (listadas na legislação doméstica no Decreto n. 6.481/2008). A violação das previsões legais referentes à proibição do trabalho infantil acarreta responsabilidade administrativa[119], e até mesmo penal, caso se configure submissão de criança ou adolescente a trabalho análogo à condição de escravizado, nos termos do art. 149, § 2º do Código Penal[120].

---

119. As penalidades administrativas para empresas estão previstas nos arts. 434 a 438 da CLT.

120. "Art. 149. Reduzir alguém a condição análoga à de escravo, quer submetendo-o a trabalhos forçados ou a jornada exaustiva, quer sujeitando-o a condições degradantes de trabalho, quer restringindo, por qualquer meio, sua locomoção em razão de dívida contraída com o empregador ou preposto: Pena – reclusão, de dois a oito anos, e multa, além da pena correspondente à violência. (...) § 2º A pena é aumentada de metade, se o crime é cometido: I – contra criança ou adolescente;"

O art. 405 da CLT traz ainda, além dos já mencionados trabalhos perigosos ou insalubres, outras hipóteses específicas de proibição relacionadas a atividades consideradas prejudiciais "à moralidade do menor":

> Art. 405. Ao menor não será permitido o trabalho:
>
> (...)
>
> II – em locais ou serviços prejudiciais à sua moralidade.
>
> § 2º O trabalho exercido nas ruas, praças e outros logradouros dependerá de prévia autorização do Juiz de Menores, ao qual cabe verificar se a ocupação é indispensável à sua própria subsistência ou à de seus pais, avós ou irmãos e se dessa ocupação não poderá advir prejuízo à sua formação moral.
>
> § 3º Considera-se prejudicial à moralidade do menor o trabalho:
>
> a) prestado de qualquer modo, em teatros de revista, cinemas, buates, cassinos, cabarés, dancings e estabelecimentos análogos;
>
> b) em empresas circenses, em funções de acróbata, saltimbanco, ginasta e outras semelhantes;
>
> c) de produção, composição, entrega ou venda de escritos, impressos, cartazes, desenhos, gravuras, pinturas, emblemas, imagens e quaisquer outros objetos que possam, a juízo da autoridade competente, prejudicar sua formação moral;
>
> d) consistente na venda, a varejo, de bebidas alcoólicas.

Porém, o art. 406 da CLT abre a possibilidade de alguns desses trabalhos mediante autorização judicial, quais sejam:

> Art. 406. O Juiz de Menores poderá autorizar ao menor o trabalho a que se referem as letras "a" e "b" do § 3º do art. 405:
>
> I – desde que a representação tenha fim educativo ou a peça de que participe não possa ser prejudicial à sua formação moral;
>
> II – desde que se certifique ser a ocupação do menor indispensável à própria subsistência ou à de seus pais, avós ou irmãos e não advir nenhum prejuízo à sua formação moral.

É indispensável ressalvar que tanto o art. 405 quanto o art. 406 tiveram sua redação definida pelo Decreto-lei n. 229/67, ou seja, há mais de cinquenta anos e na vigência da ditadura militar (1964-1985): essa observação é importante para que seja feita uma adequada interpretação do dispositivo em face da Constituição Federal e das transformações das normas morais ocorridas em meio século – basta verificar, por exemplo, que vários dos estabelecimentos arrolados na alínea *a* sequer existem atualmente (como os "teatros de revista" e "cassinos") ou são indicados por nomenclatura que revela o anacronismo do texto legal ("buate" e "cabaré"). Feitas essas considerações, verifica-se que os trabalhos realizados nas hipóteses descritas nas alíneas *c* e *d* são sempre proibidos para crianças e adolescentes; e as atividades indicadas nas alíneas *a* e *b*, quando corresponderem à atuação de crianças e adolescentes em atividades artísticas e/ou culturais, podem, a critério da autoridade competente, ser autorizados. A esse respeito, afirma Andréa Rodrigues Amin (2017, p. 133):

> Não se trata de um contrato de trabalho regido pela CLT, pois o trabalho infantil é proibido constitucionalmente, mas sim de um contrato de participação em obra televisiva, teatral ou cinematográfica, dependente de autorização judicial e sujeito a um regime especial (...)

Para que se assegure uma aplicação desses artigos conforme as normas de proteção, sua leitura deve se pautar pelos princípios da proteção integral e do melhor interesse da criança e do adolescente, sempre considerando todo o arcabouço normativo já em vigor sobre o tema:

> Ainda que não expressamente regulado por lei, torna-se oportuno registrar que o alvará expedido para esse fim deverá levar em conta a peculiaridade de cada trabalho a ser realizado, adequando-o ao cotidiano dos jovens atores, a fim de não prejudicá-los no exercício de seus direitos fundamentais, como educação, saúde, convivência familiar, lazer. Não podemos deixar de lembrar a especial condição de pessoa em desenvolvimento que demanda uma análise particularizada de cada caso, podendo ser impostas limitações na quantidade de horas, cenas, turnos da participação. (AMIN, 2017, p. 133)

Vale mencionar que a já mencionada Convenção sobre a Idade Mínima no Emprego (Convenção n. 138 da OIT), ratificada pelo Brasil, permite a atuação de crianças e adolescentes em representações artísticas, desde que as licenças para autorizar tal trabalho sejam excepcionais e estabeleçam todas as condições e limites em que poderá ser exercido[121]:

---

121. Encontra-se em trâmite na Câmara dos Deputados o PL n. 4.968/2013, que propõe a revogação dos arts. 402; 405, §§ 2º e 4º e 406 da CLT, e a alteração do art. 60 do ECA, para adequar sua redação à do art. 7º, XXXIII da CF. Na justificativa do projeto, seu autor, o deputado Jean Wyllis argumenta que "Tendo em vista que, diante da nova redação do art. 7º, inciso XXXIII da Constituição Federal, a possibilidade de alvará judicial para autorização de trabalho antes da idade permitida não mais encontra respaldo legal, é necessário revogar o parágrafo único do art. 402, os §§ 2º e 4º do art. 405 e o art. 406 da CLT, cuja interpretação tem admitido a possibilidade de realização de trabalho para menores de 16 anos, desde que autorizados por alvará

Art. 8º

1. A autoridade competente, após consulta às organizações de empregadores e de trabalhadores concernentes, se as houver, poderá, mediante licenças concedidas em casos individuais, permitir exceções para a proibição de emprego ou trabalho provida no art. 2º[122] desta Convenção, para finalidades como a participação em representações artísticas.

2. Licenças dessa natureza limitarão o número de horas de duração do emprego ou trabalho e estabelecerão as condições em que é permitido.

O descumprimento dos limites estipulados no alvará que autorizar a participação de criança ou adolescente em referidas atividades está sujeito às penalidades administrativas previstas no art. 258 do ECA[123].

Ainda sobre a falta de contemporaneidade dos dispositivos legais aqui comentados, a expressão "Juiz de Menores", também não atualizada pelo legislador, faz referência ao Código de Menores de Mello Matos de 1927 (uma vez que o Código de Menores produzido no governo dos militares somente entraria em vigor em 1979) e sua figura não mais existe no sistema de justiça brasileiro, o que acarreta uma questão de ordem prática: a quem competiria autorizar tais atividades por alvará?

Sobre essa questão, encontra-se em trâmite no STF a Ação Direta de Inconstitucionalidade n. 5.326, proposta pela Associação Brasileira de Emissoras de Rádio e Televisão (Abert), que tem por objeto a declaração da inconstitucionalidade de atos normativos que disciplinam a repartição de competências entre a Justiça do Trabalho e a Justiça Estadual da Infância e

judicial, em franca contraveniência, portanto, à letra da Constituição (...) Desse modo, vê-se que o dia-a-dia artístico tem utilizado e remunerado crianças e adolescentes, nas mais diversas modalidades de trabalho artístico e nas mais variadas formas de contratação (contrato de trabalho, contrato de agenciamento, contratos de prestação de serviço com pessoas jurídicas e naturais), o que está a exigir uma regulamentação protetiva. Para evitar excessos, propõe-se a presente regulamentação que, na esteira da norma internacional referida, permite participações artísticas de crianças e adolescentes menores de 16 anos, desde que observados um mínimo de parâmetros tutelares, seja na fixação das atividades permitidas, seja na definição de condições específicas de trabalho, com vistas a se assegurarem a proteção integral e a prioridade absoluta, garantidos no art. 277 da CF/88". Íntegra disponível em: http://www.camara.gov.br/proposicoesWeb/prop_mostrarintegra;jsessionid=9515F454C16E89D96A7FE5F5362A23D0.proposicoesWebExterno1?codteor=1057741&filename=PL+4968/2013. Acesso em: julho de 2018.

122. O art. 2º da Convenção n. 138 da OIT estipula como regra geral a idade mínima de 15 anos para admissão em emprego e, excepcionalmente, de 14 anos.

123. "Art. 258. Deixar o responsável pelo estabelecimento ou o empresário de observar o que dispõe esta Lei sobre o acesso de criança ou adolescente aos locais de diversão, ou sobre sua participação no espetáculo: Pena – multa de três a vinte salários de referência; em caso de reincidência, a autoridade judiciária poderá determinar o fechamento do estabelecimento por até quinze dias."

da Juventude, determinando ser atribuição da primeira a expedição de alvarás para autorizar o trabalho de crianças e adolescentes, inclusive em atividades artísticas ou desportivas[124]. O julgamento do mérito da referida ADI ainda não foi pautado, mas em 27-9-2018 o STF concedeu, por maioria de votos, cautelar que julga inconstitucionais atos normativos que passam à Justiça do Trabalho a competência para autorizar o trabalho artístico e esportivo de crianças e adolescentes. Nesta decisão[125], os ministros entenderam que as questões atinentes ao trabalho de crianças e adolescentes devem ser examinadas pela perspectiva da proteção à criança e ao adolescente, o que deve, necessariamente, contemplar elementos não abrangidos pela Justiça Trabalhista. Dessa forma, a jurisprudência no sentido de que tal competência seria atribuição da Justiça do Trabalho[126] encontra-se superada.

▶▶ O sistema de prevenção e a proteção aos direitos fundamentais

O Título III, último da Parte Geral do ECA, trata do sistema de prevenção, atribuindo a cada um individualmente, à sociedade em geral e ao Estado deveres para prevenir riscos iminentes ou futuros de violação dos direitos de crianças e adolescentes previstos na Parte Geral, com a finalidade de evitar a situação de risco descrita no art. 98 do ECA. Trata-se de deveres jurídicos, o que implica que seu descumprimento importa responsabilidade da pessoa física ou jurídica.

Os arts. 70[127] a 73 do ECA trazem regras gerais para balizar a responsabilidade solidarizada entre Estado, sociedade e família de prevenir violações a direitos fundamentais de crianças e adolescentes.

---

124. Quais sejam: o inciso II da Recomendação Conjunta n. 1/2014-SP, o art. 1º, II, da Recomendação Conjunta n. 1/2014-MT, o Ato GP n. 19/2013 e do Provimento GP/CR n. 7/2014. Para acompanhamento da ação, acessar: http://portal.stf.jus.br/processos/detalhe.asp?incidente=4781750. Acesso em: julho de 2018.

125. Ementa da decisão: "O Tribunal, por maioria, concedeu a cautelar para suspender, até o exame definitivo deste processo, a eficácia da expressão 'inclusive artístico', constante do inciso II da Recomendação Conjunta n. 1/14 e do art. 1º, inciso II, da Recomendação Conjunta n. 1/14, bem como para afastar a atribuição, definida no Ato GP n. 19/2013 e no Provimento GP/CR n. 07/2014, quanto à apreciação de pedidos de alvará visando a participação de crianças e adolescentes em representações artísticas e a criação do Juizado Especial na Justiça do Trabalho, ficando suspensos, por consequência, esses últimos preceitos, assentando, neste primeiro exame, ser da Justiça Comum a competência para analisar tais pedidos, nos termos do voto do Relator, vencida a Ministra Rosa Weber. Ausentes, justificadamente, os Ministros Celso de Mello e Gilmar Mendes. Presidência do Ministro Dias Toffoli. Plenário, 27.9.2018." Disponível em: http://portal.stf.jus.br/processos/detalhe.asp?incidente=4781750. Acesso em: setembro de 2018.

126. A exemplo deste julgado do Tribunal Regional do Trabalho da 2ª Região (2013): http://www.tst.jus.br/documents/10157/351894/autorizacao+trab+infantil+Processo+SP. Acesso em: julho de 2018.

127. O art. 70 do ECA determina expressamente que "É dever de todos prevenir a ocorrência de ameaça ou violação dos direitos da criança e do adolescente".

A solidarização da responsabilidade é prevista no art. 70[128], com maior detalhamento nos arts. 72[129] – que estipula não ser taxativo o rol de obrigações previstas no ECA no que diz respeito à prevenção de violação de direitos, e 73[130], que estabelece expressamente a responsabilidade tanto de pessoas físicas quanto jurídicas (entendidas aqui tanto de Direito Público quanto de Direito Privado) no caso de inobservância às normas de prevenção.

Vale ressaltar aqui as alterações trazidas pela Lei n. 13.010/2014, que inseriu os arts. 70-A[131] e 70-B[132] no Estatuto da Criança e do Adolescente, com a finalidade de fomentar a construção de uma cultura de não violência contra crianças e adolescentes, prevendo a articulação dos órgãos públicos e da sociedade na elaboração de políticas públicas e na execução de

---

128. "Art. 70. É dever de todos prevenir a ocorrência de ameaça ou violação dos direitos da criança e do adolescente."

129. "Art. 72. As obrigações previstas nesta Lei não excluem da prevenção especial outras decorrentes dos princípios por ela adotados."

130. "Art. 73. A inobservância das normas de prevenção importará em responsabilidade da pessoa física ou jurídica, nos termos desta Lei."

131. "Art. 70-A. A União, os Estados, o Distrito Federal e os Municípios deverão atuar de forma articulada na elaboração de políticas públicas e na execução de ações destinadas a coibir o uso de castigo físico ou de tratamento cruel ou degradante e difundir formas não violentas de educação de crianças e de adolescentes, tendo como principais ações: I – a promoção de campanhas educativas permanentes para a divulgação do direito da criança e do adolescente de serem educados e cuidados sem o uso de castigo físico ou de tratamento cruel ou degradante e dos instrumentos de proteção aos direitos humanos; II – a integração com os órgãos do Poder Judiciário, do Ministério Público e da Defensoria Pública, com o Conselho Tutelar, com os Conselhos de Direitos da Criança e do Adolescente e com as entidades não governamentais que atuam na promoção, proteção e defesa dos direitos da criança e do adolescente; III – a formação continuada e a capacitação dos profissionais de saúde, educação e assistência social e dos demais agentes que atuam na promoção, proteção e defesa dos direitos da criança e do adolescente para o desenvolvimento das competências necessárias à prevenção, à identificação de evidências, ao diagnóstico e ao enfrentamento de todas as formas de violência contra a criança e o adolescente; IV – o apoio e o incentivo às práticas de resolução pacífica de conflitos que envolvam violência contra a criança e o adolescente; V – a inclusão, nas políticas públicas, de ações que visem a garantir os direitos da criança e do adolescente, desde a atenção pré-natal, e de atividades junto aos pais e responsáveis com o objetivo de promover a informação, a reflexão, o debate e a orientação sobre alternativas ao uso de castigo físico ou de tratamento cruel ou degradante no processo educativo; VI – a promoção de espaços intersetoriais locais para a articulação de ações e a elaboração de planos de atuação conjunta focados nas famílias em situação de violência, com participação de profissionais de saúde, de assistência social e de educação e de órgãos de promoção, proteção e defesa dos direitos da criança e do adolescente. Parágrafo único. As famílias com crianças e adolescentes com deficiência terão prioridade de atendimento nas ações e políticas públicas de prevenção e proteção."

132. "Art. 70-B. As entidades, públicas e privadas, que atuem nas áreas a que se refere o art. 71, dentre outras, devem contar, em seus quadros, com pessoas capacitadas a reconhecer e comunicar ao Conselho Tutelar suspeitas ou casos de maus-tratos praticados contra crianças e adolescentes. Parágrafo único. São igualmente responsáveis pela comunicação de que trata este artigo, as pessoas encarregadas, por razão de cargo, função, ofício, ministério, profissão ou ocupação, do cuidado, assistência ou guarda de crianças e adolescentes, punível, na forma deste Estatuto, o injustificado retardamento ou omissão, culposos ou dolosos."

ações destinadas a coibir o uso de castigos físicos ou de tratamento cruel ou degradante e difundir formas não violentas de educação de crianças e adolescentes, bem como estabelecendo o dever de entidades públicas e privadas manterem pessoal capacitado apto a identificar suspeitas ou casos de maus-tratos contra crianças e adolescentes.

O art. 71[133] do ECA introduz o que será tratado no Capítulo II do Título III do ECA, que é a prevenção especial relativa ao exercício de direitos culturais e a necessária imposição de limites relativos à geração de risco para crianças e adolescentes.

O descumprimento das obrigações estabelecidas neste capítulo pode corresponder a uma infração administrativa ou mesmo a um ilícito penal, conforme será especificado nos tópicos a seguir.

▶▶ O sistema de prevenção especial

O sistema de prevenção especial, como o próprio nome indica, especifica determinadas atividades, quais sejam: acesso à informação, à cultura, ao lazer, aos esportes, a diversões e espetáculos; uso e frequência de produtos e serviços; e regras para viagens de crianças e adolescentes.

▶▶ Da Informação, Cultura, Lazer, Esportes, Diversões e Espetáculos

Como já tivemos oportunidade de frisar em outros tópicos deste livro, falar em "direitos de crianças e adolescentes" implica referir-se a uma demanda que pode ser exigida judicialmente, e não a uma obrigação exigível simplesmente no plano moral. Portanto, *informação, cultura, lazer, esportes, diversões e espetáculos* são aqui pensados como temas de políticas públicas a serem demandados do Estado, e também como atividades sobre as quais recai a responsabilidade de regulamentação quando direcionadas ao público infanto-juvenil para que não apresentem risco e sejam adequadas à sua condição de pessoa em desenvolvimento. Dessa forma, é importante pontuar uma diferença em relação ao direito dos adultos ao lazer: o cidadão adulto tem condições individuais de buscar o lazer que preferir, de acessar ou não informação, e de decidir se quer ou não frequentar espaços de diversão ou de espetáculos. Ao Estado cabe propor políticas públicas de acesso à cultura e ao lazer, limitando as atividades – inclusive no campo da iniciativa privada –

133. "Art. 71. A criança e o adolescente têm direito a informação, cultura, lazer, esportes, diversões, espetáculos e produtos e serviços que respeitem sua condição peculiar de pessoa em desenvolvimento."

apenas no que diz respeito ao estrito limite da legalidade (por exemplo: não se permite fumar cigarros de tabaco em locais fechados em decorrência de proibição legal; bem como é proibido caçar animais por recreação fora das hipóteses que o Ibama autoriza etc.). Assim sendo, em relação ao exercício do direito ao acesso à informação, diversões e espetáculos, à cultura e ao lazer por adultos, é permitido tudo aquilo que a lei não proibir expressamente.

Porém, em relação às crianças e adolescentes, a doutrina da proteção integral obriga outras limitações para que o acesso a tais atividades não configure situação de risco de violação de seus direitos e respeite sua condição de pessoa em desenvolvimento.

Em relação à regulação da informação, cultura, lazer, esportes, diversões e espetáculos, os arts. 74[134], 75[135] e 76[136] do ECA asseguram a toda criança e adolescente o direito a diversões e espetáculos públicos adequados à faixa etária, limitando as atividades culturais de crianças e adolescentes, em respeito à sua condição de desenvolvimento, em três dimensões:

(i) determinação legal pelo poder público de anúncio prévio obrigatório da classificação etária.

(ii) proibição do ingresso de crianças com menos de 10 anos em diversões e espetáculos públicos desacompanhados de seus pais ou responsáveis.

(iii) restrição de conteúdo na programação de rádio e televisão nos horários recomendados para o público infantojuvenil.

É importante consignar que referida regulamentação não se confunde com a censura prévia exercida em regimes autoritários, consistente em uma violação do direito à liberdade de expressão do pensamento, em especial por motivação política. No caso dos dispositivos do ECA, trata-se de propiciar o acesso adequado de cada faixa etária aos conteúdos veiculados, res-

134. "Art. 74. O poder público, através do órgão competente, regulará as diversões e espetáculos públicos, informando sobre a natureza deles, as faixas etárias a que não se recomendem, locais e horários em que sua apresentação se mostre inadequada. Parágrafo único. Os responsáveis pelas diversões e espetáculos públicos deverão afixar, em lugar visível e de fácil acesso, à entrada do local de exibição, informação destacada sobre a natureza do espetáculo e a faixa etária especificada no certificado de classificação."

135. "Art. 75. Toda criança ou adolescente terá acesso às diversões e espetáculos públicos classificados como adequados à sua faixa etária. Parágrafo único. As crianças menores de dez anos somente poderão ingressar e permanecer nos locais de apresentação ou exibição quando acompanhadas dos pais ou responsável."

136. "Art. 76. As emissoras de rádio e televisão somente exibirão, no horário recomendado para o público infantojuvenil, programas com finalidades educativas, artísticas, culturais e informativas. Parágrafo único. Nenhum espetáculo será apresentado ou anunciado sem aviso de sua classificação, antes de sua transmissão, apresentação ou exibição."

peitando as diversas etapas do desenvolvimento da criança e do adolescente e sua capacidade de discernimento em cada idade. Em relação ao que dispõe o art. 75 quanto à regulação do acesso de crianças e adolescentes a diversões e espetáculos públicos adequados à sua faixa etária, é imprescindível consignar que esta norma deve ser interpretada de forma sistemática com a atual concepção de poder familiar, que atribui aos pais ou responsáveis a tarefa de garantir o acesso de suas crianças e adolescentes ao lazer, cujos limites devem ser definidos na órbita privada, em respeito ao direito de liberdade de criação e educação de filhos de acordo com os valores particulares de cada um. Evidentemente que tal liberdade, como qualquer outra, encontra limites na lei e não pode acarretar violação objetiva de direitos fundamentais, sujeitando-se os adultos responsáveis às medidas previstas nos arts. 129 e 249 do Estatuto da Criança e do Adolescente (com entendimento também neste sentido, ver SANTOS, 2017, p. 425).

Essa ressalva se mostra importante em razão da margem de interpretação das regras de proteção a crianças e adolescentes tendo por critério normas morais afeitas a escolhas pertencentes exclusivamente ao âmbito privado[137], e que podem significar uma intervenção indevida no campo das liberdades individuais (em especial aquelas relacionadas com a liberdade artística, de pensamento e sua expressão). Em 2017, o Ministério Público Federal emitiu Nota Técnica[138] a respeito da liberdade de expressão artística em face da proteção de crianças e adolescentes com o objetivo de "apresentar argumentos que permitam melhor definir o conteúdo e os limites da liberdade de expressão artística perante o direito fundamental de crianças e adolescentes à proteção integral" (NOTA TÉCNICA, 2017, p. 3). Quanto à proteção de crianças e adolescentes contra conteúdos inapropriados para sua faixa etária, foram apresentadas pelo órgão as seguintes conclusões e critérios interpretativos integralmente transcritos a seguir:

---

137. A exemplo dos episódios ocorridos em 2017 em dois museus de arte situados no Estado de São Paulo: o Museu de Arte Moderna (MAM), alvo de protestos em razão da presença de uma menina acompanhada da mãe em uma performance artística (a esse respeito, acessar nota de esclarecimento emitida pelo museu: http://mam.org.br/2017/09/29/nota-de-esclarecimento/; acesso em: julho de 2018) e o Museu de Arte de São Paulo (MASP), que chegou a proibir o acesso de pessoas com menos de dezoito anos à exposição "Histórias da Sexualidade" mesmo acompanhadas dos pais (conforme manifestado em nota pelo Museu: http://piaui.folha.uol.com.br/lupa/wp–content/uploads/2017/11/Museu-de-Arte-de-São-Paulo-Assis-Chateaubriand-MASP1.pdf; acesso em: julho de 2018). Após a emissão da referida Nota Técnica do MPF, o museu retrocedeu e manteve apenas a classificação indicativa sem a proibição (http://piaui.folha.uol.com.br/lupa/wp–content/uploads/2017/11/MASP-Nota-à-Imprensa.pdf; acesso em: julho de 2018).

138. Nota Técnica n. 11/2017. Íntegra disponível em: http://pfdc.pgr.mpf.mp.br/temas-de-atuacao/direitos-sexuais–e–reprodutivos/nota-tecnica-liberdade-artistica-e-protecao-de-criancas-e-adolescentes. Acesso em: julho de 2018.

a) Segundo critério adotado pelo próprio Departamento de Justiça, Classificação, Títulos e Qualificação – DJCTQ, a NUDEZ NÃO ERÓTICA (exposta sem apelo sexual, tal como em contexto científico, artístico ou cultural) NÃO torna o conteúdo impróprio para crianças, mesmo as menores de 10 anos.

b) Como princípio geral, toda criança ou adolescente terá acesso a diversões e espetáculos públicos classificados como adequados à sua faixa etária (art. 220, § 3º, inciso I, da CF, c/c os arts. 71 e 75 do ECA).

c) A atual regulamentação infraconstitucional e infralegal da matéria não obriga todo e qualquer espetáculo ou diversão a requerer prévia classificação etária ao órgão competente do Ministério da Justiça. Apenas as obras audiovisuais destinadas à televisão e aos mercados de cinema e vídeo doméstico, os jogos eletrônicos, aplicativos e os chamados *Role-Playing Games* devem ser previamente submetidos à análise do Poder Público Federal (art. 3º da Portaria n. 368/2014).

d) Todos os demais espetáculos e diversões públicas (espetáculos circenses, teatrais e shows musicais, competições esportivas, exposições de arte) além de conteúdos divulgados em sites de Internet e obras literárias dispensam qualquer tipo de classificação etária prévia por parte do Poder Público (art. 4º da Portaria n. 368/2014).

e) Os responsáveis pelo espetáculo ou diversão têm como obrigação geral INFORMAR ao público, prévia e adequadamente (em local visível e de fácil acesso) sobre a natureza do evento e as faixas etárias a que não se recomende, de forma a permitir a escolha livre e consciente da programação, por parte de pais e responsáveis por crianças ou adolescentes (art. 220, § 3º, inciso I da CF, c/c os arts. 74, 76 e 78 do ECA).

f) Os responsáveis pela diversão ou espetáculo devem também impedir o acesso e permanência de crianças menores de dez anos nos locais de apresentação ou exibição desacompanhadas dos pais ou responsável (art. 75, parágrafo único, do ECA).

g) *A classificação etária*, seja a efetuada pelo Poder Público, seja aquela feita pelo próprio responsável pelo espetáculo ou diversão, *é meramente INDICATIVA*, isto é, possui "*natureza pedagógica e informativa capaz de garantir à pessoa e à família conhecimento prévio para escolher diversões e espetáculos públicos adequados à formação de seus filhos, tutelados ou curatelados*" (art. 7º da Portaria n. 368/2014).

h) Por ser "indicativa", *a classificação etária efetuada pelo Poder Público não possui força vinculante; assim, não cabe ao Estado (nem aos promotores do espetáculo ou diversão) impedir o acesso de crianças ou adolescentes a eventos tidos como "inadequados" à sua faixa etária, especialmente quando estejam elas acompanhadas por seus pais ou responsáveis* (CF, art. 21, XVI, c/c o art. 220, § 3º, inciso I e art. 74 do ECA);

i) *Compete exclusivamente aos pais ou responsáveis decidir sobre o acesso de menores de 18 anos a programas televisivos e diversões e espetáculos em geral* (CF, art. 220, § 3º, inciso I; STF, ADI 2.404/DF). (NOTA TÉCNICA, 2017, p. 45, grifo nosso)

Ainda sobre a obrigação de afixar em lugar visível a classificação etária, o descumprimento desse dever acarreta sanção no âmbito administrativo, nos termos dos arts. 252 e 253 do ECA[139].

O art. 76 do ECA[140] regulamenta a exibição de programas de rádio e televisão recomendados para o público infantojuvenil determinando sejam estabelecidas faixas de horário. Em 2014, o Ministério da Justiça editou a Portaria 368[141], destinada a regulamentar o processo de classificação indicativa[142], estabelecendo critérios tais como qual a faixa de horário protegida para cada idade[143], critérios temáticos[144], entre outros pontos. Conteúdos audiovisuais disponíveis para venda ou locação em fitas de vídeo (ou mídia análoga) também ficam sujeitas à classificação indicativa, conforme de-

139. "Art. 252. Deixar o responsável por diversão ou espetáculo público de afixar, em lugar visível e de fácil acesso, à entrada do local de exibição, informação destacada sobre a natureza da diversão ou espetáculo e a faixa etária especificada no certificado de classificação: Pena – multa de três a vinte salários de referência, aplicando-se o dobro em caso de reincidência. Art. 253. Anunciar peças teatrais, filmes ou quaisquer representações ou espetáculos, sem indicar os limites de idade a que não se recomendem: Pena – multa de três a vinte salários de referência, duplicada em caso de reincidência, aplicável, separadamente, à casa de espetáculo e aos órgãos de divulgação ou publicidade."

140. "Art. 76. As emissoras de rádio e televisão somente exibirão, no horário recomendado para o público infantojuvenil, programas com finalidades educativas, artísticas, culturais e informativas."

141. Íntegra disponível em: http://www.justica.gov.br/seus–direitos/classificacao/legislacao/portaria-mj-368-14.pdf. Acesso em: julho de 2018.

142. Nos termos do art. 1º da Portaria: "Art. 1º Esta Portaria regulamenta as disposições da Lei n 8.069, de 13 de julho de 1990, da Lei n. 10.359, de 27 de dezembro de 2001, e da Lei n. 12.485, de 12 de setembro de 2011, relativas ao processo de classificação indicativa".

143. Nos termos do art. 10 da Portaria: "Art. 10. A classificação indicativa das obras audiovisuais destinadas à televisão aberta é vinculada ao horário do local de exibição, nos seguintes termos: 'Art. 8º As obras de que trata esta Portaria são classificadas nas seguintes categorias: I – faixa de proteção à criança: a) das seis às vinte horas: exibição de obras classificadas como livres ou não recomendadas para menores de dez anos; II – faixa de proteção ao adolescente: a) a partir das vinte horas: exibição de obras classificadas como não recomendadas para menores de doze anos ou com classificação inferior; b) a partir das vinte e uma horas: exibição de obras classificadas como não recomendadas para menores de catorze anos ou com classificação inferior; e c) a partir das vinte e duas horas: exibição de obras classificadas como não recomendadas para menores de dezesseis anos ou com classificação inferior; e III – faixa adulta: a) de vinte e três às seis horas: exibição de obras classificadas como não recomendadas para menores de dezoito anos ou com classificação inferior.'"

144. Nos termos do art. 12 da Portaria: "Art. 12. A classificação indicativa tem como critérios temáticos o grau de incidência na obra de conteúdos de: I – sexo e nudez; II – violência; e III – drogas. Parágrafo único. O grau de incidência dos critérios temáticos determina as faixas etárias a que não se recomendam as obras, nos termos do Guia Prático da Classificação Indicativa".

termina o art. 77 do ECA[145]. A desobediência das regras estabelecidas para o controle da classificação indicativa está sujeita às penalidades administrativas previstas nos arts. 254, 255 e 256 do ECA[146].

Em relação à proteção do conteúdo veiculado na internet, o art. 29 do Marco Civil da Internet (Lei n. 12.965/2012) confere aos pais ou responsáveis a liberdade do exercício do controle parental quanto ao conteúdo acessado por crianças adolescentes; e, ao mesmo tempo, atribui ao poder público, aos provedores de internet e à sociedade civil o dever de educar e informar sobre programas de computador que permitam o controle parental referido, além de definir boas práticas para inclusão digital do público infantojuvenil nos seguintes termos:

> Art. 29. O usuário terá a opção de livre escolha na utilização de programa de computador em seu terminal para exercício do controle parental de conteúdo entendido por ele como impróprio a seus filhos menores, desde que respeitados os princípios desta Lei e da Lei n. 8.069, de 13 de julho de 1990 – Estatuto da Criança e do Adolescente.
>
> Parágrafo único. Cabe ao poder público, em conjunto com os provedores de conexão e de aplicações de internet e a sociedade civil, promover a educação e fornecer informações sobre o uso dos programas de computador previstos no *caput*, bem como para a definição de boas práticas para a inclusão digital de crianças e adolescentes.

Já os arts. 78 e 79 do ECA dispõem sobre as regras para revistas e publicações com material considerado "impróprio" ou "inadequado", nos seguintes termos abaixo transcritos:

> Art. 78. As revistas e publicações contendo material impróprio ou inadequado a crianças e adolescentes deverão ser comercializadas em embalagem lacrada, com a advertência de seu conteúdo.

---

145. "Art. 77. Os proprietários, diretores, gerentes e funcionários de empresas que explorem a venda ou aluguel de fitas de programação em vídeo cuidarão para que não haja venda ou locação em desacordo com a classificação atribuída pelo órgão competente."

146. "Art. 254. Transmitir, através de rádio ou televisão, espetáculo em horário diverso do autorizado ou sem aviso de sua classificação: Pena – multa de vinte a cem salários de referência; duplicada em caso de reincidência a autoridade judiciária poderá determinar a suspensão da programação da emissora por até dois dias. Art. 255. Exibir filme, trailer, peça, amostra ou congênere classificado pelo órgão competente como inadequado às crianças ou adolescentes admitidos ao espetáculo: Pena – multa de vinte a cem salários de referência; na reincidência, a autoridade poderá determinar a suspensão do espetáculo ou o fechamento do estabelecimento por até quinze dias. Art. 256. Vender ou locar a criança ou adolescente fita de programação em vídeo, em desacordo com a classificação atribuída pelo órgão competente: Pena – multa de três a vinte salários de referência; em caso de reincidência, a autoridade judiciária poderá determinar o fechamento do estabelecimento por até quinze dias."

Parágrafo único. As editoras cuidarão para que as capas que contenham mensagens pornográficas ou obscenas sejam protegidas com embalagem opaca.

Art. 79. As revistas e publicações destinadas ao público infantojuvenil não poderão conter ilustrações, fotografias, legendas, crônicas ou anúncios de bebidas alcoólicas, tabaco, armas e munições, e deverão respeitar os valores éticos e sociais da pessoa e da família.

Trata-se aqui da intenção do legislador de assegurar "a inviolabilidade da integridade psíquica e moral das crianças e adolescentes" como estabelecido pelo art. 17 do ECA, ao mesmo tempo em que se assegura às editoras a liberdade de expressão e artística para veicular o conteúdo conforme sua linha editorial – inclusive de material classificado como "pornográfico" ou "obsceno" – contanto que sua comercialização seja feita com o uso de embalagem lacrada e opaca (SANTOS, 2017, p. 442). Em relação aos dispositivos aqui comentados, porém, é preciso cautela quanto ao necessário equilíbrio entre a garantia de proteção de crianças e adolescentes (que, evidentemente, não possuem a maturidade mínima para acessar determinados conteúdos), e a interpretação de expressões vagas empregadas pelo legislador e que, por sua imprecisão, ficam sujeitas a ambiguidades. É o caso de formulações legais como o dever de "respeitar os valores éticos e sociais da pessoa e da família", ou mesmo os conceitos abertos de "pornografia" e "obscenidade": por se tratarem de categorias fluidas e sensíveis aos valores subjetivos da autoridade responsável por tal interpretação, a atenção a este ponto é relevante para que se evitem políticas moralizantes e violadoras da liberdade de expressão a pretexto de proteção da integridade psíquica de crianças e adolescentes. O ideal é buscar cotejar o princípio do melhor interesse com as demais liberdades civis para que seja possível encontrar, caso a caso, soluções que contemplem satisfatoriamente os conflitos aqui mencionados.

O descumprimento das obrigações previstas nos arts. 78 e 79 do ECA fica sujeito às penalidades administrativas previstas no art. 257 do mesmo diploma legal[147].

Encerrando a Seção I do Capítulo II do ECA, o art. 80[148] veda a entrada e permanência de pessoas com menos de dezoito anos em casas de apos-

147. "Art. 257. Descumprir obrigação constante dos arts. 78 e 79 desta Lei: Pena – multa de três a vinte salários de referência, duplicando-se a pena em caso de reincidência, sem prejuízo de apreensão da revista ou publicação."

148. "Art. 80. Os responsáveis por estabelecimentos que explorem comercialmente bilhar, sinuca ou congênere ou por casas de jogos, assim entendidas as que realizem apostas, ainda que

ta e locais para prática de bilhar, sinuca ou congênere. A esse respeito, comenta Wilson Donizeti Liberati:

> Na realidade, os jogos de sinuca, de bilhar e similares não podem ser considerados de azar, porque dependem da técnica e habilidade do jogador. A causa da proibição está ligada à exploração comercial feita pela cobrança de um preço pelo tempo despendido na partida e as características do ambiente onde tais jogos são realizados. (LIBERATI, 2015, p. 86)

A inobservância do disposto no art. 80 do ECA fica sujeita às penalidades administrativas previstas no art. 258 do mesmo diploma legal[149].

►► Dos Produtos e Serviços

A prevenção referente a Produtos e Serviços está regulada na a Seção II do Capítulo II deste Título, e tem por finalidade evitar a exposição da criança ou adolescente a situação de risco decorrente do acesso a armas de fogo e aparatos correlatos, explosivos, bem como a substâncias que causem dependência e publicações de conteúdo inadequado, e também pretende minimizar o risco de crimes como sequestros e outras formas de abuso facilitados pelo controle precário de estabelecimentos de hospedagem.

Assim, o art. 81[150] do ECA enumera os produtos cuja venda é absolutamente proibida para crianças e adolescentes, independentemente da autorização ou presença dos pais ou responsáveis: proíbe-se a venda à criança ou ao adolescente de armas, munições e explosivos; bebidas alcoólicas; produtos que causem dependência; fogos de artifício; publicações de conteúdo impróprio e bilhetes lotéricos ou equivalente.

---

eventualmente, cuidarão para que não seja permitida a entrada e a permanência de crianças e adolescentes no local, afixando aviso para orientação do público."

149. "Art. 258. Deixar o responsável pelo estabelecimento ou o empresário de observar o que dispõe esta Lei sobre o acesso de criança ou adolescente aos locais de diversão, ou sobre sua participação no espetáculo: Pena – multa de três a vinte salários de referência; em caso de reincidência, a autoridade judiciária poderá determinar o fechamento do estabelecimento por até quinze dias."

150. "Art. 81. É proibida a venda à criança ou ao adolescente de: I – armas, munições e explosivos; II – bebidas alcoólicas; III – produtos cujos componentes possam causar dependência física ou psíquica ainda que por utilização indevida; IV – fogos de estampido e de artifício, exceto aqueles que pelo seu reduzido potencial sejam incapazes de provocar qualquer dano físico em caso de utilização indevida; V – revistas e publicações a que alude o art. 78; VI – bilhetes lotéricos e equivalentes."

Além da previsão como infração administrativa[151], a inobservância das obrigações aqui estipuladas como prevenção também estão tipificadas como crime no ECA nos arts. 242, 243 e 244:

> Art. 242. Vender, fornecer ainda que gratuitamente ou entregar, de qualquer forma, a criança ou adolescente arma, munição ou explosivo:
>
> Pena – reclusão, de 3 (três) a 6 (seis) anos[152].
>
> Art. 243. Vender, fornecer, servir, ministrar ou entregar, ainda que gratuitamente, de qualquer forma, a criança ou a adolescente, bebida alcoólica ou, sem justa causa, outros produtos cujos componentes possam causar dependência física ou psíquica:
>
> Pena – detenção de 2 (dois) a 4 (quatro) anos, e multa, se o fato não constitui crime mais grave.
>
> Art. 244. Vender, fornecer ainda que gratuitamente ou entregar, de qualquer forma, a criança ou adolescente fogos de estampido ou de artifício, exceto aqueles que, pelo seu reduzido potencial, sejam incapazes de provocar qualquer dano físico em caso de utilização indevida:
>
> Pena – detenção de seis meses a dois anos, e multa.

O art. 82[153] proíbe a hospedagem de criança ou adolescente em hotel, motel, pensão e estabelecimentos congêneres desacompanhada dos pais ou responsáveis, ou sem autorização expressa destes. Em relação a este diploma legal, a intenção do legislador foi a de evitar (ou, ao menos, dificultar) crimes como o sequestro de crianças e adolescentes, ou sua exploração sexual, bem como impedir sua evasão da casa dos pais ou responsáveis sem informar a estes seu paradeiro. A inobservância do disposto no art. 82 do ECA está sujeita às penalidades administrativas previstas no art. 250 do mesmo diploma legal[154].

---

151. "Art. 258-C. Descumprir a proibição estabelecida no inciso II do art. 81: Pena – multa de R$ 3.000,00 (três mil reais) a R$ 10.000,00 (dez mil reais); Medida Administrativa – interdição do estabelecimento comercial até o recolhimento da multa aplicada."

152. Em relação à arma de fogo, há ainda previsão no mesmo sentido no Estatuto do Desarmamento (Lei n. 10.826/2003), cujo texto, aliás, alterou a pena do art. 242 do ECA para igualá-la à do seu art. 16: "Art. 16. Possuir, deter, portar, adquirir, fornecer, receber, ter em depósito, transportar, ceder, ainda que gratuitamente, emprestar, remeter, empregar, manter sob sua guarda ou ocultar arma de fogo, acessório ou munição de uso proibido ou restrito, sem autorização e em desacordo com determinação legal ou regulamentar: Pena – reclusão, de 3 (três) a 6 (seis) anos, e multa. Parágrafo único. Nas mesmas penas incorre quem: (...) V – vender, entregar ou fornecer, ainda que gratuitamente, arma de fogo, acessório, munição ou explosivo a criança ou adolescente".

153. "Art. 82. É proibida a hospedagem de criança ou adolescente em hotel, motel, pensão ou estabelecimento congênere, salvo se autorizado ou acompanhado pelos pais ou responsável."

154. "Art. 250. Hospedar criança ou adolescente desacompanhado dos pais ou responsável, ou sem autorização escrita desses ou da autoridade judiciária, em hotel, pensão, motel ou congênere: Pena – multa."

▶▶ Da Autorização para Viajar

A Seção III do Capítulo II do Título III do Estatuto da Criança e do Adolescente trata da prevenção estabelecida pelas regras referentes à autorização para viajar, e se divide em viagens dentro do território nacional e fora do território nacional.

O art. 83[155] trata da hipótese de viagens dentro do território nacional, para fora da comarca de residência da criança ou adolescente. Este dispositivo legal estabelece como regra geral em seu *caput* que crianças e adolescentes de até 16 anos[156] somente podem viajar na companhia de seus pais ou responsáveis, ou mediante expressa autorização judicial, caso desacompanhados. Seu parágrafo único enumera as hipóteses de exceção, ou seja, os casos em que se autoriza a viagem de crianças e adolescentes de até 16 anos desacompanhados de seus pais ou responsáveis e sem a necessidade de autorização judicial, quais sejam: viagem para comarca contígua na mesma unidade da Federação, ou na mesma região metropolitana; ou se a criança ou adolescente de até 16 (dezesseis) anos estiver acompanhado de ascendente ou colateral maior, até o terceiro grau, comprovado documentalmente o parentesco ou ainda de pessoa maior, expressamente autorizada pelo pai, mãe ou responsável.

O art. 84[157] do ECA trata das viagens para fora do território nacional: nesse caso, tanto crianças quanto adolescentes somente podem viajar acompanhados de ambos os pais ou responsável, ou na companhia de um dos pais, autorizado expressamente pelo outro por meio de documento com firma reconhecida, nos termos do art. 85[158] do ECA.

---

155. "Art. 83. Nenhuma criança ou adolescente menor de 16 (dezesseis) anos poderá viajar para fora da comarca onde reside, desacompanhada dos pais ou responsável, sem expressa autorização judicial. § 1º A autorização não será exigida quando: a) tratar-se de comarca contígua à da residência da criança ou adolescente menor de 16 (dezesseis) anos, se na mesma unidade da Federação, ou incluída na mesma região metropolitana; b) a criança ou adolescente menor de 16 (dezesseis) anos estiver acompanhado: 1) de ascendente ou colateral maior, até o terceiro grau, comprovado documentalmente o parentesco; 2) de pessoa maior, expressamente autorizada pelo pai, mãe ou responsável. § 2º A autoridade judiciária poderá, a pedido dos pais ou responsável, conceder autorização válida por dois anos."

156. De acordo com a redação conferida pela Lei n. 13.812/2019, que instituiu a Política Nacional de Busca de Pessoas Desaparecidas e criou o Cadastro Nacional de Pessoas Desaparecidas. A alteração do ECA em relação à autorização para viajar foi formulada sob a perspectiva da prevenção ao desaparecimento de crianças e adolescentes.

157. "Art. 84. Quando se tratar de viagem ao exterior, a autorização é dispensável, se a criança ou adolescente: I – estiver acompanhado de ambos os pais ou responsável; II – viajar na companhia de um dos pais, autorizado expressamente pelo outro através de documento com firma reconhecida."

158. "Art. 85. Sem prévia e expressa autorização judicial, nenhuma criança ou adolescente nascido em território nacional poderá sair do País em companhia de estrangeiro residente ou domiciliado no exterior."

A inobservância das regras prescritas nos arts. 83, 84 e 85 do ECA fica sujeita às penalidades administrativas do art. 251 do mesmo diploma legal[159].

Vale mencionar que o tráfico de criança ou adolescente é crime previsto no art. 239 do Estatuto, punido com pena de quatro a seis anos de reclusão e multa. Por fim, em relação às regras referentes a viagens para o exterior, vale ressaltar que estas têm por função, também, reduzir o risco do crime de tráfico de crianças e adolescentes, tipificado no art. 239 do Estatuto[160].

2.8. Parte Especial do ECA

Introdução

A Parte Especial do ECA dispõe sobre as diretrizes para cumprimento dos arts. 204[161] e 227 da Constituição Federal, trazendo disposições a respeito da garantia dos direitos humanos de crianças e adolescentes em situação de risco, seja em decorrência de omissão/ação de seus responsáveis ou familiares, da sociedade ou do Estado, seja em decorrência da prática de ato infracional.

---

159. "Art. 251. Transportar criança ou adolescente, por qualquer meio, com inobservância do disposto nos arts. 83, 84 e 85 desta Lei: Pena – multa de três a vinte salários de referência, aplicando-se o dobro em caso de reincidência."

160. "Art. 239. Promover ou auxiliar a efetivação de ato destinado ao envio de criança ou adolescente para o exterior com inobservância das formalidades legais ou com o fito de obter lucro: Pena – reclusão de quatro a seis anos, e multa."

161. O art. 204 da CF integra a parte referente à Assistência Social, definida pelo art. 203: "Art. 203. A assistência social será prestada a quem dela necessitar, independentemente de contribuição à seguridade social, e tem por objetivos: I – a proteção à família, à maternidade, à infância, à adolescência e à velhice; II – o amparo às crianças e adolescentes carentes; III – a promoção da integração ao mercado de trabalho; IV – a habilitação e reabilitação das pessoas portadoras de deficiência e a promoção de sua integração à vida comunitária; V – a garantia de um salário mínimo de benefício mensal à pessoa portadora de deficiência e ao idoso que comprovem não possuir meios de prover à própria manutenção ou de tê-la provida por sua família, conforme dispuser a lei". O art. 204 da CF trata das questões da organização orçamentária: "Art. 204. As ações governamentais na área da assistência social serão realizadas com recursos do orçamento da seguridade social, previstos no art. 195, além de outras fontes, e organizadas com base nas seguintes diretrizes: I – descentralização político-administrativa, cabendo a coordenação e as normas gerais à esfera federal e a coordenação e a execução dos respectivos programas às esferas estadual e municipal, bem como a entidades beneficentes e de assistência social; II – participação da população, por meio de organizações representativas, na formulação das políticas e no controle das ações em todos os níveis. Parágrafo único. É facultado aos Estados e ao Distrito Federal vincular a programa de apoio à inclusão e promoção social até cinco décimos por cento de sua receita tributária líquida, vedada a aplicação desses recursos no pagamento de: I – despesas com pessoal e encargos sociais; II – serviço da dívida; III – qualquer outra despesa corrente não vinculada diretamente aos investimentos ou ações apoiados".

A Parte Especial está dividia em sete títulos: o Título I (arts. 86 a 97 do ECA) dispõe sobre a Política de Atendimento, especificando as entidades de atendimento de acordo com sua finalidade e formas de fiscalização; o Título II (arts. 98 a 102 do ECA) trata das Medidas de Proteção, aplicáveis a crianças e adolescentes em situação de risco; o Título III (arts. 103 a 128 do ECA) dispõe sobre o procedimento de ação socioeducativa para apuração e responsabilização por ato infracional por meio das medidas socioeducativas[162]; o Título IV (arts. 129 e 130 do ECA) estabelece medidas pertinentes aos pais ou responsável; o Título V (arts. 131 a 140, ECA) prevê as regras pertinentes ao funcionamento e atribuições do Conselho Tutelar; o Título VI (arts. 141 a 224, ECA) trata do acesso à Justiça, dispondo sobre as instituições relacionadas à defesa dos direitos de crianças e adolescentes no âmbito do Poder Judiciário e também estabelecendo os procedimentos judiciais respectivos; e, por fim, o Título VII (arts. 225 a 258-C, ECA), que tipifica crimes e infrações administrativas que atinjam direitos de crianças e adolescentes.

O tópico a seguir está dividido em duas partes[163]. Na primeira, serão apresentados os órgãos e instituições responsáveis pela proteção aos direitos de crianças e adolescentes, quais sejam: os órgãos integrantes da rede de atendimento; o Conselho Tutelar e as instituições do sistema de justiça voltadas à proteção dos direitos de crianças e adolescentes.

Na sequência, serão abordadas as medidas judiciais e extrajudiciais referentes aos direitos de crianças e adolescentes: as medidas de proteção; as medidas socioeducativas decorrentes da prática de ato infracional; as medidas destinadas aos pais ou responsáveis, e os demais procedimentos judiciais.

2 8.1. Os órgãos e instituições responsáveis pela proteção aos direitos de crianças e adolescentes

▶▶ A política de atendimento

Dá-se o nome de política social de atendimento ao conjunto das leis, instituições, políticas e programas criados pelo Poder Público e voltados para a distribuição de bens e serviços destinados a promover e garantir os direitos sociais dos cidadãos (GOMES DA COSTA apud LIBERATI, 2015, p. 92). Portanto, as políticas sociais básicas correspondem às medidas adotadas pelo Estado

162. A execução das medidas socioeducativas é disciplinada pela Lei do Sistema Nacional Socioeducativo, que será analisada de forma detida em tópico próprio.

163. Os crimes e infrações são tratados ao longo do livro, associados a outros tópicos que guardem relação com referidos dispositivos.

para assegurar os Direitos Humanos de segunda geração, lembrando que o art. 4º, alínea *d* do ECA determina prioridade absoluta na destinação de verbas públicas para programas de garantia de direitos de crianças e adolescentes.

As disposições gerais referentes à política de atendimento estão dispostas nos arts. 86 a 89 do ECA, das quais se destacam, no art. 87, os serviços especiais de prevenção e atendimento médico e psicossocial às vítimas de negligência, maus-tratos, exploração, abuso, crueldade e opressão e às crianças e aos adolescentes que tiverem qualquer dos pais ou responsáveis vitimados por grave violência ou preso em regime fechado[164], e no art. 88[165], as diretrizes de municipalização, descentralização e criação de conselhos nos três níveis da federação[166], órgãos compostos de um número de membros que corresponda à paridade entre os representantes dos órgãos governamentais e da sociedade civil. Tem função deliberativa e de controle das ações governamentais nos respectivos níveis, em todas as questões relativas ao atendimento dos direitos da criança e do adolescente.

▶▶ A rede de atendimento

A complexidade das situações das crianças e adolescentes faz emergir a necessidade de um atendimento multidisciplinar por meio da articulação interinstitucional: é o que se denomina "formação de redes" (DAL RI, 2006, p. 97).

---

164. Redação conferida pela Lei n. 14.987/2024.

165. "Art. 88. São diretrizes da política de atendimento: I – municipalização do atendimento; II – criação de conselhos municipais, estaduais e nacional dos direitos da criança e do adolescente, órgãos deliberativos e controladores das ações em todos os níveis, assegurada a participação popular paritária por meio de organizações representativas, segundo leis federal, estaduais e municipais; III – criação e manutenção de programas específicos, observada a descentralização político-administrativa; IV – manutenção de fundos nacional, estaduais e municipais vinculados aos respectivos conselhos dos direitos da criança e do adolescente; V – integração operacional de órgãos do Judiciário, Ministério Público, Defensoria, Segurança Pública e Assistência Social, preferencialmente em um mesmo local, para efeito de agilização do atendimento inicial a adolescente a quem se atribua autoria de ato infracional; VI – integração operacional de órgãos do Judiciário, Ministério Público, Defensoria, Conselho Tutelar e encarregados da execução das políticas sociais básicas e de assistência social, para efeito de agilização do atendimento de crianças e de adolescentes inseridos em programas de acolhimento familiar ou institucional, com vista na sua rápida reintegração à família de origem ou, se tal solução se mostrar comprovadamente inviável, sua colocação em família substituta, em quaisquer das modalidades previstas no art. 28 desta Lei; VII – mobilização da opinião pública para a indispensável participação dos diversos segmentos da sociedade; VIII – especialização e formação continuada dos profissionais que trabalham nas diferentes áreas da atenção à primeira infância, incluindo os conhecimentos sobre direitos da criança e sobre desenvolvimento infantil; IX – formação profissional com abrangência dos diversos direitos da criança e do adolescente que favoreça a intersetorialidade no atendimento da criança e do adolescente e seu desenvolvimento integral; X – realização e divulgação de pesquisas sobre desenvolvimento infantil e sobre prevenção da violência."

166. Conselhos Municipais dos Direitos da Criança e do Adolescente (CMDCAs), Conselhos Estaduais dos Direitos da Criança e do Adolescentes (CEDCAs ou Condecas) e o Conselho Nacional dos Direitos da Criança e do Adolescente (Conanda).

A rede de atendimento é responsável pela execução das medidas protetivas e socioeducativas, divide-se em entidades governamentais e não governamentais – estas últimas representam a participação da sociedade civil. O art. 90 do ECA coloca no mesmo patamar as Organizações Governamentais e Não Governamentais, inclusive na execução de medidas não privativas de liberdade: é como se realiza o princípio do Estado Participativo, que se contrapõe à noção de Estado meramente representativo (DAL RI, 2006, p. 99). Estas disposições evidenciam a intenção do Poder Constituinte de aumentar a participação da sociedade civil na política, em oposição aos antigos formatos de institucionalização (muitas vezes relacionados a obras de caridade, e não políticas garantidoras de direitos) e a toda doutrina da situação irregular imposta pelos anteriores Códigos de Menores.

O art. 90 do ECA[167] determina que as entidades de atendimento são responsáveis pela própria manutenção, planejamento e execução de seus programas. A entidade deve optar por um dos regimes previstos: orientação e apoio sócio-familiar; apoio socioeducativo em meio aberto; colocação familiar; acolhimento institucional; prestação de serviços à comunidade; liberdade assistida; semiliberdade e internação.

A fiscalização das entidades de atendimento deverá ser realizada pelo Poder Judiciário, pelo Ministério Público e pelos Conselhos Tutelares, conforme estabelece o art. 95 do ECA[168].

▸▸ O Conselho Tutelar

O Conselho Tutelar é descrito no art. 131 do ECA como "órgão permanente e autônomo, não jurisdicional, encarregado pela sociedade de zelar pelo cumprimento dos direitos da criança e do adolescente".

Como decorrência dessas características enumeradas no texto legal, não pode ser extinto, renovando-se apenas seus integrantes, e não se subordina a qualquer órgão da hierarquia administrativa (embora seja vinculado à Administração Pública Municipal). Não exerce jurisdição, pois se trata de ór-

167. "Art. 90. As entidades de atendimento são responsáveis pela manutenção das próprias unidades, assim como pelo planejamento e execução de programas de proteção e socioeducativos destinados a crianças e adolescentes, em regime de: I – orientação e apoio sociofamiliar; II – apoio socioeducativo em meio aberto; III – colocação familiar; IV – acolhimento institucional; V – prestação de serviços à comunidade; VI – liberdade assistida; VII – semiliberdade; e VIII – internação".

168. "Art. 95. As entidades governamentais e não governamentais referidas no art. 90 serão fiscalizadas pelo Judiciário, pelo Ministério Público e pelos Conselhos Tutelares."

gão de atribuições administrativas, não sendo competente para atos exclusivos do Juízo da Infância e Juventude. Como decorrência de sua autonomia, suas decisões somente podem ser revistas pelo juiz da infância e juventude, e a pedido de quem tenha legítimo interesse, nos termos do art. 137 do ECA[169].

Sua composição é determinada no art. 132 do ECA[170]: será formado por 5 membros eleitos pela comunidade local para mandato de 4 anos. Qualquer pessoa pode se candidatar, contanto que preencha os requisitos exigidos pelo art. 133 do ECA: reconhecida idoneidade moral, idade superior a 21 anos e que resida no município onde se encontra o Conselho.

Sua competência territorial é determinada pelo art. 147 do ECA[171] de forma análoga à do juiz da infância, ou seja, no domicílio dos pais ou responsável; pelo lugar onde se encontre a criança ou adolescente, à falta dos pais ou responsável.

As atribuições do Conselho Tutelar estão arroladas no art. 136 do ECA[172], dentre as quais se destacam o atendimento a crianças e adolescentes, bem

---

169. "Art. 137. As decisões do Conselho Tutelar somente poderão ser revistas pela autoridade judiciária a pedido de quem tenha legítimo interesse."

170. "Art. 132. Em cada Município e em cada Região Administrativa do Distrito Federal haverá, no mínimo, 1 (um) Conselho Tutelar como órgão integrante da administração pública local, composto de 5 (cinco) membros, escolhidos pela população local para mandato de 4 (quatro) anos, permitida 1 (uma) recondução, mediante novo processo de escolha."

171. "Art. 147. A competência será determinada: I – pelo domicílio dos pais ou responsável; II – pelo lugar onde se encontre a criança ou adolescente, à falta dos pais ou responsável. § 1º. Nos casos de ato infracional, será competente a autoridade do lugar da ação ou omissão, observadas as regras de conexão, continência e prevenção. § 2º A execução das medidas poderá ser delegada à autoridade competente da residência dos pais ou responsável, ou do local onde sediar-se a entidade que abrigar a criança ou adolescente. § 3º Em caso de infração cometida através de transmissão simultânea de rádio ou televisão, que atinja mais de uma comarca, será competente, para aplicação da penalidade, a autoridade judiciária do local da sede estadual da emissora ou rede, tendo a sentença eficácia para todas as transmissoras ou retransmissoras do respectivo estado."

172. "Art. 136. São atribuições do Conselho Tutelar: I – atender as crianças e adolescentes nas hipóteses previstas nos arts. 98 e 105, aplicando as medidas previstas no art. 101, I a VII; II – atender e aconselhar os pais ou responsável, aplicando as medidas previstas no art. 129, I a VII; III – promover a execução de suas decisões, podendo para tanto: a) requisitar serviços públicos nas áreas de saúde, educação, serviço social, previdência, trabalho e segurança; b) representar junto à autoridade judiciária nos casos de descumprimento injustificado de suas deliberações. IV – encaminhar ao Ministério Público notícia de fato que constitua infração administrativa ou penal contra os direitos da criança ou adolescente; V – encaminhar à autoridade judiciária os casos de sua competência; VI – providenciar a medida estabelecida pela autoridade judiciária, dentre as previstas no art. 101, de I a VI, para o adolescente autor de ato infracional; VII – expedir notificações; VIII – requisitar certidões de nascimento e de óbito de criança ou adolescente quando necessário; IX – assessorar o Poder Executivo local na elaboração da proposta orçamentária para planos e programas de atendimento dos direitos da criança e do adolescente; X – representar, em nome da pessoa e da família, contra a violação dos direitos previstos no art. 220,

como seus pais e responsáveis; a atuação na rede de atendimento (saúde, educação, serviço social, previdência, trabalho e segurança) e com o sistema de justiça (juiz da infância e juventude e MP) no caso de violação de direitos da criança e do adolescente ou de descumprimento de suas decisões.

▶▶ O acesso à justiça

No sistema da tripartição de poderes, cabe ao Poder Legislativo elaborar as normas jurídicas que preveem direitos e deveres; ao Poder Executivo, elaborar e executar políticas públicas para sua efetivação; e ao Poder Judiciário atuar, quando provocado, quando houver descumprimento ou violação das referidas normas.

Ao reconhecer crianças e adolescentes como sujeitos de Direito, a Constituição Federal judicializou seus direitos. Isto implica que o não atendimento ou a violação dos direitos de crianças e adolescentes podem ser demandados e assegurados por via de procedimentos específicos. Significa ainda que o procedimento de apuração da prática de ato infracional e a aplicação de medida socioeducativa deverão ser realizados por procedimentos judiciais, respeitados os princípios processuais constitucionais da legalidade, da ampla defesa e do contraditório. Diante desse paradigma instituído pela Constituição, o art. 141 do ECA prevê o direito de acesso à Justiça nos seguintes termos:

> Art. 141. É garantido o acesso de toda criança ou adolescente à Defensoria Pública, ao Ministério Público e ao Poder Judiciário, por qualquer de seus órgãos[173].

Em decorrência de sua incapacidade legal, crianças e adolescentes sempre serão representados por seus responsáveis. Ainda, pode ser utilizada a fi-

---

§ 3º, inciso II, da Constituição Federal; XI – representar ao Ministério Público para efeito das ações de perda ou suspensão do poder familiar, após esgotadas as possibilidades de manutenção da criança ou do adolescente junto à família natural; XII – promover e incentivar, na comunidade e nos grupos profissionais, ações de divulgação e treinamento para o reconhecimento de sintomas de maus-tratos em crianças e adolescentes."

173. O parágrafo primeiro deste artigo garante o direito à assistência judiciária: "§ 1º. A assistência judiciária gratuita será prestada aos que dela necessitarem, através de defensor público ou advogado nomeado". O tema será abordado de forma mais aprofundada no tópico sobre o direito ao advogado e à assistência prestada pela Defensoria Pública. Vale frisar que se aplicam as regras da justiça gratuita às ações na Justiça da Infância e Juventude, nos termos do parágrafo segundo do mesmo artigo: "§ 2º As ações judiciais da competência da Justiça da Infância e da Juventude são isentas de custas e emolumentos, ressalvada a hipótese de litigância de má-fé".

gura do curador especial se houver dissidência entre o interesse da criança/adolescente e seu representante legal[174]. É o que determina o art. 142 do ECA:

> Art. 142. Os menores de dezesseis anos serão representados e os maiores de dezesseis e menores de vinte e um anos assistidos por seus pais, tutores ou curadores, na forma da legislação civil ou processual.
>
> Parágrafo único. A autoridade judiciária dará curador especial à criança ou adolescente, sempre que os interesses destes colidirem com os de seus pais ou responsável, ou quando carecer de representação ou assistência legal ainda que eventual.

Para preservação do direito do adolescente à sua imagem e honra, é vedado divulgar quaisquer atos relacionados a procedimentos de apuração e responsabilização pela prática de ato infracional, conforme determinação expressa do art. 143 do ECA[175]:

> Art. 143. É vedada a divulgação de atos judiciais, policiais e administrativos que digam respeito a crianças e adolescentes a que se atribua autoria de ato infracional.
>
> Parágrafo único. Qualquer notícia a respeito do fato não poderá identificar a criança ou adolescente, vedando-se fotografia, referência a nome, apelido, filiação, parentesco, residência e, inclusive, iniciais do nome e sobrenome.

Os procedimentos judiciais envolvendo crianças e adolescentes contarão ainda com algumas especificidades em razão de envolver direitos de incapazes: sempre contarão com a participação do Ministério Público como autor ou fiscal da lei[176]; e, a depender da norma de organização judiciária local, será competente Vara Especializada (embora se trate de justiça estadual comum).

▶▶ A Justiça da Infância e Juventude

O Estatuto da Criança e do Adolescente estabelece que deve haver uma autoridade judiciária específica para tratar das questões afeitas às crianças e

---

174. Sobre a participação de crianças e adolescentes em processos judiciais, ver Capítulo 3, no tópico "Previsões das leis processuais: a participação de crianças e adolescentes em processos judiciais".

175. Inclusive em relação a cópias e certidões dos referidos atos, nos termos do art. 144 do ECA: "Art. 144. A expedição de cópia ou certidão de atos a que se refere o artigo anterior somente será deferida pela autoridade judiciária competente, se demonstrado o interesse e justificada a finalidade".

176. Ver tópico sobre o acesso à Justiça e o Ministério Público, neste mesmo capítulo.

aos adolescentes, que consiste no Juiz da Infância e da Juventude, sendo esta competência material geral definida nos termos do art. 146:

> Art. 146. A autoridade a que se refere esta Lei é o Juiz da Infância e da Juventude, ou o juiz que exerce essa função, na forma da lei de organização judiciária local.

A Justiça da Infância e da Juventude integra a Justiça dos Estados[177], e a criação de varas especializadas obedecerá às necessidades de cada comarca, nos termos das leis judiciárias locais.

A competência territorial é definida pelo art. 147 do ECA, sendo o *caput* e os incisos I e II a regra geral[178]:

> Art. 147. A competência será determinada:
>
> I – pelo domicílio dos pais ou responsável;
>
> II – pelo lugar onde se encontre a criança ou adolescente, à falta dos pais ou responsável.

Nos termos do art. 148 do ECA[179], a Justiça da Infância e da Juventude terá competência exclusiva para atuar nas ações socioeducativas (cabendo-lhes conhecer das representações promovidas pelo Ministério Público e conceder remissão), além de pedidos de adoção, ações civis para defesa de interesses individuais, difusos ou coletivos, ações para apurar irregularidades em entidades de atendimento; aplicação de penalidades administrativas nas infrações administrativas, e casos do Conselho Tutelar.

---

177. A Constituição Federal estabelece a Justiça Federal no art. 109 da CF.

178. Já nas ações socioeducativas, será competente o juiz do lugar da ação ou omissão do local onde o fato foi praticado: "§ 1º Nos casos de ato infracional, será competente a autoridade do lugar da ação ou omissão, observadas as regras de conexão, continência e prevenção. § 2º A execução das medidas poderá ser delegada à autoridade competente da residência dos pais ou responsável, ou do local onde sediar-se a entidade que abrigar a criança ou adolescente. § 3º Em caso de infração cometida através de transmissão simultânea de rádio ou televisão, que atinja mais de uma comarca, será competente, para aplicação da penalidade, a autoridade judiciária do local da sede estadual da emissora ou rede, tendo a sentença eficácia para todas as transmissoras ou retransmissoras do respectivo estado".

179. "Art. 148. A Justiça da Infância e da Juventude é competente para: I – conhecer de representações promovidas pelo Ministério Público, para apuração de ato infracional atribuído a adolescente, aplicando as medidas cabíveis; II – conceder a remissão, como forma de suspensão ou extinção do processo; III – conhecer de pedidos de adoção e seus incidentes; IV – conhecer de ações civis fundadas em interesses individuais, difusos ou coletivos afetos à criança e ao adolescente, observado o disposto no art. 209; V – conhecer de ações decorrentes de irregularidades em entidades de atendimento, aplicando as medidas cabíveis; VI – aplicar penalidades administrativas nos casos de infrações contra norma de proteção à criança ou adolescente; VII – conhecer de casos encaminhados pelo Conselho Tutelar, aplicando as medidas cabíveis."

Em relação às crianças e adolescentes em situação de risco, o parágrafo único do art. 148[180] atribui ao juiz da infância competências que, em regra, são dos juízes de vara cível ou família. No dizer de Wilson Donizeti Liberati:

> O parágrafo único do art. 148 é o marco divisório determinante da competência da Justiça da Infância e da Juventude. Em outras palavras, o juiz especializado só será competente se a criança ou adolescente estiverem com seus direitos ameaçados ou violados por ação ou omissão da sociedade ou do Estado; por falta, omissão ou abuso dos pais ou responsável; e em razão da sua conduta (art. 98). Deve, pois, haver a efetiva ocorrência de ameaça ou violação dos direitos fundamentais da criança e do adolescente, que determinará, com exclusividade, a competência do Juizado da infância e da Juventude, nas hipóteses *a* a *h*. (LIBERATI, 2015, p. 183)

Exemplifica o mesmo autor:

> Assim, p. ex., se se trata de uma ação proposta pela mãe separada ou divorciada, visando à modificação da guarda, homologada por acordo na Vara de Família, por ocasião do julgamento da ação de separação ou divórcio, o juiz competente será aquele que processou a separação, pois, no caso, existe apenas uma disputa pela guarda do filho, não ficando caracterizada qualquer ameaça ou violação de seus direitos. No entanto, se, em virtude da discordância paterna ou materna em relação ao exercício do poder familiar, ficar evidenciada a ameaça ou lesão ao direito do filho (art. 98, II), a competência será da Justiça da Infância e da Juventude. (LIBERATI, 2015, p. 184)

O Juiz da Infância e Juventude terá, além dessas atribuições judiciais típicas, outras atribuições atípicas, caso em que atuará como administrador público, dentro dos limites da lei: é o caso das portarias que pode emitir para autorização de entrada de crianças e adolescentes em estabelecimentos, ou sua participação em atividades artísticas, nos termos do art. 149, ECA:

> Art. 149. Compete à autoridade judiciária disciplinar, através de portaria, ou autorizar, mediante alvará:

---

180. "Parágrafo único. Quando se tratar de criança ou adolescente nas hipóteses do art. 98, é também competente a Justiça da Infância e da Juventude para o fim de: a) conhecer de pedidos de guarda e tutela; b) conhecer de ações de destituição do poder familiar, perda ou modificação da tutela ou guarda; c) suprir a capacidade ou o consentimento para o casamento; d) conhecer de pedidos baseados em discordância paterna ou materna, em relação ao exercício do poder familiar; e) conceder a emancipação, nos termos da lei civil, quando faltarem os pais; f) designar curador especial em casos de apresentação de queixa ou representação, ou de outros procedimentos judiciais ou extrajudiciais em que haja interesses de criança ou adolescente; g) conhecer de ações de alimentos; h) determinar o cancelamento, a retificação e o suprimento dos registros de nascimento e óbito."

I – a entrada e permanência de criança ou adolescente, desacompanhado dos pais ou responsável, em:

a) estádio, ginásio e campo desportivo;

b) bailes ou promoções dançantes;

c) boate ou congêneres;

d) casa que explore comercialmente diversões eletrônicas;

e) estúdios cinematográficos, de teatro, rádio e televisão.

II – a participação de criança e adolescente em:

a) espetáculos públicos e seus ensaios;

b) certames de beleza.

§ 1º Para os fins do disposto neste artigo, a autoridade judiciária levará em conta, dentre outros fatores:

a) os princípios desta Lei;

b) as peculiaridades locais;

c) a existência de instalações adequadas;

d) o tipo de frequência habitual ao local;

e) a adequação do ambiente a eventual participação ou frequência de crianças e adolescentes;

f) a natureza do espetáculo.

§ 2º As medidas adotadas na conformidade deste artigo deverão ser fundamentadas, caso a caso, vedadas as determinações de caráter geral.

Por fim, é importante ressaltar que os referidos atos administrativos devem receber o parecer prévio do Ministério Público sob pena de nulidade, conforme determinam os arts. 201 e 202 do ECA, o que será tratado de forma detida no tópico a seguir.

▶▶ O Ministério Público

A Constituição Federal de 1988 reformulou a estrutura do Ministério Público, destinando-lhe dispositivos específicos no Capítulo IV – Das Funções Essenciais à Justiça. O art. 127 da Constituição Federal dispõe o seguinte:

Art. 127. O Ministério Público é instituição permanente, essencial à função jurisdicional do Estado, incumbindo-lhe a defesa da ordem jurídica, do regime democrático e dos interesses sociais e individuais indisponíveis.

§ 1º São princípios institucionais do Ministério Público a unidade, a indivisibilidade e a independência funcional.

§ 2º Ao Ministério Público é assegurada autonomia funcional e administrativa, podendo, observado o disposto no art. 169, propor ao Poder Legislativo a criação e extinção de seus cargos e serviços auxiliares, provendo-os por concurso público de provas ou de provas e títulos, a política remuneratória e os planos de carreira; a lei disporá sobre sua organização e funcionamento.

(...)

O Ministério Público é um órgão independente, que não está vinculado a nenhum dos Poderes (Executivo, Legislativo e Judiciário). Sobre as funções atribuídas à instituição pela Constituição Federal de 1988, vale dizer que a defesa da ordem jurídica e do regime democrático está atrelada à fiscalização do poder público em todas as esferas e das leis; os interesses sociais correspondem aos interesses difusos e coletivos (meio ambiente; patrimônio histórico, turístico e paisagístico; consumidor; portadores de deficiência; criança e adolescente, comunidades indígenas e minorias étnico-sociais); e os interesses individuais indisponíveis são aqueles próprios de cada pessoa, mas com relevância pública, e dos quais o indivíduo não pode abrir mão, como direito à vida, saúde, liberdade e educação (ASSOCIAÇÃO NACIONAL DOS MEMBROS DO MINISTÉRIO PÚBLICO, 2018[181]).

A esse respeito, Rogério Bastos Arantes comenta:

A origem do Ministério Público e a fixação de suas competências no processo judicial estão ligadas, historicamente, a algumas finalidades básicas. De um lado, na esfera penal, o monopólio do uso da violência pelo Estado exigiu que uma de suas instituições se especializasse na função da persecução criminal. Nesse sentido, o Ministério Público tornou-se o titular da Ação Penal Pública, encarregando-se de acionar o Poder judiciário com vistas à aplicação da pena nos crimes codificados pela legislação. (...) Por outro lado, na esfera cível, a atuação do Ministério Público esteve historicamente vinculada a processos relativos 1) a direitos individuais indisponíveis ou 2) envolvendo indivíduos considerados incapazes. No primeiro caso, promotores e procuradores atuam mais frequentemente como órgão interveniente, fiscalizando a aplicação da lei pelo juiz (*custus legis*). No segundo caso, promotores e procuradores agem em defesa dos direitos daqueles que não têm capacidade de exercer pessoalmente os atos da vida civil, ao mesmo tempo

181. Disponível em: https://www.conamp.org.br/blog/entenda-o-que-e-o-ministerio-publico-e-como-funciona/. Acesso em: julho de 2018.

> em que zelam pelo interesse público consubstanciado na aplicação adequada da lei nesses casos. (ARANTES, 2002, p. 26)

O Código de Processo Civil estabelece os campos de atuação do Ministério Público na área cível em seus arts. 176 a 178:

> Art. 176. O Ministério Público atuará na defesa da ordem jurídica, do regime democrático e dos interesses e direitos sociais e individuais indisponíveis.
>
> Art. 177. O Ministério Público exercerá o direito de ação em conformidade com suas atribuições constitucionais.
>
> Art. 178. O Ministério Público será intimado para, no prazo de 30 (trinta) dias, intervir como fiscal da ordem jurídica nas hipóteses previstas em lei ou na Constituição Federal e nos processos que envolvam:
>
> I – interesse público ou social;
>
> *II – interesse de incapaz;*
>
> III – litígios coletivos pela posse de terra rural ou urbana.
>
> (grifo nosso)

Essas atribuições decorrem de seu *munus* constitucional, que passa a abranger, a partir de 1988, outros interesses sociais além da propositura de ação penal, atribuindo-lhe a defesa dos interesses da sociedade. Por essa razão, dada sua função de instituição destinada à defesa da ordem jurídica, o Ministério Público integrará (como parte ou como fiscal da lei) todos os processos que versarem sobre interesses sociais e individuais indisponíveis, nos termos da Lei Orgânica do Ministério Público[182] – o que explica e justifica sua atuação em todos os processos em que figurarem como parte interessada crianças ou adolescentes. Para Wilson Donizeti Liberati,

> (...) o disposto no art. 201 do ECA revela uma verdadeira inovação jurídica, ao outorgar ao Ministério Público competência para proteger e defender o direito e os interesses individuais, disso ou coletivos relacionados à criança e ao adolescente. (LIBERATI, 2015, p. 264)

Em relação às questões concernentes aos direitos de crianças e adolescentes, o Ministério Público tem suas atribuições definidas no art. 201, ECA[183]. Há tanto atribuições de natureza judicial – das quais se destacam a

182. Lei Federal n. 8.625/93.

183. "Art. 201. Compete ao Ministério Público: I – conceder a remissão como forma de exclusão do processo; II – promover e acompanhar os procedimentos relativos às infrações atribuídas

titularidade da ação socioeducativa e a competência para promoção de inquérito civil e ação civil pública para proteção de interesses individuais, difusos ou coletivos relativos à infância e à adolescência – quanto extrajudicial, destacando-se a competência para conceder remissão como forma de exclusão do processo nas ações socioeducativas e para instauração e instrução de procedimentos administrativos.

▶▶ O advogado e a Defensoria Pública

A Constituição Federal estabelece em seu art. 133 que "o advogado é indispensável à administração da justiça, sendo inviolável por seus atos e manifestações no exercício da profissão, nos limites da lei". O advogado é o bacharel em Direito, obrigatoriamente inscrito nos quadros da Ordem dos Advogados do Brasil nos termos do art. 3º do Estatuto da Advocacia (Lei n. 8.906/94)[184] que, sendo o detentor da capacidade postulatória[185], é o responsável pela defesa em juízo dos interesses dos clientes que o contratam, nos termos do art. 1º do Estatuto da Advocacia:

---

a adolescentes; III – promover e acompanhar as ações de alimentos e os procedimentos de suspensão e destituição do poder familiar, nomeação e remoção de tutores, curadores e guardiães, bem como oficiar em todos os demais procedimentos da competência da Justiça da Infância e da Juventude; IV – promover, de ofício ou por solicitação dos interessados, a especialização e a inscrição de hipoteca legal e a prestação de contas dos tutores, curadores e quaisquer administradores de bens de crianças e adolescentes nas hipóteses do art. 98; V – promover o inquérito civil e a ação civil pública para a proteção dos interesses individuais, difusos ou coletivos relativos à infância e à adolescência, inclusive os definidos no art. 220, § 3º e inciso II, da Constituição Federal; VI – instaurar procedimentos administrativos e, para instruí-los: a) expedir notificações para colher depoimentos ou esclarecimentos e, em caso de não comparecimento injustificado, requisitar condução coercitiva, inclusive pela polícia civil ou militar; b) requisitar informações, exames, perícias e documentos de autoridades municipais, estaduais e federais, da administração direta ou indireta, bem como promover inspeções e diligências investigatórias; c) requisitar informações e documentos a particulares e instituições privadas; VII – instaurar sindicâncias, requisitar diligências investigatórias e determinar a instauração de inquérito policial, para apuração de ilícitos ou infrações às normas de proteção à infância e à juventude; VIII – zelar pelo efetivo respeito aos direitos e garantias legais assegurados às crianças e adolescentes, promovendo as medidas judiciais e extrajudiciais cabíveis; IX – impetrar mandado de segurança, de injunção e *habeas corpus*, em qualquer juízo, instância ou tribunal, na defesa dos interesses sociais e individuais indisponíveis afetos à criança e ao adolescente; X – representar ao juízo visando à aplicação de penalidade por infrações cometidas contra as normas de proteção à infância e à juventude, sem prejuízo da promoção da responsabilidade civil e penal do infrator, quando cabível; XI – inspecionar as entidades públicas e particulares de atendimento e os programas de que trata esta Lei, adotando de pronto as medidas administrativas ou judiciais necessárias à remoção de irregularidades porventura verificadas; XII – requisitar força policial, bem como a colaboração dos serviços médicos, hospitalares, educacionais e de assistência social, públicos ou privados, para o desempenho de suas atribuições."

184. "Art. 3º O exercício da atividade de advocacia no território brasileiro e a denominação de advogado são privativos dos inscritos na Ordem dos Advogados do Brasil (OAB)."

185. Capacidade legal de postular em juízo, exclusiva do advogado.

Art. 1º São atividades privativas de advocacia:

I – a postulação a órgão do Poder Judiciário e aos juizados especiais;

II – as atividades de consultoria, assessoria e direção jurídicas.

O Estatuto da Criança e do Adolescente, ao reconhecer crianças e adolescentes como sujeitos de Direito e titulares de direitos, faz deles partes de processos, bem como torna seus interesses defensáveis judicialmente, o que torna imprescindível a atuação de um defensor (público ou constituído) em seu nome. Em relação às crianças e aos adolescentes, o advogado desempenha papel diverso do membro do Ministério Público: enquanto este último, como verificado no tópico anterior, tem a atribuição constitucional de representar o interesse da sociedade que reside na proteção aos direitos indisponíveis daquele incapaz, o advogado representa individualmente os interesses judiciais de uma criança ou adolescente específico e os defende em um processo. É o que determina o art. 206 do Estatuto da Criança e do Adolescente:

Art. 206. A criança ou o adolescente, seus pais ou responsável, e qualquer pessoa que tenha legítimo interesse na solução da lide poderão intervir nos procedimentos de que trata esta Lei, através de advogado, o qual será intimado para todos os atos, pessoalmente ou por publicação oficial, respeitado o segredo de justiça.

Na área cível, o advogado representará em juízo[186] a criança ou adolescente que seja parte em um processo, conforme determina o art. 103 do Código de Processo Civil:

Art. 103. A parte será representada em juízo por advogado regularmente inscrito na Ordem dos Advogados do Brasil.

Na ação socioeducativa para apuração e responsabilização por ato infracional, o Estatuto da Criança e do Adolescente tornou obrigatória[187] a de-

186. A representação em juízo não se confunde com a representação do incapaz por seu responsável. O tema será tratado de forma detida no Capítulo 3.

187. O Código de Menores de 1979 não contemplava o direito fundamental à defesa técnica de adolescente no caso de atribuição de "infração penal" (termo empregado nesta legislação). O art. 93 do antigo Código permitia a intervenção mediante advogado contratado pelos pais, sem qualquer previsão de assistência judiciária gratuita: "Art. 93. Os pais ou responsável poderão intervir nos procedimentos de que trata esta Lei, através de advogado com poderes especiais, o qual será intimado para todos os atos, pessoalmente, ou por publicação oficial, respeitado o segredo de Justiça. Parágrafo único. Será obrigatória a constituição de advogado para a interposição de recurso".

fesa técnica do adolescente, estendendo aos adolescentes a garantia processual constitucional prevista para os adultos acusados de crime:

> Art. 207. Nenhum adolescente a quem se atribua a prática de ato infracional, ainda que ausente ou foragido, será processado sem defensor.
>
> § 1º Se o adolescente não tiver defensor, ser-lhe-á nomeado pelo juiz, ressalvado o direito de, a todo tempo, constituir outro de sua preferência.

Tanto na área cível quanto na infracional, na hipótese da criança ou adolescente e sua família não disporem de recursos financeiros para arcar com os custos de um advogado constituído, o parágrafo único do art. 206 do ECA assegura o acesso aos serviços de assistência judiciária integral e gratuita[188], a ser prestada pela Defensoria Pública, cuja previsão constitucional se encontra no art. 134 da CF:

> Art. 134. A Defensoria Pública é instituição permanente, essencial à função jurisdicional do Estado, incumbindo-lhe, como expressão e instrumento do regime democrático, fundamentalmente, a orientação jurídica, a promoção dos direitos humanos e a defesa, em todos os graus, judicial e extrajudicial, dos direitos individuais e coletivos, de forma integral e gratuita, aos necessitados, na forma do inciso LXXIV do art. 5º desta Constituição Federal.

A Defensoria Pública é, portanto, o órgão público responsável pela assistência jurídica das pessoas sem recursos para pagar um advogado[189]. A Lei Orgânica da Defensoria estabelece funções essenciais da instituição ao longo dos 22 incisos do art. 4º de sua Lei Orgânica (Lei Complementar n. 80/94). Dentre estes, destacam-se aqui aqueles mais diretamente relacionados com a defesa dos direitos de crianças e adolescentes, em complementação ao art. 206 do ECA:

> Art. 4º São funções institucionais da Defensoria Pública, dentre outras:
>
> (...)

188. "Art. 206. (...) Parágrafo único. Será prestada assistência judiciária integral e gratuita àqueles que dela necessitarem."

189. Defensores se submetem às regras da advocacia, inclusive inscrição nos quadros da OAB, nos termos do § 1º do art. 3º do Estatuto da Advocacia: "§ 1º Exercem atividade de advocacia, sujeitando-se ao regime desta lei, além do regime próprio a que se subordinem, os integrantes da Advocacia-Geral da União, da Procuradoria da Fazenda Nacional, da Defensoria Pública e das Procuradorias e Consultorias Jurídicas dos Estados, do Distrito Federal, dos Municípios e das respectivas entidades de administração indireta e fundacional".

§ 5º A assistência jurídica integral e gratuita custeada ou fornecida pelo Estado será exercida pela Defensoria Pública.

(...)

XI – exercer a defesa dos interesses individuais e coletivos da criança e do adolescente, do idoso, da pessoa portadora de necessidades especiais, da mulher vítima de violência doméstica e familiar e de outros grupos sociais vulneráveis que mereçam proteção especial do Estado;

(...)

XVII – atuar nos estabelecimentos policiais, penitenciários e de internação de adolescentes, visando a assegurar às pessoas, sob quaisquer circunstâncias, o exercício pleno de seus direitos e garantias fundamentais;

(...)

Como decorrência da regra constitucional para competência material das Justiças Federal e Estadual[190], a Lei Orgânica da Defensoria Pública divide as atribuições da Defensoria Pública da União e dos Estados a partir de tal critério. Considerando que cabe à Defensoria Pública da União atuar nos processos de competência da Justiça Federal[191], a defesa em juízo dos interesses de crianças e adolescentes sem recursos ficará a cargo da Defensoria Pública

190. O art. 109 da Constituição Federal estabelece o âmbito de competência da Justiça Federal, sendo a da Justiça Estadual residual em relação àquela: "Art. 109. Aos juízes federais compete processar e julgar: I – as causas em que a União, entidade autárquica ou empresa pública federal forem interessadas na condição de autoras, rés, assistentes ou oponentes, exceto as de falência, as de acidentes de trabalho e as sujeitas à Justiça Eleitoral e à Justiça do Trabalho; II – as causas entre Estado estrangeiro ou organismo internacional e Município ou pessoa domiciliada ou residente no País; III – as causas fundadas em tratado ou contrato da União com Estado estrangeiro ou organismo internacional; IV – os crimes políticos e as infrações penais praticadas em detrimento de bens, serviços ou interesse da União ou de suas entidades autárquicas ou empresas públicas, excluídas as contravenções e ressalvada a competência da Justiça Militar e da Justiça Eleitoral; V – os crimes previstos em tratado ou convenção internacional, quando, iniciada a execução no País, o resultado tenha ou devesse ter ocorrido no estrangeiro, ou reciprocamente; V-A – as causas relativas a direitos humanos a que se refere o § 5º deste artigo; VI – os crimes contra a organização do trabalho e, nos casos determinados por lei, contra o sistema financeiro e a ordem econômico-financeira; VII – os *habeas corpus*, em matéria criminal de sua competência ou quando o constrangimento provier de autoridade cujos atos não estejam diretamente sujeitos a outra jurisdição; VIII – os mandados de segurança e os *habeas data* contra ato de autoridade federal, excetuados os casos de competência dos tribunais federais; IX – os crimes cometidos a bordo de navios ou aeronaves, ressalvada a competência da Justiça Militar; X – os crimes de ingresso ou permanência irregular de estrangeiro, a execução de carta rogatória, após o *exequatur*, e de sentença estrangeira, após a homologação, às causas referentes à nacionalidade, inclusive a respectiva opção, e à naturalização; XI – a disputa sobre direitos indígenas".

191. Nos termos do art. 14 da Lei Orgânica da Defensoria Pública: "Art. 14. A Defensoria Pública da União atuará nos Estados, no Distrito Federal e nos Territórios, junto às Justiças Federal, do Trabalho, Eleitoral, Militar, Tribunais Superiores e instâncias administrativas da União".

dos Estados[192], cujas atribuições estão especificadas no art. 108 da Lei Orgânica da Defensoria Pública, dentre as quais se destaca a do inciso IV:

> Art. 108. Aos membros da Defensoria Pública do Estado incumbe, sem prejuízo de outras atribuições estabelecidas pelas Constituições Federal e Estadual, pela Lei Orgânica e por demais diplomas legais, a orientação jurídica e a defesa dos seus assistidos, no âmbito judicial, extrajudicial e administrativo.
>
> IV – atuar nos estabelecimentos prisionais, policiais, de internação e naqueles reservados a adolescentes, visando ao atendimento jurídico permanente dos presos provisórios, sentenciados, internados e adolescentes, competindo à administração estadual reservar instalações seguras e adequadas aos seus trabalhos, franquear acesso a todas as dependências do estabelecimento independentemente de prévio agendamento, fornecer apoio administrativo, prestar todas as informações solicitadas e assegurar o acesso à documentação dos assistidos, aos quais não poderá, sob fundamento algum, negar o direito de entrevista com os membros da Defensoria Pública do Estado.

Enfim, verifica-se que o reconhecimento de crianças e adolescentes como sujeitos de Direito pela Constituição Federal acarretou como consequência a juridicização de seus direitos e a exigência da presença de advogado e por meio de procedimentos obrigatoriamente judiciais, seja o advogado constituído por escolha do representado, seja o defensor público indicado para aqueles em situação de vulnerabilidade econômica.

2.8.2. As medidas cabíveis no caso de violação de direitos

A efetividade dos direitos previstos pela Constituição Federal e pelo Estatuto da Criança e do Adolescente é assegurada por medidas destinadas à proteção de crianças e adolescentes cujos direitos estejam em risco. São as medidas de proteção e as medidas pertinentes aos pais ou responsáveis.

A situação de risco está prevista no art. 98 do ECA:

> Art. 98. As medidas de proteção à criança e ao adolescente são aplicáveis sempre que os direitos reconhecidos nesta Lei forem ameaçados ou violados:
>
> I – por ação ou omissão da sociedade ou do Estado;
>
> II – por falta, omissão ou abuso dos pais ou responsável;
>
> III – em razão de sua conduta.

192. "Art. 106. A Defensoria Pública do Estado prestará assistência jurídica aos necessitados, em todos os graus de jurisdição e instâncias administrativas do Estado."

Verifica-se pelo texto legal que por "situação de risco" entende-se a ameaça ou violação a direito de criança ou adolescente por prática (comissiva ou omissiva) do Estado, de seus pais ou responsáveis ou por sua própria conduta.

▶▶ Medidas específicas de Proteção

As medidas específicas de proteção podem ser descritas como intervenções das autoridades competentes, quais sejam, o Conselho Tutelar e a Justiça da Infância e da Juventude, exigíveis quando houver ameaça ou lesão efetiva a direitos de crianças e adolescentes.

São duas suas hipóteses de cabimento:

(i) *Para crianças e adolescentes em situação de risco* (ameaça ou lesão a direito);

(ii) *Para crianças autoras de ato infracional* (art. 105, ECA).

As medidas de proteção não correspondem a qualquer tipo de sanção ou punição (inclusive nos casos de criança autora de ato infracional), e sua proposta é de realizar uma intervenção que cesse a violação de direito ou suprima o risco a que a criança ou adolescente esteja exposto. Por isso, podem ser aplicadas isolada ou cumulativamente, bem como substituídas a qualquer tempo, sempre levando em conta as necessidades pedagógicas e a necessidade de fortalecimento dos vínculos familiares e comunitários (arts. 99 e 100, ECA).

O parágrafo único do art. 100[193] do ECA enumera os princípios que regem a aplicação das medidas específicas de proteção. Do primeiro deles, que

---

193. "Parágrafo único. São também princípios que regem a aplicação das medidas: I – condição da criança e do adolescente como sujeitos de direitos: crianças e adolescentes são os titulares dos direitos previstos nesta e em outras Leis, bem como na Constituição Federal; II – proteção integral e prioritária: a interpretação e aplicação de toda e qualquer norma contida nesta Lei deve ser voltada à proteção integral e prioritária dos direitos de que crianças e adolescentes são titulares; III – responsabilidade primária e solidária do poder público: a plena efetivação dos direitos assegurados a crianças e a adolescentes por esta Lei e pela Constituição Federal, salvo nos casos por esta expressamente ressalvados, é de responsabilidade primária e solidária das 3 (três) esferas de governo, sem prejuízo da municipalização do atendimento e da possibilidade da execução de programas por entidades não governamentais; IV – interesse superior da criança e do adolescente: a intervenção deve atender prioritariamente aos interesses e direitos da criança e do adolescente, sem prejuízo da consideração que for devida a outros interesses legítimos no âmbito da pluralidade dos interesses presentes no caso concreto; V – privacidade: a promoção dos direitos e proteção da criança e do adolescente deve ser efetuada no respeito pela intimidade, direito à imagem e reserva da sua vida privada; VI – intervenção precoce: a intervenção das autoridades competentes deve ser efetuada logo que a situação de perigo seja conhecida; VII –

é a condição da criança e do adolescente como sujeitos de direitos (inciso I) decorrem todos os demais. Destacam-se aqui o caráter mínimo e precoce da intervenção (incisos VI e VII), e os inter-relacionados princípios da responsabilidade parental (inciso IX) e da prevalência da família (inciso X). Além desses, importante comentar que, à consideração da criança e do adolescente como atores de sua própria biografia, também são princípios a obrigatoriedade de informação (inciso XI), bem como de oitiva e participação da criança ou adolescente (inciso XII). Vale consignar que a Lei n. 13.509/2017 alterou a redação do inciso X do art. 100 do ECA, substituindo a expressão "família substituta" por "família adotiva", estabelecendo assim uma restrição às modalidades de colocação em família substituta nessa hipótese legal.

O art. 101 do ECA enumera as medidas específicas de proteção. São elas:

> Art. 101. Verificada qualquer das hipóteses previstas no art. 98, a autoridade competente poderá determinar, dentre outras, as seguintes medidas:
>
> I – encaminhamento aos pais ou responsável, mediante termo de responsabilidade;
>
> II – orientação, apoio e acompanhamento temporários;
>
> III – matrícula e frequência obrigatórias em estabelecimento oficial de ensino fundamental;
>
> IV – inclusão em serviços e programas oficiais ou comunitários de proteção, apoio e promoção da família, da criança e do adolescente;
>
> V – requisição de tratamento médico, psicológico ou psiquiátrico, em regime hospitalar ou ambulatorial;

---

intervenção mínima: a intervenção deve ser exercida exclusivamente pelas autoridades e instituições cuja ação seja indispensável à efetiva promoção dos direitos e à proteção da criança e do adolescente; VIII – proporcionalidade e atualidade: a intervenção deve ser a necessária e adequada à situação de perigo em que a criança ou o adolescente se encontram no momento em que a decisão é tomada; IX – responsabilidade parental: a intervenção deve ser efetuada de modo que os pais assumam os seus deveres para com a criança e o adolescente; X – prevalência da família: na promoção de direitos e na proteção da criança e do adolescente deve ser dada prevalência às medidas que os mantenham ou reintegrem na sua família natural ou extensa ou, se isso não for possível, que promovam a sua integração em família adotiva; XI – obrigatoriedade da informação: a criança e o adolescente, respeitado seu estágio de desenvolvimento e capacidade de compreensão, seus pais ou responsável devem ser informados dos seus direitos, dos motivos que determinaram a intervenção e da forma como esta se processa; XII – oitiva obrigatória e participação: a criança e o adolescente, em separado ou na companhia dos pais, de responsável ou de pessoa por si indicada, bem como os seus pais ou responsável, têm direito a ser ouvidos e a participar nos atos e na definição da medida de promoção dos direitos e de proteção, sendo sua opinião devidamente considerada pela autoridade judiciária competente, observado o disposto nos §§ 1º e 2º do art. 28 desta Lei."

VI – inclusão em programa oficial ou comunitário de auxílio, orientação e tratamento a alcoólatras e toxicômanos;

VII – acolhimento institucional;

VIII – inclusão em programa de acolhimento familiar;

IX – colocação em família substituta.

A Lei n. 13.509/2017 alterou o § 10 do art. 101, e reduziu o prazo do Ministério Público para ajuizar a ação de destituição do poder familiar de 30 para 15 dias nos casos de criança ou adolescente em situação de risco gerada pelos seus genitores (art. 98, ECA).

Frise-se que as medidas de acolhimento (tanto institucional quanto familiar) são sempre provisórias e excepcionais, e devem corresponder a uma etapa de transição para reintegração familiar ou colocação em família substituta. Devem durar o prazo máximo de 2 anos, devendo a situação ser revista semestralmente para que se verifique a possibilidade de reintegração à família de origem ou, não sendo possível, para colocação em família substituta. Não pode jamais implicar privação de liberdade da criança ou do adolescente.

Não confundir:

	Programa de acolhimento familiar	Colocação em família substituta
O que é?	Medida de proteção específica, na qual a criança ou adolescente é colocado temporariamente aos cuidados de uma família acolhedora inscrita no programa.	Medida de proteção específica, que corresponde às modalidades de família que substituem a família natural à falta desta. Podem se constituir por guarda, tutela ou adoção.
Fundamento legal	Art. 101, VII, ECA (introduzido pela Lei n. 12.010/2009).	Arts. 25 a 52, ECA.
Semelhanças	Ambas correspondem à preferência dada ao convívio familiar, que sempre deve prevalecer em relação ao acolhimento institucional, salvo necessidade comprovada.	
Diferenças	É sempre transição entre a reintegração à família de origem ou colocação em família substituta. Prazo máximo de 2 anos.	Pode ser revogável, mas sem prazo-limite (guarda e tutela), ou irrevogável (adoção).

São autoridades competentes para determinar as medidas de proteção o Juiz da Infância e Juventude, que detém competência exclusiva para qualquer medida que acarrete o afastamento da criança ou adolescente do convívio familiar – ou seja, as medidas de acolhimento familiar e institucional, além da colocação em família substituta –, devendo ser assegurado aos pais o direito ao contraditório no processo (art. 101, § 2º, ECA); e o Conselho Tutelar, que pode aplicar todas as demais medidas de proteção.

▸▸ Medidas pertinentes aos pais ou responsáveis

As medidas pertinentes aos pais ou responsáveis são intervenções realizadas pelas autoridades quando aqueles oferecerem risco ou violarem direitos de crianças e adolescentes. São regulamentadas pelos arts. 129 e 130 do ECA.

O art. 129 enumera suas espécies: encaminhamento a programas sociais e de tratamento de saúde e para problemas com entorpecentes; encaminhamento a cursos ou programas de orientação; obrigação de matricular a criança ou adolescente sob sua responsabilidade em escola; obrigação de encaminhar a criança ou adolescente a tratamento especializado; advertência; perda da guarda; destituição da tutela; suspensão ou destituição do poder familiar.

Deve-se destacar a previsão contida no art. 130 do ECA, a respeito da possibilidade de afastamento por medida cautelar com fixação provisória de alimentos na hipótese de maus-tratos, opressão ou abuso sexual impostos pelos pais ou responsável:

> Art. 130. Verificada a hipótese de maus-tratos, opressão ou abuso sexual impostos pelos pais ou responsável, a autoridade judiciária poderá determinar, como medida cautelar, o afastamento do agressor da moradia comum.
>
> Parágrafo único. Da medida cautelar constará, ainda, a fixação provisória dos alimentos de que necessitem a criança ou o adolescente dependentes do agressor.

O texto deste artigo é importante para reforçar a ideia de que a retirada da criança ou adolescente de sua casa e/ou de sua família é sempre excepcional, sendo preferível, quando for o caso, o afastamento do agressor[194].

Em relação às autoridades competentes para sua decretação, o Juiz da Infância e Juventude tem competência exclusiva para determinar a perda da guarda; destituição da tutela; suspensão ou destituição do poder familiar (ou seja, para as medidas que acarretem o afastamento da criança ou adolescente do convívio familiar); além do afastamento do agressor da moradia comum, como mencionado anteriormente em relação ao disposto no art. 130 do ECA. Ao Conselho Tutelar cabe aplicar todas as demais medidas pertinentes aos pais ou responsáveis.

---

194. Vale acrescentar que, em se tratando de criança ou adolescente do gênero feminino, o afastamento do agressor do lar pode ser também fundamentado na Lei Maria da Penha (Lei n. 11.340/2006): "Art. 22. Constatada a prática de violência doméstica e familiar contra a mulher, nos termos desta Lei, o juiz poderá aplicar, de imediato, ao agressor, em conjunto ou separadamente, as seguintes medidas protetivas de urgência, entre outras: (...) II – afastamento do lar, domicílio ou local de convivência com a ofendida".

2.8.3. *As medidas cabíveis no caso de prática de ato infracional e seus desdobramentos*

O art. 228 da Constituição Federal estabelece a idade de 18 (dezoito) anos como o limite etário para responsabilização penal:

> Art. 228. São penalmente inimputáveis os menores de dezoito anos, sujeitos às normas da legislação especial.

O dispositivo integra o Capítulo VII – Da Família, da Criança, do Adolescente, do Jovem e do Idoso e constitui uma dimensão dos direitos individuais fundamentais de crianças e adolescentes, prevendo-se, em decorrência disso, um sistema de justiça e arcabouço normativo diferenciados em relação àqueles previstos para os adultos no que se refere à apuração, processo e sanção pela prática de fato definido como crime. É a primeira vez que há não só a previsão da idade penal na CF, mas sua harmonização com a legislação (ECA): a imputabilidade penal é fixada aos 18 anos no art. 104 do ECA, com correspondências nos arts. 228 da Constituição Federal e 27 do Código Penal.

▸▸ A questão da idade penal: repercussões sociais e jurídicas

A Constituição Federal de 1988 é o primeiro texto constitucional a conter dispositivos referentes aos direitos de crianças e adolescentes, sendo a primeira constituição na História do Brasil em que se reconhece essa parcela da população como pessoas e, portanto, como sujeitos de Direito. É também em seu texto que pela primeira vez o tema da imputabilidade penal é alçado ao *status* de norma constitucional.

Como visto no Capítulo 1, as seis constituições brasileiras que antecederam o texto de 1988 não contemplaram qualquer previsão para além de eventuais regras de tutela e controle, sem reconhecer em momento algum anterior a 1988 crianças e adolescentes como sujeitos de Direito. Porém, a responsabilidade penal dos "menores" já era alvo de atenção das normas penais: o Código Criminal do Império estabelecia que menores de 14 anos poderiam ser julgados como criminosos se demonstrassem discernimento, ou seja, independentemente da idade da pessoa com menos de 14 anos, caso o juiz entendesse que o acusado agira dotado de discernimento a respeito da própria conduta, deveria ser julgado como criminoso adulto, tendo como diferença apenas a atenuação das penas. Em 1890, o Código Criminal da República rebaixa a idade da responsabilidade penal para 9 (nove) anos[195], podendo ser responsabilizados penalmente crianças e adolescentes com idade entre 9 e 14 anos que tivessem discernimento[196].

Essas previsões vigem até 1921, quando a Lei n. 4.242, referente às diretrizes orçamentárias para o Brasil naquele ano, cria novas políticas para "organizar o serviço de assistência e proteção à infância abandonada e delinquente"[197], estabelecendo nova faixa etária para responsabilização penal ao determinar em seu art. 3º que os menores com idade entre 14 e 18 anos deverão ser submetidos a "procedimento especial". Essa lei ilustra a lógica na qual se pensavam crianças e adolescentes no início do século XX no Brasil: uma parcela da população a representar um ônus orçamentário para o Estado quando em situação de "abandono" ou "delinquência". É o que se extrai da leitura do art. 3º da referida lei:

> Art. 3º. Fica o Governo autorizado:
>
> I. A organizar o serviço de assistência e proteção à infância abandonada e delinquente, observadas as bases seguintes:
>
> a) construir um abrigo para o recolhimento provisório dos menores de ambos os sexos que forem encontrados abandonados ou que tenham commettido qualquer crime ou contravenção;
>
> b) fundar uma casa de preservação para os menores do sexo feminino, onde lhes seja ministrada educação doméstica, moral e profissional.

Importante atentar para a determinação da alínea *b* do dispositivo acima transcrito, a evidenciar a moral vigente de então, segundo a qual as meninas integrantes da "infância abandonada e delinquente" deveriam ser institucionalizadas em "casa de preservação" para um tipo específico de educação – "doméstica, moral e profissional"– sem qualquer previsão em sentido análogo para os meninos.

A Lei n. 4.242/1921 também permite verificar a falta de sistematização das normas legais referentes a crianças e adolescentes na época, conforme já mencionado na abordagem histórica feita no Capítulo 1, a ponto de uma

195. "Art. 27. Não são criminosos: § 1º Os menores de 9 annos completos."

196. "Art. 27. Não são criminosos: (...) § 2º Os maiores de 9 e menores de 14, que obrarem sem discernimento."

197. Nos termos do texto legal, a norma "Fixa a despesa geral da República dos Estados Unidos do Brasil para o exercício de 1921". O texto integral não foi disponibilizado pelo Portal de Legislação do site do Planalto. Os excertos do texto referentes às políticas de assistência a menores podem ser acessados em: http://www.ciespi.org.br/media/Base%20Legis/LEI%204242_06_JAN_1921.pdf. Para mais comentários a respeito ver: SHECAIRA, Sérgio Salomão. *Sistema de Garantias e o Direito Penal Juvenil*, p. 33.

lei de diretrizes orçamentárias conter disposição que revogava dispositivo do Código Criminal no que se referia à imputabilidade penal. Nota-se também a completa dissociação dos limites de responsabilização penal de uma lógica de garantia de direitos, mas sim de ônus financeiro e de necessidade de proteção social dos riscos representados por uma determinada parcela da população com menos de dezoito anos.

Com a entrada em vigor do Código Mello Matos, é criada a categoria jurídica "menor" como referente às pessoas com menos de 18 (dezoito) anos:

> (...) dividindo a infância em duas e atrelando a periculosidade às crianças e adolescentes pobres, alvo preferencial da intervenção estatal. Para a infância, o controle é exercido pela família e pela escola; para os menores o controle é de atribuição dos tribunais, ou seja, com base no sistema de proteção e assistência e nas disposições do Código de Menores, submetia-se qualquer criança, por sua simples condição de pobreza, à ação da Justiça e da Assistência. A esfera jurídica se transforma assim em protagonista na questão dos menores, por meio da ação jurídico-social dos Juízes de Menores. (SPOSATO, 2011, p. 25)

As regras do Código de Mello Mattos para responsabilização pela prática de infração penal se encontravam disciplinadas no Capítulo VII – "Dos menores delinquentes", entre os arts. 68 e 91, na seguinte forma: as pessoas com menos de 14 anos que praticassem infração penal não poderiam ser submetidas a processo penal algum[198]; já os adolescentes da faixa etária entre 14 e 18 anos ficavam sujeitos a um procedimento especial[199]. O art. 71 do Código continha previsão específica para os adolescentes com idade entre 16 e 18 anos em relação aos quais ficasse provado se tratar de "indivíduo perigoso pelo seu estado de perversão moral": estes poderiam ser internados até a cessação da periculosidade em estabelecimento especificamente destinado a "condemnados de menor idade", admitindo-se, todavia, o encarceramento em prisão comum com separação dos condenados adul-

198. Nos termos do art. 68 do Código de Mello Mattos: "Art. 68. O menor de 14 annos, indigitado autor ou cumplice de facto qualificado crime ou contravenção, não será submettido a processo penal de especie alguma; a autoridade competente tomará sómente as informações precisas, registrando-as, sobre o facto punivel e seus agentes, o estado physico, mental e moral do menor, e a situação social, moral e economica dos paes ou tutor ou pessoa em cujo guarda viva".

199. Nos termos do art. 68 do Código de Mello Mattos: "Art. 69. O menor indigitado autor ou cumplice de facto qualificado crime ou Contravenção, que contar mais de 14 annos e menos de 18, será submettido a processo especial, tomando, ao mesmo tempo, a autoridade competente as precisas informações, a respeito do estado physico, mental e moral delle, e da situação social, moral e economica dos paes, tutor ou pessoa incumbida de sua guarda".

tos onde não houvesse referido estabelecimento[200], muito embora o art. 86 do mesmo diploma legal proibisse expressamente o recolhimento de menores de 18 anos em prisão comum[201].

O Código de Menores de 1979 manteve em seu art. 1º a aplicabilidade de normas especiais para pessoas de até 18 anos que estivessem em situação irregular[202], ou, excepcionalmente, para pessoas com idade entre 18 e 21 anos:

> Art. 1º Este Código dispõe sobre assistência, proteção e vigilância a menores:
>
> I – até dezoito anos de idade, que se encontrem em situação irregular.
>
> II – entre dezoito e vinte e um anos, nos casos expressos em lei.

O então novo código estabelecia distinção pela faixa etária apenas no que dizia respeito ao procedimento para apuração de ato infracional, estabelecendo regras distintas para adolescentes de 14 a 18 anos; crianças e adolescentes de 10 a 14 anos; e crianças de até 10 anos, nos termos dos arts. 100 a 102 do Código de Menores[203].

Em 1988, pela primeira vez a regra da imputabilidade penal é erigida ao *status* de norma constitucional no art. 228, fixada em 18 anos[204]. Em-

---

200. Nos termos do art. 71 do Código de Mello Mattos: "Art. 71. Si fôr imputado crime, considerado grave pelas circumstancias do facto e condições pessoaes do agente, a um menor que contar mais de 16 e menos de 18 annos de idade ao tempo da perpetração, e ficar provado que se trata de individuo perigoso pelo seu estado de perversão moral o juiz lhe applicar o art. 65 do Codigo Penal, e o remetterá a um estabelecimento para condemnados de menor idade, ou, em falta deste, a uma prisão commum com separação dos condemnados adultos, onde permanecerá até que se verifique sua regeneração, sem que, todavia, a duração da pena possa exceder o seu maximo legal".

201. Nos termos do art. 71 do Código de Mello Mattos: "Art. 86. Nenhum menor de 18 annos, preso por qualquer motivo ou apprechendido, será recolhido a prisão commum". A esse respeito, observa Karina Sposato: "Em que pese a expressa proibição no art. 86 da lei, de que o recolhimento fosse realizado em prisões comuns, sabe-se que a prática era a utilização de presídios de adultos, em alguns casos destinando-se aos menores celas separadas, dada a inexistência de uma política de atendimento específica. Foi somente com a entrada em vigor do Código Penal de 1940 que a referida proibição passou a ser devidamente observada" (SPOSATO, 2011, p. 26).

202. Sobre o conceito legal de "situação irregular", ver Capítulo 1.

203. "Art. 100. O procedimento de apuração de infração cometida por menor de dezoito e maior de quatorze anos compreenderá os seguintes atos: (...) Art. 101. O menor com mais de dez e menos de quatorze anos será encaminhado, desde logo, por ofício, à autoridade judiciária, com relato circunstanciado de sua conduta, aplicando-se-lhe, no que couber, o disposto nos §§ 2º e 3º do art. 99 desta Lei. (...) Art. 102. Apresentado o menor de até dez anos, a autoridade judiciária poderá dispensá-lo da audiência de apresentação, ou determinar que venha à sua presença para entrevista, ou que seja ouvido e orientado por técnico".

204. Embora a principal legislação da ditadura militar referente a crianças e adolescentes seja o Código de Menores de 1979 – expressamente revogado pelo ECA – é importante mencionar

bora tenha mantido a maioridade penal já prevista tanto no Código Penal quanto no Código de Menores de 1979, é indispensável traçar diferenças fundamentais entre os sistemas anterior e posterior a 1988: a fixação da idade penal aos 18 anos nos Códigos de Menores anteriores à Constituição decorria de premissas diversas, com pouca (ou nenhuma) relação com a noção contemporânea de *pessoa em especial condição de desenvolvimento*, a exigir tratamento jurídico diferenciado, mas sim determinando instrumentos de controle social para uma determinada parcela da população – vale lembrar, somente os "menores abandonados ou delinquentes" (no Código de Menores de 1927) ou os "menores em situação irregular"(no Código de Menores de 1979) é que estavam sujeitos a tais normas, em evidente recorte jurídico-legal estabelecido a partir de critérios de classe, que associavam legalmente vulnerabilidade econômica à criminalidade e à violência.

Totalmente diverso é o contexto de promulgação da Constituição Federal de 1988, que, ao reconhecer crianças e adolescentes como pessoas e sujeitos de Direito, transforma o tratamento legal diferenciado em direito: o disposto no art. 228 da Constituição Federal é corolário do princípio da isonomia, que assegura a dimensão material do direito à igualdade, segundo o qual o Direito deve tratar igualmente os iguais e desigualmente os desiguais, na medida de suas desigualdades. Adultos não são iguais a crianças e adolescentes, e, por isso, a isonomia entre pessoas de faixa etária diferente somente ser realizada no campo penal por formas diferentes de responsabilização.

Dada a natureza jurídica de direito individual fundamental do conteúdo do art. 228 da Constituição Federal, não é juridicamente viável sua alteração, sequer por emenda constitucional, por força do art. 60, § 4º,

---

aqui a regra de imputabilidade penal prevista no Código Penal Militar, editado mediante o Decreto-lei n. 1.001/69, disciplinada nos arts. 50 e 51 nos seguintes termos: "*Menores* – Art. 50. O menor de dezoito anos é inimputável, salvo se, já tendo completado dezesseis anos, revela suficiente desenvolvimento psíquico para entender o caráter ilícito do fato e determinar-se de acôrdo com êste entendimento. Neste caso, a pena aplicável é diminuída de um têrço até a metade. *Equiparação a maiores* – Art. 51. Equiparam-se aos maiores de dezoito anos, ainda que não tenham atingido essa idade: a) os militares; b) os convocados, os que se apresentam à incorporação e os que, dispensados temporàriamente desta, deixam de se apresentar, decorrido o prazo de licenciamento; c) os alunos de colégios ou outros estabelecimentos de ensino, sob direção e disciplina militares, que já tenham completado dezessete anos. Art. 52. Os menores de dezesseis anos, bem como os menores de dezoito e maiores de dezesseis inimputáveis, ficam sujeitos às medidas educativas, curativas ou disciplinares determinadas em legislação especial". Não obstante o Código Penal Militar ainda estar em vigor, os dispositivos transcritos nesta nota não podem ser considerados recepcionados pela Constituição Federal de 1988, pois a regra da imputabilidade penal passou a ter *status* constitucional desde então.

IV, CF[205]: a vedação à redução da idade penal decorre da inafastável interpretação do art. 228 da CF como um desdobramento do direito à igualdade, conferindo-lhe natureza de cláusula pétrea. E não há que se argumentar no sentido de que a posição topográfica do art. 228 da Constituição Federal impediria de considerá-lo como direito fundamental, pois da interpretação sistemática do texto constitucional[206] decorre que a criança e o adolescente são seres em fase de formação e desenvolvimento, e, por isso, diferentes dos adultos. Logo, a isonomia – dimensão inafastável do princípio da igualdade – somente pode ser satisfeita pelo tratamento jurídico diferenciado. O princípio da isonomia, que informa o direito à igualdade, não se satisfaz com a mera igualdade formal perante a lei, mas exige que se dê tratamento desigual aos desiguais. Como não fosse suficiente, vale lembrar, o Brasil é signatário da Convenção dos Direitos da Criança, que estabelece a maioridade aos 18 anos e, sendo pacto internacional sobre Direitos Humanos de força jurídica vinculante, deve ser interpretado como norma de hierarquia constitucional. Ainda no campo da normativa internacional, as Regras das Nações Unidas para a Proteção dos Menores Privados de Liberdade estabelece a maioridade aos 18 anos especificamente para fins de responsabilidade penal[207]. Por todas essas razões, alterar a norma contida no art. 228 da CF configuraria, desta forma, flagrante inconstitucionalidade.

Como último ponto em relação ao tema, é importante ressaltar que a lei brasileira está em conformidade não só com a normativa internacional, mas também com as idades para imputabilidade penal fixadas pelos demais

---

205. "Art. 60. A Constituição poderá ser emendada mediante proposta: (...) § 4º Não será objeto de deliberação a proposta de emenda tendente a abolir: I – a forma federativa de Estado; II – o voto direto, secreto, universal e periódico; III – a separação dos Poderes; IV – os direitos e garantias individuais."

206. E mesmo o texto do § 2º do art. 5º, que possibilita até mesmo o reconhecimento de outros direitos e garantias não expressos em seu texto, e, portanto, permite incluir o art. 228 sob a mesma interpretação: "§ 2º Os direitos e garantias expressos nesta Constituição não excluem outros decorrentes do regime e dos princípios por ela adotados, ou dos tratados internacionais em que a República Federativa do Brasil seja parte".

207. Regras da ONU para jovens privados de liberdade: "11. Para efeitos das Regras, são aplicáveis as seguintes definições: a) Menor é qualquer pessoa que tenha menos de 18 anos. A idade limite abaixo da qual não deve ser permitido privar uma criança de liberdade deve ser fixada em lei. Íntegra disponível em: https://www2.camara.leg.br/atividade-legislativa/comissoes/comissoes-permanentes/cdhm/comite-brasileiro-de-direitos-humanos-e-politica-externa/RegNacUniProtMenPrivLib.html. Acesso em: julho de 2018.

Aliás, a esse respeito, Escritório das Nações Unidas sobre Drogas e Crimes (UNODC) se manifestou em 2015 no sentido contrário à redução da idade penal no Brasil. Íntegra da nota disponível em: http://www.unodc.org/lpo-brazil/en/frontpage/2015/03/23-unodc-se-posiciona-contra-a-reducao-da-maioridade-penal-no-brasil.html. Acesso em: julho de 2018.

países que integram a Convenção da Criança, como se pode verificar na tabela comparativa[208] abaixo:

Países	Responsabilidade Penal Juvenil	Responsabilidade Penal de Adultos	Observações
Alemanha	14	18/21	De 18 a 21 anos o sistema alemão admite o que se convencionou chamar de Sistema de Jovens Adultos, no qual mesmo após os 18 anos, a depender do estudo do discernimento, podem ser aplicadas as regras do Sistema de Justiça Juvenil. Após os 21 anos, a competência é exclusiva da jurisdição penal tradicional.
Argentina	16	18	O Sistema Argentino é Tutelar. A Lei n. 23.849 e o art. 75 da Constitución de la Nación Argentina determinam que, a partir dos 16 anos, adolescentes podem ser privados de sua liberdade se cometem delitos e podem ser internados em alcaidías ou penitenciárias. ***
Argélia	13	18	Dos 13 aos 16 anos, o adolescente está sujeito a uma sanção educativa e, como exceção, a uma pena atenuada a depender de uma análise psicossocial. Dos 16 aos 18 anos, há uma responsabilidade especial atenuada.
Áustria	14	19	O Sistema Austríaco prevê até os 19 anos a aplicação da Lei de Justiça Juvenil (JGG). Dos 19 aos 21 anos as penas são atenuadas.
Bélgica	16/18	16/18	O Sistema Belga é tutelar e portanto não admite responsabilidade abaixo dos 18 anos. Porém, a partir dos 16 anos admite-se a revisão da presunção de irresponsabilidade para alguns tipos de delitos, por exemplo os delitos de trânsito, quando o adolescente poderá ser submetido a um regime de penas.
Bolívia	12	16/18/21	O art. 2º da Lei n. 2.026/99 prevê que a responsabilidade de adolescentes incidirá entre os 12 e os 18 anos. Entretanto, outro artigo (222) estabelece que a responsabilidade se aplicará a pessoas entre os 12 e 16 anos, sendo que na faixa etária de 16 a 21 anos serão também aplicadas as normas da legislação.
Brasil	12	18	O art. 104 do Estatuto da Criança e do Adolescente determina que são penalmente inimputáveis os menores de 18 anos, sujeitos às medidas socioeducativas previstas na Lei. ***

208. Tabela elaborada pela Unicef e divulgada pelo Ministério Público do Paraná – área de Direito da Criança e do Adolescente. Disponível em: http://www.crianca.mppr.mp.br/pagina-323.html. Acesso em: junho de 2018.

Bulgária	14	18	-
Canadá	12	14/18	A legislação canadense (Youth Criminal Justice Act/2002) admite que a partir dos 14 anos, nos casos de delitos de extrema gravidade, o adolescente seja julgado pela Justiça comum e venha a receber sanções previstas no Código Criminal, porém estabelece que nenhuma sanção aplicada a um adolescente poderá ser mais severa do que aquela aplicada a um adulto pela prática do mesmo crime.
Colômbia	14	18	A nova Lei colombiana n. 1.098/2006 regula um sistema de responsabilidade penal de adolescentes a partir dos 14 anos, no entanto a privação de liberdade somente é admitida aos maiores de 16 anos, exceto nos casos de homicídio doloso, sequestro e extorsão.
Chile	14/16	18	A Lei de Responsabilidade Penal de Adolescentes chilena define um sistema de responsabilidade dos 14 aos 18 anos, sendo que em geral os adolescentes somente são responsáveis a partir dos 16 anos. No caso de um adolescente de 14 anos autor de infração penal, a responsabilidade será dos Tribunais de Família.
China	14/16	18	A Lei chinesa admite a responsabilidade de adolescentes de 14 anos nos casos de crimes violentos como homicídios, lesões graves intencionais, estupro, roubo, tráfico de drogas, incêndio, explosão, envenenamento etc. Nos crimes cometidos sem violências, a responsabilidade somente se dará aos 16 anos.
Costa Rica	12	18	-
Croácia	14/16	18	No regime croata, o adolescente entre 14 e 16 anos é considerado *Junior minor*, não podendo ser submetido a medidas institucionais/correcionais. Estas somente são impostas na faixa de 16 a 18 anos, quando os adolescentes já são considerados *Senior Minor*.
Dinamarca	15	15/18	-
El Salvador	12	18	-
Escócia	8/16	16/21	Também se adota, como na Alemanha, o Sistema de Jovens Adultos. Até os 21 anos de idade podem ser aplicadas as regras da Justiça Juvenil.
Eslováquia	15	18	
Eslovênia	14	18	

Espanha	12	18/21	A Espanha também adota um Sistema de Jovens Adultos com a aplicação da Lei Orgânica n. 5/2000 para a faixa dos 18 aos 21 anos.
Estados Unidos	10 *	12/16	Na maioria dos Estados do país, adolescentes com mais de 12 anos podem ser submetidos aos mesmos procedimentos dos adultos, inclusive com a imposição de pena de morte ou prisão perpétua. O país não ratificou a Convenção Internacional sobre os Direitos da Criança.
Estônia	13	17	Sistema de Jovens Adultos até os 20 anos de idade.
Equador	12	18	-
Finlândia	15	18	-
França	13	18	Os adolescentes entre 13 e 18 anos gozam de uma presunção relativa de irresponsabilidade penal. Quando demonstrado o discernimento e fixada a pena, nesta faixa de idade (*Jeune*) haverá uma diminuição obrigatória. Na faixa de idade seguinte (16 a 18) a diminuição fica a critério do juiz.
Grécia	13	18/21	Sistema de Jovens Adultos dos 18 aos 21 anos, nos mesmos moldes alemães.
Guatemala	13	18	-
Holanda	12	18	-
Honduras	13	18	-
Hungria	14	18	-
Inglaterra e País de Gales	10/15 *	18/21	Embora a idade de início da responsabilidade penal na Inglaterra esteja fixada aos 10 anos, a privação de liberdade somente é admitida após os 15 anos de idade. Isto porque entre 10 e 14 anos existe a categoria *Child*, e de 14 a 18 *Young Person*, para a qual há a presunção de plena capacidade e a imposição de penas em quantidade diferenciada das penas aplicadas aos adultos. De 18 a 21 anos, há também atenuação das penas aplicadas.
Irlanda	12	18	A idade de início da responsabilidade está fixada aos 12 anos, porém a privação de liberdade somente é aplicada a partir dos 15 anos.
Itália	14	18/21	Sistema de Jovens Adultos até 21 anos.
Japão	14	21	A Lei Juvenil Japonesa, embora possua uma definição de delinquência juvenil mais ampla que a maioria dos países, fixa a maioridade penal aos 21 anos.
Lituânia	14	18	-

México	11 **	18	A idade de início da responsabilidade juvenil mexicana é em sua maioria aos 11 anos, porém os estados do país possuem legislações próprias, e o sistema ainda é tutelar.
Nicarágua	13	18	-
Noruega	15	18	-
Países Baixos	12	18/21	Sistema de Jovens Adultos até 21 anos.
Panamá	14	18	-
Paraguai	14	18	A Lei n. 2.169 define como "adolescente" o indivíduo entre 14 e 17 anos. O Código de La Niñez afirma que os adolescentes são penalmente responsáveis, de acordo com as normas de seu Livro V. ***
Peru	12	18	-
Polônia	13	17/18	Sistema de Jovens Adultos até 18 anos.
Portugal	12	16/21	Sistema de Jovens Adultos até 21 anos.
República Dominicana	13	18	-
República Checa	15	18	-
Romênia	16/18	16/18/21	Sistema de Jovens Adultos.
Rússia	14 * /16	14/16	A responsabilidade fixada aos 14 anos somente incide na prática de delitos graves, para os demais delitos, a idade de início é aos 16 anos.
Suécia	15	15/18	Sistema de Jovens Adultos até 18 anos.
Suíça	7/15	15/18	Sistema de Jovens Adultos até 18 anos.
Turquia	11	15	Sistema de Jovens Adultos até os 20 anos de idade.
Uruguai	13	18	-
Venezuela	12/14	18	A Lei n. 5.266/98 incide sobre adolescentes de 12 a 18 anos, porém estabelece diferenciações quanto às sanções aplicáveis para as faixas de 12 a 14 e de 14 a 18 anos. Para a primeira, as medidas privativas de liberdade não poderão exceder 2 anos e, para a segunda, não serão superiores a 5 anos.

* Somente para delitos graves.

** Legislações diferenciadas em cada estado.

*** Complemento adicional.

A natureza jurídica do ato infracional

Como já visto no tópico anterior, a imputabilidade penal aos 18 anos configura direito fundamental, por refletir a isonomia que informa o direito à igualdade, o que significa tratar igualmente os iguais e desigualmente os desiguais, na medida de suas desigualdades. Sendo crianças e adolescentes pessoas diferentes dos adultos, deve-se determinar consequências jurídicas diferentes para uns e outros. Por essa razão, a prática de um crime ou de um ato infracional têm consequências jurídicas distintas, pois é nisto que se reflete o tratamento desigual, que implica a responsabilização diferenciada em relação aos adultos: à criança e ao adolescente que pratiquem ato infracional aplicam-se as medidas pertinentes a cada faixa etária, cujo fundamento decorre do dever de proteção integral, e sempre balizadas pelo devido processo legal.

"Ato infracional" é o termo que designa a prática, por pessoa menor de 18 anos, de uma conduta prevista como ilícito penal – ou seja, descrita como crime pelo Código Penal ou pela legislação penal especial. Para que melhor se compreenda a noção de ato infracional, é necessário antes recorrer ao conceito analítico de crime, que o descreve como o fato típico (ou seja, correspondente a uma descrição de conduta a princípio proibida pela lei penal), ilícito (por ser praticado sem autorização legal excepcional, e assim guardar relação de contrariedade com o ordenamento jurídico) e praticado por pessoa culpável (que é aquela imputável, consciente da ilicitude que pratica – ainda que de forma apenas potencial – e de quem se poderia exigir conduta diversa da criminosa).

O ato infracional, por sua vez, é o fato típico e ilícito praticado por inimputável, nos termos do art. 103 do ECA:

> Art. 103. Considera-se ato infracional a conduta descrita como crime ou contravenção penal.

Trata-se, portanto, em termos dogmáticos, de *conduta típica e ilícita*, praticada por pessoa a quem falta uma das *condições para a culpabilidade*. Ato infracional não é sinônimo de crime em seu conceito técnico justamente pela ausência desse elemento, mas o legislador remete à lei penal para indicar que os atos infracionais praticados por adolescentes encontram lá sua tipificação, o que implica a estrita obediência ao princípio da legalidade[209]. Dessa forma, a representação que dá início à ação socioeducativa descreverá a conduta praticada pelo adolescente como "ato infracional equiparado

209. No mesmo sentido, ver: SHECAIRA, 2015, p. 143.

ao crime de furto", ou "ato infracional equiparado ao crime de tráfico de entorpecentes", por exemplo.

Em outras palavras, as descrições fáticas das condutas praticadas pelo adulto e pelo adolescente serão idênticas: tanto o crime de furto quanto o ato infracional a ele equiparado consistirão em subtrair, para si ou para outrem, coisa alheia móvel[210]. Porém, pelo fato de a pessoa com menos de 18 anos se encontrar em peculiar condição de desenvolvimento e não possuir as mesmas condições individuais de maturidade emocional e autonomia pessoal que um adulto, reconhece-se a ausência de elemento essencial para a culpabilidade nos termos formulados pela lei penal. Assim, a imputabilidade penal é fixada aos 18 anos no art. 104 do ECA, que reproduz o conteúdo do art. 228 da Constituição Federal[211]:

> Art. 104. São penalmente inimputáveis os menores de dezoito anos, sujeitos às medidas previstas nesta Lei.
>
> Parágrafo único. Para os efeitos desta Lei, deve ser considerada a idade do adolescente à data do fato.

Vale notar que o parágrafo único do art. 104 estabelece que o critério temporal para aplicação do Estatuto da Criança e do Adolescente, no que diz respeito à imputabilidade, é a idade da pessoa no momento em que o ato infracional foi praticado[212]. Isso significa que as normas do ECA poderão ser aplicadas a pessoas maiores de 18 anos que estejam sendo submetidas a processo de apuração de ato infracional praticado na adolescência, sendo possível até mesmo a aplicação de medida socioeducativa para o maior de 18 anos nesse caso, sendo que, no caso da medida de internação, a desinternação será compulsória quando a pessoa completar 21 anos. Esse ponto será abordado com maior profundidade em tópico próprio.

Criança e ato infracional

Como já visto, o art. 2º do Estatuto da Criança e do Adolescente estabelece o critério etário para classificação das pessoas com menos de 18 anos

210. Art. 155 do Código Penal.

211. E também do art. 27 do Código Penal: "*Menores de dezoito anos* – Art. 27. Os menores de 18 (dezoito) anos são penalmente inimputáveis, ficando sujeitos às normas estabelecidas na legislação especial".

212. Aliás, em consonância com o previsto no Código Penal, que adota a teoria da atividade como critério para considerar o momento em que o crime foi praticado: "*Tempo do crime* – Art. 4º. Considera-se praticado o crime no momento da ação ou omissão, ainda que outro seja o momento do resultado".

como *crianças* ou *adolescentes*. Para a criança que praticar ato infracional, o art. 105 do ECA determina a aplicação das medidas de proteção:

> Art. 105. Ao ato infracional praticado por criança corresponderão as medidas previstas no art. 101.

As medidas de proteção são aquelas aplicadas quando a criança ou adolescente estiver em situação de risco ou de violação efetiva de seus direitos fundamentais, tendo por finalidade cumprir necessidades pedagógicas e fortalecer vínculos comunitários e familiares (art. 100, ECA). Verifica-se, portanto, que as medidas previstas para crianças que praticarem ato infracional não têm o mesmo conteúdo de responsabilização e reprovação[213] presente nas medidas socioeducativas. Essa formulação legal permite afirmar que, nos termos do ECA, a criança que pratica ato infracional encontra-se em situação pessoal equiparada à situação de risco do art. 98 do ECA, e sua fase de desenvolvimento de maturidade exige antes uma intervenção de natureza protetiva do que uma medida que signifique a desaprovação e responsabilização por seu ato.

Adolescente e ato infracional

Como já exaustivamente mencionado, o Estatuto da Criança e do Adolescente – legislação produto do reconhecimento de crianças e adolescentes como sujeitos de Direito – simboliza a ruptura com os modelos jurídicos anteriores à Constituição Federal, o que passa também pela adoção de um novo repertório terminológico que represente e consolide adequadamente tais transformações sociais e culturais. Por essa razão, o legislador optou pela expressão "adolescente em conflito com a lei"[214] em substituição à antiga terminologia "menor infrator", considerada estigmatizante e reprodutora de valores culturais distantes daqueles que a doutrina da proteção integral pretende reforçar.

Diferentemente do previsto para a criança que pratique ato infracional, para o adolescente que incorra em ato ilícito previsto como crime são previstas as medidas socioeducativas.

As medidas socioeducativas correspondem à sanção jurídica imposta como consequência da prática de ato infracional por adolescente, e os dispo-

---

213. Nos termos da Lei do Sinase, a ser abordada em tópico próprio.

214. Nos termos do art. 1º, § 1º da Lei do Sinase, que será examinada mais detalhadamente em tópico posterior.

sitivos que as disciplinam estão previstos tanto no Estatuto da Criança e do Adolescente quanto na Lei do Sistema Nacional Socioeducativo (Sinase)[215].

Embora não se trate de procedimento da Justiça Criminal, o fato de o ECA constituir o adolescente como sujeito de Direito (e não mero objeto de intervenção) implica a extensão de todos os direitos fundamentais assegurados aos adultos, o que inclui os direitos e garantias processuais penais acrescidos de previsões específicas decorrentes de sua condição de pessoa em desenvolvimento e sob responsabilidade de entidade familiar.

A ação socioeducativa tem natureza diversa da ação penal: embora sua titularidade também seja do Ministério Público, rege-se por princípios diversos, tais como a possibilidade de se conceder remissão, além das finalidades pedagógicas e não punitivas legalmente expressas.

Os direitos individuais

Os arts. 106 a 109 do ECA asseguram expressamente direitos individuais aos adolescentes submetidos a procedimento para apuração de ato infracional:

> Dos Direitos Individuais
>
> Art. 106. Nenhum adolescente será privado de sua liberdade senão em flagrante de ato infracional ou por ordem escrita e fundamentada da autoridade judiciária competente.
>
> Parágrafo único. O adolescente tem direito à identificação dos responsáveis pela sua apreensão, devendo ser informado acerca de seus direitos.
>
> Art. 107. A apreensão de qualquer adolescente e o local onde se encontra recolhido serão *incontinenti* comunicados à autoridade judiciária competente e à família do apreendido ou à pessoa por ele indicada.
>
> Parágrafo único. Examinar-se-á, desde logo e sob pena de responsabilidade, a possibilidade de liberação imediata.
>
> Art. 108. A internação, antes da sentença, pode ser determinada pelo prazo máximo de quarenta e cinco dias.
>
> Parágrafo único. A decisão deverá ser fundamentada e basear-se em indícios suficientes de autoria e materialidade, demonstrada a necessidade imperiosa da medida.
>
> Art. 109. O adolescente civilmente identificado não será submetido a identificação compulsória pelos órgãos policiais, de proteção e judiciais, salvo para efeito de confrontação, havendo dúvida fundada.

215. A ser abordado em tópico próprio.

Assim como se dá em relação aos adultos submetidos a processo criminal, é direito do adolescente submetido a procedimento perante o sistema de justiça da infância e juventude que eventual privação de liberdade somente ocorra por ordem judicial ou em flagrante de ato infracional, observado ainda seu direito à identificação dos responsáveis pela sua apreensão, e à informação acerca de seus direitos. Acresça-se a determinação de comunicação imediata à família (ou pessoa indicada pelo adolescente) e ao juiz da infância e juventude, para que verifique a possibilidade de liberação imediata (sob responsabilidade de qualquer dos pais ou de um responsável). Ainda, o adolescente civilmente identificado não será submetido a identificação compulsória pelos órgãos policiais, de proteção e judiciais, salvo para efeito de confrontação, havendo dúvida fundada.

As garantias processuais

Quanto às garantias processuais, estas estão previstas nos arts. 110 e 111 do ECA:

> Art. 110. Nenhum adolescente será privado de sua liberdade sem o devido processo legal.
>
> Art. 111. São asseguradas ao adolescente, entre outras, as seguintes garantias:
>
> I – pleno e formal conhecimento da atribuição de ato infracional, mediante citação ou meio equivalente;
>
> II – igualdade na relação processual, podendo confrontar-se com vítimas e testemunhas e produzir todas as provas necessárias à sua defesa;
>
> III – defesa técnica por advogado;
>
> IV – assistência judiciária gratuita e integral aos necessitados, na forma da lei;
>
> V – direito de ser ouvido pessoalmente pela autoridade competente;
>
> VI – direito de solicitar a presença de seus pais ou responsável em qualquer fase do procedimento.

Como se depreende da redação do art. 110 do ECA[216], combinado com o art. 106 (comentado no tópico anterior), o devido processo legal será necessariamente judicializado, como única forma admissível para determinar a privação (ou outra forma de restrição, como nas medidas de liberdade assistida e semiliberdade) de sua liberdade. Além disso, no

216. "Art. 110. Nenhum adolescente será privado de sua liberdade sem o devido processo legal."

art. 111[217] do ECA asseguram-se ao adolescente direitos processuais análogos àqueles garantidos constitucionalmente aos adultos acusados de crime, quais sejam: direito à informação, para que saiba qual o ato infracional atribuído, mediante citação ou meio equivalente; direito à igualdade na relação processual (para que tenha igualdade de oportunidade de manifestação e produção de provas); direito a defesa técnica por advogado: constituído nos autos ou indicado pelo juiz, se necessária assistência judiciária gratuita e integral; direito de ser ouvido pessoalmente pela autoridade competente; e direito de solicitar a presença de seus pais ou responsável em qualquer fase do procedimento.

Processo de apuração de ato infracional

O processo de apuração de ato infracional somente pode ser instaurado em face de adolescente. O Estatuto da Criança e do Adolescente não regulamenta a apuração de ato infracional praticado por criança, pois a esta somente podem ser aplicadas medidas de proteção: verifica-se qual a medida de proteção mais adequada, sendo cabível também aplicar medidas pertinentes aos pais ou responsáveis.

Para fins didáticos, o procedimento para apuração de ato infracional pode ser dividido em três etapas: (i) etapa policial; (ii) etapa do Ministério Público; e (iii) etapa judicial. Vale lembrar que no caso de lacuna legislativa, o art. 152 do ECA determina a aplicação da legislação processual, ou seja, do Código de Processo Civil e do Código de Processo Penal. Passamos agora ao exame detalhado de cada uma das etapas.

▶▶ A etapa policial (arts. 171 a 178, ECA)

O ingresso do adolescente no sistema de justiça juvenil pode se dar por três formas diferentes:

(i) Por ordem judicial: o juiz determina a apreensão de adolescente durante procedimento em curso, sendo desde logo encaminhado à autoridade judiciária (art. 171, ECA);

217. "Art. 111. São asseguradas ao adolescente, entre outras, as seguintes garantias: I – pleno e formal conhecimento da atribuição de ato infracional, mediante citação ou meio equivalente; II – igualdade na relação processual, podendo confrontar-se com vítimas e testemunhas e produzir todas as provas necessárias à sua defesa; III – defesa técnica por advogado; IV – assistência judiciária gratuita e integral aos necessitados, na forma da lei; V – direito de ser ouvido pessoalmente pela autoridade competente; VI – direito de solicitar a presença de seus pais ou responsável em qualquer fase do procedimento."

(ii) Por apreensão em flagrante: o adolescente é apreendido enquanto pratica o ato infracional ou logo após, sendo desde logo encaminhado à autoridade policial competente (art. 172, ECA);

(iii) Por haver indícios de participação em crime praticado por adulto, investigado em inquérito policial: o relatório das investigações e documentos são remetidos ao Ministério Público para providências referentes à apresentação do adolescente.

A apreensão do adolescente em flagrante: a liberdade como regra e a excepcionalidade da internação provisória

É importante tecer alguns comentários específicos em relação à apreensão do adolescente em flagrante, em especial para evidenciar as aproximações quanto às garantias fundamentais e as diferenças procedimentais em relação à prisão em flagrante de adultos prevista no Código de Processo Penal: embora o adolescente não seja submetido ao procedimento de lavratura de prisão em flagrante previsto no CPP, isso não significa ser proibida sua apreensão no momento da prática do ato infracional, mas apenas que a apreensão, realizada pela autoridade policial, de preferência especializada[218], deverá seguir procedimento específico e atender às premissas do ECA, fundadas na doutrina da proteção integral. Entretanto, os operadores do sistema de justiça juvenil estão obrigados a observar a legalidade do estado de flagrância nos termos dos arts. 302 e 303 do Código de Processo Penal[219], que contêm sua definição legal, única situação na qual a Constituição Federal admite que um cidadão seja preso sem prévia ordem judicial[220]. Ademais, é imprescindível ressaltar que a liberação imediata do adolescente deve ser a regra[221], em respeito ao direito fundamental à liberdade e à excepcionalidade de sua restrição.

---

218. O Estatuto da Criança e do Adolescente previu originalmente a existência de delegacias especializadas, que podem contar com atendimento direcionado e treinamento específico de suas equipes.

219. "Art. 302. Considera-se em flagrante delito quem: I – está cometendo a infração penal; II – acaba de cometê-la; III – é perseguido, logo após, pela autoridade, pelo ofendido ou por qualquer pessoa, em situação que faça presumir ser autor da infração; IV – é encontrado, logo depois, com instrumentos, armas, objetos ou papéis que façam presumir ser ele autor da infração. Art. 303. Nas infrações permanentes, entende-se o agente em flagrante delito enquanto não cessar a permanência."

220. "Art. 5º. (...) LXI – ninguém será preso senão em flagrante delito ou por ordem escrita e fundamentada de autoridade judiciária competente, salvo nos casos de transgressão militar ou crime propriamente militar, definidos em lei."

221. A exemplo do que deveria ocorrer com a prisão em flagrante dos adultos: se aplicada adequadamente a regra constitucional do estado de inocência e da excepcionalidade da prisão, ha-

A previsão para apreensão de adolescente em flagrante de prática de ato infracional se encontra no art. 172 do Estatuto da Criança e do Adolescente:

> Art. 172. O adolescente apreendido em flagrante de ato infracional será, desde logo, encaminhado à autoridade policial competente.
>
> Parágrafo único. Havendo repartição policial especializada para atendimento de adolescente e em se tratando de ato infracional praticado em coautoria com maior, prevalecerá a atribuição da repartição especializada, que, após as providências necessárias e conforme o caso, encaminhará o adulto à repartição policial própria.

Na sequência, o art. 173 do Estatuto da Criança e do Adolescente traz as regras referentes ao procedimento para apreensão de adolescente em flagrante, que varia em função do ato infracional ter sido ou não praticado mediante violência ou grave ameaça:

> Art. 173. Em caso de flagrante de ato infracional cometido mediante violência ou grave ameaça a pessoa, a autoridade policial, sem prejuízo do disposto nos arts. 106, parágrafo único, e 107[222], deverá:
>
> I – lavrar auto de apreensão, ouvidos as testemunhas e o adolescente;
>
> II – apreender o produto e os instrumentos da infração;
>
> III – requisitar os exames ou perícias necessários à comprovação da materialidade e autoria da infração.
>
> Parágrafo único. Nas demais hipóteses de flagrante, a lavratura do auto poderá ser substituída por boletim de ocorrência circunstanciada.

Em relação a esse artigo, cabe fazer uma crítica à sua formulação: na forma como redigido, inserindo as hipóteses de flagrante de ato infracional sem violência ou grave ameaça à pessoa no parágrafo único, o artigo parece indicar que estes seriam uma exceção ("demais hipóteses"). Porém, a maioria dos tipos penais (que, quando praticados por adolescentes são classificados

---

veria a correta aplicação do CPP como decorrência, determinando-se a liberdade provisória como regra. Todavia, tendo em vista o elevado número de pessoas presas provisoriamente (em especial por prisão preventiva), é razoável afirmar haver fortes indícios de má aplicação da lei.

222. "Art. 106. Nenhum adolescente será privado de sua liberdade senão em flagrante de ato infracional ou por ordem escrita e fundamentada da autoridade judiciária competente. Parágrafo único. O adolescente tem direito à identificação dos responsáveis pela sua apreensão, devendo ser informado acerca de seus direitos. Art. 107. A apreensão de qualquer adolescente e o local onde se encontra recolhido serão *incontinenti* comunicados à autoridade judiciária competente e à família do apreendido ou à pessoa por ele indicada. Parágrafo único. Examinar-se-á, desde logo e sob pena de responsabilidade, a possibilidade de liberação imediata".

como *atos infracionais*, nos termos do art. 104, ECA) não contém a violência ou a grave ameaça como elementares[223]. Poderia ter sido escolhida uma redação que indicasse corretamente a regra geral, qual seja, aquela contida no parágrafo único, como, por exemplo: "Sem prejuízo do disposto nos arts. 106, parágrafo único, e 107, a lavratura do auto de apreensão em flagrante poderá ser substituída por boletim de ocorrência circunstanciada[224], salvo nos casos de flagrante de ato infracional cometido mediante violência ou grave ameaça à pessoa, nos quais a autoridade policial deverá":

> I – lavrar auto de apreensão, ouvidos as testemunhas e o adolescente;
>
> II – apreender o produto e os instrumentos da infração;
>
> III – requisitar os exames ou perícias necessários à comprovação da materialidade e autoria da infração.

Essa proposta de redação diversa não reflete mero preciosismo de estilística, pois uma alteração nesse sentido transmitiria com maior exatidão as balizas do ECA, por privilegiar a regra geral da apreensão em flagrante, bem como reforçaria as premissas da doutrina da proteção integral ao destacar o conteúdo dos arts. 106 e 107. De qualquer forma, é importante ressaltar que, não obstante a crítica à redação em vigor, o disposto neste artigo implica que, mesmo em caso de flagrante de ato infracional violento ou com grave ameaça à pessoa, deve-se sempre priorizar a possibilidade de liberar o adolescente sob responsabilidade dos pais ou responsáveis. É mais um indicativo legal a demonstrar a excepcionalidade da privação de liberdade do adolescente mediante institucionalização.

A imediata liberação do adolescente também é reforçada nos dispositivos referentes à finalização do procedimento para apreensão do adolescente em flagrante:

> Art. 174. Comparecendo qualquer dos pais ou responsável, *o adolescente será prontamente liberado pela autoridade policial, sob termo de compromisso e res-*

---

223. A exemplo das tipificações dos atos infracionais de maior incidência no sistema de justiça da infância e juventude, quais seja, tráfico de drogas, roubo e furto. O tráfico é praticado sem violência ou grave ameaça, e o roubo, ao lado da extorsão e da extorsão mediante sequestro (ambos em suas formas simples e qualificadas) são os únicos crimes patrimoniais violentos – todos os demais 19 tipos penais de condutas contra o patrimônio previstos no Código Penal são desprovidas de violência ou grave ameaça. Segundo matéria veiculada pelo portal Universo On Line, elaborada a partir de informações fornecidas pela Fundação Casa via Lei de Acesso à Informação, a internação de adolescentes por ato infracional equiparado a tráfico de drogas cresceu 350% entre 2008 e 2018. Disponível em: https://www.uol/noticias/especiais/reincidentes-da-fundacao-casa.htm#os-5-crimes-que-mais-levam-a-reincidencia-na-fundacao-casa-fevereiro-de-2018. Acesso em: julho de 2018.

224. Boletim de ocorrência no qual se detalhe todas as circunstâncias do fato imputado.

ponsabilidade de sua apresentação ao representante do Ministério Público, no mesmo dia ou, sendo impossível, no primeiro dia útil imediato, exceto quando, pela gravidade do ato infracional e sua repercussão social, deva o adolescente permanecer sob internação para garantia de sua segurança pessoal ou manutenção da ordem pública. (grifo nosso)

Pelo texto da lei, confirma-se que a liberação imediata do adolescente é a regra, prevendo-se somente duas exceções: (i) no caso de não comparecimento dos pais, ou (ii) se o adolescente tiver sido apreendido pela prática de ato infracional violento e de repercussão social, e desde que necessário para garantia de sua segurança pessoal ou manutenção da ordem pública. Nessa hipótese, a autoridade policial deve providenciar seu encaminhamento imediato ao representante do Ministério Público ou, não sendo possível, à unidade de atendimento em até 24 horas, para que esta o encaminhe à apresentação ao Ministério Público, nos termos do art. 175:

> Art. 175. Em caso de não liberação, a autoridade policial encaminhará, desde logo, o adolescente ao representante do Ministério Público, juntamente com cópia do auto de apreensão ou boletim de ocorrência.
>
> § 1º Sendo impossível a apresentação imediata, a autoridade policial encaminhará o adolescente à entidade de atendimento, que fará a apresentação ao representante do Ministério Público no prazo de vinte e quatro horas.
>
> § 2º Nas localidades onde não houver entidade de atendimento, a apresentação far-se-á pela autoridade policial. À falta de repartição policial especializada, o adolescente aguardará a apresentação em dependência separada da destinada a maiores, não podendo, em qualquer hipótese, exceder o prazo referido no parágrafo anterior.

O art. 175 evidencia a importância da criação das delegacias especializadas, pois é a autoridade policial que deverá fazer a apresentação do adolescente ao Ministério Público. Não havendo delegacia especializada, o adolescente permanecerá em delegacia comum, o que destoa das premissas do ECA, mesmo havendo dependência separada.

Nesta etapa, portanto, caberá à autoridade policial liberar ou não o adolescente apreendido, nos termos dos arts. 173, 174 e 175, acima transcritos. A não liberação será submetida à apreciação do juiz da infância e juventude, que deverá decidir sobre a decretação ou manutenção da internação provisória do adolescente por ocasião da apreciação da representação a ser oferecida pelo Ministério Público, como será explicado nos próximos tópicos.

▶▶ A apresentação para oitiva informal junto ao Ministério Público

Finalizado o procedimento de apreensão na delegacia, o adolescente será apresentado ao Ministério Público – seja pelos pais ou responsáveis a quem se atribuiu o dever da apresentação[225], no caso de liberação; seja pela entidade de atendimento ou autoridade policial, no caso de não liberação:

> Art. 179. Apresentado o adolescente, o representante do Ministério Público, no mesmo dia e à vista do auto de apreensão, boletim de ocorrência ou relatório policial, devidamente autuados pelo cartório judicial e com informação sobre os antecedentes do adolescente, procederá imediata e informalmente à sua oitiva e, em sendo possível, de seus pais ou responsável, vítima e testemunhas.
>
> Parágrafo único. Em caso de não apresentação, o representante do Ministério Público notificará os pais ou responsável para apresentação do adolescente, podendo requisitar o concurso das polícias civil e militar.

Finalizadas as oitivas informais, a promotora ou promotor de Justiça deverá decidir se dará início ou não à ação socioeducativa, a evidenciar que a apresentação ao Ministério Público tem por finalidade verificar a necessidade de instauração do procedimento. O art. 180 do ECA oferece três possibilidades ao Ministério Público:

> Art. 180. Adotadas as providências a que alude o artigo anterior, o representante do Ministério Público poderá:
>
> I – promover o arquivamento dos autos;
>
> II – conceder a remissão;
>
> III – representar à autoridade judiciária para aplicação de medida socioeducativa.

O arquivamento dos autos poderá ser requerido quando estiver demonstrada, desde logo, a inexistência do fato; ou se não constituir o fato ato infracional; ou ainda quando estiver comprovado que o adolescente não concorreu para a prática do fato.

A remissão é uma causa de exclusão do processo, ou seja, a sua concessão obsta ao ajuizamento da ação socioeducativa. Pode ser concedida tanto no momento da apresentação do adolescente ao membro do Ministério Público (anterior ao início do processo, portanto) quanto no decorrer do

---

225. Nos termos do art. 174 do ECA, conforme transcrito no tópico anterior.

procedimento, pela própria autoridade judiciária, qualquer que seja a natureza do ato infracional, desde que observados fatores como circunstâncias e consequências do fato, o contexto social, bem como sua maior ou menor participação no ato infracional. Não implica reconhecimento ou comprovação de responsabilidade, o que não impede a aplicação de medidas socioeducativas (com exceção da semiliberdade e da internação).

Aqui reside uma das principais diferenças da ação socioeducativa para a ação penal, uma vez que esta se orienta, em regra, pelo princípio da obrigatoriedade[226], não havendo margem para qualquer discricionariedade por parte do Ministério Público quando seu representante se encontre diante da possibilidade de ter sido praticado um crime por um adulto: se o promotor de Justiça receber o relatório de um inquérito policial no qual tenham sido apurados indícios de autoria e materialidade no fato investigado, está obrigado a oferecer denúncia, ainda que, individualmente, entenda que a ação penal não seja a resposta mais adequada para aquele conflito. No caso da ação socioeducativa, em respeito ao princípio do interesse superior do adolescente e às diretrizes da proteção integral, a ação somente pode ser instaurada se for o melhor para aquele adolescente, ainda que o ato infracional tenha sido praticado. Enquanto a pena a ser eventualmente aplicada ao final da ação penal instaurada em face de um adulto possui por fundamento teórico e político as funções de punição e prevenção a partir da culpabilidade, todo o aparato do sistema de justiça juvenil infracional é arquitetado em função do superior interesse do adolescente, o que permite até mesmo que o Ministério Público (art. 126, *caput*, ECA) ou a autoridade judiciária (art. 126, parágrafo único, ECA), mesmo em face da prática de ato infracional, dispensem o procedimento por meio da remissão:

> Art. 126. Antes de iniciado o procedimento judicial para apuração de ato infracional, o representante do Ministério Público poderá conceder a remissão, como forma de exclusão do processo, atendendo às circunstâncias e consequências do fato, ao contexto social, bem como à personalidade do adolescente e sua maior ou menor participação no ato infracional.
>
> Parágrafo único. Iniciado o procedimento, a concessão da remissão pela autoridade judiciária importará na suspensão ou extinção do processo.

---

226. A ação penal pública incondicionada, de titularidade do Ministério Público, deverá obrigatoriamente ser proposta mediante oferecimento de denúncia sempre que verificada a existência de indícios de autoria e materialidade de um fato definido como crime (o que ocorre, no mais das vezes, por meio de inquérito policial). O representante do Ministério Público somente não estará obrigado a ajuizar a ação penal quando não houver indícios suficientes de materialidade e autoria, sendo-lhe facultado solicitar mais diligências, se for o caso (referência: arts. 16, 24 e 28 do Código de Processo Penal).

A concessão da remissão não implica qualquer atribuição de responsabilidade ao adolescente, nem que este tenha reconhecido a prática do fato: como aqui o foco do legislador está na intenção de cuidado e proteção do adolescente e não no fato que lhe é atribuído, a remissão não importa qualquer consequência dessa ordem. Não obstante, podem ser aplicadas medidas socioeducativas, com exceção da semiliberdade e da internação:

> Art. 127. A remissão não implica necessariamente o reconhecimento ou comprovação da responsabilidade, nem prevalece para efeito de antecedentes, podendo incluir eventualmente a aplicação de qualquer das medidas previstas em lei, exceto a colocação em regime de semiliberdade e a internação.

A medida socioeducativa aplicada por ocasião da remissão, assim como todas as demais, é atribuição da autoridade judiciária, tema, aliás, já sumulado pelo Superior Tribunal de Justiça[227]. Tanto é assim que eventual revisão da medida será feita judicialmente, nos termos do art. 128 do ECA:

> Art. 128. A medida aplicada por força da remissão poderá ser revista judicialmente, a qualquer tempo, mediante pedido expresso do adolescente ou de seu representante legal, ou do Ministério Público.

Tanto a promoção de arquivamento quanto a concessão de remissão deverão ser homologadas pelo juiz, nos termos do art. 181 do ECA:

> Art. 181. Promovido o arquivamento dos autos ou concedida a remissão pelo representante do Ministério Público, mediante termo fundamentado, que conterá o resumo dos fatos, os autos serão conclusos à autoridade judiciária para homologação.
>
> § 1º Homologado o arquivamento ou a remissão, a autoridade judiciária determinará, conforme o caso, o cumprimento da medida.

Se, de um lado, a aplicação de medida socioeducativa inclusive no momento da remissão é competência exclusiva do juiz, a decisão a respeito da instauração ou não da medida socioeducativa é atribuição do Ministério Público como instituição, como o conteúdo do § 2º deixa claro – ainda que o texto legal imponha a homologação judicial como condição:

> § 2º Discordando, a autoridade judiciária fará remessa dos autos ao Procurador-Geral de Justiça, mediante despacho fundamentado, e este oferecerá

---

227. Súmula 108, STJ: "A aplicação de medidas socioeducativas ao adolescente, pela prática de ato infracional, é da competência exclusiva do juiz".

representação, designará outro membro do Ministério Público para apresentá-la, ou ratificará o arquivamento ou a remissão, que só então estará a autoridade judiciária obrigada a homologar.

Não ocorrendo nem o arquivamento dos autos nem a remissão, o promotor de justiça oferecerá a representação. *Representação*[228] é o nome que se dá à peça judicial que inaugura a ação socioeducativa, prevista no art. 182 do ECA, que, aliás, reforça a ideia de que a ação socioeducativa é (ou, ao menos em tese, deveria ser) uma hipótese residual em relação ao arquivamento e à remissão, devendo ser instaurada se não houver os dois primeiros:

> Art. 182. Se, por qualquer razão, o representante do Ministério Público não promover o arquivamento ou conceder a remissão, oferecerá representação à autoridade judiciária, propondo a instauração de procedimento para aplicação da medida socioeducativa que se afigurar a mais adequada.

Pode-se dizer, para efeito didático, que é a peça análoga à denúncia na ação penal: ambas conferem concretude ao direito fundamental de ter conhecimento da imputação de um fato definido como crime. Além disso, assim como a denúncia, a representação conterá um breve resumo dos fatos e a classificação do ato infracional, ou seja, a qual fato típico o ato se equipara (por exemplo: "ato infracional *equiparado a* furto"; "ato infracional *equiparado a* tráfico de entorpecentes", e assim por diante). Veja-se o disposto no § 1º do mesmo artigo acima transcrito:

> § 1º A representação será oferecida por petição, que conterá o breve resumo dos fatos e a classificação do ato infracional e, quando necessário, o rol de testemunhas, podendo ser deduzida oralmente, em sessão diária instalada pela autoridade judiciária.

A representação não precisa de prova pré-constituída de autoria e materialidade, pois estas poderão ser produzidas no decorrer da instrução da ação socioeducativa:

> § 2º A representação independe de prova pré-constituída da autoria e materialidade.

228. Aqui é importante atentar para o fato de o termo "representação" ser empregado em outros contextos no Direito Processual Penal, e que não se confundem com a representação que inicia a ação socioeducativa, tais como a representação da vítima na Ação Penal Pública Condicionada; a representação do delegado por prisão temporária; ou, ainda, o ato do advogado que representa judicialmente os interesses de seu cliente.

O procedimento da ação socioeducativa

O procedimento da ação socioeducativa manifesta a judicialização intentada pelo legislador, o que se reflete principalmente no fato de todas as decisões referentes à imposição de medidas socioeducativas serem atribuição exclusiva do Juiz da Infância e Juventude, bem como na observância das garantias processuais previstas no art. 111 do ECA[229].

O procedimento poderá ser composto por até duas audiências: a audiência de apresentação e a audiência em continuação, na qual são produzidas as provas.

A ação tem início pelo recebimento da representação pelo juiz, ocasião em que a autoridade judiciária decidirá também sobre a decretação ou manutenção da internação provisória do adolescente:

> Art. 184. Oferecida a representação, a autoridade judiciária designará audiência de apresentação do adolescente, decidindo, desde logo, sobre a decretação ou manutenção da internação, observado o disposto no art. 108 e parágrafo.

Em acréscimo às normas internacionais e constitucionais que vedam o encarceramento de adolescentes em estabelecimentos destinados a adultos, o art. 185 do ECA reforça esta proibição:

> Art. 185. A internação, decretada ou mantida pela autoridade judiciária, não poderá ser cumprida em estabelecimento prisional.
>
> § 1º Inexistindo na comarca entidade com as características definidas no art. 123, o adolescente deverá ser imediatamente transferido para a localidade mais próxima.
>
> § 2º Sendo impossível a pronta transferência, o adolescente aguardará sua remoção em repartição policial, desde que em seção isolada dos adultos e com instalações apropriadas, não podendo ultrapassar o prazo máximo de cinco dias, sob pena de responsabilidade.

Esta modalidade de privação de liberdade tem prazo máximo de 45 dias, o que impacta o prazo de duração do procedimento de apuração do ato infracional, nos termos do art. 183 do ECA:

> Art. 183. O prazo máximo e improrrogável para a conclusão do procedimento, estando o adolescente internado provisoriamente, será de quarenta e cinco dias.

---

229. Conforme tópico "As garantias processuais" neste capítulo.

Findos os 45 dias, caso não esteja encerrado o procedimento, estará configurado o excesso de prazo e o adolescente deverá ser colocado em liberdade, sendo cabível *habeas corpus* na hipótese de negativa da autoridade judiciária, o que configurará constrangimento ilegal à liberdade do adolescente.

Embora o procedimento da ação socioeducativa não tenha natureza penal, é direito do adolescente ser informado sobre os fatos que lhes são imputados[230]. Portanto, embora não haja *citação* nos termos do processo penal, o § 1º do art. 184 do ECA, determina que o adolescente e seus pais ou responsável deverão ter ciência do conteúdo da representação:

> § 1º O adolescente e seus pais ou responsável serão cientificados do teor da representação, e notificados a comparecer à audiência, acompanhados de advogado.

Se em relação ao direito à informação sobre os fatos que lhe são atribuídos a ação proposta em face de adolescentes se aproxima da ação penal dos adultos, há claro afastamento em relação à impossibilidade de revelia, uma vez que na ação socioeducativa o processo não corre se ausente o adolescente, nos termos do § 3º do art. 184 do ECA:

> § 3º Não sendo localizado o adolescente, a autoridade judiciária expedirá mandado de busca e apreensão, determinando o sobrestamento do feito, até a efetiva apresentação.

Todavia, o art. 187 do ECA autoriza até mesmo a utilização de condução coercitiva para o adolescente faltoso que tenha sido notificado, regra que não se aplica a acusados adultos, para os quais o comparecimento para o exercício de defesa é um direito, e não um dever:

> Art. 187. Se o adolescente, devidamente notificado, não comparecer, injustificadamente à audiência de apresentação, a autoridade judiciária designará nova data, determinando sua condução coercitiva.

O art. 186 do ECA sinaliza para a possibilidade de atos instrutórios já na audiência de apresentação ao juiz:

> Art. 186. Comparecendo o adolescente, seus pais ou responsável, a autoridade judiciária procederá à oitiva dos mesmos, podendo solicitar opinião de profissional qualificado.

---

230. Nos termos do art. 111, ECA, conforme já visto: "Art. 111. São asseguradas ao adolescente, entre outras, as seguintes garantias: I – pleno e formal conhecimento da atribuição de ato infracional, mediante citação ou meio equivalente".

Vale lembrar que o direito à presença dos pais ou responsável está assegurado dentre as garantias processuais legais.

Também neste momento há nova possibilidade de remissão, bem como em qualquer outro antes da sentença, como determinam o § 1º do art. 186 e o art. 188 do ECA:

> Art. 186. (...) § 1º Se a autoridade judiciária entender adequada a remissão, ouvirá o representante do Ministério Público, proferindo decisão.
>
> (...)
>
> Art. 188. A remissão, como forma de extinção ou suspensão do processo, poderá ser aplicada em qualquer fase do procedimento, antes da sentença.

Não ocorrendo a remissão, o juiz designará audiência de continuação, devendo o advogado do adolescente apresentar defesa prévia em três dias, nos termos dos §§ 2º e 3º do art. 186 do ECA:

> § 2º Sendo o fato grave, passível de aplicação de medida de internação ou colocação em regime de semiliberdade, a autoridade judiciária, verificando que o adolescente não possui advogado constituído, nomeará defensor, designando, desde logo, audiência em continuação, podendo determinar a realização de diligências e estudo do caso.
>
> § 3º O advogado constituído ou o defensor nomeado, no prazo de três dias contado da audiência de apresentação, oferecerá defesa prévia e rol de testemunhas.

Na audiência de continuação, o juiz procederá à oitiva de testemunhas, debates com alegações do representante do Ministério Público e defesa, seguidos da prolação de sentença:

> § 4º Na audiência em continuação, ouvidas as testemunhas arroladas na representação e na defesa prévia, cumpridas as diligências e juntado o relatório da equipe interprofissional, será dada a palavra ao representante do Ministério Público e ao defensor, sucessivamente, pelo tempo de vinte minutos para cada um, prorrogável por mais dez, a critério da autoridade judiciária, que em seguida proferirá decisão.

A sentença da ação socioeducativa não tem natureza condenatória ou absolutória, em razão da medida socioeducativa eventualmente aplicada não possuir caráter penal. Assim sendo, o juiz deverá decidir por aplicar ou não alguma medida. Ainda assim, a exemplo do que o Código de Processo

Penal faz em relação à sentença da ação penal[231], o Estatuto da Criança e do Adolescente não estabelece expressamente os critérios para aplicação da medida, mas apenas as circunstâncias em que ela não deve ser aplicada, nos termos do art. 189:

> Art. 189. A autoridade judiciária não aplicará qualquer medida, desde que reconheça na sentença:
>
> I – estar provada a inexistência do fato;
>
> II – não haver prova da existência do fato;
>
> III – não constituir o fato ato infracional;
>
> IV – não existir prova de ter o adolescente concorrido para o ato infracional.
>
> Parágrafo único. Na hipótese deste artigo, estando o adolescente internado, será imediatamente colocado em liberdade.

A constatação quanto a esse paralelo entre a sentença penal dos adultos e a sentença socioeducativa é relevante porque evidencia que a privação ou restrição de liberdade, seja do adolescente, seja do adulto, sempre é excepcional sob a perspectiva constitucional, uma vez que a liberdade é um direito fundamental, e que somente será restrito em decorrência de condenação definitiva (ou de imposição de medida socioeducativa, no caso do adolescente), a qual, por sua vez, somente será proferida havendo prova inequívoca de que o ilícito ocorreu e foi praticado pelo acusado. Em outras palavras: a medida socioeducativa (ou a pena, no caso dos adultos) somente será imposta quando demonstrado pelo titular da ação (Ministério Público) a autoria e materialidade do fato (seja equiparado como ato infracional,

231. O art. 386 do CPP estabelece os casos em que o juiz, obrigatoriamente, absolverá o réu: "Art. 386. O juiz absolverá o réu, mencionando a causa na parte dispositiva, desde que reconheça: I – estar provada a inexistência do fato; II – não haver prova da existência do fato; III – não constituir o fato infração penal; IV – estar provado que o réu não concorreu para a infração penal; V – não existir prova de ter o réu concorrido para a infração penal; VI – existirem circunstâncias que excluam o crime ou isentem o réu de pena (arts. 20, 21, 22, 23, 26 e § 1º do art. 28, todos do Código Penal), ou mesmo se houver fundada dúvida sobre sua existência; VII – não existir prova suficiente para a condenação". O art. 387 do CPP somente estabelece os requisitos formais para elaboração da sentença condenatória: "Art. 387. O juiz, ao proferir sentença condenatória: I – mencionará as circunstâncias agravantes ou atenuantes definidas no Código Penal, e cuja existência reconhecer; II – mencionará as outras circunstâncias apuradas e tudo o mais que deva ser levado em conta na aplicação da pena, de acordo com o disposto nos arts. 59 e 60 do Decreto-lei n. 2.848, de 7 de dezembro de 1940 – Código Penal; III – aplicará as penas de acordo com essas conclusões; IV – fixará valor mínimo para reparação dos danos causados pela infração, considerando os prejuízos sofridos pelo ofendido; V – atenderá, quanto à aplicação provisória de interdições de direitos e medidas de segurança, ao disposto no Título XI deste Livro; VI – determinará se a sentença deverá ser publicada na íntegra ou em resumo e designará o jornal em que será feita a publicação".

seja crime): basta a dúvida a respeito desses elementos para que se imponha a não aplicação de medida socioeducativa, a exemplo da absolvição por falta de provas no processo criminal de adultos.

Não obstante, o art. 114 do ECA abre espaço para a possibilidade de imposição de medida socioeducativa para adolescente que não tenha praticado ato infracional, quando em sede de remissão:

> Art. 114. A imposição das medidas previstas nos incisos II a VI do art. 112 pressupõe a existência de provas suficientes da autoria e da materialidade da infração, ressalvada a hipótese de remissão, nos termos do art. 127.
>
> Parágrafo único. A advertência poderá ser aplicada sempre que houver prova da materialidade e indícios suficientes da autoria.

Por fim, o parágrafo único do art. 189 do ECA, acima transcrito, evidencia a cautela exigida na imposição da internação provisória, pois ainda que não se aplique de forma direta/imediata o princípio do estado de inocência, este deve ser compatibilizado com a proteção integral, em decorrência da gravidade do impacto na vida/biografia de um adolescente internado provisoriamente por um fato que pode sequer ter existido.

Feita essa breve digressão, passamos ao exame das medidas socioeducativas.

As medidas socioeducativas

Como já visto, a prática de ato ilícito legalmente definido como tipo penal acarreta distintas consequências jurídicas a depender da idade de seu autor: a pessoa maior de 18 anos, penalmente imputável, caso condenada, fica sujeita à aplicação das penas especificamente previstas para as condutas descritas no Código Penal e legislação especial; já os adolescentes, com idade entre 12 anos completos e 18 anos incompletos, são submetidos às medidas socioeducativas previstas no art. 112 do Estatuto da Criança e do Adolescente.

A pena pode ser conceituada como a sanção jurídica decorrente da prática de crime (cujo conceito analítico corresponde ao fato típico e antijurídico praticado por pessoa culpável) e que representa o exercício do poder de punir do Estado por meio do devido processo legal descrito no Código de Processo Penal.

Já as medidas socioeducativas são a consequência jurídica decorrente da atribuição de ato infracional a adolescente. Não têm natureza de pena (pois, como visto, falta ao adolescente a imputabilidade, que é elemento da culpabilidade), embora pertençam à categoria de sanção em sentido amplo, uma vez que se trata de retribuição jurídica decorrente da violação de uma norma. Porém, seu fundamento não se encontra na reprovabilidade social da conduta ínsita à culpabilidade do adulto, mas deve reverberar o sistema de proteção integral adotado pelo ECA[232].

As condutas infracionais correspondem às descrições dos crimes constantes do Código Penal e da legislação especial. Porém, diferentemente do arcabouço normativo penal para adultos, no qual para cada conduta típica e ilícita há uma pena específica previamente estabelecida por lei, no caso do ato infracional não há correspondência taxativa entre este e medidas especificadas, cabendo ao juiz da Infância e Juventude observar em cada caso concreto qual a medida adequada como reprimenda e proteção ao adolescente. Não sendo condenação criminal, não implicará consequências em sua vida adulta, ou seja, não gera reincidência, nem tampouco pode ser considerada para fins de antecedentes[233].

▶▶ A prescrição da medida socioeducativa

Deve-se assinalar aqui que, embora o Estatuto da Criança e do Adolescente não contenha previsão nesse sentido, as medidas socioeducativas estão sujeitas à prescrição penal. Sérgio Salomão Shecaira rememora que, logo após a entrada em vigor do Estatuto, as primeiras opiniões dos especialistas se afirmavam no sentido da não aplicabilidade da prescrição à medida socioeducativa:

> Os argumentos eram vários: ao contrário das penas, as medidas socioeducativas são indeterminadas, não havendo parâmetro para seu cálculo; as medidas são aplicáveis até os 18 anos e por exceção até os 21 anos de idade não existindo possibilidade de execução após esses limites; as medidas têm por escopo ou a proteção ou educação do infrator, não sendo razoável estabelecer parâmetros limitadores, pois não há objetivos punitivos; não existe uma pretensão punitiva, porquanto a natureza das medidas socioeducativas não é sancionatória, mas meramente pedagógica e educativa. (SHECAIRA, 2015, p. 195)

---

232. A discussão sobre a natureza sancionatória ou pedagógica da medida socioeducativa será retomada de forma detida no tópico "Tutela socioeducativa ou Direito Penal Juvenil?".

233. Muito embora não exista fundamento legal para tanto, o Superior Tribunal de Justiça vem considerando que a prática de atos infracionais na adolescência pode fundamentar prisão preventiva na vida adulta.

O mesmo autor observa que, com o passar dos anos em que o ECA foi sendo regularmente aplicado, o reconhecimento de elementos que aproximam a medida socioeducativa à pena imposta aos adultos levou à paulatina modificação de posicionamento da doutrina[234] e jurisprudência[235], esta última atualmente consolidada pelo Superior Tribunal de Justiça em 2007 pela edição da Súmula 338:

> A prescrição penal é aplicável nas medidas socioeducativas.

Para fins de cálculo do prazo prescricional, segundo o entendimento doutrinário e jurisprudencial predominante, deve-se considerar a pena prevista para o crime ao qual o ato infracional foi equiparado, e calcular o prazo nos termos do art. 109 do Código Penal[236], reduzido pela metade, em razão de serem os adolescentes menores de 21 anos, conforme determina o art. 115 do CP[237]. Sobre esta formulação para o cálculo da prescrição da medida socioeducativa, argumenta Sérgio Salomão Shecaira:

> Se, à evidência, reconhece-se o perecimento do interesse de punir do Estado pelo decurso de prazo no caso de infrator adulto, da mesma forma há que se reconhecer para o infrator adolescente. (SHECAIRA, 2015, p. 196)

---

234. Não obstante, há autores que ainda sustentam não ser aplicável a prescrição à medida socioeducativa: "A extinção da pretensão socioeducativa tem causa diversa e o que ocorre é de fácil compreensão: o aspecto a ser contabilizado é, exclusivamente, o relativo ao desenvolvimento biológico do jovem, porque esta foi a determinação legal ao impor sua liberação aos 21 anos de idade. O critério eleito foi outro e a preocupação legislativa se dirigiu tão somente à permeabilidade do adolescente aos efeitos da medida socioeducativa" (MORAES, RAMOS, 2017, p. 1.233).

235. Os primeiros julgados neste sentido se deram no Tribunal de Justiça de Santa Catarina (Ap. Crim. 30.496, 2ª Câmara Criminal, 27-8-1996; Ap. Crim. 97.001631-0, 25-3-1997, entre outros). Posteriormente, o Superior Tribunal de Justiça passou a manifestar o entendimento de reconhecimento da prescrição de medida socioeducativa nos antecedentes da Súmula 338: *HC* 313.610/SP, Rel. Min. Nefi Cordeiro, j. 6-10-2015, *DJe* 29-10-2015; *HC* 321729/PB, Rel. Min. Maria Thereza de Assis Moura, j. 1-9-2015, *DJe* 20-10-2015; *HC* 305.616/SP, Rel. Min. Rogerio Schietti Cruz, j. 16-4-2015, *DJe* 27-4-2015; AgRg no AREsp 082.815/PA, Rel. Min. Laurita Vaz, 5ª T., j. 17-5-2012, *DJe* 28-5-2012; *HC* 172.357/RJ, Rel. Min. Gilson Dipp, 5ª T., j. 28-2-2012, *DJe* 5-3-2012; REsp 1.164.854/RS, Rel. Min. Honildo Amaral de Mello Castro (Desembargador Convocado do TJAP), 5ª T., j. 26-10-2010, *DJe* 16-11-2010.

236. "Art. 109. A prescrição, antes de transitar em julgado a sentença final, salvo o disposto no § 1º do art. 110 deste Código, regula-se pelo máximo da pena privativa de liberdade cominada ao crime, verificando-se: I – em vinte anos, se o máximo da pena é superior a doze; II – em dezesseis anos, se o máximo da pena é superior a oito anos e não excede a doze; III – em doze anos, se o máximo da pena é superior a quatro anos e não excede a oito; IV – em oito anos, se o máximo da pena é superior a dois anos e não excede a quatro; V – em quatro anos, se o máximo da pena é igual a um ano ou, sendo superior, não excede a dois; VI – em 3 (três) anos, se o máximo da pena é inferior a 1 (um) ano."

237. "*Redução dos prazos de prescrição* – Art. 115. São reduzidos de metade os prazos de prescrição quando o criminoso era, ao tempo do crime, menor de 21 (vinte e um) anos, ou, na data da sentença, maior de 70 (setenta) anos."

▶▶ As espécies de medidas socioeducativas

As medidas socioeducativas instituídas pelo Estatuto da Criança e do Adolescente se dividem em duas espécies: as que constituem privação parcial ou total de liberdade (semiliberdade e internação, destinadas a atos infracionais de maior gravidade) e as chamadas medidas em meio aberto.

As espécies de medidas socioeducativas estão arroladas no art. 112 do ECA:

> Art. 112. Verificada a prática de ato infracional, a autoridade competente poderá aplicar ao adolescente as seguintes medidas:
>
> I – advertência;
>
> II – obrigação de reparar o dano;
>
> III – prestação de serviços à comunidade;
>
> IV – liberdade assistida;
>
> V – inserção em regime de semiliberdade;
>
> VI – internação em estabelecimento educacional;
>
> VII – qualquer uma das previstas no art. 101, I a VI.

Verifica-se pela leitura do inciso VII que as medidas de proteção (art. 101, ECA) também podem ser aplicadas como medida socioeducativa ao adolescente autor de ato infracional, caso o juiz entenda ser necessário para resguardá-lo de situação de risco. A reforçar a intenção pedagógica e de proteção pretendida pelo legislador em relação às medidas socioeducativas, além da possibilidade de aplicar medidas de proteção, assim como estas, as medidas socioeducativas também admitem aplicação cumulativa de mais de uma medida, bem como devem priorizar as "necessidades pedagógicas", além de procurar fortalecer os "vínculos familiares e comunitários", por força da combinação do disposto nos arts. 99, 100 e 113 do ECA:

> Art. 99. As medidas previstas neste Capítulo poderão ser aplicadas isolada ou cumulativamente, bem como substituídas a qualquer tempo.
>
> Art. 100. Na aplicação das medidas levar-se-ão em conta as necessidades pedagógicas, preferindo-se aquelas que visem ao fortalecimento dos vínculos familiares e comunitários.
>
> (...)
>
> Art. 113. Aplica-se a este Capítulo o disposto nos arts. 99 e 100.

O § 1º do mesmo artigo estabelece as balizas a serem consideradas pelo juiz em cada caso concreto no momento de escolha da medida socioeducativa, uma vez que, como já mencionado, não existe a regra de taxatividade das condutas em relação às medidas previstas em lei:

> § 1º A medida aplicada ao adolescente levará em conta a sua capacidade de cumpri-la, as circunstâncias e a gravidade da infração.

Nos termos do fundamento constitucional do art. 5º, inciso XLVII, alínea *c*[238], são vedadas as penas de trabalhos forçados – com ainda mais razão, vedam-se as medidas socioeducativas de mesma natureza:

> § 2º Em hipótese alguma e sob pretexto algum, será admitida a prestação de trabalho forçado.

O § 3º traz a previsão referente aos adolescentes portadores de doença ou deficiência mental:

> § 3º Os adolescentes portadores de doença ou deficiência mental receberão tratamento individual e especializado, em local adequado às suas condições.

Em que pese este dispositivo, foi somente em 2012 (ou seja, após 22 anos de vigência do ECA) que o Sinase regulamentou a situação dos adolescentes submetidos a medida socioeducativa.

▶▶ A advertência

A medida socioeducativa de advertência está prevista no art. 115 do ECA:

> Art. 115. A advertência consistirá em admoestação verbal, que será reduzida a termo e assinada.

Embora não haja medidas socioeducativas especificamente previstas para cada ato infracional, a medida de advertência em geral é aplicada nos casos de infrações consideradas leves pela autoridade judiciária, ou para adolescentes sem histórico de prática de atos infracionais. Sua aplicação pode se dar tanto por ato do Ministério Público (antes de instaurado o procedimento, quando da concessão da remissão) quanto da autoridade judiciária (seja no curso da instrução do procedimento ou na sentença final).

---

238. "Art. 5º (...) XLVII – não haverá penas: (...) *c)* de trabalhos forçados."

A obrigação de reparar o dano

A obrigação de reparar o dano é a medida socioeducativa prevista no art. 116 do ECA, aplicável aos casos de atos infracionais que causem dano patrimonial:

> Art. 116. Em se tratando de ato infracional com reflexos patrimoniais, a autoridade poderá determinar, se for o caso, que o adolescente restitua a coisa, promova o ressarcimento do dano, ou, por outra forma, compense o prejuízo da vítima.
>
> Parágrafo único. Havendo manifesta impossibilidade, a medida poderá ser substituída por outra adequada.

É importante observar que o dever de ressarcir o dano é do próprio adolescente, mas os pais respondem por ele, caso o adolescente esteja sob sua autoridade e em sua companhia, nos termos dos arts. 928 e 932, incisos I e II, do Código Civil:

> Art. 928. O incapaz responde pelos prejuízos que causar, se as pessoas por ele responsáveis não tiverem obrigação de fazê-lo ou não dispuserem de meios suficientes.
>
> Parágrafo único. A indenização prevista neste artigo, que deverá ser equitativa, não terá lugar se privar do necessário o incapaz ou as pessoas que dele dependem.

> Art. 932. São também responsáveis pela reparação civil:
>
> I – os pais, pelos filhos menores que estiverem sob sua autoridade e em sua companhia;
>
> II – o tutor e o curador, pelos pupilos e curatelados, que se acharem nas mesmas condições;
>
> (...)

A prestação de serviços à comunidade

A medida socioeducativa de prestação de serviços à comunidade está descrita no art. 117 do ECA:

> Art. 117. A prestação de serviços comunitários consiste na realização de tarefas gratuitas de interesse geral, por período não excedente a seis meses, junto a entidades assistenciais, hospitais, escolas e outros estabelecimentos congêneres, bem como em programas comunitários ou governamentais.

Parágrafo único. As tarefas serão atribuídas conforme as aptidões do adolescente, devendo ser cumpridas durante jornada máxima de oito horas semanais, aos sábados, domingos e feriados ou em dias úteis, de modo a não prejudicar a frequência à escola ou à jornada normal de trabalho.

Como já mencionado em tópico anterior, a prestação de serviços à comunidade não se confunde com pena de trabalhos forçados vedada pela Constituição Federal. No dizer de Sérgio Salomão Shecaira:

> O trabalho forçado não se confunde com a prestação de serviço à comunidade. Esta tem forte apelo comunitário, é executada em consonância com as aptidões do adolescente, além de ser trabalho livre, enquanto aquele é feito a ferros e sem qualquer interesse reeducativo, senão o de se tornar um plus de punição. (SHECAIRA, 2015, p. 212-213)

Não é demais repisar que a prestação de serviços não poderá configurar tarefa humilhante ou vexatória (SHECAIRA, 2015, p. 213).

▸▸ A liberdade assistida

A liberdade assistida consiste no acompanhamento do adolescente, mantido em liberdade, por um adulto, designado pela autoridade que irá orientá-lo:

> Art. 118. A liberdade assistida será adotada sempre que se afigurar a medida mais adequada para o fim de acompanhar, auxiliar e orientar o adolescente.
>
> § 1º A autoridade designará pessoa capacitada para acompanhar o caso, a qual poderá ser recomendada por entidade ou programa de atendimento.
>
> (...)

Diferentemente da prestação de serviços à comunidade – cuja duração máxima é de 6 meses – o § 2º do art. 118 do ECA prevê igual período como prazo mínimo, mas não determina qual o prazo máximo:

> § 2º A liberdade assistida será fixada pelo prazo mínimo de seis meses, podendo a qualquer tempo ser prorrogada, revogada ou substituída por outra medida, ouvido o orientador, o Ministério Público e o defensor.

O orientador tem suas tarefas descritas e previstas no art. 119 do ECA:

> Art. 119. Incumbe ao orientador, com o apoio e a supervisão da autoridade competente, a realização dos seguintes encargos, entre outros:

> I – promover socialmente o adolescente e sua família, fornecendo-lhes orientação e inserindo-os, se necessário, em programa oficial ou comunitário de auxílio e assistência social;
>
> II – supervisionar a frequência e o aproveitamento escolar do adolescente, promovendo, inclusive, sua matrícula;
>
> III – diligenciar no sentido da profissionalização do adolescente e de sua inserção no mercado de trabalho;
>
> IV – apresentar relatório do caso.

A função de orientador deverá ser desempenhada preferencialmente por profissionais com formação adequada para tanto, tais como assistentes sociais, psicólogos e pedagogos (SHECAIRA, 2015, p. 216).

▶▶ A semiliberdade

O regime de semiliberdade, previsto no art. 120 do ECA, consiste na institucionalização do adolescente, como forma intermediária entre as medidas em meio aberto e a internação, na qual o adolescente se recolhe à instituição à noite. Prevê-se expressamente – e como regra – a realização de atividades externas[239], nos termos do art. 120:

> Art. 120. O regime de semiliberdade pode ser determinado desde o início, ou como forma de transição para o meio aberto, possibilitada a realização de atividades externas, independentemente de autorização judicial.
>
> § 1º São obrigatórias a escolarização e a profissionalização, devendo, sempre que possível, ser utilizados os recursos existentes na comunidade.

Aplicam-se as mesmas disposições referentes à internação, com a diferença de que não há prazo determinado para a semiliberdade:

> § 2º A medida não comporta prazo determinado aplicando-se, no que couber, as disposições relativas à internação.

Embora o art. 120 do ECA não estipule prazo máximo para a semiliberdade, deve-se aplicar o prazo de três anos previsto como limite para a internação, como decorrência do disposto no § 2º acima transcrito.

---

239. O Supremo Tribunal Federal já decidiu que as atividades externas da semiliberdade devem ocorrer independentemente de autorização judicial, admitindo-se restrição apenas em caráter excepcional e por decisão judicial fundamentada. Neste sentido, ver: *HC* 98.518. Íntegra do voto do relator Eros Grau disponível em: http://redir.stf.jus.br/paginadorpub/paginador.jsp?docTP=AC&docID=612371. Acesso em: agosto de 2018.

▶▶ A internação

A internação (arts. 121 a 125, ECA) é a medida mais rigorosa prevista no ECA, pois consiste na privação de liberdade do adolescente por meio de sua institucionalização, nos termos do art. 121:

> Art. 121. A internação constitui medida privativa da liberdade, sujeita aos princípios de brevidade, excepcionalidade e respeito à condição peculiar de pessoa em desenvolvimento.

Por ser excepcional, suas hipóteses de cabimento são taxativas, conforme o art. 122 do ECA:

> Art. 122. A medida de internação só poderá ser aplicada quando:
>
> I – tratar-se de ato infracional cometido mediante grave ameaça ou violência a pessoa;
>
> II – por reiteração no cometimento de outras infrações graves;
>
> III – por descumprimento reiterado e injustificável da medida anteriormente imposta.
>
> § 1º O prazo de internação na hipótese do inciso III deste artigo não poderá ser superior a 3 (três) meses, devendo ser decretada judicialmente após o devido processo legal.
>
> § 2º – Em nenhuma hipótese será aplicada a internação, havendo outra medida adequada.

Como consequência da extinção da doutrina da situação irregular, que destinava aos autores de ato infracional o mesmo tratamento jurídico a crianças e adolescentes em situação de risco, o art. 123 do ECA determina expressamente que a instituição responsável pela medida de internação de adolescentes não pode ocupar o mesmo espaço que as instituições de acolhimento institucional:

> Art. 123. A internação deverá ser cumprida em entidade exclusiva para adolescentes, em local distinto daquele destinado ao abrigo, obedecida rigorosa separação por critérios de idade, compleição física e gravidade da infração.

O parágrafo único do mesmo artigo tem por escopo conferir a natureza educativa da medida:

> Parágrafo único. Durante o período de internação, inclusive provisória, serão obrigatórias atividades pedagógicas.

Embora não tenha um prazo a ser determinado pelo juiz na sentença da ação socioeducativa, deve ser observado o limite máximo de 3 anos, bem como a reavaliação semestral para avaliar a necessidade de sua manutenção. Expirado esse prazo, o adolescente deve ser liberado (ou colocado em regime de semiliberdade ou de liberdade assistida). Também deve ser determinada a liberação quando constatada a desnecessidade de sua manutenção, e é compulsória se o internado atingir a idade de 21 anos durante o seu cumprimento. Em todos os casos, será ouvido o Ministério Público, tudo nos termos dos §§ 2º ao 6º do art. 121 do ECA:

> § 2º A medida não comporta prazo determinado, devendo sua manutenção ser reavaliada, mediante decisão fundamentada, no máximo a cada seis meses.
>
> § 3º Em nenhuma hipótese o período máximo de internação excederá a três anos.
>
> § 4º Atingido o limite estabelecido no parágrafo anterior, o adolescente deverá ser liberado, colocado em regime de semiliberdade ou de liberdade assistida.
>
> § 5º A liberação será compulsória aos vinte e um anos de idade.
>
> § 6º Em qualquer hipótese a desinternação será precedida de autorização judicial, ouvido o Ministério Público.

O ECA prevê expressamente, no art. 124, os direitos específicos do adolescente privado de liberdade:

> Art. 124. São direitos do adolescente privado de liberdade, sem prejuízo de todos os demais direitos fundamentais assegurados pelo ECA, os seguintes:
>
> I – entrevistar-se pessoalmente com o representante do Ministério Público;
>
> II – peticionar diretamente a qualquer autoridade;
>
> III – avistar-se reservadamente com seu defensor;
>
> IV – ser informado de sua situação processual, sempre que solicitada;
>
> V – ser tratado com respeito e dignidade;
>
> VI – permanecer internado na mesma localidade ou naquela mais próxima ao domicílio de seus pais ou responsável;
>
> VII – receber visitas, ao menos, semanalmente;
>
> VIII – corresponder-se com seus familiares e amigos;

IX – ter acesso aos objetos necessários à higiene e asseio pessoal;

X – habitar alojamento em condições adequadas de higiene e salubridade;

XI – receber escolarização e profissionalização;

XII – realizar atividades culturais, esportivas e de lazer:

XIII – ter acesso aos meios de comunicação social;

XIV – receber assistência religiosa, segundo a sua crença, e desde que assim o deseje;

XV – manter a posse de seus objetos pessoais e dispor de local seguro para guardá-los, recebendo comprovante daqueles porventura depositados em poder da entidade;

XVI – receber, quando de sua desinternação, os documentos pessoais indispensáveis à vida em sociedade.

§ 1º Em nenhum caso haverá incomunicabilidade.

§ 2º A autoridade judiciária poderá suspender temporariamente a visita, inclusive de pais ou responsável, se existirem motivos sérios e fundados de sua prejudicialidade aos interesses do adolescente.

Art. 125. É dever do Estado zelar pela integridade física e mental dos internos, cabendo-lhe adotar as medidas adequadas de contenção e segurança.

▶▶ Os prazos das medidas socioeducativas

Em relação aos prazos das medidas socioeducativas, é necessário destacar alguns pontos: por não ter natureza de pena e pretender atender a objetivos específicos[240], as medidas do ECA – salvo a prestação de serviços à comunidade, que deve durar por no máximo 6 meses – não têm prazo determinado. Isso implica a possibilidade de uma pessoa passar toda a sua adolescência submetida a algum tipo de controle institucional estatal – por exemplo, permanecer em semiliberdade dos 12 aos 18 anos, ou ser internado dos 12 aos 15 e somente liberado mediante liberdade assistida até completar 18 anos. É importante refletir que o cumprimento de medida socioeducativa não é sinônimo de políticas públicas sociais, já que as medidas socioeducativas decorrem de imposição em processo judicial por prática de ato infracional.

240. Previstos no art. 2º do Sinase, que será comentado de forma aprofundada no tópico "A execução das medidas socioeducativas e o Sistema Nacional Socioeducativo (Sinase)".

No quadro abaixo, seguem os prazos de cada uma das medidas.

Prazos das medidas socioeducativas

Espécie de medida	Prazo mínimo	Prazo máximo
Advertência	não se aplica	não se aplica
Prestação de serviços à comunidade	não há	6 meses
Reparação do dano	não se aplica	não se aplica
Liberdade assistida	6 meses	não há; pode ser prorrogada, revogada ou substituída a qualquer tempo
Semiliberdade	não há	não há; aplicação extensiva do prazo de 3 anos da internação
Internação	não há	3 anos

▶▶ A execução das medidas socioeducativas e o Sistema Nacional Socioeducativo (Sinase)

Como já visto, o Estatuto da Criança e do Adolescente representou uma radical alteração de paradigma legal no que diz respeito às crianças e adolescentes no Brasil, em especial pela ruptura com a doutrina da situação irregular e pelo reconhecimento de todas as crianças e adolescentes – incluídos aqui os autores de ato infracional – como sujeitos de Direito, o que implicou uma profunda reformulação do procedimento de apuração de ato infracional e da aplicação de medida socioeducativa.

Porém, o ECA não contemplava previsão legal específica a respeito da execução das medidas socioeducativas, tais como suas finalidades, como estas poderiam ser atingidas, garantia de direitos específicos de adolescentes em cumprimento de medida, entre outros. O vazio legislativo sobre o tema acabou por permitir a consolidação de "práticas amplamente discricionárias" (FRASSETO et al., 2012, p. 23), que acabavam por contaminar essa fase procedimental. Em 2006, o Conselho Nacional dos Direitos da Criança e do Adolescente (Conanda) emitiu a Resolução n. 119/2006[241], instituindo pela primeira vez o Sistema Nacional Socioeducativo, que em 2007 foi apresentado como projeto de lei (PL n. 1.627/2007) ao Plenário da Câmara dos Deputados, tendo sido convertido na Lei n. 12.594/2012.

241. Íntegra disponível em: http://www.direitosdacrianca.gov.br/conanda/resolucoes/119-resolucao-119-de-11-de-dezembro-de-2006/view. Acesso em: junho de 2018.

A Lei n. 12.594/2012, conhecida como Lei do Sistema Nacional Socioeducativo, estabeleceu tanto regras de execução das medidas socioeducativas quanto as políticas públicas necessárias para sua viabilidade. Divide-se em três partes:

(i) **Título I:** Do Sistema Nacional Socioeducativo;

(ii) **Título II:** Da Execução da Medidas Socioeducativas;

(iii) **Título III:** Das Disposições Finais e Transitórias.

O Título I estabelece as competências da União, dos Estados e Municípios quanto à formulação e execução das políticas de atendimento socioeducativo (arts. 3º a 6º); disciplina as normas para elaboração dos Planos de Atendimento Socioeducativo (arts. 7º e 8º); descreve detalhadamente como devem ser estabelecidos os Programas de Atendimento nos Estados e no Distrito Federal (arts. 9º a 12), tanto em meio aberto (arts. 13 a 17) quanto em privação de liberdade (arts. 15 a 17). Ainda, determina a articulação da União com os Estados, o Distrito Federal e os Municípios para realizar a avaliação e o acompanhamento da gestão do atendimento socioeducativo (arts. 18 a 27), estabelecendo a aplicação de medidas de responsabilização para gestores, operadores e entidades de atendimento que não cumpram satisfatoriamente as diretrizes e determinações da Lei do Sinase (arts. 28 e 29). Por fim, descreve as fontes de financiamento e determina as áreas de direcionamento prioritário de recursos (arts. 30 a 34).

O Título II estabelece as regras para Execução das Medidas Socioeducativas de prestação de serviços à comunidade, liberdade assistida, semiliberdade e internação, não dispondo de regras sobre a execução das medidas de proteção e socioeducativas de advertência e de reparação do dano[242], e será mais detalhado no tópico a seguir.

Na última parte da Lei do Sinase, o Título III (arts. 81 a 90) contém Disposições Finais referentes a alterações em artigos específicos do ECA e

242. Conforme o disposto nos arts. 38 e 39 da Lei do Sinase: "Art. 38. As medidas de proteção, de advertência e de reparação do dano, quando aplicadas de forma isolada, serão executadas nos próprios autos do processo de conhecimento, respeitado o disposto nos arts. 143 e 144 da Lei n. 8.069, de 13 de julho de 1990 (Estatuto da Criança e do Adolescente). Art. 39. Para aplicação das medidas socioeducativas de prestação de serviços à comunidade, liberdade assistida, semiliberdade ou internação, será constituído processo de execução para cada adolescente, respeitado o disposto nos arts. 143 e 144 da Lei n. 8.069, de 13 de julho de 1990 (Estatuto da Criança e do Adolescente), e com autuação das seguintes peças: I – documentos de caráter pessoal do adolescente existentes no processo de conhecimento, especialmente os que comprovem sua idade; e II – as indicadas pela autoridade judiciária, sempre que houver necessidade e, obrigatoriamente: *a)* cópia da representação; *b)* cópia da certidão de antecedentes; *c)* cópia da sentença ou acórdão; e *d)* cópia de estudos técnicos realizados durante a fase de conhecimento".

de outras legislações[243]; e Disposições Transitórias (arts. 81 a 85), nas quais se estabelecem prazos para os órgãos e instituições governamentais se adequarem em pontos específicos estabelecidos por essa lei.

▶▶ A execução das medidas socioeducativas

Ainda no Título I, as Disposições Gerais contêm determinações que devem ser comentadas. O art. 1º descreve o Sistema Nacional de Atendimento Socioeducativo, bem como descreve os elementos que o compõem:

> Art. 1º Esta Lei institui o Sistema Nacional de Atendimento Socioeducativo (Sinase) e regulamenta a execução das medidas destinadas a adolescente que pratique ato infracional.
>
> § 1º Entende-se por Sinase o conjunto ordenado de princípios, regras e critérios que envolvem a execução de medidas socioeducativas, incluindo-se nele, por adesão, os sistemas estaduais, distrital e municipais, bem como todos os planos, políticas e programas específicos de atendimento a adolescente em conflito com a lei.
>
> (...)
>
> § 3º Entendem-se por programa de atendimento a organização e o funcionamento, por unidade, das condições necessárias para o cumprimento das medidas socioeducativas.
>
> § 4º Entende-se por unidade a base física necessária para a organização e o funcionamento de programa de atendimento.
>
> § 5º Entendem-se por entidade de atendimento a pessoa jurídica de direito público ou privado que instala e mantém a unidade e os recursos humanos e materiais necessários ao desenvolvimento de programas de atendimento.

O mesmo artigo estabelece os objetivos das medidas socioeducativas em seu § 2º:

> § 2º Entendem-se por medidas socioeducativas as previstas no art. 112 da Lei n. 8.069, de 13 de julho de 1990 (Estatuto da Criança e do Adolescente), as quais têm por objetivos:
>
> I – a responsabilização do adolescente quanto às consequências lesivas do ato infracional, sempre que possível incentivando a sua reparação;

243. A saber: o antigo Código de Processo Civil (Lei n. 5.689/73), então em vigor; a Lei n. 9.532/97, sobre legislação tributária federal; a Lei n. 9.249/95, sobre a legislação do imposto de renda de pessoas jurídicas; e a Lei n. 12.213/2010, que institui o Fundo Nacional do Idoso.

II – a integração social do adolescente e a garantia de seus direitos individuais e sociais, por meio do cumprimento de seu plano individual de atendimento; e

III – a desaprovação da conduta infracional, efetivando as disposições da sentença como parâmetro máximo de privação de liberdade ou restrição de direitos, observados os limites previstos em lei.

Os objetivos das medidas socioeducativas pautarão sua execução, e sua consecução deve ser considerada como critério para extinção da medida em razão de ter sido atingida sua finalidade[244]. Conforme se verifica da leitura dos incisos do dispositivo acima transcrito, embora a medida socioeducativa não se confunda com as penas destinadas à população adulta, as diferenças entre os institutos se localizam mais no campo da aplicação (legislação pertinente e autoridade competente) e consequências (como, por exemplo, a impossibilidade de configuração de reincidência em sua acepção penal no caso da medida socioeducativa[245]) do que de seu conteúdo jurídico, uma vez que a legislação das penas dos adultos preveem medidas relativas à ressocialização/reintegração (com previsões referentes a trabalho e estudo, por exemplo) combinadas ao aspecto aflitivo ínsito à *reprovação da conduta*, assim como ocorre com a medida socioeducativa[246].

▶▶ Princípios, direitos e regime de visitas

O art. 35 da Lei do Sinase traz os princípios que regem a execução das medidas socioeducativas, que enfatizam a multidisciplinaridade e a responsabilidade familiar (MORAES, RAMOS, 2017, p. 1.204):

> Art. 35. A execução das medidas socioeducativas reger-se-á pelos seguintes princípios:
>
> I – legalidade, não podendo o adolescente receber tratamento mais gravoso do que o conferido ao adulto;
>
> II – excepcionalidade da intervenção judicial e da imposição de medidas, favorecendo-se meios de autocomposição de conflitos;
>
> III – prioridade a práticas ou medidas que sejam restaurativas e, sempre que possível, atendam às necessidades das vítimas;

244. Nos termos do art. 46, II da Lei do Sinase, que será examinado mais adiante.

245. Nos termos do art. 63 do Código Penal: "*Reincidência* – Art. 63. Verifica-se a reincidência quando o agente comete novo crime, depois de transitar em julgado a sentença que, no País ou no estrangeiro, o tenha condenado por crime anterior".

246. É o entendimento de Flávio Frasseto, que admite haver um paralelismo com a pena do adulto em relação aos objetivos legais (FRASSETO et al., 2012, p. 28).

> IV – proporcionalidade em relação à ofensa cometida;
>
> V – brevidade da medida em resposta ao ato cometido, em especial o respeito ao que dispõe o art. 122 da Lei n. 8.069, de 13 de julho de 1990 (Estatuto da Criança e do Adolescente);
>
> VI – individualização, considerando-se a idade, capacidades e circunstâncias pessoais do adolescente;
>
> VII – mínima intervenção, restrita ao necessário para a realização dos objetivos da medida;
>
> VIII – não discriminação do adolescente, notadamente em razão de etnia, gênero, nacionalidade, classe social, orientação religiosa, política ou sexual, ou associação ou pertencimento a qualquer minoria ou *status*; e
>
> IX – fortalecimento dos vínculos familiares e comunitários no processo socioeducativo.

Note-se que há aqui princípios gerais aplicáveis a qualquer intervenção do Estado na vida do cidadão, tais como a legalidade e a não discriminação. Outros, embora adaptados à condição de pessoa em desenvolvimento do adolescente, permitem estabelecer uma relação de paralelismo com as penas aplicadas aos adultos, e que se aproximam de normas específicas para privação de liberdade, como a proporcionalidade, brevidade, individualização e mínima intervenção para realização dos objetivos da medida.

Há, ainda, princípios específicos do sistema de execução de medidas socioeducativas aplicadas a adolescentes, em especial a excepcionalidade da intervenção judicial e da imposição de medidas, o favorecimento de meios de autocomposição, além de deixar expressa a prioridade a medidas restaurativas e, ainda, a inclusão das vítimas. O fortalecimento dos vínculos familiares também é formulado como princípio orientador da aplicação da medida.

Além dos princípios apresentados como normas gerais orientadoras, há direitos específicos previstos para o adolescente em cumprimento de medida socioeducativa no art. 49 da Lei do Sinase:

> Art. 49. São direitos do adolescente submetido ao cumprimento de medida socioeducativa, sem prejuízo de outros previstos em lei:
>
> I – ser acompanhado por seus pais ou responsável e por seu defensor, em qualquer fase do procedimento administrativo ou judicial;
>
> II – ser incluído em programa de meio aberto quando inexistir vaga para o cumprimento de medida de privação da liberdade, exceto nos casos de ato infracional cometido mediante grave ameaça ou violência à pessoa, quando o adolescente deverá ser internado em Unidade mais próxima de seu local de residência;

III – ser respeitado em sua personalidade, intimidade, liberdade de pensamento e religião e em todos os direitos não expressamente limitados na sentença;

IV – peticionar, por escrito ou verbalmente, diretamente a qualquer autoridade ou órgão público, devendo, obrigatoriamente, ser respondido em até 15 (quinze) dias;

V – ser informado, inclusive por escrito, das normas de organização e funcionamento do programa de atendimento e também das previsões de natureza disciplinar;

VI – receber, sempre que solicitar, informações sobre a evolução de seu plano individual, participando, obrigatoriamente, de sua elaboração e, se for o caso, reavaliação;

VII – receber assistência integral à sua saúde, conforme o disposto no art. 60 desta Lei; e

VIII – ter atendimento garantido em creche e pré-escola aos filhos de 0 (zero) a 5 (cinco) anos.

§ 1º As garantias processuais destinadas a adolescente autor de ato infracional previstas na Lei n. 8.069, de 13 de julho de 1990 (Estatuto da Criança e do Adolescente), aplicam-se integralmente na execução das medidas socioeducativas, inclusive no âmbito administrativo.

§ 2º A oferta irregular de programas de atendimento socioeducativo em meio aberto não poderá ser invocada como motivo para aplicação ou manutenção de medida de privação da liberdade.

Verifica-se que os direitos contidos no art. 49 da Lei do Sinase, além de complementarem e trazerem especificidades em relação ao ECA, também reproduzem parte de seu conteúdo, tais como o inciso I, que prevê o acompanhamento dos pais ou responsável (também presente no art. 111, IV, ECA) e de seu defensor (em termos semelhantes ao definido no inciso III do art. 111, ECA), ou o próprio § 1º, que estende expressamente as garantias processuais do ECA ao procedimento de execução de medida socioeducativa.

Mas, por suas especificidades, alguns pontos merecem destaque, como o inciso VIII, que merece atenção por procurar atender às necessidades de proteção integral às crianças que sejam filhos e filhas de adolescentes em privação de liberdade.

Também deve ser observado o § 2º do art. 49, que reforça a excepcionalidade da institucionalização do adolescente, que não pode ser invocada a pretexto de falta de vagas nos programas de meio aberto.

O art. 50 prevê hipóteses de saída temporária da instituição em casos excepcionais:

> Art. 50. Sem prejuízo do disposto no § 1º do art. 121 da Lei n. 8.069, de 13 de julho de 1990 (Estatuto da Criança e do Adolescente), a direção do programa de execução de medida de privação da liberdade poderá autorizar a saída, monitorada, do adolescente nos casos de tratamento médico, doença grave ou falecimento, devidamente comprovados, de pai, mãe, filho, cônjuge, companheiro ou irmão, com imediata comunicação ao juízo competente.

É mais um paralelismo que se identifica em relação às penas dos adultos, o que será aprofundado mais adiante neste tópico.

Embora o direito à saúde de crianças e adolescentes (independentemente do fato de estarem ou não submetidas a qualquer tipo de medida pela prática de ato infracional) esteja contemplado tanto no Estatuto da Criança e do Adolescente quanto na Constituição Federal, o legislador optou por reforçar a previsão para o adolescente em cumprimento de medida socioeducativa, apresentando diretrizes gerais para atenção integral à sua saúde no art. 60[247], garantindo aos adolescentes em cumprimento de medida em meio aberto ao acesso aos serviços e unidades do SUS[248], bem

247. "Art. 60. A atenção integral à saúde do adolescente no Sistema de Atendimento Socioeducativo seguirá as seguintes diretrizes: I – previsão, nos planos de atendimento socioeducativo, em todas as esferas, da implantação de ações de promoção da saúde, com o objetivo de integrar as ações socioeducativas, estimulando a autonomia, a melhoria das relações interpessoais e o fortalecimento de redes de apoio aos adolescentes e suas famílias; II – inclusão de ações e serviços para a promoção, proteção, prevenção de agravos e doenças e recuperação da saúde; III – cuidados especiais em saúde mental, incluindo os relacionados ao uso de álcool e outras substâncias psicoativas, e atenção aos adolescentes com deficiências; IV – disponibilização de ações de atenção à saúde sexual e reprodutiva e à prevenção de doenças sexualmente transmissíveis; V – garantia de acesso a todos os níveis de atenção à saúde, por meio de referência e contrarreferência, de acordo com as normas do Sistema Único de Saúde (SUS); VI – capacitação das equipes de saúde e dos profissionais das entidades de atendimento, bem como daqueles que atuam nas unidades de saúde de referência voltadas às especificidades de saúde dessa população e de suas famílias; VII – inclusão, nos Sistemas de Informação de Saúde do SUS, bem como no Sistema de Informações sobre Atendimento Socioeducativo, de dados e indicadores de saúde da população de adolescentes em atendimento socioeducativo; e VIII – estruturação das unidades de internação conforme as normas de referência do SUS e do Sinase, visando ao atendimento das necessidades de Atenção Básica. Art. 61. As entidades que ofereçam programas de atendimento socioeducativo em meio aberto e de semiliberdade deverão prestar orientações aos socioeducandos sobre o acesso aos serviços e às unidades do SUS. Art. 62. As entidades que ofereçam programas de privação de liberdade deverão contar com uma equipe mínima de profissionais de saúde cuja composição esteja em conformidade com as normas de referência do SUS."

248. "Art. 61. As entidades que ofereçam programas de atendimento socioeducativo em meio aberto e de semiliberdade deverão prestar orientações aos socioeducandos sobre o acesso aos serviços e às unidades do SUS."

como manter equipe mínima de profissionais de saúde nas unidades de privação de liberdade[249].

Ainda merecem destaque os parágrafos do art. 63 da Lei do Sinase, que, apesar de anteriores, encontram-se em harmonia com as alterações efetivadas pelo Marco Legal da Primeira Infância em relação às mães adolescentes privadas de liberdade:

> § 1º O filho de adolescente nascido nos estabelecimentos referidos no *caput* deste artigo não terá tal informação lançada em seu registro de nascimento.
>
> § 2º Serão asseguradas as condições necessárias para que a adolescente submetida à execução de medida socioeducativa de privação de liberdade permaneça com o seu filho durante o período de amamentação.

Questão delicada é a que diz respeito ao adolescente autor de ato infracional que seja portador de transtorno mental, pois foi somente com a criação do Sinase que se estabeleceram regras específicas para seu tratamento jurídico (até então, a esse respeito, apenas o § 3º do art. 112 do ECA dispunha que "Os adolescentes portadores de doença ou deficiência mental receberão tratamento individual e especializado, em local adequado às suas condições"), o que expôs os adolescentes com transtorno mental à lacuna legal por 22 anos. A Lei do Sinase estabelece as regras para o atendimento a adolescente com transtorno mental e com dependência de álcool e de substância psicoativa nos arts. 64[250] e 65[251], pautando-se o eventual trata-

249. "Art. 62. As entidades que ofereçam programas de privação de liberdade deverão contar com uma equipe mínima de profissionais de saúde cuja composição esteja em conformidade com as normas de referência do SUS."

250. "Art 64. O adolescente em cumprimento de medida socioeducativa que apresente indícios de transtorno mental, de deficiência mental, ou associadas, deverá ser avaliado por equipe técnica multidisciplinar e multissetorial. § 1º As competências, a composição e a atuação da equipe técnica de que trata o *caput* deverão seguir, conjuntamente, as normas de referência do SUS e do Sinase, na forma do regulamento. § 2º A avaliação de que trata o *caput* subsidiará a elaboração e execução da terapêutica a ser adotada, a qual será incluída no PIA do adolescente, prevendo, se necessário, ações voltadas para a família. § 3º As informações produzidas na avaliação de que trata o *caput* são consideradas sigilosas. § 4º Excepcionalmente, o juiz poderá suspender a execução da medida socioeducativa, ouvidos o defensor e o Ministério Público, com vistas a incluir o adolescente em programa de atenção integral à saúde mental que melhor atenda aos objetivos terapêuticos estabelecidos para o seu caso específico. § 5º Suspensa a execução da medida socioeducativa, o juiz designará o responsável por acompanhar e informar sobre a evolução do atendimento ao adolescente. § 6º A suspensão da execução da medida socioeducativa será avaliada, no mínimo, a cada 6 (seis) meses. § 7º O tratamento a que se submeterá o adolescente deverá observar o previsto na Lei n. 10.216, de 6 de abril de 2001, que dispõe sobre a proteção e os direitos das pessoas portadoras de transtornos mentais e redireciona o modelo assistencial em saúde mental."

251. "Art. 65. Enquanto não cessada a jurisdição da Infância e Juventude, a autoridade judiciária, nas hipóteses tratadas no art. 64, poderá remeter cópia dos autos ao Ministério Público para eventual propositura de interdição e outras providências pertinentes."

mento a que se submeterá o adolescente no previsto na Lei n. 10.216/2001, conhecida como Lei Antimanicomial, que dispõe sobre a proteção e os direitos das pessoas portadoras de transtornos mentais e redireciona o modelo assistencial em saúde mental.

Ainda se incluem entre os direitos do adolescente internado o de receber visitas, que se encontra disciplinado no Capítulo VI da Lei do Sinase, nos arts. 67 a 70. O objetivo das visitas é assegurar o exercício do direito à convivência familiar e comunitária, conforme assegurado pela Constituição Federal e pelo ECA.

> Art. 67. A visita do cônjuge, companheiro, pais ou responsáveis, parentes e amigos a adolescente a quem foi aplicada medida socioeducativa de internação observará dias e horários próprios definidos pela direção do programa de atendimento.

É importante consignar que o direito à visita íntima é assegurado também para o adolescente casado ou que viva em união estável[252], como garantia de seus direitos sexuais como dimensão dos direitos humanos[253].

> Art. 68. É assegurado ao adolescente casado ou que viva, comprovadamente, em união estável o direito à visita íntima.
>
> Parágrafo único. O visitante será identificado e registrado pela direção do programa de atendimento, que emitirá documento de identificação, pessoal e intransferível, específico para a realização da visita íntima.

O art. 69 da Lei do Sinase reforça o direito à convivência familiar de adolescentes privados de liberdade com seus filhos, qualquer que seja a idade destes:

> Art. 69. É garantido aos adolescentes em cumprimento de medida socioeducativa de internação o direito de receber visita dos filhos, independentemente da idade desses.

---

252. "Embora seja uma prática regular nas unidades prisionais destinadas a pessoas do gênero masculino – ainda há dificuldade de implementar este direito em relação às presas mulheres – a Lei de Execução Penal não prevê expressamente o direito à visita íntima, restringindo-se à previsão do direito à 'visita do cônjuge, da companheira, de parentes e amigos em dias determinados' no inciso X do art. 41." Sobre os obstáculos impostos às mulheres presas em relação ao direito à visita íntima, acessar: http://www.justica.gov.br/news/201clugar-de-crianca-nao-e-na-prisao-nem-longe-de-sua-mae201d-diz-pesquisa/pesquisa-dar-a-luz-na-sombra-1.pdf. Acesso em: agosto de 2018.

253. A respeito dos direitos sexuais dos adolescentes em face da legislação brasileira, ver Capítulo 3.

A burocracia interna poderá regular demais normas para visitação dos adolescentes, nos termos do art. 70 da Lei do Sinase:

> Art. 70. O regulamento interno estabelecerá as hipóteses de proibição da entrada de objetos na unidade de internação, vedando o acesso aos seus portadores.

Por fim, ainda em relação aos direitos de adolescentes a quem se atribua ato infracional, deve-se frisar o disposto no art. 143 do ECA:

> Art. 143. E vedada a divulgação de atos judiciais, policiais e administrativos que digam respeito a crianças e adolescentes a que se atribua autoria de ato infracional.
>
> Parágrafo único. Qualquer notícia a respeito do fato não poderá identificar a criança ou adolescente, vedando-se fotografia, referência a nome, apelido, filiação, parentesco, residência e, inclusive, iniciais do nome e sobrenome.

Procedimentos para execução das medidas

O procedimento aplicável para a execução das medidas é disciplinado pelos arts. 36 a 48 da Lei do Sinase.

Nos termos do art. 36 da Lei do Sinase – que remete ao art. 146[254] do Estatuto da Criança e do Adolescente – o juízo da infância e juventude é o competente para executar as medidas socioeducativas:

> Art. 36. A competência para jurisdicionar a execução das medidas socioeducativas segue o determinado pelo art. 146 da Lei n. 8.069, de 13 de julho de 1990 (Estatuto da Criança e do Adolescente).

Sendo um procedimento judicializado, é obrigatória a intervenção da defesa técnica e do Ministério Público, sob pena de nulidade, conforme determinado pelo art. 37 da Lei do Sinase:

> Art. 37. A defesa e o Ministério Público intervirão, sob pena de nulidade, no procedimento judicial de execução de medida socioeducativa, asseguradas aos seus membros as prerrogativas previstas na Lei n. 8.069, de 13 de julho de 1990 (Estatuto da Criança e do Adolescente), podendo requerer as providências necessárias para adequar a execução aos ditames legais e regulamentares.

---

254. "Art. 146. A autoridade a que se refere esta Lei é o Juiz da Infância e da Juventude, ou o juiz que exerce essa função, na forma da lei de organização judiciária local."

▶▶ O início da execução das medidas

O procedimento de execução variará conforme a espécie de medida socioeducativa: nos termos do art. 38 da Lei do Sinase[255], as medidas de advertência e reparação do dano, quando aplicadas isoladamente, dispensam a formação de processo autônomo de execução, pois são executadas nos próprios autos do processo de conhecimento, ocorrendo o mesmo quando for aplicada ao adolescente uma medida de proteção.

Já no caso das medidas que implicam restrição ou privação de liberdade (quais sejam, a prestação de serviços à comunidade, a liberdade assistida, a semiliberdade e a internação), o art. 39[256] da Lei do Sinase determina a autuação de um processo autônomo para realização de sua execução, tanto para medidas impostas em sentença de ação socioeducativa quanto para aquelas aplicadas por força de remissão com suspensão do processo[257].

Uma vez autuado o processo, o art. 40[258] da Lei do Sinase determina sua remessa para o órgão gestor do atendimento socioeducativo, que deverá designar um programa ou unidade onde o adolescente cumprirá a medida, bem como elaborar o Plano Individual de Atendimento que pautará a execução. O Plano Individual de Atendimento (PIA) é um instrumento de previsão, registro e gestão das atividades a serem desenvolvidas com o adolescente, previsto no art. 53 da Lei do Sinase[259]. É elaborado sob a respon-

---

255. "Art. 38. As medidas de proteção, de advertência e de reparação do dano, quando aplicadas de forma isolada, serão executadas nos próprios autos do processo de conhecimento, respeitado o disposto nos arts. 143 e 144 da Lei n. 8.069, de 13 de julho de 1990 (Estatuto da Criança e do Adolescente)."

256. "Art. 39. Para aplicação das medidas socioeducativas de prestação de serviços à comunidade, liberdade assistida, semiliberdade ou internação, será constituído processo de execução para cada adolescente, respeitado o disposto nos arts. 143 e 144 da Lei n. 8.069, de 13 de julho de 1990 (Estatuto da Criança e do Adolescente), e com autuação das seguintes peças: I – documentos de caráter pessoal do adolescente existentes no processo de conhecimento, especialmente os que comprovem sua idade; e II – as indicadas pela autoridade judiciária, sempre que houver necessidade e, obrigatoriamente: a) cópia da representação; b) cópia da certidão de antecedentes; c) cópia da sentença ou acórdão; e d) cópia de estudos técnicos realizados durante a fase de conhecimento. Parágrafo único. Procedimento idêntico será observado na hipótese de medida aplicada em sede de remissão, como forma de suspensão do processo."

257. A esse respeito, ver tópico "A apresentação para oitiva informal junto ao Ministério Público" sobre remissão.

258. "Art. 40. Autuadas as peças, a autoridade judiciária encaminhará, imediatamente, cópia integral do expediente ao órgão gestor do atendimento socioeducativo, solicitando designação do programa ou da unidade de cumprimento da medida."

259. "Art. 53. O PIA será elaborado sob a responsabilidade da equipe técnica do respectivo programa de atendimento, com a participação efetiva do adolescente e de sua família, representada por seus pais ou responsável."

sabilidade de equipe técnica com a participação dos pais ou responsáveis (art. 52, parágrafo único, Lei do Sinase[260]).

Elaborado o PIA, o juiz deve dar vistas (em prazo sucessivo de 3 dias) da proposta do plano tanto ao defensor quanto ao Ministério Público[261], para que lhes seja dada a oportunidade de requerer perícias[262], complementações ou mesmo impugnar a proposta[263]. Admitida a impugnação (ou se o próprio juiz entender que o plano apresentado pela equipe técnica é inadequado), será designada audiência para tratar da questão, sem suspensão da execução do plano individual, salvo determinação judicial em contrário[264]. Não havendo impugnação, o plano individual será considerado homologado[265].

▸▸ O cumprimento da medida pela realização do Plano Individual de Atendimento

Como já mencionado, o Plano Individual de Atendimento, elaborado pela equipe técnica multidisciplinar, estabelecerá as atividades internas e externas a serem cumpridas pelo adolescente.

---

260. "Art. 52. O cumprimento das medidas socioeducativas, em regime de prestação de serviços à comunidade, liberdade assistida, semiliberdade ou internação, dependerá de Plano Individual de Atendimento (PIA), instrumento de previsão, registro e gestão das atividades a serem desenvolvidas com o adolescente. Parágrafo único. O PIA deverá contemplar a participação dos pais ou responsáveis, os quais têm o dever de contribuir com o processo ressocializador do adolescente, sendo esses passíveis de responsabilização administrativa, nos termos do art. 249 da Lei n. 8.069, de 13 de julho de 1990 (Estatuto da Criança e do Adolescente), civil e criminal." Os arts. 54 a 59 da Lei do Sinase estabelecem as demais regras referentes ao PIA.

261. Nos termos do art. 41 da Lei do Sinase: "Art. 41. A autoridade judiciária dará vistas da proposta de plano individual de que trata o art. 53 desta Lei ao defensor e ao Ministério Público pelo prazo sucessivo de 3 (três) dias, contados do recebimento da proposta encaminhada pela direção do programa de atendimento."

262. O que também pode ser feito pelo próprio juiz responsável pela Execução. Ver nota seguinte com o texto legal.

263. "Art. 41. A autoridade judiciária dará vistas da proposta de plano individual de que trata o art. 53 desta Lei ao defensor e ao Ministério Público pelo prazo sucessivo de 3 (três) dias, contados do recebimento da proposta encaminhada pela direção do programa de atendimento. § 1º O defensor e o Ministério Público poderão requerer, e o Juiz da Execução poderá determinar, de ofício, a realização de qualquer avaliação ou perícia que entenderem necessárias para complementação do plano individual. § 2º A impugnação ou complementação do plano individual, requerida pelo defensor ou pelo Ministério Público, deverá ser fundamentada, podendo a autoridade judiciária indeferi-la, se entender insuficiente a motivação."

264. "Art. 41 (...) § 3º Admitida a impugnação, ou se entender que o plano é inadequado, a autoridade judiciária designará, se necessário, audiência da qual cientificará o defensor, o Ministério Público, a direção do programa de atendimento, o adolescente e seus pais ou responsável. § 4º A impugnação não suspenderá a execução do plano individual, salvo determinação judicial em contrário."

265. "Art. 41. (...) § 5º Findo o prazo sem impugnação, considerar-se-á o plano individual homologado."

A partir das diretrizes estabelecidas no PIA, as medidas socioeducativas de liberdade assistida, de semiliberdade e de internação deverão ser reavaliadas no máximo semestralmente[266], sem prejuízo de que a reavaliação seja solicitada a qualquer tempo, seja pelo próprio adolescente, seja por seus pais, por seu defensor, pelo Ministério Público ou pela direção do programa de atendimento a que estiver vinculado[267]. A reavaliação pode ser solicitada antes do prazo, mediante a justificativa de um bom desempenho do adolescente verificado antes do prazo de seis meses, ou no caso de o adolescente não ter se adaptado ao programa, e ainda se necessário modificar as atividades anteriormente propostas impondo-se maior restrição de liberdade[268].

Na avaliação pode ser verificada a possibilidade de liberação do adolescente ou substituição da medida por outra menos severa, pelo critério da maior ou menor restrição à liberdade: a internação é a medida mais restritiva dentre todas; em relação às medidas em meio aberto, a semiliberdade é a mais restritiva[269].

Vale ressaltar que a substituição da medida por outra menos severa deve antes atender à forma como o adolescente está realizando as tarefas propostas no Plano Individual de Atendimento do que às circunstâncias nas quais o ato infracional gerador da medida foi praticado. Aliás, o texto do art. 42, § 2º da Lei do Sinase[270] estabelece expressamente que a gravidade do ato infracional, os antecedentes e o tempo de duração da medida não podem ser critérios isolados para justificar que não se substitua uma medida por ou-

---

266. "Art. 42. As medidas socioeducativas de liberdade assistida, de semiliberdade e de internação deverão ser reavaliadas no máximo a cada 6 (seis) meses, podendo a autoridade judiciária, se necessário, designar audiência, no prazo máximo de 10 (dez) dias, cientificando o defensor, o Ministério Público, a direção do programa de atendimento, o adolescente e seus pais ou responsável."

267. "Art. 43. A reavaliação da manutenção, da substituição ou da suspensão das medidas de meio aberto ou de privação da liberdade e do respectivo plano individual pode ser solicitada a qualquer tempo, a pedido da direção do programa de atendimento, do defensor, do Ministério Público, do adolescente, de seus pais ou responsável."

268. "Art. 43. (...) § 1º Justifica o pedido de reavaliação, entre outros motivos: I – o desempenho adequado do adolescente com base no seu plano de atendimento individual, antes do prazo da reavaliação obrigatória; II – a inadaptação do adolescente ao programa e o reiterado descumprimento das atividades do plano individual; e III – a necessidade de modificação das atividades do plano individual que importem em maior restrição da liberdade do adolescente."

269. "Art. 42. (...) § 3º Considera-se mais grave a internação, em relação a todas as demais medidas, e mais grave a semiliberdade, em relação às medidas de meio aberto."

270. "Art. 42. (...) § 2º A gravidade do ato infracional, os antecedentes e o tempo de duração da medida não são fatores que, por si, justifiquem a não substituição da medida por outra menos grave."

tra menos grave. Ademais, por não se tratar de pena decorrente de sentença criminal condenatória, a medida socioeducativa não pode ser pautada em termos de proporcionalidade em relação à gravidade da conduta.

A substituição por medida mais gravosa somente ocorrerá em situações excepcionais, após o devido processo legal, exigindo-se parecer técnico e realização de audiência. Adota-se o procedimento mesmo no caso de reiteração no cometimento de infrações graves (inciso III do art. 122 do ECA)[271].

Pode ocorrer de o adolescente ter sido submetido a mais de uma ação socioeducativa, pela atribuição de atos infracionais distintos. Nesse caso, surge a hipótese de, no decorrer do cumprimento da medida socioeducativa, ser imposta nova medida, como consequência de processo diverso.

Nesse caso, o art. 45 da Lei do Sinase determina que o juiz unifique as medidas[272], devendo observar, no caso da medida de internação, o prazo máximo de três anos e o de liberação compulsória aos 21 anos de idade para que não incorra em *bis in idem*.

▶▶ A extinção da medida socioeducativa

As causas de extinção da medida socioeducativa estão previstas no art. 46 da Lei do Sinase:

> Art. 46. A medida socioeducativa será declarada extinta:
>
> I – pela morte do adolescente;
>
> II – pela realização de sua finalidade;

---

271. "§ 4º A substituição por medida mais gravosa somente ocorrerá em situações excepcionais, após o devido processo legal, inclusive na hipótese do inciso III do art. 122 da Lei n. 8.069, de 13 de julho de 1990 (Estatuto da Criança e do Adolescente), e deve ser: I – fundamentada em parecer técnico; II – precedida de prévia audiência, e nos termos do § 1º do art. 42 desta Lei."

272. "Art. 45. Se, no transcurso da execução, sobrevier sentença de aplicação de nova medida, a autoridade judiciária procederá à unificação, ouvidos, previamente, o Ministério Público e o defensor, no prazo de 3 (três) dias sucessivos, decidindo-se em igual prazo. § 1º É vedado à autoridade judiciária determinar reinício de cumprimento de medida socioeducativa, ou deixar de considerar os prazos máximos, e de liberação compulsória previstos na Lei n. 8.069, de 13 de julho de 1990 (Estatuto da Criança e do Adolescente), excetuada a hipótese de medida aplicada por ato infracional praticado durante a execução. § 2º É vedado à autoridade judiciária aplicar nova medida de internação, por atos infracionais praticados anteriormente, a adolescente que já tenha concluído cumprimento de medida socioeducativa dessa natureza, ou que tenha sido transferido para cumprimento de medida menos rigorosa, sendo tais atos absorvidos por aqueles aos quais se impôs a medida socioeducativa extrema."

III – pela aplicação de pena privativa de liberdade, a ser cumprida em regime fechado ou semiaberto, em execução provisória ou definitiva;

IV – pela condição de doença grave, que torne o adolescente incapaz de submeter-se ao cumprimento da medida; e

V – nas demais hipóteses previstas em lei.

A morte do adolescente ou a doença grave impedem a continuidade da medida socioeducativa.

Já a ocorrência da *realização da finalidade* da medida socioeducativa é verificada no contexto da reavaliação semestral feita pelo Juiz da Infância e Juventude, que avaliará a necessidade de sua manutenção[273]. Todavia, em relação ao cumprimento das finalidades e sua verificação, há que se notar diferenças estabelecidas por lei para a pena e para a medida socioeducativa: em relação a esta última, a Lei do Sinase determina o cumprimento das metas estabelecidas no PIA, verificadas nos relatórios semestrais, metas estas que, também de acordo com a previsão legal, deverão ser elaboradas em conjunto pela equipe técnica, pelo adolescente e por sua família, a denotar a intenção do legislador de que houvesse alguma autonomia do adolescente com participação de sua família na elaboração do diagnóstico de sua situação presente e no prognóstico biográfico, como reverberação do sistema de proteção integral, o que não acontece nas penas previstas para os adultos.

O inciso V traz como possibilidades: o caso da medida de internação, em que, expirado o prazo máximo de 3 anos, o adolescente deve ser liberado (ou colocado em regime de semiliberdade ou de liberdade assistida, sem prazo, nos termos do art. 121, § 4º do ECA); ou ainda a liberação compulsória por ter o adolescente completado 21 anos.

Em relação à extinção das medidas diversas da internação, nem o Estatuto da Criança e do Adolescente nem o Sinase estabelecem qualquer regra semelhante à da desinternação compulsória aos 21 anos do jovem que atingir a maioridade (18 anos) no decorrer do cumprimento da medida. Não obstante, o Superior Tribunal de Justiça estabeleceu a seguinte tese no Tema 992 no sistema de acompanhamento dos repetitivos:

> É possível o cumprimento da medida socioeducativa até os 21 anos de idade, aplicada a adolescente em razão de fato praticado durante a menoridade.

---

273. Em relação à semiliberdade, o art. 120, § 2º do ECA determina a aplicação, no que couber, das disposições relativas à internação.

Em que pese a referida decisão[274] ter por fundamento a Súmula 605 deste tribunal[275], a tese firmada não encontra amparo legal, uma vez que, caso fosse a vontade do legislador estabelecer a possibilidade de estender até os 21 anos a execução de outras medidas socioeducativas, o teria feito de forma expressa, assim como fez com a medida de internação. A única interpretação que guarda amparo legal é aquela no sentido de que, ausente previsão expressa no ECA ou na Lei do Sinase, as demais medidas seguem a regra geral de aplicação da legislação especial somente para pessoas de até 18 anos, devendo qualquer exceção ser expressamente prevista.

O inciso III trata da hipótese em que o adolescente atingiu a maioridade durante o cumprimento da medida, e sofreu processo-crime por fato praticado após ter completado 18 anos, situação que inviabiliza sua manutenção em instituição destinada ao cumprimento de medida socioeducativa. A esse respeito, dispõem os §§ 1º e 2º do art. 46 da Lei do Sinase:

> § 1º No caso de o maior de 18 (dezoito) anos, em cumprimento de medida socioeducativa, responder a processo-crime, caberá à autoridade judiciária decidir sobre eventual extinção da execução, cientificando da decisão o juízo criminal competente.
>
> § 2º Em qualquer caso, o tempo de prisão cautelar não convertida em pena privativa de liberdade deve ser descontado do prazo de cumprimento da medida socioeducativa.

Embora não haja previsão legal expressa, por coerência interna à Lei do Sinase quanto às finalidades estabelecidas no seu art. 1º, § 2º, pode-se requerer a decretação da extinção da medida quando o adolescente estiver em local incerto e não sabido, ou, ainda, quando já tenha se passado grande lapso temporal entre a sentença e o potencial início do cumprimento da medida socioeducativa, fazendo com que perca seu propósito.

Por fim, as sanções internas às unidades aplicáveis às infrações praticadas pelos adolescentes durante o cumprimento da medida se submetem aos regimes disciplinares previstos nos arts. 71 a 75[276] da Lei do Sinase. Des-

---

274. Julgado em 13-6-2018. Disponível em: http://www.stj.jus.br/repetitivos/temas_repetitivos/pesquisa.jsp. Acesso em: agosto de 2018.

275. Súmula 605, STJ: "A superveniência da maioridade penal não interfere na apuração de ato infracional nem na aplicabilidade de medida socioeducativa em curso, inclusive na liberdade assistida, enquanto não atingida a idade de 21 anos".

276. "Art. 71. Todas as entidades de atendimento socioeducativo deverão, em seus respectivos regimentos, realizar a previsão de regime disciplinar que obedeça aos seguintes princípios: I – tipificação explícita das infrações como leves, médias e graves e determinação das correspon-

tas disposições, destacam-se a adoção da regra da tipicidade das infrações (art. 71, I), a serem apuradas mediante procedimento formal, com audiência do socioeducando (art. 71, II e III). Vale frisar, ainda, que o adolescente interno não pode ser submetido a isolamento como forma de sanção disciplinar. Porém, a Lei do Sinase permite o isolamento a título de exceção, caso seja imprescindível para garantia da segurança de outros internos ou do próprio adolescente sancionado, sendo necessária ainda comunicação ao defensor, ao Ministério Público e à autoridade judiciária em até 24 horas (art. 48, § 2º, Lei do Sinase).

▶▶ Tutela socioeducativa ou Direito Penal Juvenil?

Uma vez examinado o panorama sobre o sistema socioeducativo, é possível identificar uma certa indefinição por parte do legislador a respeito de alguns pontos das normas que, embora se pretendam "socioeducativas" e de "natureza pedagógica", em vários momentos acarretam para os adolescentes consequências mais rigorosas do que as que seriam decorrentes da atribuição do mesmo fato como crime a adultos, sem assegurar-lhes, de outro lado, as garantias constitucionais pertinentes ao sistema de justiça criminal.

Na fase policial, é problemática a previsão constante do art. 174, que possibilita a não liberação do adolescente pela autoridade policial – e potencial decretação de internação provisória pelo juiz – por fato considerado "grave" e de "repercussão social", sem definir quais sejam esses fatos, e a pretexto de garantir sua "segurança pessoal" e de "manutenção da ordem pública" (fundamento legal para decretação da prisão preventiva de adultos, por sua vez já fartamente criticado pela doutrina por sua ampla margem de interpretação). O artigo sequer fala em atos praticados mediante

---

dentes sanções; II – exigência da instauração formal de processo disciplinar para a aplicação de qualquer sanção, garantidos a ampla defesa e o contraditório; III – obrigatoriedade de audiência do socioeducando nos casos em que seja necessária a instauração de processo disciplinar; IV – sanção de duração determinada; V – enumeração das causas ou circunstâncias que eximam, atenuem ou agravem a sanção a ser imposta ao socioeducando, bem como os requisitos para a extinção dessa; VI – enumeração explícita das garantias de defesa; VII – garantia de solicitação e rito de apreciação dos recursos cabíveis; e VIII – apuração da falta disciplinar por comissão composta por, no mínimo, 3 (três) integrantes, sendo 1 (um), obrigatoriamente, oriundo da equipe técnica. Art. 72. O regime disciplinar é independente da responsabilidade civil ou penal que advenha do ato cometido. Art. 73. Nenhum socioeducando poderá desempenhar função ou tarefa de apuração disciplinar ou aplicação de sanção nas entidades de atendimento socioeducativo. Art. 74. Não será aplicada sanção disciplinar sem expressa e anterior previsão legal ou regulamentar e o devido processo administrativo. Art. 75. Não será aplicada sanção disciplinar ao socioeducando que tenha praticado a falta: I – por coação irresistível ou por motivo de força maior; II – em legítima defesa, própria ou de outrem."

violência ou grave ameaça, como fez o legislador no art. 173 do ECA, para justificar a não liberação do adolescente apreendido, e no art. 122 do ECA, nas hipóteses em que se admite a medida socioeducativa de internação. Por outro lado, a pouca precisão na redação do art. 174 do ECA possibilita que atos não violentos sejam considerados graves para fins de não liberação do adolescente, como o ato infracional equiparado a tráfico de entorpecentes – muito embora a Súmula 492 do STJ disponha que "ato infracional análogo ao tráfico de drogas, por si só, não conduz obrigatoriamente à imposição de medida socioeducativa de internação do adolescente". Ora, se a jurisprudência do STJ não autoriza a internação definitiva para este ato infracional, como admitir para a internação provisória, sob a justificativa de sua "repercussão social"? A título de comparação com o sistema de justiça criminal para adultos, não se poderia impor prisão preventiva em face de acusado de crime para o qual a lei não cominasse pena privativa de liberdade. Evidencia-se a imprecisão dos critérios legais para determinar uma medida de privação de liberdade, a pretexto de proteção do adolescente.

Na fase procedimental realizada perante o Ministério Público, também são encontradas previsões legais que podem ser consideradas mais rigorosas para adolescentes do que as aplicáveis a adultos acusados de fato análogo, a exemplo de atos infracionais equiparados a crimes de ação penal pública condicionada ou de ação penal privada: em ambos os casos, os adolescentes são processados por ação socioeducativa (de natureza pública, tendo em vista a titularidade do Ministério Público) sem que a lei exija qualquer manifestação da vítima a respeito – o que seria condição específica de procedibilidade (ou mesmo condição da ação no caso da ação privada, pela titularidade exclusiva) no caso das ações penais contra adultos, sob pena de nulidade absoluta do processo.

Mas talvez a previsão mais grave e que mereça uma reflexão crítica nesta etapa seja a constante do art. 114 do ECA, que permite aplicação de medida socioeducativa na etapa de remissão do art. 127 do ECA, ainda que não haja provas de que o adolescente praticou ato infracional, o que pode ser considerado inconstitucional (SHECAIRA, 2015, p. 209). Em outras palavras, o Estatuto da Criança e do Adolescente admite aplicar medidas de restrição de liberdade (pois mesmo a prestação de serviços à comunidade implica alguma restrição ao cotidiano do adolescente em cumprimento de medida) ainda que o adolescente não tenha praticado qualquer ato infracional. Vale aqui colocar o questionamento: se é possível aplicar à medida socioeducativa o lastro factual de prática do ato ilícito que a fundamenta, qual o sentido e o fundamento da sentença proferida ao final da ação socioeducativa?

Ademais, a expressão "necessariamente" inserida no art. 127 revela a ambiguidade de seu sentido, que pode "ou não" significar atribuição de responsabilidade ao adolescente.

Na fase judicial, chama a atenção o art. 187 do ECA, que autoriza até mesmo a utilização de condução coercitiva para o adolescente faltoso que tenha sido notificado, regra que não se aplica a acusados adultos, para os quais o comparecimento para o exercício de defesa é um direito, e não um dever.

Sérgio Salomão Shecaira pondera também (2015, p. 200) que o procedimento previsto no ECA não incorporou legislações penais que mitigam a pena, como as Leis ns. 9.099/95 e 10.259/2001 (que criaram os Juizados Especiais Criminais Estadual e Federal, aplicando institutos como a composição civil dos danos, a transação penal e a suspensão condicional do processo); a Lei n. 9.268/96 (que converte a multa penal não paga em dívida de valor perante a Fazenda Pública); ou a Lei n. 9.714/98, que estabeleceu o atual regime de penas alternativas no Código Penal. A não aplicação de todos esses institutos nos processos infracionais dos adolescentes viola os princípios contidos no art. 35 da Lei do Sinase e as Diretrizes de Riad:

> D. 54: Com o objetivo de impedir que se prossiga à estigmatização, à vitimização e à incriminação dos jovens, deverá ser promulgada uma legislação pela qual seja garantido que todo ato que não seja considerado um delito, nem seja punido quando cometido por um adulto, também não deverá ser considerado um delito, nem ser objeto de punição quando for cometido por um jovem.

Ainda, verifica-se que, em relação ao adolescente autor de ato infracional, o legislador optou não só por descrever os objetivos almejados com a aplicação da medida socioeducativa, como também condicionou a extinção da medida ao cumprimento desta finalidade, e essa especificidade do sistema de justiça juvenil é merecedora de uma reflexão cuidadosa. A Lei de Execução Penal (Lei n. 7.210/84), que regulamenta o cumprimento de penas por adultos, estabelece em seu art. 1º que a execução das penas têm dois objetivos: primeiro, *efetivar as disposições da sentença condenatória* (que, por sua vez, tem por finalidade *a reprovação e prevenção do crime* nos termos do art. 59 do Código Penal) e *proporcionar condições para uma harmônica integração do condenado*. Porém, a lei não exige que o adulto condenado demonstre ter atingido tais objetivos no cumprimento da pena, bastando que permaneça recluso até o limite do prazo máximo estabelecido na sentença e observadas as regras para progressão de regime[277]. Ou seja: o retorno do adulto à liberdade não é condicionado à demonstração de que as finalidades da pena tenham sido cumpridas, e ainda que se pudesse, por hipótese, demonstrar que nenhuma das finalidades da pena foi alcançada durante seu cumprimento, isso não seria um óbice ao retorno do adulto à liberdade, uma vez cumprida a pena prevista na sentença, nos termos do sistema progressivo estabelecido na Lei de Execução Penal. Como já visto, não é o que ocorre com os adolescentes, pois, como regra, as medidas socioeducativas não têm prazo máximo de duração, e o término de seu cumprimento está vinculado à demonstração do cumprimento de suas finalidades, nos termos do art. 46, II da Lei do Sinase.

A partir das considerações aqui expostas, verifica-se que, não obstante a intenção de se construir um sistema de tutela socioeducativa diferenciado em relação ao sistema penal, a legislação em vigor contém dispositivos que permitem a restrição (ou mesmo privação) da liberdade de adolescentes – o que é a característica central do Direito Penal – sem, contudo, equilibrar essa relação por meio dos direitos e garantias fundamentais previstos para acusados adultos, cuja aplicação seria cabível, no mínimo, pelo que dispõe o art. 152 do ECA, que estende o conteúdo das normas processuais pertinentes às eventuais lacunas da legislação especial, o que já possibilitaria aqui aplicar os direitos e garantias do Código de Processo Penal. Evidentemente, seria imprescindível aplicar, acima de tudo, as garantias previstas na Constituição Federal.

Se o legislador pretende manter um sistema de responsabilização dos adolescentes pela prática de ato ilícito que envolva privação de liberdade em moldes que guardam tantas semelhanças com o sistema adulto, vale re-

277. Ainda que a conduta individual do adulto durante a execução da pena privativa de liberdade impacte a concessão dos benefícios atinentes ao regime progressivo de cumprimento e ao livramento condicional. Os arts. 5º ao 9º da LEP estabelecem que uma Comissão Técnica de Classificação multidisciplinar composta por chefes de serviço, psiquiatra, psicólogo e assistente social classificará os condenados "segundo os seus antecedentes e personalidade, para orientar a individualização da execução penal" e elaborará o programa individualizador da pena privativa de liberdade adequada ao condenado ou preso provisório. Embora a Lei de Execução Penal contenha previsões relativas a um programa individualizado de cumprimento de pena com vistas à mencionada "harmônica integração do condenado. Aliás, o próprio papel da equipe multidisciplinar acabou por ser reduzido com o fim da exigibilidade do parecer da Comissão Técnica de Classificação para obtenção de progressão de regime em alteração legal ocorrida em 2003. O art. 112 da LEP, em sua redação original de 1984, exigia que a decisão concessiva de progressão de regime após o cumprimento de ao menos 1/6 da pena fosse motivada e precedida de parecer da Comissão Técnica de Classificação e do exame criminológico quando necessário. A Lei n. 10.792/2003 manteve a fração mínima de cumprimento, mas passou a condicionar a progressão à comprovação de bom comportamento carcerário, comprovado pelo diretor do estabelecimento, respeitadas as normas que vedam a progressão.

fletir que a medida socioeducativa apresenta um caráter de sanção aflitiva, e que merece as mesmas cautelas dispensadas pela lei e pela Constituição Federal à aplicação de penas privativas de liberdade. Afinal, nas palavras de Giancarlo Silkunas Vay:

> (...) se de fato a medida socioeducativa fosse uma coisa boa, à qual o adolescente teria por direito, ela de modo algum seria aplicável em correspondência lógica à prática de uma conduta lesiva a bem jurídico alheio, mas, ao contrário, haveria filas nas portas das Fundações Casa para que o Estado, por benevolência, pudesse reservar uma vaga para todos os filhos da elite intelectual brasileira. (VAY, 2011, p. 9)

2.9. Outros procedimentos: medidas judiciais e extrajudiciais

Com a finalidade de ampliar o espectro de proteção dos interesses de crianças e adolescentes, tanto no plano dos direitos individuais quanto dos direitos difusos e coletivos, o Estatuto da Criança e do Adolescente prevê medidas judiciais e extrajudiciais de competência da Justiça da Infância e Juventude, nos termos do art. 148 e incisos do ECA.

2.9.1. Medidas judiciais

Da Perda e da Suspensão do Poder Familiar

A perda ou a suspensão do poder familiar decretada pela via judicial tem caráter sancionatório: corresponde à sanção aplicável pelo descumprimento dos deveres inerentes ao poder familiar conforme já mencionado. Nos termos do art. 152[278] do ECA, sua tramitação terá prioridade absoluta.

São partes legítimas para sua propositura tanto o Ministério Público quanto quem tenha interesse, por exemplo: pretensos adotantes ou tutores, familiares ou o outro genitor[279]. Já a legitimidade passiva deverá corresponder aos pais biológicos ou adotivos que já se encontrem em pleno exercício do poder familiar (vale atentar para o fato de que a criança ou

278. "Art. 152. Aos procedimentos regulados nesta Lei aplicam-se subsidiariamente as normas gerais previstas na legislação processual pertinente. § 1º É assegurada, sob pena de responsabilidade, prioridade absoluta na tramitação dos processos e procedimentos previstos nesta Lei, assim como na execução dos atos e diligências judiciais a eles referentes."

279. Nos termos do art. 155 do ECA: "Art. 155. O procedimento para a perda ou a suspensão do poder familiar terá início por provocação do Ministério Público ou de quem tenha legítimo interesse".

adolescente sobre a qual recaia o poder familiar em discussão não é a ré do processo).

Caso os genitores tenham menos de 18 anos, há divergência doutrinária[280] a respeito da possibilidade destes figurarem no polo passivo, em decorrência da lacuna legal sobre a disciplina do poder familiar por pais e mães com menos de 18 anos[281].

Kátia Maciel (2017, p. 856) sustenta que o adolescente maior de 16 anos necessita de assistência legal dos pais para praticar os atos da vida civil, mas é "detentor de encargos limitados deste múnus". Para a mesma autora, uma vez esgotados os recursos de auxílio à família, é admissível a perda do poder familiar de pais adolescentes de 12 a 16 anos representados por pais ou tutores[282].

Os requisitos da inicial estão dispostos no art. 156 do ECA[283], sendo que o pedido inicial pode ser cumulado ou não com guarda, tutela ou adoção[284]. Há previsão legal no ECA[285] para pedido de suspensão liminar ou incidental do poder familiar por motivo grave, sempre com determinação de estudo social ou perícia concomitantemente à citação e desde que presentes os requisitos gerais das cautelares (*fumus boni iuris* e *periculum in mora*), ou seja, se demonstrado que a criança ou adolescente estará exposto a risco caso mantido em companhia dos genitores.

Uma vez recebida a petição inicial, o juiz deverá determinar a citação do(s) réu(s), e concomitantemente, determinar a realização de estudo social ou perícia por equipe interprofissional ou multidisciplinar para verificar se

---

280. Kátia Maciel (2017, p. 856) cita, por exemplo, Valter Kenji Ishida, que entende ser possível a destituição da mãe menor de idade, seja absolutamente ou relativamente incapaz (apud MACIEL, 2017, p. 855); e Giuliano D'Andrea, para quem deve ser levada em consideração a capacidade de fato do adolescente (apud MACIEL, 2017, p. 855).

281. Conforme será abordado no Capítulo 3.

282. Este é o entendimento da jurisprudência majoritária. Sobre posicionamentos neste sentido, a autora cita, por exemplo, a Ap. Cível 103268-8/188/TJGO, j. 5-6-2007; a Ap. Cível n. 2015.014695-5/TJSC, j. 18-6-2015; Ap. Cível n. 046598638.2011.8.13.0024/TJMG, j. 20-2-2014; Ap. Cível 0447562-91.2010.8.26.0000, j. 14-3-2011, entre outros julgados.

283. "Art. 156. A petição inicial indicará: I – a autoridade judiciária a que for dirigida; II – o nome, o estado civil, a profissão e a residência do requerente e do requerido, dispensada a qualificação em se tratando de pedido formulado por representante do Ministério Público; III – a exposição sumária do fato e o pedido; IV – as provas que serão produzidas, oferecendo, desde logo, o rol de testemunhas e documentos."

284. Os procedimentos para colocação da criança ou adolescente em família substituta serão examinados nos tópicos a seguir.

285. "Art. 157. Havendo motivo grave, poderá a autoridade judiciária, ouvido o Ministério Público, decretar a suspensão do poder familiar, liminar ou incidentalmente, até o julgamento definitivo da causa, ficando a criança ou adolescente confiado a pessoa idônea, mediante termo de responsabilidade."

há, no caso examinado, as causas de suspensão ou destituição de poder familiar alegadas na inicial[286]. Importante ressaltar o disposto no § 2º do art. 157[287], que obriga a participação de funcionário representante do órgão federal responsável pela política indigenista no caso de genitores oriundos de comunidades indígenas, com a finalidade de que se considerem e respeitem a identidade social e cultural da criança de origem indígena e quilombola, e para que, de preferência, a colocação familiar ocorra junto à sua própria comunidade ou etnia[288]. É importante acrescentar que a Lei n. 14.340/2022 incluiu o § 4º no art. 157, dispondo que, havendo indícios de ato de violação de direitos de criança ou de adolescente, o juiz comunicará o fato ao Ministério Público e encaminhará os documentos pertinentes.

Por se tratar de direito indisponível, a citação deverá ser, em regra, pessoal, inclusive na hipótese de genitores em situação de privação de liberdade. Somente caberá a citação por hora certa se houver suspeita de ocultação dos genitores para não serem citados; ou citação por edital no caso de genitores em local incerto ou não sabido[289]. Se o(s) réu(s) não dispuserem

286. Nos termos do § 1º do art. 157, ECA: "§ 1º Recebida a petição inicial, a autoridade judiciária determinará, concomitantemente ao despacho de citação e independentemente de requerimento do interessado, a realização de estudo social ou perícia por equipe interprofissional ou multidisciplinar para comprovar a presença de uma das causas de suspensão ou destituição do poder familiar, ressalvado o disposto no § 10 do art. 101 desta Lei, e observada a Lei n. 13.431/2017". Vale lembrar que a Lei n. 13.431/2017 se refere ao sistema de garantias de direitos de crianças ou adolescentes vítimas ou testemunhas de violência, conforme analisado no Capítulo 3, tópico "A Lei n. 13.431/2017 e o sistema de garantias de direitos de crianças e adolescentes vítimas ou testemunhas de violência". A esse respeito, ver também o tópico "Medidas Específicas de Proteção" sobre o art. 101 do ECA e as medidas de proteção, em especial o § 10: "§ 10. Recebido o relatório, o Ministério Público terá o prazo de 15 (quinze) dias para o ingresso com a ação de destituição do poder familiar, salvo se entender necessária a realização de estudos complementares ou de outras providências indispensáveis ao ajuizamento da demanda".

287. "§ 2º Em sendo os pais oriundos de comunidades indígenas, é ainda obrigatória a intervenção, junto à equipe interprofissional ou multidisciplinar referida no § 1º deste artigo, de representantes do órgão federal responsável pela política indigenista, observado o disposto no § 6º do art. 28 desta Lei."

288. Nos termos do art. 28, § 6º do ECA, já examinado no tópico "Colocação em família substituta: guarda, tutela e adoção" e que segue novamente transcrito aqui: "Art. 28, § 6º: Em se tratando de criança ou adolescente indígena ou proveniente de comunidade remanescente de quilombo, é ainda obrigatório: I – que sejam consideradas e respeitadas sua identidade social e cultural, os seus costumes e tradições, bem como suas instituições, desde que não sejam incompatíveis com os direitos fundamentais reconhecidos por esta Lei e pela Constituição Federal; II – que a colocação familiar ocorra prioritariamente no seio de sua comunidade ou junto a membros da mesma etnia; III – a intervenção e oitiva de representantes do órgão federal responsável pela política indigenista, no caso de crianças e adolescentes indígenas, e de antropólogos, perante a equipe interprofissional ou multidisciplinar que irá acompanhar o caso".

289. "Art. 158. O requerido será citado para, no prazo de dez dias, oferecer resposta escrita, indicando as provas a serem produzidas e oferecendo desde logo o rol de testemunhas e documentos. § 1º A citação será pessoal, salvo se esgotados todos os meios para sua realização. § 2º O requerido privado de liberdade deverá ser citado pessoalmente. § 3º Quando, por 2 (duas) vezes, o oficial de justiça houver procurado o citando em seu domicílio ou residência sem o encontrar,

de recursos para constituir um advogado, o ECA lhes autoriza requerer a nomeação de um advogado dativo[290] (o que não os impede de recorrer aos serviços da Defensoria Pública), e no caso do genitor requerido estar privado de sua liberdade, é dever do oficial de justiça no ato da citação informar-lhe sobre seu direito de ter nomeado um defensor[291].

Não havendo contestação[292], o art. 161 do ECA determina o seguinte:

> Art. 161. Se não for contestado o pedido e tiver sido concluído o estudo social ou a perícia realizada por equipe interprofissional ou multidisciplinar, a autoridade judiciária dará vista dos autos ao Ministério Público, por 5 (cinco) dias, salvo quando este for o requerente, e decidirá em igual prazo.

Isto significa que, caso o réu tenha sido pessoalmente citado, mas não tenha contestado a ação no prazo de dez dias contados a partir da juntada aos autos do mandado cumprido, a lei autoriza o julgamento antecipado da lide, embora seja situação de difícil ocorrência na prática em virtude da frequente necessidade de produção de provas dos fatos alegados pelo autor da ação, seja o Ministério Público, seja outro legitimado (AZEVEDO, 2010, p. 758). Por essa razão, o ECA[293] igualmente possibilita, mesmo em caso de

---

deverá, havendo suspeita de ocultação, informar qualquer pessoa da família ou, em sua falta, qualquer vizinho do dia útil em que voltará a fim de efetuar a citação, na hora que designar, nos termos do art. 252 e seguintes da Lei n. 13.105, de 16 de março de 2015 (Código de Processo Civil). § 4º Na hipótese de os genitores encontrarem-se em local incerto ou não sabido, serão citados por edital no prazo de 10 (dez) dias, em publicação única, dispensado o envio de ofícios para a localização."

290. "Art. 159. Se o requerido não tiver possibilidade de constituir advogado, sem prejuízo do próprio sustento e de sua família, poderá requerer, em cartório, que lhe seja nomeado dativo, ao qual incumbirá a apresentação de resposta, contando-se o prazo a partir da intimação do despacho de nomeação."

291. Nos termos do parágrafo único do art. 159, ECA: "Parágrafo único. Na hipótese de requerido privado de liberdade, o oficial de justiça deverá perguntar, no momento da citação pessoal, se deseja que lhe seja nomeado defensor".

292. Na hipótese de não apresentação da resposta, indispensável lembrar que não há efeitos da revelia contra direito indisponível, nos termos dos arts. 344 e 345 do Código de Processo Civil: "Art. 344. Se o réu não contestar a ação, será considerado revel e presumir-se-ão verdadeiras as alegações de fato formuladas pelo autor. Art. 345. A revelia não produz o efeito mencionado no art. 344 se: (...) II – o litígio versar sobre direitos indisponíveis".

293. Nos termos do art. 161 e seus parágrafos: "§ 1º A autoridade judiciária, de ofício ou a requerimento das partes ou do Ministério Público, determinará a oitiva de testemunhas que comprovem a presença de uma das causas de suspensão ou destituição do poder familiar previstas nos arts. 1.637 e 1.638 da Lei n. 10.406, de 10 de janeiro de 2002 (Código Civil), ou no art. 24 desta Lei. (...) § 3º Se o pedido importar em modificação de guarda, será obrigatória, desde que possível e razoável, a oitiva da criança ou adolescente, respeitado seu estágio de desenvolvimento e grau de compreensão sobre as implicações da medida. § 4º É obrigatória a oitiva dos pais sempre que eles forem identificados e estiverem em local conhecido, ressalvados os casos de não comparecimento perante a Justiça quando devidamente citados. § 5º Se o pai ou a mãe estiverem privados de liberdade, a autoridade judicial requisitará sua apresentação para a oitiva".

ausência de contestação, que sejam realizadas diligências referentes à instrução probatória, tais como oitiva de testemunhas e da própria criança ou adolescente (que será obrigatória se houver pedido de modificação de guarda), e mesmo dos pais, também obrigatória caso identificados e em local conhecido (salvo quando, regularmente citados, não compareçam), ou quando privados de liberdade (caso em que sua apresentação deverá ser requerida pelo juiz). "Todas estas providências afastam a possibilidade de um julgamento definitivo, desde logo, e em cinco dias, como pretendeu o legislador" (AZEVEDO, 2010, p. 760).

Havendo regular contestação dos pedidos formulados, a diferença principal em relação ao prosseguimento do procedimento com o réu revel é que a vista dos autos ao Ministério Público será para que este tenha ciência da resposta apresentada. No mais, os parágrafos do art. 162 do ECA estabelecem os atos para instrução probatória[294].

O procedimento deverá se encerrar no máximo em 120 dias, devendo o juiz providenciar que se iniciem os trabalhos para colocação da criança ou adolescente em família substituta quando for inviável a manutenção do poder familiar dos genitores[295].

Da Colocação em Família Substituta[296]

O procedimento para colocação da criança ou adolescente em família substituta tem seus requisitos processuais iniciais para concessão dos pedidos estabelecidos pelo art. 165 do ECA[297].

---

294. "Art. 162. Apresentada a resposta, a autoridade judiciária dará vista dos autos ao Ministério Público, por cinco dias, salvo quando este for o requerente, designando, desde logo, audiência de instrução e julgamento. § 2º Na audiência, presentes as partes e o Ministério Público, serão ouvidas as testemunhas, colhendo-se oralmente o parecer técnico, salvo quando apresentado por escrito, manifestando-se sucessivamente o requerente, o requerido e o Ministério Público, pelo tempo de 20 (vinte) minutos cada um, prorrogável por mais 10 (dez) minutos. § 3º A decisão será proferida na audiência, podendo a autoridade judiciária, excepcionalmente, designar data para sua leitura no prazo máximo de 5 (cinco) dias. § 4º Quando o procedimento de destituição de poder familiar for iniciado pelo Ministério Público, não haverá necessidade de nomeação de curador especial em favor da criança ou adolescente".

295. "Art. 163. O prazo máximo para conclusão do procedimento será de 120 (cento e vinte) dias, e caberá ao juiz, no caso de notória inviabilidade de manutenção do poder familiar, dirigir esforços para preparar a criança ou o adolescente com vistas à colocação em família substituta."

296. Situações para colocação em família substituta no tópico "Medidas Específicas de Proteção".

297. "Art. 165. São requisitos para a concessão de pedidos de colocação em família substituta: I – qualificação completa do requerente e de seu eventual cônjuge, ou companheiro, com expressa anuência deste; II – indicação de eventual parentesco do requerente e de seu cônjuge, ou companheiro, com a criança ou adolescente, especificando se tem ou não parente vivo; III – qualificação completa da criança ou adolescente e de seus pais, se conhecidos; IV – indicação do cartório onde foi inscrito nascimento, anexando, se possível, uma cópia da respectiva certidão; V – declaração sobre a existência de bens, direitos ou rendimentos relativos à

A redação conferida ao art. 166[298] do ECA a partir da Lei n. 12.010/2009 trouxe a possibilidade de formulação de pedido de adoção diretamente em cartório, sem necessidade de que um advogado assine a petição, na hipótese de não haver dúvida sobre o consentimento dos genitores da criança ou adolescente, ou seja: quando os pais forem falecidos, tiverem sido destituídos ou suspensos do poder familiar ou manifestado expressamente sua concordância com o pedido de colocação de seu filho ou filha em família substituta.

Mesmo com a dispensa legal de advogado subscrevendo o pedido, os §§ 2º a 7º do art. 166 do ECA estipulam regras para manifestação e consignação do consentimento dos genitores: este somente terá validade quando manifestado depois de nascida a criança, e após ratificado em audiência reservada, realizada perante o juiz com a presença do Ministério Público, sendo que o consentimento é retratável até a data desta audiência, com direito de arrependimento até dez dias após sua realização. O pai e/ou a mãe devem receber orientações e esclarecimentos da equipe multiprofissional, resguardando-se ainda o direito de livre manifestação de quem detiver o poder familiar da criança ou do adolescente, bem como ao sigilo das informações. "Como se percebe, a dispensa de representação responde à conveniência de simplificação do procedimento, em hipótese onde, não existindo lide atual nem virtual, desaparece a necessidade do contraditório e da atuação técnica consequente (art. 5º, LV, CF, a contrário)" (PELUSO, 2010, p. 773).

---

criança ou ao adolescente. Parágrafo único. Em se tratando de adoção, observar-se-ão também os requisitos específicos."

298. "Art. 166. Se os pais forem falecidos, tiverem sido destituídos ou suspensos do poder familiar, ou houverem aderido expressamente ao pedido de colocação em família substituta, este poderá ser formulado diretamente em cartório, em petição assinada pelos próprios requerentes, dispensada a assistência de advogado. § 1º Na hipótese de concordância dos pais, o juiz: I – na presença do Ministério Público, ouvirá as partes, devidamente assistidas por advogado ou por defensor público, para verificar sua concordância com a adoção, no prazo máximo de 10 (dez) dias, contado da data do protocolo da petição ou da entrega da criança em juízo, tomando por termo as declarações; e II – declarará a extinção do poder familiar. § 2º O consentimento dos titulares do poder familiar será precedido de orientações e esclarecimentos prestados pela equipe interprofissional da Justiça da Infância e da Juventude, em especial, no caso de adoção, sobre a irrevogabilidade da medida. § 3º São garantidos a livre manifestação de vontade dos detentores do poder familiar e o direito ao sigilo das informações. § 4º O consentimento prestado por escrito não terá validade se não for ratificado na audiência a que se refere o § 1º deste artigo. § 5º O consentimento é retratável até a data da realização da audiência especificada no § 1º deste artigo, e os pais podem exercer o arrependimento no prazo de 10 (dez) dias, contado da data de prolação da sentença de extinção do poder familiar. § 6º O consentimento somente terá valor se for dado após o nascimento da criança. § 7º A família natural e a família substituta receberão a devida orientação por intermédio de equipe técnica interprofissional a serviço da Justiça da Infância e da Juventude, preferencialmente com apoio dos técnicos responsáveis pela execução da política municipal de garantia do direito à convivência familiar."

Em todos os casos de colocação da criança ou adolescente em família substituta, deverá ser realizada a perícia psicossocial (por equipe multiprofissional) ou, ao menos, o estudo social por assistente social. Sendo concedida guarda provisória aos requerentes (ou determinado estágio de convivência no caso de adoção), a criança ou adolescente será entregue ao interessado mediante termo de responsabilidade[299]. Assim como em outros procedimentos, a criança ou adolescente deverá ser ouvido sempre que possível[300].

É importante observar que a extinção do poder familiar (sempre em procedimentos em que se garanta o contraditório e a ampla defesa) é pressuposto do processo de adoção, podendo ser proferida a sentença de destituição nos próprios autos do pedido de adoção, assim como a perda ou modificação da guarda (LIBERATI, 2015, p. 212), tudo nos termos do art. 169 do ECA[301].

Por fim, determina o art. 170 do ECA:

> Art. 170. Concedida a guarda ou a tutela, observar-se-á o disposto no art. 32, e, quanto à adoção, o contido no art. 47.
>
> Parágrafo único. A colocação de criança ou adolescente sob a guarda de pessoa inscrita em programa de acolhimento familiar será comunicada pela autoridade judiciária à entidade por este responsável no prazo máximo de 5 (cinco) dias.

A habilitação para adoção

O atual procedimento para habilitação dos pretendentes à adoção foi estabelecido pela Lei n. 12.010/2009, com as alterações da Lei n. 13.509/2017,

---

299. "Art. 167. A autoridade judiciária, de ofício ou a requerimento das partes ou do Ministério Público, determinará a realização de estudo social ou, se possível, perícia por equipe interprofissional, decidindo sobre a concessão de guarda provisória, bem como, no caso de adoção, sobre o estágio de convivência. Parágrafo único. Deferida a concessão da guarda provisória ou do estágio de convivência, a criança ou o adolescente será entregue ao interessado, mediante termo de responsabilidade."

300. "Art. 168. Apresentado o relatório social ou o laudo pericial, e ouvida, sempre que possível, a criança ou o adolescente, dar-se-á vista dos autos ao Ministério Público, pelo prazo de cinco dias, decidindo a autoridade judiciária em igual prazo."

301. "Art. 169. Nas hipóteses em que a destituição da tutela, a perda ou a suspensão do poder familiar constituir pressuposto lógico da medida principal de colocação em família substituta, será observado o procedimento contraditório previsto nas Seções II e III deste Capítulo. Parágrafo único. A perda ou a modificação da guarda poderá ser decretada nos mesmos autos do procedimento, observado o disposto no art. 35."

e se aplica aos pretendentes à adoção residentes no Brasil[302]. O procedimento tem por finalidade inscrever pessoas que tenham interesse em adotar uma criança ou adolescente no Cadastro Nacional de Adotantes (nos termos do art. 50 do ECA, como já abordado). Uma vez inscritos, os pretendentes aguardarão a convocação respeitando a ordem cronológica[303].

O requerimento feito pelos interessados em adotar deve ser apresentado ao juiz da infância e juventude, contendo as informações e documentos arrolados no art. 197-A do ECA[304].

A partir da formalização do requerimento, em 48 horas o juiz dará vista dos autos para o Ministério Público por cinco dias, nos quais o promotor deverá, além de requerer designação de audiência para oitiva de postulantes e testemunhas, bem como documentos complementares e outras diligências, apresentar quesitos para a equipe interprofissional responsável (cuja intervenção é obrigatória) pelo estudo técnico a ser realizado[305].

A partir das alterações realizadas pelas Leis ns. 12.010/2009 e 13.509/2017, o ECA determina que os postulantes à adoção devem participar, obrigatoriamente, de programas promovidos pela Justiça da Infância e Juventude, para passar por preparação psicológica, orientação, estímulo à adoção inter-racial, de crianças ou adolescentes com deficiências ou questões de saúde diversas, bem como de grupos de irmãos. Nesses programas,

302. Sobre adoção por estrangeiros ver comentários aos arts. 52 a 52-D no tópico "Colocação em família substituta: guarda, tutela e adoção".

303. "Art. 197-E. Deferida a habilitação, o postulante será inscrito nos cadastros referidos no art. 50 desta Lei, sendo a sua convocação para a adoção feita de acordo com ordem cronológica de habilitação e conforme a disponibilidade de crianças ou adolescentes adotáveis. § 1º A ordem cronológica das habilitações somente poderá deixar de ser observada pela autoridade judiciária nas hipóteses previstas no § 13 do art. 50 desta Lei, quando comprovado ser essa a melhor solução no interesse do adotando."

304. "Art. 197-A. Os postulantes à adoção, domiciliados no Brasil, apresentarão petição inicial na qual conste: I – qualificação completa; II – dados familiares; III – cópias autenticadas de certidão de nascimento ou casamento, ou declaração relativa ao período de união estável; IV – cópias da cédula de identidade e inscrição no Cadastro de Pessoas Físicas; V – comprovante de renda e domicílio; VI – atestados de sanidade física e mental; VII – certidão de antecedentes criminais; VIII – certidão negativa de distribuição cível."

305. "Art. 197-B. A autoridade judiciária, no prazo de 48 (quarenta e oito) horas, dará vista dos autos ao Ministério Público, que no prazo de 5 (cinco) dias poderá: I – apresentar quesitos a serem respondidos pela equipe interprofissional encarregada de elaborar o estudo técnico a que se refere o art. 197-C desta Lei; II – requerer a designação de audiência para oitiva dos postulantes em juízo e testemunhas; III – requerer a juntada de documentos complementares e a realização de outras diligências que entender necessárias. Art. 197-C. Intervirá no feito, obrigatoriamente, equipe interprofissional a serviço da Justiça da Infância e da Juventude, que deverá elaborar estudo psicossocial, que conterá subsídios que permitam aferir a capacidade e o preparo dos postulantes para o exercício de uma paternidade ou maternidade responsável, à luz dos requisitos e princípios desta Lei."

os postulantes também terão contato com crianças e adolescentes em regime de acolhimento institucional, às quais também se recomenda que passem por preparação com equipe interprofissional antes de serem incluídas na família substituta[306].

Realizados os programas referidos acima, o juiz decidirá em 48 horas sobre as diligências requeridas pelo Ministério Público e determinará a juntada do estudo psicossocial aos autos. Se necessário, designará audiência de instrução e julgamento. Não havendo diligências (por ausência de requerimento ou por indeferimento), após determinada a juntada do estudo psicossocial, o Ministério Público terá vista dos autos por cinco dias, e o juiz proferirá a seguir a sentença, em igual prazo[307].

Após deferida a habilitação, além de aguardar por ordem cronológica sua convocação, o pretendente deverá renovar sua habilitação ao menos trienalmente, salvo quando se candidatar a uma nova adoção, caso em que bastará a avaliação pela equipe interprofissional[308].

O habilitado somente poderá recusar injustificadamente a indicação de crianças ou adolescentes selecionados a partir do perfil escolhido por três vezes – nesse caso, a habilitação concedida será reavaliada. Ainda, se desistir da guarda ou devolver a criança ou adolescente adotado após o trânsito

306. Nos termos dos parágrafos do art. 197-C: "§ 1º É obrigatória a participação dos postulantes em programa oferecido pela Justiça da Infância e da Juventude, preferencialmente com apoio dos técnicos responsáveis pela execução da política municipal de garantia do direito à convivência familiar e dos grupos de apoio à adoção devidamente habilitados perante a Justiça da Infância e da Juventude, que inclua preparação psicológica, orientação e estímulo à adoção inter–racial, de crianças ou de adolescentes com deficiência, com doenças crônicas ou com necessidades específicas de saúde, e de grupos de irmãos; § 2º Sempre que possível e recomendável, a etapa obrigatória da preparação referida no § 1º deste artigo incluirá o contato com crianças e adolescentes em regime de acolhimento familiar ou institucional, a ser realizado sob orientação, supervisão e avaliação da equipe técnica da Justiça da Infância e da Juventude e dos grupos de apoio à adoção, com apoio dos técnicos responsáveis pelo programa de acolhimento familiar e institucional e pela execução da política municipal de garantia do direito à convivência familiar. § 3º É recomendável que as crianças e os adolescentes acolhidos institucionalmente ou por família acolhedora sejam preparados por equipe interprofissional antes da inclusão em família adotiva".

307. "Art. 197-D. Certificada nos autos a conclusão da participação no programa referido no art. 197-C desta Lei, a autoridade judiciária, no prazo de 48 (quarenta e oito) horas, decidirá acerca das diligências requeridas pelo Ministério Público e determinará a juntada do estudo psicossocial, designando, conforme o caso, audiência de instrução e julgamento. Parágrafo único. Caso não sejam requeridas diligências, ou sendo essas indeferidas, a autoridade judiciária determinará a juntada do estudo psicossocial, abrindo a seguir vista dos autos ao Ministério Público, por 5 (cinco) dias, decidindo em igual prazo."

308. Nos termos dos parágrafos do art. 197-E do ECA: "§ 2º A habilitação à adoção deverá ser renovada no mínimo trienalmente mediante avaliação por equipe interprofissional. § 3º Quando o adotante candidatar-se a uma nova adoção, será dispensável a renovação da habilitação, bastando a avaliação por equipe interprofissional".

em julgado da sentença, será excluído dos cadastros de adoção e vedada nova habilitação (o que somente será possível mediante decisão judicial fundamentada). Além disso, fica sujeito às sanções da legislação vigente[309].

O procedimento de habilitação deverá estar concluído em 120 dias, nos termos do art. 197-F do ECA:

> Art. 197-F. O prazo máximo para conclusão da habilitação à adoção será de 120 (cento e vinte) dias, prorrogável por igual período, mediante decisão fundamentada da autoridade judiciária.

O sistema recursal do Estatuto da Criança e do Adolescente

O Estatuto da Criança e do Adolescente adota o sistema recursal do Código de Processo Civil, inclusive no tocante aos procedimentos referentes à execução de medidas socioeducativas[310].

Admitem-se, portanto, os seguintes recursos: apelação, agravo de instrumento, agravo interno, embargos de declaração, recurso ordinário, recurso especial, recurso extraordinário, agravo em recurso especial ou extraordinário e embargos de divergência.

Porém, o art. 198 do ECA estabelece adaptações, quais sejam: dispensa-se o preparo (termo que se refere ao pagamento antecipado das despesas com seu processamento, consequência da isenção de custas e emolumentos das ações judiciais de competência da Justiça da Infância e Juventude[311]) de qualquer recurso; todos terão prazo único de 10 dias, tanto para MP quanto para defesa (salvo embargos de declaração); possibilidade de juízo

---

309. Nos termos dos parágrafos do art. 197-E do ECA: "§ 4º Após 3 (três) recusas injustificadas, pelo habilitado, à adoção de crianças ou adolescentes indicados dentro do perfil escolhido, haverá reavaliação da habilitação concedida. § 5º A desistência do pretendente em relação à guarda para fins de adoção ou a devolução da criança ou do adolescente depois do trânsito em julgado da sentença de adoção importará na sua exclusão dos cadastros de adoção e na vedação de renovação da habilitação, salvo decisão judicial fundamentada, sem prejuízo das demais sanções previstas na legislação vigente".

310. "Art. 198. Nos procedimentos afetos à Justiça da Infância e da Juventude, inclusive os relativos à execução das medidas socioeducativas, adotar-se-á o sistema recursal da Lei n. 5.869, de 11 de janeiro de 1973 (Código de Processo Civil), com as seguintes adaptações: (...)". Nota da autora: embora o texto do ECA ainda não tenha sido atualizado, deve-se considerar, evidentemente, o Novo Código de Processo Civil, que admite em seu art. 994 os seguintes recursos: "Art. 994. São cabíveis os seguintes recursos: I – apelação; II – agravo de instrumento; III – agravo interno; IV – embargos de declaração; V – recurso ordinário; VI – recurso especial; VII – recurso extraordinário; VIII – agravo em recurso especial ou extraordinário; IX – embargos de divergência".

311. Conforme visto no tópico "O Acesso à Justiça".

de retratação; (havendo retratação a remessa dos autos dependerá de pedido da parte interessada ou do MP)[312].

Todos os recursos destes procedimentos (adoção e destituição) têm prioridade absoluta inclusive na distribuição[313].

Em relação ao recurso de apelação, o Estatuto da Criança e do Adolescente estabelece algumas especificidades. Primeiro, determina ser este o recurso cabível em face de decisões judiciais proferidas mediante portaria ou alvará (art. 149, ECA). Segundo, quanto aos efeitos da apelação de sentença que destitui poder familiar e da que defere adoção: ambas são recebidas somente no efeito devolutivo (ou seja, no primeiro caso a criança não fica com os pais violadores dos deveres do poder familiar e, no segundo, vai ser adotada sem precisar esperar o julgamento do recurso, pois não há efeito suspensivo), salvo se, no caso da adoção, houver risco de dano irreparável ou de difícil reparação à criança ou adolescente, ou em adoção internacional.

Quanto ao processamento dos recursos, o Estatuto da Criança e do Adolescente determina que o relator tem prazo de 60 dias para julgar a partir da chamada à conclusão, intimando o MP da data do julgamento, que poderá apresentar parecer oralmente na sessão.

Cabe ao MP requerer a instauração de procedimento caso haja descumprimento desses prazos (fiscal da lei)[314].

---

312. "Art. 197. (...) I – os recursos serão interpostos independentemente de preparo; II – em todos os recursos, salvo nos embargos de declaração, o prazo para o Ministério Público e para a defesa será sempre de 10 (dez) dias; III – os recursos terão preferência de julgamento e dispensarão revisor; VII – antes de determinar a remessa dos autos à superior instância, no caso de apelação, ou do instrumento, no caso de agravo, a autoridade judiciária proferirá despacho fundamentado, mantendo ou reformando a decisão, no prazo de cinco dias; VIII – mantida a decisão apelada ou agravada, o escrivão remeterá os autos ou o instrumento à superior instância dentro de vinte e quatro horas, independentemente de novo pedido do recorrente; se a reformar, a remessa dos autos dependerá de pedido expresso da parte interessada ou do Ministério Público, no prazo de cinco dias, contados da intimação."

313. "Art. 199. Contra as decisões proferidas com base no art. 149 caberá recurso de apelação. Art. 199-A. A sentença que deferir a adoção produz efeito desde logo, embora sujeita a apelação, que será recebida exclusivamente no efeito devolutivo, salvo se se tratar de adoção internacional ou se houver perigo de dano irreparável ou de difícil reparação ao adotando. Art. 199-B. A sentença que destituir ambos ou qualquer dos genitores do poder familiar fica sujeita a apelação, que deverá ser recebida apenas no efeito devolutivo. Art. 199-C. Os recursos nos procedimentos de adoção e de destituição de poder familiar, em face da relevância das questões, serão processados com prioridade absoluta, devendo ser imediatamente distribuídos, ficando vedado que aguardem, em qualquer situação, oportuna distribuição, e serão colocados em mesa para julgamento sem revisão e com parecer urgente do Ministério Público.

314. "Art. 199-D. O relator deverá colocar o processo em mesa para julgamento no prazo máximo de 60 (sessenta) dias, contado da sua conclusão. Parágrafo único. O Ministério Público será intimado da data do julgamento e poderá na sessão, se entender necessário, apresentar oralmente seu parecer. Art. 199-E. O Ministério Público poderá requerer a instauração de procedimento

Proteção Judicial dos Interesses Individuais, Difusos e Coletivos

Os interesses difusos e coletivos guardam relação com a chamada terceira geração dos Direitos Humanos – e, sendo o Estatuto da Criança e do Adolescente a principal norma de proteção a crianças e adolescentes, evidentemente contemplará também esta categoria de direitos.

O art. 208 do ECA contém as previsões sobre os direitos protegidos de violação pela ação ou omissão que resulte em ausência de oferta ou oferta irregular dos direitos à educação, à saúde e à assistência social[315]. A proteção a esses direitos se dá pela possiblidade de ajuizamento de ações para responsabilização civil para obrigar judicialmente o Estado a suprir a carência ou ausência de oferta de serviços de saúde, educação, profissionalização entre outros serviços essenciais para crianças e adolescentes. Adão Bonfim Bezerra exemplifica a proteção a tais direitos como, por exemplo, por meio de:

> (...) ações destinadas a promover reforma em entidades de atendimento à criança e ao adolescente; ações destinadas a promover a construção de casas de abrigo e internação para crianças e adolescentes; ações na área da saúde visando a reformas e ao correto funcionamento de unidades hospitalares; ações para permitir o acesso de deficientes físicos aos meios de transporte, a estabelecimentos escolares, unidades de lazer etc. (BEZERRA, 2010, p. 979)

O § 1º do mesmo artigo ressalva expressamente que o rol do art. 208 é exemplificativo, estando protegidos outros interesses da infância e adolescência inclusive quando individualizados[316]. Em 2005, foi inserido o § 2º

---

para apuração de responsabilidades se constatar o descumprimento das providências e do prazo previstos nos artigos anteriores."

315. "Art. 208. Regem-se pelas disposições desta Lei as ações de responsabilidade por ofensa aos direitos assegurados à criança e ao adolescente, referentes ao não oferecimento ou oferta irregular: I – do ensino obrigatório; II – de atendimento educacional especializado aos portadores de deficiência; III – de atendimento em creche e pré-escola às crianças de zero a cinco anos de idade; IV – de ensino noturno regular, adequado às condições do educando; V – de programas suplementares de oferta de material didático-escolar, transporte e assistência à saúde do educando do ensino fundamental; VI – de serviço de assistência social visando à proteção à família, à maternidade, à infância e à adolescência, bem como ao amparo às crianças e adolescentes que dele necessitem; VII – de acesso às ações e serviços de saúde; VIII – de escolarização e profissionalização dos adolescentes privados de liberdade. IX – de ações, serviços e programas de orientação, apoio e promoção social de famílias e destinados ao pleno exercício do direito à convivência familiar por crianças e adolescentes. X – de programas de atendimento para a execução das medidas socioeducativas e aplicação de medidas de proteção. XI – de políticas e programas integrados de atendimento à criança e ao adolescente vítima ou testemunha de violência."

316. "Art. 208. (...) § 1º As hipóteses previstas neste artigo não excluem da proteção judicial outros interesses *individuais*, difusos ou coletivos, próprios da infância e da adolescência, protegidos pela Constituição e pela Lei."

ao art. 208, determinando urgência nos casos de crianças e adolescentes desaparecidos[317], e em 2023, o § 3º, estabelecendo maior articulação entre a investigação dos casos referidos no parágrafo anterior, pela obrigatoriedade de comunicação do procedimento ao Cadastro Nacional de Crianças e Adolescentes Desaparecidos[318].

Os direitos enumerados no art. 208 do ECA são passíveis de tutela jurisdicional por meio de qualquer tipo de ação de natureza cível regulada pelo Código de Processo Civil, nos termos do art. 212 do ECA[319]. Ada Pellegrini Grinover (2010, p. 988) destaca que referido artigo tem inspiração no art. 83 do Código de Defesa do Consumidor[320], o que condiz com a tendência legislativa do início dos anos 1990, quando se introduziu a tutela judicial de interesses difusos e coletivos no Direito Brasileiro. Em relação à ação mandamental mencionada no § 2º do mesmo artigo, Grinover destaca que o dispositivo é inócuo, pois em nada inova em relação às disposições já existentes em lei a respeito do mandado de segurança.

Compete à Justiça da Infância e Juventude processar e julgar as ações civis públicas previstas neste capítulo, sendo competente o foro do local onde ocorreu ou deva ocorrer a ação ou omissão da qual decorra a violação dos direitos protegidos no art. 208 do ECA (salvo a competência da Justiça Federal e originária dos tribunais superiores, nos termos do art. 209 do ECA[321]).

No caso da tutela de interesses difusos e coletivos, esta pode ser efetivada por meio de ação civil pública, para qual têm legitimidade concorrente o Ministério Público, a União, os Estados, os Municípios e o Distrito Federal, além de associações que tenham a defesa de interesses e direitos de crianças e adolescentes como finalidade institucional[322]. Admite-se ainda,

---

317. "Art. 208. (...) § 2º A investigação do desaparecimento de crianças ou adolescentes será realizada imediatamente após notificação aos órgãos competentes, que deverão comunicar o fato aos portos, aeroportos, Polícia Rodoviária e companhias de transporte interestaduais e internacionais, fornecendo-lhes todos os dados necessários à identificação do desaparecido."

318. Lei n. 14.548/2023. O mesmo texto de lei também traz articulação de informações relativas ao Cadastro Nacional de Crianças e Adolescentes Desaparecidos nas políticas de atendimento, um parágrafo único no art. 87 do ECA.

319. "Art. 212. Para defesa dos direitos e interesses protegidos por esta Lei, são admissíveis todas as espécies de ações pertinentes. § 1º Aplicam-se às ações previstas neste Capítulo as normas do Código de Processo Civil. § 2º Contra atos ilegais ou abusivos de autoridade pública ou agente de pessoa jurídica no exercício de atribuições do poder público, que lesem direito líquido e certo previsto nesta Lei, caberá ação mandamental, que se regerá pelas normas da lei do mandado de segurança."

320. "Art. 83. Para a defesa dos direitos e interesses protegidos por este código são admissíveis todas as espécies de ações capazes de propiciar sua adequada e efetiva tutela."

321. "Art. 209. As ações previstas neste Capítulo serão propostas no foro do local onde ocorreu ou deva ocorrer a ação ou omissão, cujo juízo terá competência absoluta para processar a causa, ressalvadas a competência da Justiça Federal e a competência originária dos tribunais superiores."

322. "Art. 210. Para as ações cíveis fundadas em interesses coletivos ou difusos, consideram-se legitimados concorrentemente: I – o Ministério Público; II – a União, os estados, os municípios, o

nessa hipótese, a celebração de Termo de Ajustamento de Conduta, nos termos do art. 211 do ECA[323].

Deve-se destacar a relevância conferida pelo Estatuto da Criança e do Adolescente à atuação do Ministério Público em relação à tutela dos interesses difusos e coletivos, o que se verifica pela previsão do inquérito civil em seu art. 223[324] como mais um instrumento para esta tutela. O inquérito civil é um procedimento administrativo de atribuição exclusiva do Ministério Público, que se destina "à apuração de fatos, com vistas ao ajuizamento de ação civil pública. Nele se desenvolve, portanto, atividade instrutória, investigatória (mediante a produção de provas e recolhimento de elementos de convicção)" (FERRAZ, 2010, p. 1.011). Pode ser instaurado de ofício pelo Ministério Público, ou por provocação de qualquer pessoa ou de servidor público. Vale notar que, quanto ao servidor público, a lei impõe o dever de prestar informações sobre os fatos de que tiver conhecimento e dos quais possa resultar objeto de ação civil[325], o que implica, nesse caso, que o servidor está sujeito às penas do crime de prevaricação (art. 319, CP). O inquérito também pode ser instaurado a partir de informações prestadas pelos juízos e tribunais que tiverem, no decorrer de sua atuação jurisdicional, conhecimento de fatos aptos a ensejar ação civil pública, de acordo com o disposto no art. 221 do ECA[326].

Quando a ação ajuizada contiver pedido de obrigação de fazer ou não fazer, o art. 213 e seus parágrafos[327] preveem a possibilidade de tutela limi-

---

Distrito Federal e os territórios; III – as associações legalmente constituídas há pelo menos um ano e que incluam entre seus fins institucionais a defesa dos interesses e direitos protegidos por esta Lei, dispensada a autorização da assembleia, se houver prévia autorização estatutária. § 1º Admitir-se-á litisconsórcio facultativo entre os Ministérios Públicos da União e dos estados na defesa dos interesses e direitos de que cuida esta Lei. § 2º Em caso de desistência ou abandono da ação por associação legitimada, o Ministério Público ou outro legitimado poderá assumir a titularidade ativa."

323. "Art. 211. Os órgãos públicos legitimados poderão tomar dos interessados compromisso de ajustamento de sua conduta às exigências legais, o qual terá eficácia de título executivo extrajudicial."

324. "Art. 223. O Ministério Público poderá instaurar, sob sua presidência, inquérito civil, ou requisitar, de qualquer pessoa, organismo público ou particular, certidões, informações, exames ou perícias, no prazo que assinalar, o qual não poderá ser inferior a dez dias úteis."

325. "Art. 220. Qualquer pessoa poderá e o servidor público deverá provocar a iniciativa do Ministério Público, prestando-lhe informações sobre fatos que constituam objeto de ação civil, e indicando-lhe os elementos de convicção."

326. "Art. 221. Se, no exercício de suas funções, os juízos e tribunais tiverem conhecimento de fatos que possam ensejar a propositura de ação civil, remeterão peças ao Ministério Público para as providências cabíveis."

327. "Art. 213. Na ação que tenha por objeto o cumprimento de obrigação de fazer ou não fazer, o juiz concederá a tutela específica da obrigação ou determinará providências que assegurem o resultado prático equivalente ao do adimplemento. § 1º Sendo relevante o fundamento da demanda e havendo justificado receio de ineficácia do provimento final, é lícito ao juiz conceder a

nar mediante justificação prévia, sob pena de multa diária pelo não cumprimento. A multa é destinada ao fundo gerido pelo Conselho dos Direitos da Criança e do Adolescente do respectivo município[328].

Os recursos cabíveis das decisões proferidas ao longo da ação poderão ter efeito suspensivo, conforme o disposto no art. 215 do ECA[329].

Caso haja condenação em face do poder público, as peças do processo devem ser remetidas à autoridade competente para apuração de eventual responsabilidade civil ou administrativa, nos termos estabelecidos pelo art. 216 do ECA[330].

2.9.2. *Medidas extrajudiciais*

Da Infiltração de Agentes de Polícia para a Investigação de Crimes contra a Dignidade Sexual de Criança e de Adolescente

A Lei n. 13.441/2017 inseriu no ECA a Seção V-A e os arts. 190-A, 190-B, 190-C, 190-D e 190-E, contendo as normas que possibilitam a infiltração de agentes policiais na internet para investigação de crimes contra a dignidade sexual de crianças e adolescentes praticados por meio da internet, quais sejam: produção e qualquer tipo de disseminação de material contendo pornografia com crianças ou adolescentes, além da invasão de dispositivo informático, do estupro de vulnerável, da corrupção de menores, da satisfação da lascívia mediante presença de criança e da exploração sexual de crianças ou adolescentes[331]. O § 2º do art. 190-A do

---

tutela liminarmente ou após justificação prévia, citando o réu. § 2º O juiz poderá, na hipótese do parágrafo anterior ou na sentença, impor multa diária ao réu, independentemente de pedido do autor, se for suficiente ou compatível com a obrigação, fixando prazo razoável para o cumprimento do preceito. § 3º A multa só será exigível do réu após o trânsito em julgado da sentença favorável ao autor, mas será devida desde o dia em que se houver configurado o descumprimento."

328. "Art. 214. Os valores das multas reverterão ao fundo gerido pelo Conselho dos Direitos da Criança e do Adolescente do respectivo município. § 1º As multas não recolhidas até trinta dias após o trânsito em julgado da decisão serão exigidas através de execução promovida pelo Ministério Público, nos mesmos autos, facultada igual iniciativa aos demais legitimados. § 2º Enquanto o fundo não for regulamentado, o dinheiro ficará depositado em estabelecimento oficial de crédito, em conta com correção monetária."

329. "Art. 215. O juiz poderá conferir efeito suspensivo aos recursos, para evitar dano irreparável à parte."

330. "Art. 216. Transitada em julgado a sentença que impuser condenação ao poder público, o juiz determinará a remessa de peças à autoridade competente, para apuração da responsabilidade civil e administrativa do agente a que se atribua a ação ou omissão."

331. Nos termos do art. 190-A do ECA: "Art. 190-A. A infiltração de agentes de polícia na internet com o fim de investigar os crimes previstos nos arts. 240, 241, 241-A, 241-B, 241-C e 241-D desta Lei e nos arts. 154-A, 217-A, 218, 218-A e 218-B do Decreto-lei n. 2.848, de 7 de dezem-

ECA contém as definições de "dados de conexão" e "dados cadastrais", para fins de aplicação da lei[332].

Por corresponder a uma excepcional autorização legal para violação do direito fundamental à privacidade, a infiltração de agentes policiais na internet somente será admitida quando não houver outra forma de se obter os indícios necessários[333] e depende sempre de autorização judicial, cabendo às autoridades envolvidas assegurar o sigilo do conteúdo acessado[334]. Por se tratar de atividade policial (embora sujeita ao crivo judicial), é realizada apenas em fase de inquérito policial, obtida mediante requisição do Ministério Público ou representação do delegado de polícia. O pedido deve demonstrar a necessidade da infiltração e especificar detalhes das tarefas e pessoas envolvidas, para que a autorização do juiz estabeleça os limites da atuação da polícia. O prazo máximo da autorização para infiltração será de 90 dias, renovável até o limite de 720 dias[335].

O procedimento correrá em autos apartados e apensos aos do inquérito policial no qual se investigam os crimes contra a dignidade sexual de crianças e adolescentes, e será mantido sob sigilo, somente sendo acessível ao delegado, ao Ministério Público e ao juiz.

---

bro de 1940 (Código Penal), obedecerá às seguintes regras (...)". Os artigos aqui mencionados foram examinados no tópico "Aspectos do Código Penal referentes a crianças e adolescentes" no Capítulo 3.

332. "§ 2º Para efeitos do disposto no inciso I do § 1º deste artigo, consideram-se: I – dados de conexão: informações referentes a hora, data, início, término, duração, endereço de Protocolo de Internet (IP) utilizado e terminal de origem da conexão; II – dados cadastrais: informações referentes a nome e endereço de assinante ou de usuário registrado ou autenticado para a conexão a quem endereço de IP, identificação de usuário ou código de acesso tenha sido atribuído no momento da conexão."

333. "§ 3º A infiltração de agentes de polícia na internet não será admitida se a prova puder ser obtida por outros meios."

334. "Art. 190-B. As informações da operação de infiltração serão encaminhadas diretamente ao juiz responsável pela autorização da medida, que zelará por seu sigilo. Parágrafo único. Antes da conclusão da operação, o acesso aos autos será reservado ao juiz, ao Ministério Público e ao delegado de polícia responsável pela operação, com o objetivo de garantir o sigilo das investigações."

335. Estas regras para infiltração estão previstas nos incisos do parágrafo primeiro do art. 190-A do ECA: "I – será precedida de autorização judicial devidamente circunstanciada e fundamentada, que estabelecerá os limites da infiltração para obtenção de prova, ouvido o Ministério Público; II – dar-se-á mediante requerimento do Ministério Público ou representação de delegado de polícia e conterá a demonstração de sua necessidade, o alcance das tarefas dos policiais, os nomes ou apelidos das pessoas investigadas e, quando possível, os dados de conexão ou cadastrais que permitam a identificação dessas pessoas; III – não poderá exceder o prazo de 90 (noventa) dias, sem prejuízo de eventuais renovações, desde que o total não exceda a 720 (setecentos e vinte) dias e seja demonstrada sua efetiva necessidade, a critério da autoridade judicial. § 1º A autoridade judicial e o Ministério Público poderão requisitar relatórios parciais da operação de infiltração antes do término do prazo de que trata o inciso II do § 1º deste artigo".

Em razão desta previsão legal, que consiste em uma causa excludente de ilicitude, o policial autorizado a se infiltrar na internet com identidade oculta não pratica crime, mas poderá responder por eventuais excessos[336].

Da Apuração de Irregularidades em Entidade de Atendimento

As entidades de atendimento são responsáveis por sua própria manutenção, conforme estabelecido no art. 90 do ECA, já analisado neste capítulo. O procedimento para apuração das irregularidades decorre da Fiscalização determinada pelo art. 95 do ECA[337] quanto à qualidade e regularidade de sua manutenção. Nos termos do art. 90 do ECA:

> A fiscalização (judicial e administrativa) deverá verificar se a entidade possui instalações adequadas, em condições de habitação, higiene, segurança e salubridade, bem como os serviços de assistência à saúde, além dos programas de atendimento, orientação e apoio sociofamiliar, apoio socioeducativo em meio aberto, colocação familiar, acolhimento institucional, prestação de serviços à comunidade, liberdade assistida, semiliberdade e internação. (DONIZETI, 2010, p. 235)

O procedimento administrativo pode ser instaurado por três documentos (em qualquer caso, deve constar um resumo dos fatos): por portaria emitida pelo Juiz da Infância e Juventude, por representação do Ministério Público ou do Conselho Tutelar, sendo prevista a possibilidade de afastamento liminar do dirigente da entidade por decisão judicial[338]. A tramitação do procedimento se encontra disciplinada nos arts. 192 e 193 do ECA[339]. A Justiça da Infância e da Juventude é a competente.

---

336. "Art. 190-C. Não comete crime o policial que oculta a sua identidade para, por meio da internet, colher indícios de autoria e materialidade dos crimes previstos nos arts. 240, 241, 241-A, 241-B, 241-C e 241-D desta Lei e nos arts. 154-A, 217-A, 218, 218-A e 218-B do Decreto-lei n. 2.848, de 7 de dezembro de 1940 (Código Penal). Parágrafo único. O agente policial infiltrado que deixar de observar a estrita finalidade da investigação responderá pelos excessos praticados.

337. "Art. 95. As entidades governamentais e não governamentais referidas no art. 90 serão fiscalizadas pelo Judiciário, pelo Ministério Público e pelos Conselhos Tutelares."

338. "Art. 191. O procedimento de apuração de irregularidades em entidade governamental e não governamental terá início mediante portaria da autoridade judiciária ou representação do Ministério Público ou do Conselho Tutelar, onde conste, necessariamente, resumo dos fatos. Parágrafo único. Havendo motivo grave, poderá a autoridade judiciária, ouvido o Ministério Público, decretar liminarmente o afastamento provisório do dirigente da entidade, mediante decisão fundamentada."

339. "Art. 192. O dirigente da entidade será citado para, no prazo de dez dias, oferecer resposta escrita, podendo juntar documentos e indicar as provas a produzir. Art. 193. Apresentada ou não a resposta, e sendo necessário, a autoridade judiciária designará audiência de instrução e julgamento, intimando as partes. § 1º Salvo manifestação em audiência, as partes e o Ministé-

O art. 97 do ECA prevê em seus incisos as seguintes medidas aplicáveis a entidades governamentais e não governamentais pela irregularidade do atendimento (ressalte-se que poderá ser fixado prazo para remoção das irregularidades antes de aplicação de medida, conforme o disposto no § 3º do art. 193 do ECA, já mencionado):

> I – às entidades governamentais: a) advertência; b) afastamento provisório de seus dirigentes; c) afastamento definitivo de seus dirigentes; d) fechamento de unidade ou interdição de programa.
>
> II – às entidades não governamentais: a) advertência; b) suspensão total ou parcial do repasse de verbas públicas; c) interdição de unidades ou suspensão de programa; d) cassação do registro.

Das infrações administrativas e o procedimento para sua apuração

A infração administrativa pode ser descrita como:

> (...) comportamento voluntário, violador da norma de conduta que o contempla, que enseja a aplicação, no exercício da função administrativa", de uma sanção da mesma natureza. Com essa delimitação conceitual afasta-se a infração administrativa do ilícito penal e do ilícito civil, na exata medida em que se reconhece que sua apuração se dá por autoridade distinta e sob regime jurídico diverso: no primeiro caso, pela autoridade administrativa consoante as regras e princípios do Direito Administrativo aplicáveis na hipótese examinada; nos demais, afinal, pela autoridade judiciária, com suporte basilar nos códigos de Direito Penal (e de Processo Penal) e Civil (e de Processo Civil), respectivamente. (FERREIRA, 2017[340])

Diferentemente das irregularidades examinadas no tópico anterior (em que se tomam medidas em face da pessoa jurídica da entidade e da pessoa física do dirigente), nas infrações administrativas a conduta é individualizada e sujeita a uma sanção administrativa de multa calculada com base em salário de referência. Por se tratar de procedimento submetido ao contradi-

rio Público terão cinco dias para oferecer alegações finais, decidindo a autoridade judiciária em igual prazo. § 2º Em se tratando de afastamento provisório ou definitivo de dirigente de entidade governamental, a autoridade judiciária oficiará à autoridade administrativa imediatamente superior ao afastado, marcando prazo para a substituição. § 3º Antes de aplicar qualquer das medidas, a autoridade judiciária poderá fixar prazo para a remoção das irregularidades verificadas. Satisfeitas as exigências, o processo será extinto, sem julgamento de mérito. § 4º A multa e a advertência serão impostas ao dirigente da entidade ou programa de atendimento."

340. Disponível em: https://enciclopediajuridica.pucsp.br/verbete/107/edicao-1/infracoes-e-sancoes-administrativas. Acesso em: julho de 2018.

tório, o direito à ampla defesa deve ser assegurado pela constituição de advogado pelo requerido (DONIZETI, 2014, p. 238).

As infrações administrativas praticadas contra criança e adolescente estão previstas nos arts. 245 a 258-B do ECA[341], e o procedimento para sua apuração está previsto nos arts. 194 a 197 do ECA. Sua instauração pode ocorrer por representação do Ministério Público ou do Conselho Tutelar, ou ainda por auto de infração elaborado por servidor efetivo ou voluntário[342]. O requerido será intimado para apresentação de defesa em dez dias[343]. Apresentada ou não a defesa, o Ministério Público terá vista dos autos por cinco dias. Havendo defesa, pode ser designada audiência de instrução, na sequência da qual o juiz deverá proferir sentença[344].

Procedimento de portaria e expedição de alvará: a competência administrativa da autoridade judiciária

O art. 149 do Estatuto da Criança e do Adolescente atribui ao Juiz da Infância e Juventude atividade administrativa atípica[345] de expedição de portarias e alvarás – documentos referentes a atos administrativos tipicamente

341. A Lei n. 14.811/2024 inseriu o § 1º ao art. 247 do ECA, que passou a ter a seguinte redação: "Art. 247. Divulgar, total ou parcialmente, sem autorização devida, por qualquer meio de comunicação, nome, ato ou documento de procedimento policial, administrativo ou judicial relativo a criança ou adolescente a que se atribua ato infracional: Pena – multa de três a vinte salários de referência, aplicando-se o dobro em caso de reincidência. § 1º Incorre na mesma pena quem exibe ou transmite imagem, vídeo ou corrente de vídeo de criança ou adolescente envolvido em ato infracional ou em outro ato ilícito que lhe seja atribuído, de forma a permitir sua identificação".

342. "Art. 194. O procedimento para imposição de penalidade administrativa por infração às normas de proteção à criança e ao adolescente terá início por representação do Ministério Público, ou do Conselho Tutelar, ou auto de infração elaborado por servidor efetivo ou voluntário credenciado, e assinado por duas testemunhas, se possível."

343. "Art. 195. O requerido terá prazo de dez dias para apresentação de defesa, contado da data da intimação, que será feita: I – pelo autuante, no próprio auto, quando este for lavrado na presença do requerido; II – por oficial de justiça ou funcionário legalmente habilitado, que entregará cópia do auto ou da representação ao requerido, ou a seu representante legal, lavrando certidão; III – por via postal, com aviso de recebimento, se não for encontrado o requerido ou seu representante legal; IV – por edital, com prazo de trinta dias, se incerto ou não sabido o paradeiro do requerido ou de seu representante legal."

344. "Art. 196. Não sendo apresentada a defesa no prazo legal, a autoridade judiciária dará vista dos autos do Ministério Público, por cinco dias, decidindo em igual prazo. Art. 197. Apresentada a defesa, a autoridade judiciária procederá na conformidade do artigo anterior, ou, sendo necessário, designará audiência de instrução e julgamento. Parágrafo único. Colhida a prova oral, manifestar-se-ão sucessivamente o Ministério Público e o procurador do requerido, pelo tempo de vinte minutos para cada um, prorrogável por mais dez, a critério da autoridade judiciária, que em seguida proferirá sentença."

345. Termo aqui empregado em oposição à sua atividade típica de acordo com a regra da tripartição de poderes, que é a jurisdicional.

praticados por autoridade administrativa, e não judicial (por exemplo: alvarás de funcionamento de estabelecimentos; portarias que regulamentam o funcionamento de órgãos públicos etc.).

Justamente por se tratar de atividade atípica do Poder Judiciário, as hipóteses nas quais a lei autoriza ao Juiz da Infância e Juventude expedir portarias e alvarás são taxativas e sempre devem ser interpretadas restritivamente:

> Art. 149. Compete à autoridade judiciária disciplinar, através de portaria, ou autorizar, mediante alvará:
>
> I – a entrada e permanência de criança ou adolescente, desacompanhado dos pais ou responsável, em:
>
> a) estádio, ginásio e campo desportivo;
>
> b) bailes ou promoções dançantes;
>
> c) boate ou congêneres;
>
> d) casa que explore comercialmente diversões eletrônicas;
>
> e) estúdios cinematográficos, de teatro, rádio e televisão.
>
> II – a participação de criança e adolescente em:
>
> a) espetáculos públicos e seus ensaios;
>
> b) certames de beleza.

Como se depreende da leitura do artigo, os incisos do art. 149 do ECA estipulam as situações em que a entrada e permanência de crianças e adolescentes em estabelecimentos é disciplinada (por portaria) ou autorizada (por alvará) com ou sem a presença dos pais ou responsáveis: as hipóteses do inciso I trazem situações nas quais se pode autorizar a entrada e a permanência de pessoas com menos de 18 anos desacompanhadas de seus pais ou responsáveis, enquanto as do inciso II, por dedução, trazem situações em que pessoas com menos de 18 anos devem estar acompanhadas dos pais ou responsáveis.

O Estatuto da Criança e do Adolescente não estipula um procedimento específico para expedição de portarias e alvarás; contudo, é possível adotar o previsto no art. 153 do ECA:

> Art. 153. Se a medida judicial a ser adotada não corresponder a procedimento previsto nesta ou em outra lei, a autoridade judiciária poderá investigar os fatos e ordenar de ofício as providências necessárias, ouvido o Ministério Público.

Para Murillo José Giácomo[346], para que o juiz possa expedir referidos atos de forma fundamentada, em obediência aos §§ 1º e 2º do art. 149, do ECA[347]:

> Tais elementos devem ser colhidos dentro de um procedimento judicial específico, instaurado de ofício ou a requerimento do Ministério Público, Conselho Tutelar ou outro órgão ou mesmo pessoa interessada, onde apesar de a autoridade judiciária ter maiores poderes de investigação, será imprescindível a tomada de algumas providências e cautelas básicas:
>
> 1. a autuação formal do ato ou requerimento que deflagra o procedimento, de modo a torná-lo oficial;
> 2. a perfeita identificação, qualificação e individualização de cada um dos locais e estabelecimentos que serão atingidos pela norma (inclusive com a indicação de seus responsáveis legais);
> 3. a realização de vistorias e sindicâncias nos locais e estabelecimentos que serão atingidos pela norma (devendo para tanto contar com o concurso dos "comissários de vigilância" ou "agentes de proteção da infância e juventude", representantes da vigilância sanitária, corpo de bombeiros, polícias civil e militar etc.), sem embargo da coleta de outras provas que entender necessárias;
> 4. a intimação do órgão do Ministério Público para acompanhar e fiscalizar todo o trâmite procedimental, culminando com a emissão de parecer de mérito a seu término;
> 5. a obrigatoriedade que a decisão final tenha a forma de sentença, contendo relatório, fundamentação adequada (em que serão levados em conta, dentre outros fatores, os itens relacionados no art. 149, § 1º, alíneas *a* a *f* da Lei n. 8.069/90) e dispositivo;
> 6. a publicação do ato, com a cientificação formal de todos os responsáveis pelos locais e estabelecimentos atingidos pela portaria, para que possam, no prazo de 10 (dez) dias, interpor recurso de apelação contra tal decisão (devendo tal advertência constar do mandado respectivo).

346. Artigo sem data, disponível em: http://www.crianca.mppr.mp.br/modules/conteudo/conteudo.php?conteudo=258. Acesso em: julho de 2018.

347. "§ 1º Para os fins do disposto neste artigo, a autoridade judiciária levará em conta, dentre outros fatores: *a)* os princípios desta Lei; *b)* as peculiaridades locais; *c)* a existência de instalações adequadas; *d)* o tipo de frequência habitual ao local; *e)* a adequação do ambiente a eventual participação ou frequência de crianças e adolescentes; *f)* a natureza do espetáculo. § 2º As medidas adotadas na conformidade deste artigo deverão ser fundamentadas, caso a caso, vedadas as determinações de caráter geral."

Para que se mantenha a coerência lógica exigida pela doutrina da proteção integral expressamente adotada pelo legislador no Estatuto da Criança e do Adolescente, é imprescindível que se interprete a atribuição de função administrativa atípica ao Juiz da Infância e Juventude a partir da finalidade social a que a norma se destina, conforme determina o art. 6º do ECA[348], qual seja, assegurar o exercício dos direitos fundamentais de crianças e adolescentes, não se podendo utilizar tais instrumentos como medida de restrição de direitos[349]. Ainda, como já mencionado, o § 2º do art. 149 do ECA veda expressamente que se façam "determinações de caráter geral" por meio das portarias e alvarás. Não obstante, ainda se observam situações concretas nas quais Juízes da Infância e Juventude exacerbaram a atribuição legal, tais como a Portaria n. 1/2011 editada pela Juíza da Vara da Infância e Juventude da Comarca de Cajuru/SP, determinando "toque de recolher" de crianças e adolescentes que estivessem nas ruas da cidade desacompanhados de pais ou responsáveis após às 23 horas[350]; e a Portaria n. 1/2015, expedida pelo Juiz da Infância e Juventude da Comarca de Ribeirão Preto/SP, impedindo o acesso de pessoas com menos de 15 anos desacompanhados de pais ou responsáveis em determinados estabelecimentos comerciais (*shopping centers*) aos finais de semana, em qualquer horário[351]. Em ambos os casos citados a título de exemplo, foram

348. "Art. 6º Na interpretação desta Lei levar-se-ão em conta os fins sociais a que ela se dirige, as exigências do bem comum, os direitos e deveres individuais e coletivos, e a condição peculiar da criança e do adolescente como pessoas em desenvolvimento."

349. A exemplo do que determinava o Código de Menores de 1979 em seu art. 8º: "Art. 8º A autoridade judiciária, além das medidas especiais previstas nesta Lei, poderá, através de portaria ou provimento, determinar outras de ordem geral, que, ao seu prudente arbítrio, se demonstrarem necessárias à assistência, proteção e vigilância ao menor, respondendo por abuso ou desvio de poder".

350. Conforme extraído do relatório do acórdão proferido pelo STJ no *HC* n. 207.720/SP (2011/0119686-3): "Narra-se que a Juíza da Vara de Infância e Juventude de Cajuru editou Portaria 1/2011, que criaria um 'toque de recolher', correspondente à determinação de recolhimento de crianças e adolescentes nas ruas, desacompanhados dos pais ou responsáveis: a) após as 23 horas, b) próximos a prostíbulos e pontos de vendas de drogas; c) na companhia de adultos que estejam consumindo bebidas alcoólicas ou entorpecentes; ou d) mesmo que em companhia dos pais, ingerindo álcool".

351. Conforme extraído do relatório do acórdão do *HC* n. 320.938/SP (2015/0080619-0) proferido pelo STJ, referida portaria determinava o seguinte: 1º) Ficam proibidos o acesso e permanência de crianças e adolescentes, com menos de 15 anos de idade, desacompanhados de seus pais ou responsáveis legais, nos dias de sexta-feira, sábado e domingo, em qualquer horário, nos centros comerciais denominados "Shopping Santa Úrsula" e "Ribeirão Shopping"; 2º) O descumprimento deste preceito proibitório ensejará a responsabilização por ato infracional ou crime de desobediência, tanto de adolescentes quanto de seus pais ou responsáveis legais, sem prejuízo da imposição de sanção pecuniária aos pais; 3º) Genitores e responsáveis legais que deixarem seus filhos sozinhos nos referidos centros comerciais serão responsabilizados de igual forma pelo crime de desobediência, sem prejuízo de sanção pecuniária por descumprimento aos preceitos desta portaria; 4º) Adolescentes que, respeitado o limite etário estabelecido nesta portaria e presentes nos centros comerciais aqui referido apresentem conduta geradora de tumultos, desassossego, perturbação ou risco de qual-

impetrados no Superior Tribunal de Justiça *habeas corpus* coletivos[352] pela Defensoria Pública do Estado de São Paulo, os quais foram deferidos, declarando a nulidade das referidas portarias. No caso ocorrido na Comarca de Ribeirão Preto, reconheceu-se expressamente, ainda, que a determinação judicial era desproporcional e violava diretamente os direitos de ir e vir e ao lazer das crianças e adolescentes, nos termos aqui transcritos:

> Quanto à desproporcionalidade em sentido estrito, de um lado está o interesse dos centros comerciais em evitar os "rolezinhos" e eventuais prejuízos, sob o argumento de proteger a integridade física das crianças e adolescentes. Do outro lado da balança, estão o direito de ir e vir e o direito ao lazer, além do interesse dos pais em decidir o que é melhor para seus filhos.
>
> Em tese, o direito à integridade física pode ter mais peso do que o direito de ir e vir ou do direito ao lazer. Contudo, no caso dos autos, o impedimento à entrada e permanência de crianças e adolescentes em centros comerciais não evita eventuais danos à integridade física dos menores. Pelo contrário, se os pais não podem acompanhá-los, estes ficarão nas ruas ou parques – expondo-se a riscos ainda maiores – ou ficarão em casa privados do convívio com outras crianças e adolescentes e do lazer.
>
> (...)
>
> Portanto, o interesse econômico dos centros comerciais é de valor menor, no caso em tela, do que o direito das crianças e adolescentes de ir e vir e o direito ao lazer. Sendo que, pelo menos em tese, a integridade física dos menores estaria mais em risco nas ruas do que nos centros comerciais.
>
> Assim, a Portaria n. 1/2015, alterada pela Portaria n. 2/2015, é manifesta e evidentemente violadora do princípio da proporcionalidade. (p. 11)

---

quer natureza aos demais frequentadores dos shopping centers, deverão ser prontamente removidos do local e submetidos ao crivo da autoridade policial para registro e posterior apuração de atos infracionais que tenham cometido; 5º) O acesso de adolescentes com quinze anos ou mais, desacompanhados de seus pais ou responsáveis legais, nos centros comerciais referidos nesta portaria, somente será permitido mediante a apresentação e a conferência de cédula de identidade original; 6º) Pelo caráter excepcional e pela natureza restritiva das medidas aqui impostas, a presente portaria vigorará pelo prazo de noventa dias, sendo aferida, posteriormente, a sua eficácia e a necessidade ou conveniência de sua revogação, modificação ou prorrogação". No mesmo dia, o referido magistrado expediu nova Portaria (2/2015) regulando o tema e reduzindo a idade de proibição de ingresso de 15 para 13 anos, nos seguintes termos: "1º) Ficam proibidos o acesso e a permanência de crianças e adolescentes, com menos de 13 anos de idade, desacompanhados de seus pais ou responsáveis legais, nos dias de sexta-feira, sábado e domingo, em qualquer horário, nos centros comerciais denominados 'Shopping Santa Úrsula' e 'Ribeirão Shopping'; 2º) Permanecem inalteradas todas as demais disposições da portaria n. 1/15".

352. Cajuru: STJ, *HC* n. 207.720/SP (2011/0119686-3); Ribeirão Preto: *HC* n. 320.938/SP (2015/0080619-0).

A solução mais adequada é que, estando a criança ou adolescente em risco por estar desacompanhado dos pais ou responsáveis, se lance mão das previsões já constantes do ECA para esse tipo de situação, nos termos do art. 98. E, havendo prática de ato infracional, que se utilizem os artigos referentes à sua apuração e processamento. Mas é importante manter a coerência com o paradigma constitucional da proteção integral.

3

ALÉM DO ECA:

A LEGISLAÇÃO BRASILEIRA E A PROTEÇÃO ÀS CRIANÇAS E AOS ADOLESCENTES

O Estatuto da Criança e do Adolescente é a principal norma a tratar dos direitos de pessoas com menos de 18 anos: além de fornecer o critério legal definidor do limite etário da infância e adolescência, estabelece as diretrizes da doutrina da proteção integral e busca contemplar, com suas especificidades, todos os direitos assegurados a crianças e adolescentes no plano do Direito Internacional dos Direitos Humanos. Além do ECA, outros diplomas legais contêm disposições referentes a esse mesmo grupo, e merecem ser observadas de forma sistemática em relação ao ECA e à Constituição Federal.

No presente capítulo, serão discutidas as principais disposições envolvendo interesses de crianças e adolescentes especialmente no Código Civil, no Código Penal, no Código de Processo Penal e no Código de Processo Civil, além de outros textos legislativos pertinentes. Os dispositivos legais examinados neste capítulo foram selecionados partindo do critério de conterem norma de proteção para crianças e adolescentes, de modo a possibilitar a verificação de coerência interna do sistema. Dessa forma, a finalidade do presente capítulo é verificar quais dispositivos dos Códigos Civil, Penal e de Processo Civil e Penal estão (ou não) em consonância com a doutrina da proteção integral, bem como localizar as lacunas da lei. Não se pretende no presente capítulo esgotar todos os dispositivos legais referentes a crianças e adolescentes, mas destacar aqueles mais diretamente relacionados à proteção integral.

3.1. Aspectos do Código Civil referentes a crianças e adolescentes

O Código Civil é a legislação responsável por normatizar os atos da vida privada, tais como direitos sobre patrimônio, relações familiares e os deveres e direitos reciprocamente existentes entre seus membros, entre outros aspectos.

Para os fins propostos neste livro, o presente tópico irá se ater àqueles referentes à capacidade civil e aos deveres e direitos decorrentes das relações familiares.

Conforme visto anteriormente, a partir de 1988 crianças e adolescentes passam a ser considerados pessoas, e, como tais, sujeitos de Direito e titulares de direitos, cujo exercício será balizado não só pelo Estatuto da Criança e do Adolescente, mas também pelo Código Civil: por corresponder à lei que regulamenta as relações familiares constituídas por meio do casamento ou união estável e da filiação, o Código Civil contempla uma série de questões atinentes aos direitos de pessoas com menos de 18 anos, o que é especialmente relevante quando se considera que, nos termos da Constituição Federal e do ECA, a família é um dos entes responsáveis pela proteção integral de suas crianças e adolescentes. Além disso, há no Código Civil importantes marcos etários relativos à aquisição de capacidade relativa ou plena para os atos da vida civil, bem como as regras para exercício destes atos antes de se atingir a idade de tal capacidade.

O Código Civil atual é de 2002 e o anterior era de 1916; portanto, por doze anos (entre 1990 e 2002) foi mantido um texto referente a uma realidade muito diferente daquela em que o ECA foi produzido, e mesmo com dispositivos não recepcionados pela Constituição Federal. Alguns dispositivos foram alterados e harmonizados com o ordenamento jurídico pós-1988, mas outros não.

Para os objetivos propostos neste capítulo, serão abordados os tópicos do Código Civil referentes à filiação, ao poder familiar e ao regime de incapacidades.

3.1.1. Filiação

A filiação é o nome que se dá à relação havida entre um indivíduo e sua ascendência materna ou paterna. Sob o aspecto jurídico, a relação de filiação corresponde ao fundamento dos deveres inerentes ao poder familiar, guardando, portanto, estreita relação com os direitos das crianças e dos adolescentes.

Conforme já examinado no Capítulo 1, a Constituição Federal de 1988 reconheceu crianças e adolescentes como sujeitos de Direito, e uma das consequências desta alteração de paradigma foi a extinção de qualquer diferenciação jurídica entre filhos pelos critérios do tipo de relação havido entre seus genitores e da origem biológica ou por adoção, nos termos do § 6º do art. 227 da CF:

> Art. 227. É dever da família, da sociedade e do Estado assegurar à criança, ao adolescente e ao jovem, com absoluta prioridade, o direito à vida, à saúde, à alimentação, à educação, ao lazer, à profissionalização, à cultura, à

dignidade, ao respeito, à liberdade e à convivência familiar e comunitária, além de colocá-los a salvo de toda forma de negligência, discriminação, exploração, violência, crueldade e opressão.

§ 6º Os filhos, havidos ou não da relação do casamento, ou por adoção, terão os mesmos direitos e qualificações, proibidas quaisquer designações discriminatórias relativas à filiação.

Em seu capítulo referente à filiação, o Código Civil de 2002 reproduziu esta norma constitucional no art. 1.596[1], bem como adotou a regra do art. 26 do ECA[2] sobre o reconhecimento de filho havido fora do casamento em seu art. 1.607:

Art. 1.607. O filho havido fora do casamento pode ser reconhecido pelos pais, conjunta ou separadamente.

Como reforço da vedação de discriminação dos filhos pelo critério de sua origem, o Código Civil determinou expressamente, nos arts. 1.609 e 1.610, a irrevogabilidade do reconhecimento dos filhos havidos fora do casamento:

Art. 1.609. O reconhecimento dos filhos havidos fora do casamento é irrevogável e será feito:

I – no registro do nascimento;

II – por escritura pública ou escrito particular, a ser arquivado em cartório;

III – por testamento, ainda que incidentalmente manifestado;

IV – por manifestação direta e expressa perante o juiz, ainda que o reconhecimento não haja sido o objeto único e principal do ato que o contém.

Art. 1.610. O reconhecimento não pode ser revogado, nem mesmo quando feito em testamento.

O disposto nestes dois artigos representa, sem dúvida, um avanço em relação ao anteriormente previsto no Código Civil de 1916, que, embora possibilitasse – mas não obrigasse, nem reconhecesse como direito da criança – o reconhecimento dos filhos (então designados) "ilegítimos", não contemplava qualquer previsão a respeito da irrevogabilidade do ato.

---

1. "Art. 1.596. Os filhos, havidos ou não da relação de casamento, ou por adoção, terão os mesmos direitos e qualificações, proibidas quaisquer designações discriminatórias relativas à filiação."

2. "Art. 26. Os filhos havidos fora do casamento poderão ser reconhecidos pelos pais, conjunta ou separadamente, no próprio termo de nascimento, por testamento, mediante escritura ou outro documento público, qualquer que seja a origem da filiação."

Também houve adequação na alteração efetuada no art. 1.612 do Código Civil, relativo à guarda do filho reconhecido. Se na versão de 1916 a regra do pátrio poder impunha que se ambos os pais houvessem reconhecido o filho, a guarda caberia ao pai[3], o texto de 2002 cuidou de incorporar o atendimento ao melhor interesse da criança ou adolescente:

> Art. 1.612. O filho reconhecido, enquanto menor, ficar*á* sob a guarda do genitor que o reconheceu, e, se ambos o reconheceram e não houver acordo, sob a de quem melhor atender aos interesses do menor[4].

O art. 1.617, ainda que mantendo a mesma redação do art. 366 do Código Civil de 1916[5], pode ser lido com interpretação em prestígio da opção do constituinte de atender antes aos interesses da criança e do adolescente. Referido dispositivo determina o seguinte:

> Art. 1.617. A filiação materna ou paterna pode resultar de casamento declarado nulo, ainda mesmo sem as condições do putativo[6].

Ou seja: independentemente de eventuais vícios havidos na celebração do casamento, isso não interferirá nos direitos dos filhos decorrentes das regras de filiação.

Situação semelhante diz respeito ao art. 1.616 do Código Civil, que manteve a redação do art. 366 do antigo Código de 1916[7]:

> Art. 1.616. A sentença que julgar procedente a ação de investigação produzirá os mesmos efeitos do reconhecimento; mas poderá ordenar que o filho se crie e eduque fora da companhia dos pais ou daquele que lhe contestou essa qualidade.

---

3. "Art. 360. O filho reconhecido, enquanto menor, ficará sob o poder do progenitor, que o reconheceu, e, se ambos o reconheceram, sob o do pai."

4. Todavia, é importante ressalvar que este dispositivo deve ser interpretado de forma sistemática com os demais dispositivos relativos à guarda dos filhos, o que será tratado no tópico a seguir.

5. "Art. 367. A filiação paterna e a materna podem resultar de casamento declarado nulo, ainda mesmo sem as condições do putativo."

6. Sobre o casamento putativo, ver art. 1.561 do Código Civil: "Art. 1.561. Embora anulável ou mesmo nulo, se contraído de boa-fé por ambos os cônjuges, o casamento, em relação a estes como aos filhos, produz todos os efeitos até o dia da sentença anulatória. § 1º Se um dos cônjuges estava de boa-fé ao celebrar o casamento, os seus efeitos civis só a ele e aos filhos aproveitarão. § 2º Se ambos os cônjuges estavam de má-fé ao celebrar o casamento, os seus efeitos civis só aos filhos aproveitarão".

7. "Art. 366. A sentença, que julgar procedente a ação de investigação, produzirá os mesmos efeitos do reconhecimento; podendo, porém, ordenar que o filho se crie e eduque fora da companhia daquele dos pais, que negou esta qualidade."

Lido a partir dos parâmetros fixados pelo princípio do melhor interesse da criança e do adolescente, estabelece-se a compatibilidade entre o art. 1.616 do CC, e o sistema de proteção adotado a partir da Constituição de 1988 e do ECA. Pode-se afirmar, portanto, que os artigos até aqui comentados se encontram em consonância com a doutrina da proteção integral adotada pelo Direito brasileiro a partir de 1990.

Não obstante, o art. 1.611 do Código Civil de 2002 manteve integralmente a redação do antigo art. 359 do texto de 1916[8], nos seguintes termos:

> Art. 1.611. O filho havido fora do casamento, reconhecido por um dos cônjuges, não poderá residir no lar conjugal sem o consentimento do outro.

Há que se observar que a manutenção deste texto legal nos mesmos termos formulados em 1916 desconsidera o direito da criança e do adolescente à convivência familiar (e mesmo os deveres inerentes ao poder familiar de quem tenha reconhecido a filiação, que não se restringem ao pagamento de pensão alimentícia). Como solucionar situações em que o cônjuge que tenha reconhecido o filho seja o único responsável pela criança ou adolescente, como, por exemplo na seguinte situação hipotética: se, após um homem reconhecer um filho havido de uma relação extraconjugal, tem notícia de que a mãe desse seu filho faleceu e ele, como genitor, se torna o responsável pela criança, poderá sua atual esposa impedir que a criança venha residir com o pai? Em respeito ao princípio da prioridade absoluta, combinado ao princípio do melhor interesse, a solução mais adequada às diretrizes constitucionais e do ECA deverá ser aquela que considera os direitos e necessidades da criança ou adolescente em detrimento da vontade do outro cônjuge.

Além dos dispositivos do Código Civil aqui comentados, vale mencionar a Lei n. 8.560/92, que regula a investigação de paternidade dos filhos havidos fora do casamento.

Apesar das disposições legais do Código Civil e da Lei n. 8.560/92, ainda é elevado o número de crianças e adolescentes cuja filiação não foi reconhecida pelos seus pais. De acordo com dados do Censo de 2010, estima-se que mais de 5 milhões de estudantes não tenham o nome do pai no documento de identidade. Esse dado, juntamente com a constatação do baixo número de averiguações de paternidade nas varas judiciais, foi utilizado pelo Conselho Nacional de Justiça como base para publicar o Provimento n. 16/2012[9], que

---

8. A nova redação apenas substituiu a expressão "filho ilegítimo" por "filho havido fora do casamento". O antigo Código Civil assim dispunha: "Art. 359. O filho ilegítimo, reconhecido por um dos cônjuges, não poderá residir no lar conjugal sem o consentimento do outro".

9. Disponível em: http://www.cnj.jus.br/images/Provimento_N16.pdf. Acesso em: julho de 2018.

estabelece normas para facilitar a atuação dos Cartórios de Registro Civil de Pessoas Naturais na recepção de indicações de supostos pais de pessoas registradas sem paternidade estabelecida, e para lançar a campanha Pai Presente[10], por meio do Provimento n. 12/2010, que estabeleceu um conjunto de medidas a serem adotadas pelos juízes visando identificar os pais e garantir o registro.

A questão do reconhecimento de filiação e do correspondente registro da criança está diretamente relacionada com o exercício de direitos fundamentais: com o registro paterno na certidão de nascimento, o filho passa a poder exercer seus direitos patrimoniais, à herança e à pensão alimentícia. Mas é importante consignar que, conforme apurado pelo CNJ na execução da campanha Pai Presente, "as pessoas que procuram o procedimento geralmente buscam reconhecimento afetivo por meio do registro" (CNJ, 2015, p. 8). Além disso, o registro civil é ato imprescindível para o pleno exercício da cidadania, pois é o que assegura o acesso a direitos fundamentais, como serviços de saúde, educação e programas sociais.

Um último ponto a ser comentado a respeito do reconhecimento da filiação é a questão da parentalidade[11] socioafetiva. A parentalidade socioafetiva é aquela reconhecida em decorrência da convivência e dos laços de afeto existentes entre os envolvidos, independentemente da parentalidade biológica do filho. Embora o Código Civil não regulamente expressamente esta modalidade de filiação, o texto do art. 1.593 permite interpretação no sentido de que seu reconhecimento não está vedado e pode ser entendido como uma modalidade de parentesco civil resultante de "outra origem":

> Art. 1.593. O parentesco é natural ou civil, conforme resulte de consanguinidade ou outra origem.

O tema foi considerado de repercussão geral no Supremo Tribunal Federal por ocasião do julgamento do Recurso Extraordinário 898.060[12], no

10. Íntegra do relatório da campanha disponível em: http://www.cnj.jus.br/files/conteudo/destaques//arquivo/2015/04/b550153d316d6948b61dfbf7c07f13ea.pdf. Acesso em: julho de 2018.

11. O termo "parentalidade" é aqui empregado para abranger tanto a maternidade quanto a paternidade.

12. Ementa: "Reconhecida. Direito civil e constitucional. Conflito entre paternidades socioafetiva e biológica. Paradigma do casamento. Superação pela Constituicão de 1988. Eixo central do Direito de Família: Deslocamento para o Plano Constitucional. Sobreprincípio da dignidade humana (art. 1º, III, da CRFB). Superação de óbices legais ao pleno desenvolvimento das famílias. Direito à busca da felicidade. Princípio constitucional implicito. Indivíduo como centro do ordenamento jurídico-político. Impossibilidade de redução das realidades familiares a modelos preconcebidos. Atipicidade constitucional do conceito de entidades familiares. União estavel (art. 226, § 3º, CRFB) e familia monoparental (art. 226, § 4º, CRFB). Vedacão a discriminacão e hierarquização entre espécies de filiação (art. 227, § 6º, CRFB). Parentalidade presuntiva, biológica ou afetiva. Necessidade de tutela jurídica ampla. Multiplicidade de vínculos parentais. Reconhecimento concomitante. Possibilidade. Pluriparen-

qual se produziu a Tese 622 (21-9-2016), reconhecendo a possibilidade de reconhecimento de parentalidade socioafetiva concomitante ao vínculo de filiação biológica:

> A paternidade socioafetiva, declarada ou não em registro público, não impede o reconhecimento do vínculo de filiação concomitante baseado na origem biológica, com os efeitos jurídicos próprios.

Em 2017, o Conselho Nacional de Justiça publicou o Provimento n. 63/2017, que "institui modelos únicos de certidão de nascimento, casamento e de óbito, a serem adotadas pelos ofícios de registro civil das pessoas naturais, e dispõe sobre o reconhecimento voluntário e a averbação da paternidade e maternidade socioafetiva no Livro 'A' e sobre o registro de nascimento e emissão da respectiva certidão dos filhos havidos por reprodução assistida"[13]. O Provimento estabelece, entre outros pontos, regras para reconhecimento de parentalidade socioafetiva diretamente em cartório, sem necessidade de intervenção judicial (salvo para desconstituição quando houver vício de vontade, fraude ou simulação), nos termos de seu art. 10:

> Art. 10. O reconhecimento voluntário da paternidade ou da maternidade socioafetiva de pessoa de qualquer idade será autorizado perante os oficiais de registro civil das pessoas naturais.
>
> § 1º O reconhecimento voluntário da paternidade ou maternidade será irrevogável, somente podendo ser desconstituído pela via judicial, nas hipóteses de vício de vontade, fraude ou simulação.
>
> § 2º Poderão requerer o reconhecimento da paternidade ou maternidade socioafetiva de filho os maiores de dezoito anos de idade, independentemente do estado civil.

É evidente que a finalidade pretendida pela norma do CNJ é o reconhecimento de relações de fato entre pessoas que se considerem como pais e filhos em razão de vínculos de afeto consolidados pelo convívio e que, sem dúvida, são merecedoras de proteção jurídica. Todavia, a aplicação de norma concernente a interesses de crianças e adolescentes – o que será o caso quando o filho reconhecido por parentalidade socioafetiva tiver menos

---

talidade. Princípio da paternidade responsável (art. 226, § 7º, CRFB)". Íntegra do acórdão disponível em: http://redir.stf.jus.br/paginadorpub/paginador.jsp?docTP=TP&docID=13431919. Acesso em: julho de 2018.

13. Íntegra disponível em: http://www.cnj.jus.br/files/atos_administrativos/provimento-n63-14-11-2017-corregedoria.pdf. Acesso em: julho de 2018.

de 18 anos – sem a participação dos órgãos da Justiça da Infância e Juventude deve se pautar pela máxima cautela e seguir a diretriz do melhor interesse da criança e do adolescente, para que se evite sua colocação em situação de risco ou mesmo de ilícito penal[14].

3.1.2. O poder familiar no Código Civil

Para que se estabeleçam as responsabilidades dos adultos em relação às crianças e adolescentes de sua família, o Código Civil, em consonância com o Estatuto da Criança e do Adolescente, estipula os deveres decorrentes do poder familiar e como este se institui pelas formas de reconhecimento de filiação, previstas entre os arts. 1.607 e 1.617 do Código Civil. Destas disposições, destacamos as que mais guardam correlação com direitos de crianças e adolescentes.

Da relação de filiação decorre o poder familiar e seus deveres para com as crianças e adolescentes a este submetidos. O art. 1.634 do Código Civil descreve em que consiste tal poder, conforme aqui transcrito:

> Art. 1.634. Compete a ambos os pais, qualquer que seja a sua situação conjugal, o pleno exercício do poder familiar, que consiste em, quanto aos filhos:
>
> I – dirigir-lhes a criação e a educação;
>
> II – exercer a guarda unilateral ou compartilhada nos termos do art. 1.584;
>
> III – conceder-lhes ou negar-lhes consentimento para casarem;
>
> IV – conceder-lhes ou negar-lhes consentimento para viajarem ao exterior;
>
> V – conceder-lhes ou negar-lhes consentimento para mudarem sua residência permanente para outro Município;
>
> VI – nomear-lhes tutor por testamento ou documento autêntico, se o outro dos pais não lhe sobreviver, ou o sobrevivo não puder exercer o poder familiar;
>
> VII – representá-los judicial e extrajudicialmente até os 16 (dezesseis) anos, nos atos da vida civil, e assisti-los, após essa idade, nos atos em que forem partes, suprindo-lhes o consentimento;
>
> VIII – reclamá-los de quem ilegalmente os detenha;
>
> IX – exigir que lhes prestem obediência, respeito e os serviços próprios de sua idade e condição.

14. A exemplo do crime previsto no art. 242 do Código Penal, cuja conduta é popularmente conhecida como "adoção à brasileira", e que será objeto de exame aprofundado ainda neste capítulo.

Conforme já tivemos a oportunidade de examinar, há previsões contidas no Estatuto da Criança e do Adolescente, tais como a responsabilidade pela criação e educação no inciso I[15] e o exercício da guarda (inerente ao poder familiar) no inciso II. O suprimento de seu consentimento pela falta de capacidade está previsto no inciso VII.

Vale aqui fazer uma pequena digressão para examinar o conteúdo do inciso IX do art. 1.634 do CC, acima transcrito, que estabelece como uma das competências do poder familiar a exigibilidade, por parte dos pais, de "obediência, respeito e os serviços próprios de sua idade e condição" em relação aos seus filhos com menos de dezoito anos. A reflexão é pertinente porque o texto do inciso IX do art. 1.634 reproduz integralmente o disposto na versão de 1916 do Código Civil – anterior à Constituição Federal e, portanto, ao reconhecimento de crianças e adolescentes como sujeitos de Direito –, o que parece perpetuar resquícios de uma determinada estrutura social e familiar que muito se distancia dos modelos familiares contemporâneos e das atuais relações entre crianças, adolescentes e os adultos por ela responsáveis. Todo o arcabouço normativo produzido a partir do paradigma da criança e do adolescente como pessoas vem se orientando mais para o atendimento do melhor interesse das pessoas com menos de 18 anos, bem como privilegiando relações de afetividade e afinidade no campo familiar – sentido que possivelmente se afasta daquele imprimido a uma legislação do início do século XX, que determinava legalmente o dever de obediência e respeito dos filhos em relação a seus pais. Evidentemente, não se pode negar que as noções social e culturalmente construídas sobre as formações familiares incluem a existência de uma relação de autoridade parental. Porém, os contornos desta autoridade são ínsitos às escolhas da vida privada, e para assegurar coerência interna ao ordenamento jurídico é necessário atualizar o conteúdo da redação, lendo-se o dispositivo como uma norma de afastamento estatal, ou seja, que assegura aos pais o direito de criar e educar seus filhos conforme seus próprios valores, sem interferência do Estado. Os incisos do art. 1.634 – e em especial do inciso IX – devem delinear o âmbito de atuação da família na vida privada, observados os limites impostos por lei, por exemplo: é permitido que os pais, como decorrência do poder familiar e de seu direito de ingerência da vida privada, exijam obediência e respeito de seus filhos – o que não autoriza que o façam submetendo crianças e adolescentes a qualquer tipo de tratamento vexatório ou degradante. É lícito aos

15. Em termos próximos do determinado pelo art. 22 do ECA: "Art. 22. Aos pais incumbe o dever de sustento, guarda e educação dos filhos menores, cabendo-lhes ainda, no interesse destes, a obrigação de cumprir e fazer cumprir as determinações judiciais".

pais exigir que os filhos prestem os serviços próprios de sua idade e condição, mas não que os submetam a trabalho infantil.

Feitas essas considerações, importa agora observar como os deveres de guarda, sustento e educação previstos pelo art. 22 do ECA se encontram disciplinados em outros textos legais. Tendo em vista que os deveres de sustento e educação serão abordados sob o ponto de vista do Direito Penal ainda neste capítulo, passa-se agora a comentar pontos referentes ao dever de guarda constantes do Código Civil, relacionados à proteção dos interesses de crianças e adolescentes.

As disposições referentes à guarda estão previstas no Código Civil sob a rubrica Da Proteção da Pessoa dos Filhos[16], o que já indica a orientação do legislador no sentido de privilegiar as normas de proteção das crianças e adolescentes. Esta orientação se manifesta em dispositivos dos quais se extrai a correspondência com os preceitos do Estatuto da Criança e do Adolescente, como o art. 1.583, que dispõe sobre a guarda unilateral ou compartilhada, estabelecendo seus parâmetros de forma a manter a convivência familiar da criança ou adolescente com seus pais o mais ampla possível após a separação destes:

> Art. 1.583. A guarda será unilateral ou compartilhada.
>
> § 1º Compreende-se por guarda unilateral a atribuída a um só dos genitores ou a alguém que o substitua (art. 1.584, § 5º) e, por guarda compartilhada a responsabilização conjunta e o exercício de direitos e deveres do pai e da mãe que não vivam sob o mesmo teto, concernentes ao poder familiar dos filhos comuns.

Nos §§ 2º, 3º e 5º do mesmo artigo identifica-se a adoção do princípio do melhor interesse da criança e do adolescente na estipulação das balizas para convivência cotidiana da família em relação à guarda dos filhos:

> Art. 1.583.
>
> (...)
>
> § 2º Na guarda compartilhada, o tempo de convívio com os filhos deve ser dividido de forma equilibrada com a mãe e com o pai, sempre tendo em vista as condições fáticas e os interesses dos filhos:
>
> § 3º Na guarda compartilhada, a cidade considerada base de moradia dos filhos será aquela que melhor atender aos interesses dos filhos.

16. Corresponde ao Capítulo XI do Livro IV – Do Direito de Família, Título I – Do Direito Pessoal, Subtítulo I – Do Casamento.

§ 5º A guarda unilateral obriga o pai ou a mãe que não a detenha a supervisionar os interesses dos filhos, e, para possibilitar tal supervisão, qualquer dos genitores sempre será parte legítima para solicitar informações e/ou prestação de contas, objetivas ou subjetivas, em assuntos ou situações que direta ou indiretamente afetem a saúde física e psicológica e a educação de seus filhos.

O art. 1.588 do CC reforça a intenção do legislador de sempre dar preferência à manutenção da criança ou adolescente com seu pai ou sua mãe, mesmo quando estes venham a se casar novamente após a separação:

Art. 1.588. O pai ou a mãe que contrair novas núpcias não perde o direito de ter consigo os filhos, que só lhe poderão ser retirados por mandado judicial, provado que não são tratados convenientemente.

Por fim, o art. 1.589 do CC representa mais um fortalecimento legal do direito à convivência familiar ao prever o direito de visitas[17] ao pai ou mãe que não detenham a guarda do filho, bem como dos avós:

Art. 1.589. O pai ou a mãe, em cuja guarda não estejam os filhos, poderá visitá-los e tê-los em sua companhia, segundo o que acordar com o outro cônjuge, ou for fixado pelo juiz, bem como fiscalizar sua manutenção e educação.

Parágrafo único. O direito de visita estende-se a qualquer dos avós, a critério do juiz, observados os interesses da criança ou do adolescente.

No Código Civil, o poder familiar está sujeito a causas de extinção, suspensão e destituição.

As causas de extinção do poder familiar previstas no Código Civil tanto podem dizer respeito ao fim da relação de filiação (seja pela morte dos pais ou do filho, seja pela cessação da incapacidade), quanto ao descumprimento, por parte dos pais, dos deveres inerentes ao poder familiar:

Art. 1.635. Extingue-se o poder familiar:

---

17. Vale registrar aqui o programa de visitação assistida adotado pelo Tribunal de Justiça de São Paulo por meio do Centro de Visitação Assistida (Cevat), criado por meio do Provimento n. 1.107/2006 do Conselho Superior da Magistratura, que atua para dar suporte ao trabalho dos juízes das varas da Família e das Sucessões da Capital em processos que versam sobre a regulamentação de visitas, prestando serviço de monitoramento de visitas de pais (ou mães) não guardiães de seus filhos. O programa visa à manutenção do vínculo quando houver obstáculos na convivência familiar, como no caso de situações em que se busca evitar a ocorrência de alienação parental. Informações disponíveis em: http://www.tjsp.jus.br/Noticias/Noticia?codigoNoticia=28475. Acesso em: julho de 2018.

I – pela morte dos pais ou do filho;

II – pela emancipação, nos termos do art. 5º, parágrafo único;

III – pela maioridade;

IV – pela adoção;

V – por decisão judicial, na forma do art. 1.638.

Vale lembrar que na hipótese de adoção, a sentença do respectivo processo cria novo vínculo de filiação a partir da extinção do poder familiar da família natural; logo, persiste a incapacidade da criança ou adolescente.

Já a suspensão pode ser decretada nas hipóteses previstas no art. 1.637 do CC:

> Art. 1.637. Se o pai, ou a mãe, abusar de sua autoridade, faltando aos deveres a eles inerentes ou arruinando os bens dos filhos, cabe ao juiz, requerendo algum parente, ou o Ministério Público, adotar a medida que lhe pareça reclamada pela segurança do menor e seus haveres, até suspendendo o poder familiar, quando convenha.
>
> Parágrafo único. Suspende-se igualmente o exercício do poder familiar ao pai ou à mãe condenados por sentença irrecorrível, em virtude de crime cuja pena exceda a dois anos de prisão.

A suspensão do poder familiar pode ser descrita como a interrupção temporária do direito-dever concedido aos pais. O abuso de autoridade descrito no art. 1.637, acima transcrito, refere-se à hipótese de o pai ou a mãe abusarem de suas atribuições ou fazerem mau uso das prerrogativas que a lei lhes conferiu, inclusive no que diz respeito à administração dos bens em nome dos filhos, por exemplo: risco de exposição à vida, à saúde, ao lazer, à profissionalização, à dignidade, ao respeito, à liberdade, à convivência familiar e comunitária dos filhos, assim como fatos capazes de submetê-los a atos de discriminação, exploração, violência, crueldade e opressão (BARONI, CABRAL, CARVALHO, 2016).

Em relação aos pais e mães privados de liberdade, conforme tivemos oportunidade de discutir, seu poder familiar fica sujeito meramente à suspensão, e não à decretação de sua perda, sendo inclusive assegurado pelo ECA o direito à convivência familiar com mães ou pais privados de liberdade. Vale ressaltar que o cumprimento de pena em regime aberto não é incompatível com o exercício do poder familiar, não existindo qualquer determinação legal que obrigue à suspensão do poder familiar nesse caso.

Ainda em relação à suspensão, por se tratar de sanção sem caráter definitivo, a decisão judicial que a tenha decretado pode ser revista e modificada a qualquer tempo, sempre que se alterarem os fatos que a provocaram.

O art. 1.638 do CC, mencionado no inciso V, corresponde às hipóteses de suspensão ou perda do poder familiar por violação dos deveres:

> Art. 1.638. Perderá por ato judicial o poder familiar o pai ou a mãe que:
>
> I – castigar imoderadamente o filho;
>
> II – deixar o filho em abandono;
>
> III – praticar atos contrários à moral e aos bons costumes;
>
> IV – incidir, reiteradamente, nas faltas previstas no artigo antecedente.
>
> V – entregar de forma irregular o filho a terceiros para fins de adoção.

Assim como em relação ao já comentado art. 1.634 do CC, também no art. 1.638 o legislador optou por reproduzir sem alterações a previsão legal do Código Civil de 1916[18], o que da mesma forma merecerá reflexões a respeito de sua adequação para uma realidade social tão distinta daquela vivenciada pelo legislador do início do século XX. Levantam-se os seguintes pontos: os incisos I e II constituem, inequivocamente, hipóteses de colocação da criança ou adolescente em situação de risco[19]. Já o inciso V pode até mesmo corresponder a crime previsto no Código Penal[20], sendo uma das causas previstas no ECA para destituição do poder familiar a prática de crime doloso contra o próprio filho ou filha[21]. Mas é necessário tecer algumas considerações sobre o disposto no inciso III: como definir – e a quem cabe fazer tal definição – sobre quais e o que são "atos contrários à moral e aos bons costumes"? A versão de 2002 do Código Civil poderia ter representado uma oportunidade de atualizar esse tipo de previsão, tão típica do contexto social e cultural de 1916[22] e, no entanto, o novo texto manteve uma figura jurídica vulnerável ao arbítrio judicial, bem como a uma

---

18. A perda do então denominado pátrio poder (ainda que incluída a figura da mãe) vinha prevista no art. 395 do Código Civil de 1916 nos seguintes termos: "Art. 395. Perderá por ato judicial o pátrio poder o pai, ou mãe: I – Que castigar imoderadamente o filho. II – Que o deixar em abandono. III – Que praticar atos contrários à moral e aos bons costumes".

19. Nos termos do art. 98 do ECA.

20. A depender das circunstâncias do caso concreto, pode estar configurada alguma das condutas previstas nos arts. 149-A, inciso IV (modalidade de tráfico de pessoas); 243 (sonegação de estado de filiação); ou 245 (entrega de filho menor a pessoa inidônea).

21. "Art. 23. A falta ou a carência de recursos materiais não constitui motivo suficiente para a perda ou a suspensão do poder familiar. § 1º Não existindo outro motivo que por si só autorize a decretação da medida, a criança ou o adolescente será mantido em sua família de origem, a qual deverá obrigatoriamente ser incluída em serviços e programas oficiais de proteção, apoio e promoção. § 2º A condenação criminal do pai ou da mãe não implicará a destituição do poder familiar, exceto na hipótese de condenação por crime doloso, sujeito à pena de reclusão, contra o próprio filho ou filha."

22. A este respeito, ver no Capítulo 1 as políticas para crianças pobres no início do século XX.

miríade de preconceitos de classe, origem, realidade social etc. É de se questionar se este inciso está de acordo com os preceitos constitucionais e com o próprio Estatuto da Criança e do Adolescente, que preceitua como preferencial a todas as demais hipóteses a permanência da criança ou adolescente com sua família de origem, determinando expressamente a inclusão da família em serviços e programas oficiais de proteção, apoio e promoção[23].

3.1.3. A capacidade de crianças e adolescentes no Código Civil

O art. 1º do Código Civil[24] atribui a capacidade de direitos e deveres a toda pessoa natural, ou seja, a todo e qualquer ser dotado de personalidade. Esta noção de personalidade é apresentada no Código Civil sob duas dimensões: a personalidade jurídica (relacionada à aptidão genérica para ser titular de direitos e obrigações na ordem civil, relacionados a direitos subjetivos patrimoniais) e os direitos da personalidade (ou seja, os direitos subjetivos existenciais relacionados aos atributos essenciais à condição humana, tais como vida, integridade física e psíquica, honra, privacidade, liberdade etc.).

Crianças e adolescentes, sendo pessoas naturais, são dotadas de personalidade e, portanto, titulares de direitos. Seus direitos de personalidade se encontram especificamente previstos na Parte Geral do Estatuto da Criança e do Adolescente. Porém, a capacidade para, de fato, exercê-los fica condicionada à intermediação ou auxílio de terceiros. Em outras palavras: crianças e adolescentes, embora tenham capacidade de direito – ou seja, há previsões legais que asseguram seus direitos de personalidade –, não têm capacidade de fato para exercê-los em razão de sua condição de pessoa em desenvolvimento. Esta é a ideia contida na teoria das incapacidades: a lei civil atua para proteger quem não tem o necessário discernimento para a prática dos atos da vida civil. Em razão do recorte proposto para o tema desta obra, serão tratadas apenas as hipóteses de incapacidade em decorrência da idade, abordando-se os fundamentos pelos quais o Código Civil estipula as regras sobre o que crianças e adolescentes podem ou não podem fazer.

Como se trata de pessoas em desenvolvimento, se este se der de forma a assegurar-lhes uma existência progressivamente autônoma, crianças e adolescentes necessitarão cada vez menos, ao longo de sua infância e adolescência, de mediação de um adulto responsável para exercer seus próprios

---

23. Nos termos do art. 23, § 1º, ECA, transcrito na nota 14.

24. "Art. 1º Toda pessoa é capaz de direitos e deveres na ordem civil."

direitos. Por esse motivo, a lei determina a medida em que são capazes de exercer direitos e praticar atos, e estabelece quais as pessoas responsáveis por estes até que sejam plenamente capazes, prevendo, pelo critério de idade, duas formas de incapacidade: a absoluta e a relativa.

O Código Civil determina que todas as pessoas com menos de 16 anos são absolutamente incapazes:

> Art. 3º São absolutamente incapazes de exercer *pessoalmente* os atos da vida civil os menores de 16 (dezesseis) anos. (grifo nosso)

Significa dizer, em cotejo com o Estatuto da Criança e do Adolescente, que crianças de qualquer idade e adolescentes de até 16 anos de idade são pessoas legalmente consideradas como desprovidas do discernimento necessário para praticar por si só os atos da vida civil, não tendo, portanto, capacidade de fato: daí a formulação do art. 1º do Código Civil declarando a absoluta incapacidade dos menores de 16 anos de exercer pessoalmente seus direitos.

Já as pessoas com idade entre 16 e 18 anos são consideradas capazes para alguns atos especificados na lei civil, desde que devidamente assistidos:

> Art. 4º São incapazes, relativamente a certos atos ou à maneira de os exercer:
>
> I – os maiores de dezesseis e menores de dezoito anos;

"Ser incapaz" implica proteção em duas dimensões: primeiro, a necessidade de representante para todos os atos da vida civil; e segundo, a invalidade dos atos jurídicos praticados pelo incapaz, que podem ser classificados como nulos ou anuláveis, nos termos dos arts. 166 e 171 do Código Civil, respectivamente:

> Art. 166. É nulo o negócio jurídico quando:
>
> I – celebrado por pessoa absolutamente incapaz;
>
> (...)
>
> Art. 171. Além dos casos expressamente declarados na lei, é anulável o negócio jurídico:
>
> I – por incapacidade relativa do agente;

Em ambos os casos, crianças e adolescentes têm capacidade de direito, adquirida do nascimento com vida. Para suprir a falta da capacidade de fato, a lei indica pessoas que agem em nome do incapaz para suprir esta incapacidade, pela representação (no caso dos absolutamente incapazes) ou pela assistência (no caso dos relativamente capazes): os representantes legais, que, em regra, serão seus pais (naturais ou adotivos), nos termos do art. 1.690 do Código Civil:

> Art. 1.690. Compete aos pais, e na falta de um deles ao outro, com exclusividade, representar os filhos menores de dezesseis anos, bem como assisti-los até completarem a maioridade ou serem emancipados.

Uma vez atingida a idade de 18 anos, a pessoa se torna plenamente capaz e apta aos atos da vida civil:

> Art. 5º A menoridade cessa aos dezoito anos completos, quando a pessoa fica habilitada à prática de todos os atos da vida civil.

Porém, a lei prevê outras hipóteses em que a capacidade pode ser antecipada por meio da emancipação: significa dizer que adolescentes podem ser considerados aptos para a vida civil em casos específicos determinados por lei. A emancipação é a aquisição antecipada da capacidade de fato para atos da vida civil, mas sem, contudo, produzir efeitos em relação ao Estatuto da Criança e do Adolescente: o adolescente continua protegido pelas normas da proteção integral, bem como inimputável para fins penais.

Os incisos do art. 5º do Código Civil trazem as três hipóteses de emancipação: voluntária; judicial e legal, a seguir comentadas:

> Parágrafo único. Cessará, para os menores, a incapacidade:
>
> I – pela concessão dos pais, ou de um deles na falta do outro, mediante instrumento público, independentemente de homologação judicial, ou por sentença do juiz, ouvido o tutor, se o menor tiver dezesseis anos completos;
>
> II – pelo casamento;
>
> III – pelo exercício de emprego público efetivo;
>
> IV – pela colação de grau em curso de ensino superior;
>
> V – pelo estabelecimento civil ou comercial, ou pela existência de relação de emprego, desde que, em função deles, o menor com dezesseis anos completos tenha economia própria.

O inciso I contém duas hipóteses: primeiro, a "emancipação voluntária", realizada por meio de procedimento extrajudicial, e de caráter irrevogável. Aqui basta a concessão dos pais ou responsáveis, sendo importante ressaltar que, embora a lei não exija, uma interpretação sistemática do ECA e da Constituição Federal recomenda que se consigne o consentimento do emancipado no sentido de salvaguardar o interesse do adolescente e assegurar seu direito à proteção integral. A segunda hipótese do inciso I é a emancipação judicial, realizada por meio de sentença em jurisdição voluntária, no caso de adolescente em regime de tutela.

Os incisos II, III, IV e V tratam das hipóteses de emancipação legal. Considerando que as hipóteses contidas nos incisos III, IV e V a princípio guardam menor potencial de violação de direitos de adolescentes, o inciso II – emancipação pelo casamento – será analisado de forma mais detida.

Para se analisar a possibilidade de emancipação pelo casamento, é indispensável recorrer ao disposto no art. 1.517 do Código Civil, que estabelece o limite etário para celebração de casamento civil:

> Art. 1.517. O homem e a mulher com dezesseis anos podem casar, exigindo-se autorização de ambos os pais, ou de seus representantes legais, enquanto não atingida a maioridade civil.

O art. 1.517 do CC deve ser interpretado em conjunto com o art. 1.520 do mesmo diploma legal, alterado em 12 de março de 2019, quando entrou em vigor a Lei n. 13.811/2019, determinando o seguinte:

> Art. 1.520. Não será permitido, em qualquer caso, o casamento de quem não atingiu a idade núbil, observado o disposto no art. 1.517 deste Código.

Sua antiga redação continha duas exceções à idade núbil fixada pelo art. 1.517: a primeira, para evitar "imposição ou cumprimento de pena criminal", e a segunda, em caso de gravidez[25]. Ambas as hipóteses reproduziam conteúdos presentes no Código Civil de 1916, respectivamente nos arts. 214 e 215[26].

A formulação original do Código Civil de 2002 concebida nestes dois dispositivos possibilitava que adolescentes não apenas pudessem se casar (desde que autorizados por ambos os pais ou representantes legais) a partir dos dezesseis anos, mas também em qualquer idade, se houvesse uma situação de gravidez. A soma destas determinações à hipótese de emancipação pelo casamento permitia concluir que adolescentes de qualquer idade poderiam ser considerados legalmente emancipados se ocorresse gravidez.

A situação gerada pela combinação de normas acima descrita gerava uma série de dúvidas: primeiro, como compatibilizar a responsabilidade plena para a prática de atos da vida civil com a condição de pessoa em desenvolvimento

---

25. A íntegra da redação original do artigo dispunha o seguinte: "Art. 1.520. Excepcionalmente, será permitido o casamento de quem ainda não alcançou a idade núbil (art. 1517), para evitar imposição ou cumprimento de pena criminal ou em caso de gravidez".

26. Referidos artigos do Código Civil de 1916 tinham a seguinte redação: "Art. 214. Podem, entretanto, casar-se os referidos menores para evitar a imposição ou o cumprimento de pena criminal. Parágrafo único. Em tal caso o juiz poderá ordenar a separação de corpos, até que os cônjuges alcancem a idade legal. Art. 215. Por defeito de idade não se anulará o casamento, de que resultou gravidez".

protegida pelo ECA e a doutrina da proteção integral? Havendo filhos desses adolescentes, a quem incumbe exercer o poder familiar? E mais: a hipótese de gravidez como fator para antecipação da idade núbil (repita-se: que a lei autorizava em qualquer idade) valeria apenas para o caso da menina com menos de 16 anos que estivesse grávida, ou um pai adolescente (que, por exemplo, aos 14 anos tivesse engravidado uma moça de 19) também teria sua idade núbil (consequente emancipação) antecipada "em caso de gravidez"?

A alteração operada pela Lei n. 13.811/2019 resolve alguns desses pontos, o que é bastante positivo: primeiro porque, ao vedar sem exceções o casamento de quem não atingiu a idade mínima legal para tanto, o Código Civil se torna mais harmônico com as diretrizes internacionais com as quais o Brasil se comprometeu sobre o tema[27] e com a própria doutrina da proteção integral adotada pela Constituição de 1988 e pelo ECA. Porém, ao manter a possibilidade de casamento aos 16 anos, permanece a possibilidade de emancipação em decorrência do casamento, nos termos do art. 5º, inciso II, do Código Civil.

Para os objetivos propostos neste livro, considerando que, apesar da modificação realizada pela Lei n. 13.811/2019, o inciso II ainda pode representar conflito com o disposto no ECA e em tratados internacionais de Direitos Humanos de crianças e adolescentes, o tema será abordado em maior profundidade sob a perspectiva dos direitos sexuais e reprodutivos dos adolescentes no tópico 3.3. deste capítulo.

3.2. Aspectos do Código Penal referentes a crianças e adolescentes

3.2.1. Considerações gerais

Em relação à possibilidade de imputar a alguém um fato definido como crime, o Código Penal estabelece em seu art. 27 que os menores de 18 anos são penalmente inimputáveis, determinando assim o limite etário para a capacidade penal.

Quanto à consideração de crianças e adolescentes como vítimas de crimes, pode-se dividir as previsões do Código Penal sob dois critérios:

i. **Maior vulnerabilidade física e/ou psíquica de crianças e adolescentes:** este aspecto fundamenta tanto a atribuição de maior gravidade a condutas praticadas contra crianças e adolescentes quanto à tipificação de condutas específicas. Como exemplo do primeiro caso, tem-se na Parte Geral a agravante do art.

27. O que será abordado em maior profundidade no tópico 3.3. deste capítulo.

61, *h*[28] e causas de aumento de pena[29] esparsas na Parte Especial. No segundo caso, vale mencionar as figuras do Título I (Crimes contra a Pessoa), Capítulo III – Da Periclitação da Vida e da Saúde, que podem ter como vítimas específicas crianças ou adolescentes: é o caso da omissão de socorro, no art. 135[30], que tem a figura da *"criança abandonada ou extraviada"* entre as vítimas descritas no tipo penal. Embora o legislador penal silencie a respeito da idade da criança, entendemos ser aplicável uma interpretação sistemática harmônica com o ECA para afirmar que se trata aqui de crianças as pessoas de até 12 anos. Além da omissão de socorro, há tipos penais específicos que decorrem da violação de deveres de proteção a criança e adolescente (que podem ou não ser inerentes ao poder familiar), como será abordado mais adiante.

ii. Invalidade jurídico-legal de seu consentimento: neste aspecto, o consentimento da criança e do adolescente ganha relevância quando o consentimento for elementar do tipo penal, como ocorre nos tipos dos crimes sexuais.

3.2.2. Crimes decorrentes da violação dos deveres de proteção a criança e adolescente

Em relação às condutas tipificadas com fundamento na maior vulnerabilidade psíquica e física de crianças e adolescentes, é importante destacar que, a partir de 2024, a Lei n. 14.811/2024 passa a estabelecer disposições penais a respeito de violência praticada contra crianças e adolescentes, igualmente fundamentadas nesta noção de especial vulnerabilidade: os crimes de

28. "Art. 61. São circunstâncias que sempre agravam a pena, quando não constituem ou qualificam o crime: (...) *h)* contra criança, maior de 60 (sessenta) anos, enfermo ou mulher grávida;" (grifo nosso; notar que aqui a criança está inserida entre outras categorias também em especial situação de vulnerabilidade).

29. A exemplo dos arts. 149 e 149-A: *"Redução a condição análoga à de escravo* – Art. 149. Reduzir alguém a condição análoga à de escravo, quer submetendo-o a trabalhos forçados ou a jornada exaustiva, quer sujeitando-o a condições degradantes de trabalho, quer restringindo, por qualquer meio, sua locomoção em razão de dívida contraída com o empregador ou preposto: Pena – reclusão, de dois a oito anos, e multa, além da pena correspondente à violência. (...) § 2º A pena é aumentada de metade, se o crime é cometido: I – contra criança ou adolescente; *Tráfico de Pessoas* – Art. 149-A. Agenciar, aliciar, recrutar, transportar, transferir, comprar, alojar ou acolher pessoa, mediante grave ameaça, violência, coação, fraude ou abuso, com a finalidade de: I – remover-lhe órgãos, tecidos ou partes do corpo; II – submetê-la a trabalho em condições análogas à de escravo; III – submetê-la a qualquer tipo de servidão; IV – adoção ilegal; ou V – exploração sexual. Pena – reclusão, de 4 (quatro) a 8 (oito) anos, e multa. § 1º A pena é aumentada de um terço até a metade se: (...) II – o crime for cometido contra criança, adolescente ou pessoa idosa ou com deficiência".

30. *"Omissão de socorro* – Art. 135. Deixar de prestar assistência, quando possível fazê-lo sem risco pessoal, à criança abandonada ou extraviada, ou à pessoa inválida ou ferida, ao desamparo ou em grave e iminente perigo; ou não pedir, nesses casos, o socorro da autoridade pública: Pena – detenção, de um a seis meses, ou multa. Parágrafo único. A pena é aumentada de metade, se da omissão resulta lesão corporal de natureza grave, e triplicada, se resulta a morte."

homicídio e participação em suicídio e automutilação passaram a ter novas causas de aumento de pena (sendo incluídos no rol de crimes hediondos, junto com as figuras típicas do sequestro e cárcere privado cometido contra menor de 18 anos e o tráfico de pessoas cometido contra criança ou adolescente); foi tipificada a conduta da intimidação sistemática em modalidade presencial ou virtual. Ainda, houve alteração da redação dos tipos penais previstos no ECA relativos a condutas de produção, armazenamento e difusão de material pornográfico com crianças e adolescentes[31].

O Capítulo III do Título I do Código Penal trata das condutas criminalizadas de abandono de incapaz; exposição ou abandono de recém-nascido e maus-tratos, descritos respectivamente nos arts. 133, 134 e 136. Em comum, os três tipos contêm como elementar alguma figura que determine a responsabilidade do autor do fato típico sobre a vítima, que pode, evidentemente, ser uma criança ou adolescente. Mais adiante, no Título VII (Crimes contra a Família), Capítulos II, III e IV encontram-se, respectivamente, os crimes contra o estado de filiação, os crimes contra a assistência familiar e os crimes contra o pátrio poder, tutela e curatela, que também guardam estreita relação com os direitos de crianças e adolescentes previstos no Estatuto da Criança e do Adolescente.

Em relação às alterações trazidas pela Lei n. 14.811/2024, acima mencionadas, cabem as considerações a seguir. Em sua origem, o projeto de lei[32] tratava apenas de prever novas causas de aumento de pena pensadas casuisticamente para os episódios de suicídio, automutilação e outros atos de violência praticados por crianças e adolescentes estimulados ou influenciados por conteúdos disponibilizados em plataformas digitais, bem como para outros crimes. No decorrer de sua tramitação, passou a incluir aumento de pena também para crimes de homicídio praticados em instituições de ensino, tendo em vista o crescimento do número de episódios de múltiplos homicídios praticados nesses locais[33].

A redação final do texto de lei incorporou as seguintes alterações da legislação penal:

> Art. 5º Os arts. 121 e 122 do Decreto-Lei n. 2.848, de 7 de dezembro de 1940 (Código Penal), passam a vigorar com as seguintes alterações:

31. Estes últimos serão comentados no tópico "Crimes praticados contra criança e adolescente – algumas considerações sobre as previsões penais do ECA", no Capítulo 3.

32. A respeito dos objetivos do legislador, ver a fala do deputado autor Osmar Terra em debate sobre o tema na Câmara dos Deputados: https://www.camara.leg.br/evento-legislativo/65661?a=552349&t=1655215601770&trechosOrador=. Acesso em setembro de 2024.

33. O relatório *Ataque às escolas* no Brasil, publicado pelo Ministério da Educação em 2024, traz dados que demonstram o aumento exponencial dessa prática a partir de 2019, com os patamares mais elevados em 2022 e 2023. Íntegra do relatório disponível em: https://www.gov.br/mec/pt-br/acesso-a-informacao/participacao-social/grupos-de-trabalho/prevencao-e-enfrentamento-da-violencia-nas-escolas/resultados/relatorio-ataque-escolas-brasil.pdf. Acesso em setembro de 2024.

"Art. 121

(...)

§ 2º-B

(...)

III – 2/3 (dois terços) se o crime for praticado em instituição de educação básica pública ou privada.

"Art. 122.

(...)

§ 5º Aplica-se a pena em dobro se o autor é líder, coordenador ou administrador de grupo, de comunidade ou de rede virtual, ou por estes é responsável.

Art. 6º O Decreto-Lei n. 2.848, de 7 de dezembro de 1940 (Código Penal), passa a vigorar acrescido do seguinte art. 146-A:

"Intimidação sistemática (*bullying*)

Art. 146-A. Intimidar sistematicamente, individualmente ou em grupo, mediante violência física ou psicológica, uma ou mais pessoas, de modo intencional e repetitivo, sem motivação evidente, por meio de atos de intimidação, de humilhação ou de discriminação ou de ações verbais, morais, sexuais, sociais, psicológicas, físicas, materiais ou virtuais:

Pena – multa, se a conduta não constituir crime mais grave.

Intimidação sistemática virtual (*cyberbullying*)

Parágrafo único. Se a conduta é realizada por meio da rede de computadores, de rede social, de aplicativos, de jogos on-line ou por qualquer outro meio ou ambiente digital, ou transmitida em tempo real:

Pena – reclusão, de 2 (dois) anos a 4 (quatro) anos, e multa, se a conduta não constituir crime mais grave."

Sobre o aumento de pena em relação aos crimes de homicídio e de participação em suicídio e automutilação, bem como sobre a tipificação da intimidação sistemática nas modalidades presencial e virtual, é essencial destacar que as previsões contidas no Código Penal somente são aplicáveis a pessoas maiores de dezoito anos que pratiquem referidos fatos. A prática das mesmas condutas por crianças ou adolescentes fica sujeita à ação socioeducativa por ato infracional equiparado a qualquer um dos crimes em questão.

O abandono de incapaz é descrito nos seguintes termos pelo art. 133 do Código Penal:

Abandono de incapaz

Art. 133. Abandonar pessoa que está sob seu cuidado, guarda, vigilância ou autoridade, e, por qualquer motivo, incapaz de defender-se dos riscos resultantes do abandono:

Pena – detenção, de seis meses a três anos.

§ 1º Se do abandono resulta lesão corporal de natureza grave:

Pena – reclusão, de um a cinco anos.

§ 2º Se resulta a morte:

Pena – reclusão, de quatro a doze anos.

Aumento de pena

§ 3º As penas cominadas neste artigo aumentam-se de um terço:

I – se o abandono ocorre em lugar ermo;

II – se o agente é ascendente ou descendente, cônjuge, irmão, tutor ou curador da vítima.

III – se a vítima é maior de 60 (sessenta) anos.

Conforme se verifica da leitura do artigo, não se trata de crime praticado exclusivamente contra vítima criança ou adolescente, mas estes podem ser incluídos entre eventuais sujeitos passivos em decorrência da relação de "cuidado, guarda, vigilância ou autoridade". Vale frisar que, além do poder familiar (ao qual o dever de cuidado é inerente), situações diversas podem configurar o crime, tais como escolas, creches, unidades de internação e quaisquer modalidades de acolhimento institucional.

O art. 134 do Código Penal prevê o crime de abandono de recém-nascido, nos seguintes termos:

Exposição ou abandono de recém-nascido

Art. 134. Expor ou abandonar recém-nascido, para ocultar desonra própria:

Pena – detenção, de seis meses a dois anos.

§ 1º Se do fato resulta lesão corporal de natureza grave:

Pena – detenção, de um a três anos.

§ 2º Se resulta a morte:

Pena – detenção, de dois a seis anos.

Sobre este tipo penal, entendemos que a finalidade específica "para ocultar desonra própria" apresentada como elementar do crime não tem lugar no ordenamento jurídico contemporâneo, uma vez que a "desonra" aqui referida diz respeito ao adultério do qual seria fruto aquele recém-nascido, denotando nítido caráter de moral sexual e de preservação dos costumes[34].

34. A reforçar o argumento de que a norma em questão foi formulada a partir de preceitos morais incompatíveis com o sentido da Constituição Federal – tanto no que diz respeito à equida-

Se a intenção é preservar como bem jurídico a incolumidade física do recém-nascido pela via penal, não há razão para não subsumir eventual conduta ao tipo do art. 133 do CP – e, em sendo o caso, inserindo hipótese de redução de pena para circunstâncias fáticas que podem fazer ser considerada menos grave a conduta de abandonar recém-nascido (por exemplo: situação de vulnerabilidade econômica extrema, e evidentemente aplicando-se a causa de redução a mulheres e homens), ou, ainda, reformando a redação do art. 134 do CP para adequar seu texto à moldura constitucional.

Sobre o crime de maus-tratos, previsto no art. 136 do CP, tratamos do tema no Capítulo 1.

Em relação aos crimes contra o estado de filiação, destaca-se aqui o tipo descrito no art. 242 do Código Penal:

Parto suposto. Supressão ou alteração de direito inerente ao estado civil de recém-nascido

Art. 242. Dar parto alheio como próprio; registrar como seu o filho de outrem; ocultar recém-nascido ou substituí-lo, suprimindo ou alterando direito inerente ao estado civil:

Pena – reclusão, de dois a seis anos.

Parágrafo único. Se o crime é praticado por motivo de reconhecida nobreza:

Pena – detenção, de um a dois anos, podendo o juiz deixar de aplicar a pena.

O delito em questão pode corresponder, conforme o caso concreto, à conduta popularmente conhecida como "adoção à brasileira", associada ao ato de alguém registrar como seu o filho de outra pessoa, ao invés de se submeter ao procedimento legal de adoção – mais do que a ilegalidade administrativa de não submissão aos ditames previstos no Estatuto da Criança e do Adolescente, a prática é crime previsto no Código Penal, embora possa ser aplicado o perdão judicial se, no caso concreto, o juiz verificar que não houve dolo de subtrair uma criança de sua família natural, mas

---

de de gêneros quanto à proteção de crianças e adolescentes – transcreve-se aqui, a título de exemplo, o entendimento de Cézar Roberto Bitencourt: "É indispensável que se trate de mulher honrada, cujo conceito social possa ser abalado pela prova de uma concepção aviltante, caso contrário não haveria honra alguma para ocultar" (BITENCOURT, 2010, p. 276). O mesmo autor aborda ainda a discussão sobre a possibilidade de a "desonra" por uma conduta sexual "aviltante" recair também sobre o pai da criança, e cita o entendimento de autores como "Damásio de Jesus, Heleno Fragoso e Nélson Hungria, entre outros" que "admitem que o pai incestuoso ou adúltero também poderia praticar o crime". A partir do reconhecimento da igualdade formal entre homens e mulheres nos termos do art. 5º, II, da Constituição Federal, não cabe falar juridicamente em "honra sexual" como elementar de tipos penais a qualquer título, em especial com um recorte de gênero que favorece um gênero em detrimento do outro.

sim pelo que a lei identifica como "motivo de reconhecida nobreza" (como, por exemplo, registrar a criança para criá-la com o consentimento dos pais naturais, impossibilitados por razões econômicas). Importante ressaltar que a mãe ou o pai que entrega seu filho para adoção de forma irregular poderá perder o poder familiar, nos termos do art. 1.638, V, do Código Civil.

Os crimes contra a assistência familiar correspondem diretamente, assim como o crime de maus-tratos, à dimensão penal da violação dos deveres inerentes ao poder familiar[35]. São eles: o abandono material (art. 244, CP), a entrega de filho menor a pessoa inidônea (art. 245, CP), o abandono intelectual (art. 246, CP) e o abandono moral (conduta prevista no art. 247 do CP, embora não sob tal rubrica).

O crime de abandono material é descrito nos seguintes termos:

Abandono material

Art. 244. Deixar, sem justa causa, de prover a subsistência do cônjuge, ou de filho menor de 18 (dezoito) anos ou inapto para o trabalho, ou de ascendente inválido ou maior de 60 (sessenta) anos, não lhes proporcionando os recursos necessários ou faltando ao pagamento de pensão alimentícia judicialmente acordada, fixada ou majorada; deixar, sem justa causa, de socorrer descendente ou ascendente, gravemente enfermo:

Pena – detenção, de 1 (um) a 4 (quatro) anos e multa, de uma a dez vezes o maior salário mínimo vigente no País.

Parágrafo único. Nas mesmas penas incide quem, sendo solvente, frustra ou ilide, de qualquer modo, inclusive por abandono injustificado de emprego ou função, o pagamento de pensão alimentícia judicialmente acordada, fixada ou majorada.

---

35. Os deveres inerentes ao poder familiar estão previstos no art. 22 do ECA: "Art. 22. Aos pais incumbe o dever de sustento, guarda e educação dos filhos menores, cabendo-lhes ainda, no interesse destes, a obrigação de cumprir e fazer cumprir as determinações judiciais. Parágrafo único. A mãe e o pai, ou os responsáveis, têm direitos iguais e deveres e responsabilidades compartilhados no cuidado e na educação da criança, devendo ser resguardado o direito de transmissão familiar de suas crenças e culturas, assegurados os direitos da criança estabelecidos nesta Lei". Os crimes tratados neste capítulo são imputados aos pais sem prejuízo da infração administrativa prevista no Estatuto da Criança e do Adolescente no art. 249: "Art. 249. Descumprir, dolosa ou culposamente, os deveres inerentes ao poder familiar ou decorrente de tutela ou guarda, bem assim determinação da autoridade judiciária ou Conselho Tutelar: Pena – multa de três a vinte salários de referência, aplicando-se o dobro em caso de reincidência". Ainda, sobre os crimes previstos no Capítulo IV – quais sejam, induzimento a fuga, entrega arbitrária ou sonegação de incapazes, no art. 248, CP; e subtração de incapazes no art. 249, CP – vale a ressalva da nomenclatura que ainda se encontra em sua redação original de 1940, falando em Crimes contra *o pátrio poder*, tutela e curatela, quando deveria ser atualizado para consignar "poder familiar", em harmonia com os demais dispositivos legais.

Na modalidade praticada em face de filho menor de 18 anos, o crime de abandono material corresponde à criminalização da violação do dever de sustento que compõe o poder familiar. Vale notar que a sanção penal decorrente da criminalização do ato de faltar ao pagamento de pensão alimentícia não se confunde com a prisão pelo não pagamento de pensão alimentícia[36].

Em razão das aproximações existentes entre as duas descrições típicas, os arts. 245 e 247 do Código Penal serão examinados em conjunto. A entrega de filho menor a pessoa inidônea é tipificada na previsão de que a criança ou adolescente fique exposto a perigo moral ou material por ter sido entregue por seus pais (o tipo fala em "entregar o filho menor") aos cuidados de quem o expõe a tais riscos, nos termos do art. 245 do CP:

Entrega de filho menor a pessoa inidônea

> Art. 245. Entregar filho menor de 18 (dezoito) anos a pessoa em cuja companhia saiba ou deva saber que o menor fica moral ou materialmente em perigo:
>
> Pena – detenção, de 1 (um) a 2 (dois) anos.
>
> § 1º A pena é de 1 (um) a 4 (quatro) anos de reclusão, se o agente pratica delito para obter lucro, ou se o menor é enviado para o exterior.
>
> § 2º Incorre, também, na pena do parágrafo anterior quem, embora excluído o perigo moral ou material, auxilia a efetivação de ato destinado ao envio de menor para o exterior, com o fito de obter lucro.

O art. 247 do Código Penal não contém rubrica, mas é identificado pelos autores estudiosos do Direito Penal como *abandono moral*:

> Art. 247. Permitir alguém que menor de dezoito anos, sujeito a seu poder ou confiado à sua guarda ou vigilância:
>
> I – frequente casa de jogo ou mal-afamada, ou conviva com pessoa viciosa ou de má vida;
>
> II – frequente espetáculo capaz de pervertê-lo ou de ofender-lhe o pudor, ou participe de representação de igual natureza;
>
> III – resida ou trabalhe em casa de prostituição;
>
> IV – mendigue ou sirva a mendigo para excitar a comiseração pública:
>
> Pena – detenção, de um a três meses, ou multa.

---

36. A prisão para obrigar ao pagamento de pensão alimentícia está prevista no art. 528, § 3º do Código de Processo Civil.

Embora o texto de ambos os artigos – que mantiveram sua redação original de 1940 – possam, conforme o caso concreto, corresponder a situações de risco para crianças e adolescentes, há que se ressaltar que os tipos penais aqui em debate permitem valorações de ordem moral que podem levar a arbitrariedades quando de sua imputação: como definir, para fins de cumprimento da taxatividade penal – diga-se, indispensável para que se classifique um tipo penal como constitucional – , o que é uma "casa mal-afamada"? Ou mesmo "casa de jogo": que tipo de jogo serviria para configurar a elementar do tipo – incluiriam-se aqui os eletrônicos, como os disponibilizados em *lan houses*? O que viria a ser uma "pessoa viciosa", ou de "má vida", ou em "cuja companhia (...) o menor fica moral ou materialmente em perigo"? Pode-se sustentar que referidos tipos penais são inconstitucionais pela falta de taxatividade e pelo potencial de criminalização de populações vulneráveis exclusivamente pela situação de exclusão econômica em que se encontram[37].

Ademais, os artigos citados podem configurar confronto com dispositivos do ECA, que determina expressamente que situações de vulnerabilidade material ou dependência de substâncias entorpecentes não podem, isoladamente, ser fatores determinantes para suspender ou extinguir o poder familiar[38]. O próprio ECA dispõe sobre inserção em programas sociais, preferíveis à simples criminalização.

O abandono intelectual previsto no art. 246 do Código Penal corresponde à violação do dever inerente ao poder familiar de assegurar o acesso à educação formal, criminalizada em relação à instrução primária:

Abandono intelectual

> Art. 246. Deixar, sem justa causa, de prover à instrução primária de filho em idade escolar:
>
> Pena – detenção, de quinze dias a um mês, ou multa.

Sobre o crime previsto neste artigo, é importante notar que somente se consuma quando não houver justa causa (ou seja, se, por exemplo, a família reside em local sem escola primária, não há que se falar em crime de abandono intelectual). Outra questão atual sobre o tema diz respeito ao movimento de *"homeschooling"*, prática que não é regulamentada pela lei brasileira

---

37. Neste sentido e à guisa de exemplo, citam-se o *HC* 407.489/MS (STJ) e a AP TJRJ 0000577-70.2012.8.19.0060, ambos casos de imputação do art. 247 do CP, a pessoas em situação de extrema vulnerabilidade econômica.

38. Mais especificamente como determinado na redação atual do art. 19 dada pelo Marco Legal da Primeira Infância, bem como o art. 23, § 1º, ambos já examinados.

e foi levada à apreciação do Supremo Tribunal Federal em recurso extraordinário[39] em que se discute a possibilidade de o ensino domiciliar (*"homeschooling"*) ser proibido pelo Estado ou viabilizado como meio lícito de cumprimento, pela família, do dever de prover a educação. Além dos fundamentos legais que embasam o recurso extraordinário (arts. 205, 206, 208, 214 e 229 da Constituição Federal), o tema guarda relação com o crime de abandono intelectual, que pode ser imputado a pais ou responsáveis que adotem o *"homeschooling"*. Em setembro de 2018, o Supremo Tribunal Federal julgou o referido recurso extraordinário, negando-lhe provimento, mas fixando a tese no sentido de que o ensino domiciliar não está previsto na Constituição Federal e depende de lei específica para ser permitido no Brasil.

3.2.3. O Código Penal e os crimes sexuais praticados contra crianças e adolescentes

Como já visto, o § 4º do art. 227 do Texto Constitucional estabelece que "A lei punirá severamente o abuso, a violência e a exploração sexual da criança e do adolescente".

Os crimes sexuais contra crianças e adolescentes são previstos tanto no Código Penal quanto no Estatuto da Criança e do Adolescente, e é importante aqui traçar as suas diferenças, iniciando por destacar um ponto de atenção em relação ao que popularmente (e de forma equivocada) se designa como crimes de "pedofilia".

A pedofilia é descrita pela Organização Mundial da Saúde (OMS), no item F65.4 de sua lista da Classificação Internacional de Doenças (CID-10), como o transtorno psíquico consistente na "preferência sexual por crianças, quer se trate de meninos, meninas ou de crianças de um ou do outro sexo, geralmente pré-púberes ou não"[40]. Em relação às normas penais brasileiras, quando isoladamente considerada enquanto transtorno psíquico, a pedofilia não é um fato típico. Por outro lado, para fins de reconhecimento da ocorrência de crimes de natureza sexual contra crianças (ou adolescentes), é indiferente que quem os pratique apresente o transtorno pedofílico.

Feito este necessário esclarecimento, importa agora compreender a estrutura geral da previsão legal dos crimes sexuais no Código Penal de modo a possibilitar a compreensão destes delitos em relação a vítimas que sejam crianças ou adolescentes.

---

39. RE 888815; Tema de Repercussão Geral n. 822; disponível em: http://portal.stf.jus.br/processos/detalhe.asp?incidente=4774632. Acesso em: setembro de 2018.

40. CID-10 disponível em: http://www.datasus.gov.br/cid10/V2008/cid10.htm. Acesso em: julho de 2018.

A redação atual dos crimes sexuais no Código Penal é resultado das alterações trazidas pela Lei n. 12.015/2009: foi somente a partir desta mudança que o bem jurídico tutelado por esses tipos penais passou a ser a dignidade sexual – espécie do gênero *dignidade humana* –, e não mais os costumes, bem jurídico que se referia à valoração moral do comportamento sexual perante a sociedade. A alteração impactou não só a redação dos tipos penais, como também a sua interpretação pelos tribunais e doutrina[41], em especial no que se refere às crianças e adolescentes. A mesma lei determinou que a ação penal para processar e julgar tais crimes passasse a ser de ação penal pública incondicionada[42] e criou ainda novos tipos penais para punir condutas relativas à exploração sexual de crianças e adolescentes. Acrescente-se que todas as condutas aqui mencionadas são classificadas como crimes hediondos[43].

Os tipos penais que preveem crimes contra a liberdade sexual obedecem à seguinte estrutura geral: a descrição corresponde a um ato de natureza sexual (a lei fala em "prática de atos libidinosos", ou seja, que visam à satisfação sexual) que a vítima pratica em desacordo com sua real vontade – é o que juridicamente se denomina vício de vontade. Consideram-se vícios de vontade (ou seja, circunstâncias que retiram o livre-arbítrio da vítima): a violência física/ameaça; a fraude[44]; e a vulnerabilidade individual.

O crime de estupro, previsto no art. 213 do Código Penal, é o ato sexual no qual a vítima tem sua vontade viciada (ou seja, juridicamente invalidada) pela violência física ou pela grave ameaça (vale notar a previsão da figura qualificada para vítima adolescente, com idade entre 14 e 18 anos):

---

41. Embora ainda haja decisões dos tribunais que afastam a vulnerabilidade objetiva da vítima, reconhecendo que acusados podem ter agido em erro de tipo (ou seja, desconheciam a idade real da vítima e mantiveram relações sexuais com menores de 14 anos alegando crer que tinham mais idade), o Superior Tribunal de Justiça editou em 6-11-2017 a Súmula 593 nos seguintes termos: "O crime de estupro de vulnerável se configura com a conjunção carnal ou prática de ato libidinoso com menor de 14 anos, sendo irrelevante eventual consentimento da vítima para a prática do ato, sua experiência sexual anterior ou existência de relacionamento amoroso com o agente".

42. Nos termos do art. 225 do Código Penal: "*Ação penal* – Art. 225. Nos crimes definidos nos Capítulos I e II deste Título, procede-se mediante ação penal pública condicionada à representação. Parágrafo único. Procede-se, entretanto, mediante ação penal pública incondicionada se a vítima é menor de 18 (dezoito) anos ou pessoa vulnerável".

43. Nos termos da Lei n. 8.072/90: "Art. 1º São considerados hediondos os seguintes crimes, todos tipificados no Decreto-lei n. 2.848, de 7 de dezembro de 1940 – Código Penal, consumados ou tentados: (...) VI – estupro de vulnerável (art. 217-A, *caput* e §§ 1º, 2º, 3º e 4º); (...) VIII – favorecimento da prostituição ou de outra forma de exploração sexual de criança ou adolescente ou de vulnerável (art. 218-B, *caput*, e §§ 1º e 2º).

44. A fraude é elementar do crime de posse sexual mediante fraude, previsto no art. 215, CP, e que não será tratado neste capítulo em razão dos limites temáticos propostos para a obra.

Estupro

Art. 213. Constranger alguém, mediante violência ou grave ameaça, a ter conjunção carnal ou a praticar ou permitir que com ele se pratique outro ato libidinoso:

Pena – reclusão, de 6 (seis) a 10 (dez) anos.

§ 1º Se da conduta resulta lesão corporal de natureza grave ou se a vítima é menor de 18 (dezoito) ou maior de 14 (catorze) anos:

Pena – reclusão, de 8 (oito) a 12 (doze) anos.

§ 2º Se da conduta resulta morte:

Pena – reclusão, de 12 (doze) a 30 (trinta) anos.

Já o art. 217-A do CP prevê o crime de estupro de vulnerável, cuja formulação substituiu a antiga figura da presunção de violência[45], categoria à qual se subsumiam, até 2009, os crimes sexuais contra crianças e adolescentes de até 14 anos. A atual redação dispõe o seguinte:

Art. 217-A. Ter conjunção carnal ou praticar outro ato libidinoso com menor de 14 (catorze) anos:

Pena – reclusão, de 8 (oito) a 15 (quinze) anos.

§ 1º Incorre na mesma pena quem pratica as ações descritas no *caput* com alguém que, por enfermidade ou deficiência mental, não tem o necessário discernimento para a prática do ato, ou que, por qualquer outra causa, não pode oferecer resistência.

Formas qualificadas

§ 2º (vetado)

§ 3º Se da conduta resulta lesão corporal de natureza grave:

Pena – reclusão, de 10 (dez) a 20 (vinte) anos.

§ 4º Se da conduta resulta morte:

Pena – reclusão, de 12 (doze) a 30 (trinta) anos.

Neste tipo específico, o consentimento da vítima para o ato sexual não é válido em razão da idade (ou seja, o legislador entende que a pessoa com menos de 14 anos não atingiu ainda maturidade psíquica que confira discernimento suficiente para decidir pela prática dos atos sexuais); em razão

45. A redação original do art. 224, CP dispunha o seguinte: "*Presunção de violência* – Art. 224. Presume-se a violência, se a vítima: a) não é maior de catorze anos; b) é alienada ou débil mental, e o agente conhecia esta circunstância; c) não pode, por qualquer outra causa, oferecer resistência".

de capacidade prejudicada por enfermidade ou deficiência mental (caso em que a vítima pode ter qualquer idade); ou em razão de incapacidade de manifestar seu real consentimento (por exemplo, vítima adormecida, inconsciente, hipnotizada, embriagada ou sob o efeito de outra substância psicoativa etc. Também nesta hipótese é irrelevante a idade da vítima).

Isso significa dizer que a prática de atos sexuais com criança ou adolescente menor de 14 anos configura o crime de estupro de vulnerável, previsto no art. 217-A do Código Penal, sendo que, importante destacar, o delito se configura independentemente de o autor da conduta apresentar ou não o transtorno da pedofilia – da mesma forma, como já mencionado, o simples fato de alguém apresentar o transtorno sem praticar qualquer conduta contra uma criança não é um fato criminalizado.

Além da inovação na formulação dos tipos penais referentes à prática de ato sexual com criança ou adolescente, a Lei n. 12.015/2009 também trouxe inovações importantes no que diz respeito à exploração sexual[46] de crianças e adolescentes. Antes dessa lei, a redação original do art. 218 do Código Penal criminalizava a conduta de "Corromper ou facilitar a corrupção de pessoa maior de quatorze e menor de dezoito anos, com ela praticando ato de libidinagem, ou induzindo-a a praticá-lo ou presenciá-lo", permitindo a interpretação de que não se configuraria crime caso o adolescente já fosse "anteriormente corrompido": esta interpretação possibilitava, por exemplo, que se um homem de 50 anos mantivesse relações sexuais mediante pagamento com uma adolescente de 15 anos explorada sexualmente desde os 10 anos, não houvesse crime algum, pois se trataria, no exemplo aqui formulado, de "adolescente anteriormente corrompida", e já acima do limite etário da antiga figura da presunção de violência. Com a reforma de 2009, a corrupção de menores do Código Penal[47] ganhou a seguinte redação:

Corrupção de menores

Art. 218. Induzir alguém menor de 14 (catorze) anos a satisfazer a lascívia de outrem:

Pena – reclusão, de 2 (dois) a 5 (cinco) anos.

---

46. Embora o legislador tenha empregado a expressão "favorecimento da prostituição", quando se trata de crianças e adolescentes, é preferível distinguir a prostituição (aqui concebida como a prática remunerada de atos sexuais por adultos, o que pode, ao menos em tese, ser resultado da livre escolha de quem o faz, embora não regulamentada no Brasil) da exploração sexual: por sua condição de maturidade psíquica em desenvolvimento, não se pode considerar que crianças e adolescentes que pratiquem atos sexuais mediante pagamento o façam por opção. Por essa razão, a normativa internacional sobre o tema recomenda que a situação seja descrita como exploração sexual de crianças e adolescentes, e não prostituição.

47. Importante atentar para o fato de haver outro tipo penal de mesmo nome no Estatuto da Criança e do Adolescente, que será comentado mais adiante neste capítulo.

Além disso, a conduta de fazer com que menores de 14 anos presenciem atos sexuais com a finalidade de satisfazer desejo sexual também foi criminalizada:

> **Satisfação de lascívia mediante presença de criança ou adolescente**
>
> Art. 218-A. Praticar, na presença de alguém menor de 14 (catorze) anos, ou induzi-lo a presenciar, conjunção carnal ou outro ato libidinoso, a fim de satisfazer lascívia própria ou de outrem:
>
> Pena – reclusão, de 2 (dois) a 4 (quatro) anos.

A conduta de explorar sexualmente crianças, adolescentes e outros vulneráveis ganhou tipo penal específico. Para pôr fim à interpretação no sentido de que seriam atípicos os atos sexuais praticados com adolescentes "anteriormente corrompidos", o inciso I do § 2º deste artigo descreve como crime a conduta de manter relação sexual com adolescente explorado sexualmente[48]:

> **Favorecimento da prostituição ou de outra forma de exploração sexual de criança ou adolescente ou de vulnerável**
>
> Art. 218-B. Submeter, induzir ou atrair à prostituição ou outra forma de exploração sexual alguém menor de 18 (dezoito) anos ou que, por enfermidade ou deficiência mental, não tem o necessário discernimento para a prática do ato, facilitá-la, impedir ou dificultar que a abandone:
>
> Pena – reclusão, de 4 (quatro) a 10 (dez) anos.
>
> § 1º Se o crime é praticado com o fim de obter vantagem econômica, aplica-se também multa.
>
> § 2º Incorre nas mesmas penas:
>
> I – quem pratica conjunção carnal ou outro ato libidinoso com alguém menor de 18 (dezoito) e maior de 14 (catorze) anos na situação descrita no *caput* deste artigo;
>
> II – o proprietário, o gerente ou o responsável pelo local em que se verifiquem as práticas referidas no *caput* deste artigo.
>
> § 3º Na hipótese do inciso II do § 2º, constitui efeito obrigatório da condenação a cassação da licença de localização e de funcionamento do estabelecimento.

Além da reforma empreendida em 2009 no Capítulo VIII do Código Penal quanto aos crimes contra a dignidade sexual, em 2012 outra alteração impactou

---

48. Frise-se que quem praticar ato sexual com pessoa menor de 14 anos em contexto de exploração sexual responde pelo crime de estupro de vulnerável previsto no já comentado art. 217-A do Código Penal.

o tratamento penal dado às condutas praticadas contra crianças e adolescentes: a Lei n. 12.650/2012[49] inseriu o inciso V no art. 111 do Código Penal:

> **Termo inicial da prescrição antes de transitar em julgado a sentença final**
>
> Art. 111. A prescrição, antes de transitar em julgado a sentença final, começa a correr:
>
> (...)
>
> V – nos crimes contra a dignidade sexual de crianças e adolescentes, previstos neste Código ou em legislação especial, da data em que a vítima completar 18 (dezoito) anos, salvo se a esse tempo já houver sido proposta a ação penal.

A alteração quanto ao momento em que começa a correr a prescrição se justifica, neste caso, em razão de a vítima menor de 18 anos precisar da intermediação de um adulto responsável para poder noticiar a ocorrência do crime (embora se trate, conforme já mencionado, de crimes de ação penal pública incondicionada), e o legislador levou em consideração que sua situação de pessoa em desenvolvimento e especialmente vulnerabilizada por eventual abuso sexual justificaria a suspensão do termo inicial do prazo prescricional. Além disso, é estatisticamente relevante[50] que os abusadores de crianças e adolescentes sejam exatamente seus responsáveis legais, a quem incumbiriam as providências relativas ao processo criminal.

3.2.4. Crimes praticados contra criança e adolescente – algumas considerações sobre as previsões penais do ECA

Os crimes praticados contra a criança e o adolescente estão previstos nos arts. 228 a 244 do ECA, sem prejuízo das previsões pertinentes constantes no

---

49. A lei, publicada em 2012, foi um dos produtos das investigações realizadas pela CPI da Pedofilia em 2008, e ficaria conhecida como "Lei Joanna Maranhão", em homenagem à nadadora brasileira que aos 21 anos denunciou os abusos sexuais praticados contra ela por seu então treinador quando tinha 9 anos de idade. Na ocasião em que fez a revelação pública dos fatos, os crimes já estavam prescritos. A esse respeito, acessar matéria publicada no site do Senado Federal em 2009, sobre o processo de elaboração da lei: https://www12.senado.leg.br/noticias/materias/2009/09/30/lei-joanna-maranhao-aprovada-prorrogacao-de-prazo-para-prescricao-de-crime-sexual-contra-crianca-314496372. Acesso em: julho de 2018.

50. Há farta bibliografia sobre o tema, especialmente na área médica pediátrica. A título de exemplo, cita-se o estudo desenvolvido no PS de Pediatria do HC da FMB – UNESP no período compreendido entre 2005 e 2008, com o objetivo de obter perfis de vítimas e agressores das crianças e adolescentes, vítimas de violência sexual ali atendidas. Como resultado, dentre outros dados, levantou-se que 78,7% das vítimas são do sexo feminino, com idade média de 9 anos; 33,44% residiam com mãe e pai; 85,6% agressores eram conhecidos da criança ou da família; 28,7% eram parentes, sendo os pais os principais, com uma taxa de 12,5%, os primos, 5,55%; e, dos 71,3% não parentes, 14,83% eram padrastos, 14,83% vizinhos (FUKUMOTO; CORVINO; OLBRICH NETO; 2011).

Código Penal e no Código de Processo Penal[51]. São crimes de ação pública incondicionada[52], cujo processamento é regido pelas normas pertinentes contidas no Código de Processo Penal. Em 2019, a Lei dos Crimes de Abuso de Autoridade (n. 13.869) inseriu o art. 227-A no ECA, estabelecendo que, quando os crimes previstos no Estatuto forem praticados por servidores públicos com abuso de autoridade, o efeito secundário de perda do cargo, emprego ou função pública ou mandato eletivo somente ocorrerá em caso de reincidência[53].

Em uma visão panorâmica, esses delitos podem ser descritos como violações dos direitos previstos na Parte Geral do ECA, cometidas tanto por ações quanto por omissões, tais como privar a criança ou o adolescente de sua liberdade ilegalmente[54], ou o ato da autoridade competente de não ordenar a imediata liberação ao constatar a ilegalidade[55]. Irregularidades na prestação de serviços dirigidos a crianças e adolescentes também estão tipificadas como crimes, como o caso dos arts. 228[56] e 229 do ECA[57].

A maior parte destes tipos penais está mencionada de forma esparsa ao longo deste livro e, para seu estudo, recomenda-se seguir as regras gerais do estudo do Direito Penal; para o presente capítulo optamos por trazer os crimes contra crianças e adolescentes esparsos no Código Penal, como já feito no tópico anterior, em especial os dispositivos nos quais haja relação com previsões do ECA – caso dos crimes sexuais, cujas previsões do Estatuto se passa a comentar.

---

51. Nos termos dos arts. 225 e 226 do ECA: "Art. 225. Este Capítulo dispõe sobre crimes praticados contra a criança e o adolescente, por ação ou omissão, sem prejuízo do disposto na legislação penal. Art. 226. Aplicam-se aos crimes definidos nesta Lei as normas da Parte Geral do Código Penal e, quanto ao processo, as pertinentes ao Código de Processo Penal".

52. Nos termos do art. 227 do ECA: "Art. 227. Os crimes definidos nesta Lei são de ação pública incondicionada".

53. Frise-se que, nesta hipótese, a melhor interpretação para a categoria reincidência deve ser a definição legal constante do art. 63 do Código Penal: "Art. 63 – Verifica-se a reincidência quando o agente comete novo crime, depois de transitar em julgado a sentença que, no País ou no estrangeiro, o tenha condenado por crime anterior".

54. "Art. 230. Privar a criança ou o adolescente de sua liberdade, procedendo à sua apreensão sem estar em flagrante de ato infracional ou inexistindo ordem escrita da autoridade judiciária competente: Pena – detenção de seis meses a dois anos. Parágrafo único. Incide na mesma pena aquele que procede à apreensão sem observância das formalidades legais".

55. "Art. 234. Deixar a autoridade competente, sem justa causa, de ordenar a imediata liberação de criança ou adolescente, tão logo tenha conhecimento da ilegalidade da apreensão: Pena – detenção de seis meses a dois anos."

56. "Art. 228. Deixar o encarregado de serviço ou o dirigente de estabelecimento de atenção à saúde de gestante de manter registro das atividades desenvolvidas, na forma e prazo referidos no art. 10 desta Lei, bem como de fornecer à parturiente ou a seu responsável, por ocasião da alta médica, declaração de nascimento, onde constem as intercorrências do parto e do desenvolvimento do neonato: Pena – detenção de seis meses a dois anos. Parágrafo único. Se o crime é culposo: Pena – detenção de dois a seis meses, ou multa."

57. "Art. 229. Deixar o médico, enfermeiro ou dirigente de estabelecimento de atenção à saúde de gestante de identificar corretamente o neonato e a parturiente, por ocasião do parto, bem como deixar de proceder aos exames referidos no art. 10 desta Lei: Pena – detenção de seis meses a dois anos. Parágrafo único. Se o crime é culposo: Pena – detenção de dois a seis meses, ou multa".

Já o Estatuto da Criança e do Adolescente traz em seus arts. 240 e 241 tipos penais referentes à produção, veiculação e comercialização de material pornográfico envolvendo criança ou adolescente, bem como o crime de assédio sexual de criança ou adolescente, substancialmente ampliados pela Lei n. 11.829/2008 que, por sua vez, é resultado dos trabalhos empreendidos no decorrer da CPI da Pedofilia no ano de 2008.

De acordo com o texto de seu relatório final[58], a Comissão Parlamentar de Inquérito (CPI) – Pedofilia foi criada em 4 de março de 2008, com o objetivo de investigar e apurar a utilização da Internet para a prática de crimes de "pedofilia", bem como a relação desses crimes com o crime organizado. Dentre as várias atividades ali realizadas, destacam-se a realização do Termo de Ajustamento de Conduta entre a Google do Brasil e o Ministério Público Federal, e a elaboração dos Projetos de Lei ns. 250/2008 (Senado) e 3.773/2008 (Câmara dos Deputados), que visavam alcançar todas as etapas do ciclo da pornografia infantil: produção, comercialização, divulgação, posse e armazenamento.

O TAC entre o MPF e a Google do Brasil foi assinado em 2 de julho de 2008 e, segundo restou consignado no Relatório Final (RELATÓRIO FINAL, 2010, p. 585), foi a intervenção da CPI para a questão do uso da internet para divulgação de material de pornografia infantil que sensibilizou os diretores da empresa, bem como evidenciou os riscos de desgaste de sua imagem. A partir disso, a empresa assumiu expressamente os seguintes compromissos: (i) criação de filtro capaz de impedir que imagens suspeitas fossem publicadas nas páginas do Orkut[59]; (ii) colaboração com o governo para fechar acordos com órgãos internacionais com a finalidade de fortalecer o combate à pedofilia na web; (iii) guarda dos logs de conexão por 180 dias, e não mais por 30 dias; (iv) preservação das imagens armazenadas em seus servidores que contenham cenas de pornografia infantil enquanto perdurarem as investigações.

Já os PLs ns. 250/2008 e 3773/2008 se transformaram na Lei n. 11.829/2008, que alterou os arts. 240 e 241 do ECA e introduziu no Estatuto novos tipos penais, quais sejam: arts. 241-A, 241-B, 241-C, 241-D e 241-E. Como já mencionado acima, a intenção expressa do legislador era de criminalizar o que denominou como "todas as etapas do ciclo da pornografia infantil" (RELATÓRIO FINAL, 2010, p. 201).

Além destes, foi inserida norma penal explicativa no art. 241-E do ECA, que passou a conter a definição legal da expressão "cena de sexo explícito

58. Íntegra disponível em: http://www.senado.gov.br/noticias/agencia/pdfs/RELATORIOFinal-CPIPEDOFILIA.pdf. Acesso em: julho de 2018.

59. O site da rede social Orkut, ainda ativo na época, foi descoberto como um meio relevante de disseminação de material de pornografia infantil pela internet.

ou pornográfica", que se aplica às condutas tipificadas nos artigos mencionados e a seguir transcritos:

> Art. 241-E. Para efeito dos crimes previstos nesta Lei, a expressão "cena de sexo explícito ou pornográfica" compreende qualquer situação que envolva criança ou adolescente em atividades sexuais explícitas, reais ou simuladas, ou exibição dos órgãos genitais de uma criança ou adolescente para fins primordialmente sexuais.

Anteriormente à alteração promovida em 2008, o art. 240 do ECA, em sua redação original criminalizava a conduta de "Produzir ou dirigir representação teatral, televisiva ou película cinematográfica, utilizando-se de criança ou adolescente em cena de sexo explícito ou pornográfica". A partir das alterações trazidas em 2008, o art. 240 do ECA passou a tratar da produção de material pornográfico buscando especificar as condutas consistentes na atividade de produção:

> Art. 240. Produzir, reproduzir, dirigir, fotografar, filmar ou registrar, por qualquer meio, cena de sexo explícito ou pornográfica, envolvendo criança ou adolescente:
>
> Pena – reclusão, de 4 (quatro) a 8 (oito) anos, e multa.
>
> § 1º Incorre nas mesmas penas quem: (Redação dada pela Lei n. 14.811, de 2024)
>
> I – agencia, facilita, recruta, coage ou de qualquer modo intermedeia a participação de criança ou adolescente nas cenas referidas no *caput* deste artigo, ou ainda quem com esses contracena; (Incluído pela Lei n. 14.811, de 2024)
>
> II – exibe, transmite, auxilia ou facilita a exibição ou transmissão, em tempo real, pela internet, por aplicativos, por meio de dispositivo informático ou qualquer meio ou ambiente digital, de cena de sexo explícito ou pornográfica com a participação de criança ou adolescente[60].
>
> § 2º Aumenta-se a pena de 1/3 (um terço) se o agente comete o crime:
>
> I – no exercício de cargo ou função pública ou a pretexto de exercê-la;
>
> II – prevalecendo-se de relações domésticas, de coabitação ou de hospitalidade; ou
>
> III – prevalecendo-se de relações de parentesco consanguíneo ou afim até o terceiro grau, ou por adoção, de tutor, curador, preceptor, empregador da vítima ou de quem, a qualquer outro título, tenha autoridade sobre ela, ou com seu consentimento.

Já o art. 241, em sua redação original, previa apenas a conduta de "fotografar ou publicar cena de sexo explícito ou pornográfica envolvendo crian-

---

60. Redação conferida pela Lei n. 14.811/2024.

ça ou adolescente". Em 2003, uma primeira alteração do tipo passou a incluir a disseminação das imagens por internet, até chegar à sua redação atual em 2008, que criminaliza a produção de cenas de sexo explícito ou pornográficas com crianças ou adolescentes, bem como no art. 241-A transforma em tipo autônomo a comercialização desse material, nos seguintes termos:

> Art. 241. Vender ou expor à venda fotografia, vídeo ou outro registro que contenha cena de sexo explícito ou pornográfica envolvendo criança ou adolescente:
>
> Pena – reclusão, de 4 (quatro) a 8 (oito) anos, e multa.

Além disso, foi criado o art. 241-A, que criminaliza a etapa da divulgação do material pedófilo, ainda que sem intenção de comércio; basta a conduta que manifeste interesse em disseminar fotos e vídeos:

> Art. 241-A. Oferecer, trocar, disponibilizar, transmitir, distribuir, publicar ou divulgar por qualquer meio, inclusive por meio de sistema de informática ou telemático, fotografia, vídeo ou outro registro que contenha cena de sexo explícito ou pornográfica envolvendo criança ou adolescente:
>
> Pena – reclusão, de 3 (três) a 6 (seis) anos, e multa.
>
> § 1º Nas mesmas penas incorre quem:
>
> I – assegura os meios ou serviços para o armazenamento das fotografias, cenas ou imagens de que trata o *caput* deste artigo;
>
> II – assegura, por qualquer meio, o acesso por rede de computadores às fotografias, cenas ou imagens de que trata o *caput* deste artigo.
>
> § 2º As condutas tipificadas nos incisos I e II do § 1º deste artigo são puníveis quando o responsável legal pela prestação do serviço, oficialmente notificado, deixa de desabilitar o acesso ao conteúdo ilícito de que trata o *caput* deste artigo.

Outra alteração relevante se deu com a criação do art. 241-B, que criminaliza a manutenção de material contendo pornografia infantil:

> Art. 241-B. Adquirir, possuir ou armazenar, por qualquer meio, fotografia, vídeo ou outra forma de registro que contenha cena de sexo explícito ou pornográfica envolvendo criança ou adolescente:
>
> Pena – reclusão, de 1 (um) a 4 (quatro) anos, e multa.
>
> § 1º A pena é diminuída de 1 (um) a 2/3 (dois terços) se de pequena quantidade o material a que se refere o *caput* deste artigo.
>
> § 2º Não há crime se a posse ou o armazenamento tem a finalidade de comunicar às autoridades competentes a ocorrência das condutas descritas nos arts. 240, 241, 241-A e 241-C desta Lei, quando a comunicação for feita por:

I – agente público no exercício de suas funções;

II – membro de entidade, legalmente constituída, que inclua, entre suas finalidades institucionais, o recebimento, o processamento e o encaminhamento de notícia dos crimes referidos neste parágrafo;

III – representante legal e funcionários responsáveis de provedor de acesso ou serviço prestado por meio de rede de computadores, até o recebimento do material relativo à notícia feita à autoridade policial, ao Ministério Público ou ao Poder Judiciário.

§ 3º As pessoas referidas no § 2º deste artigo deverão manter sob sigilo o material ilícito referido.

Esta formulação, que contém um tipo penal classificado como crime permanente[61], permite a prisão em flagrante do possuidor de material.

O art. 241-C do ECA criminaliza a conduta de simulação de pornografia infantil, ou seja, torna fato típico a conduta de realizar fotomontagens, vídeos produzidos por computação gráfica ou outros materiais com imagens adulteradas que representem cenas de sexo explícito ou pornográficas com a participação de criança ou adolescente:

Art. 241-C. Simular a participação de criança ou adolescente em cena de sexo explícito ou pornográfica por meio de adulteração, montagem ou modificação de fotografia, vídeo ou qualquer outra forma de representação visual:

Pena – reclusão, de 1 (um) a 3 (três) anos, e multa.

Parágrafo único. Incorre nas mesmas penas quem vende, expõe à venda, disponibiliza, distribui, publica ou divulga por qualquer meio, adquire, possui ou armazena o material produzido na forma do *caput* deste artigo.

Ainda que não haja crianças ou adolescentes reais envolvidos na produção dos materiais mencionados no dispositivo legal, o legislador pretende, por meio da criminalização, proteger de forma difusa a integridade moral e psíquica de crianças e adolescentes.

Em todos estes tipos (salvo nos casos de simulação do art. 241-C do ECA), quem estiver praticando com a criança ou o adolescente o ato sexual registrado para produção da cena de sexo explícito ou pornográfica responderá por estupro de vulnerável ou outro tipo penal do Código Penal relativo a pessoas com menos de 18 anos.

61. São classificados como "crimes permanentes" aqueles cuja consumação se prolonga no tempo, o que afeta o termo inicial da prescrição (que somente se dá com a cessação da permanência), além de autorizar a realização da prisão em flagrante a qualquer tempo enquanto a conduta ainda estiver ocorrendo.

Em relação ao art. 244-A[62], introduzido no ECA pela Lei n. 9.975/2000, deve-se ressaltar que o dispositivo é considerado tacitamente revogado em face da entrada em vigor do art. 218-B do Código Penal em 2009, como já comentado, que abrange todo o conteúdo anteriormente previsto no art. 244-A do ECA (inclusive pondo fim ao debate sobre a punibilidade daquele que mantém relações sexuais na condição de cliente com o adolescente explorado). Em que pese a Lei n. 13.440/2017 ter alterado a pena do artigo, passando a determinar *a perda de bens e valores utilizados na prática criminosa em favor do Fundo dos Direitos da Criança e do Adolescente da unidade da Federação (Estado ou Distrito Federal) em que foi cometido o crime, ressalvado o direito de terceiro de boa-fé*, além da pena de reclusão de quatro a dez anos e multa já previstas na redação original, trata-se de alteração inócua, uma vez que diz respeito a tipo penal que não pode ser considerado em vigor, em virtude da aplicação do princípio segundo o qual a lei mais recente revoga a mais antiga.

Por fim, em relação ao crime de corrupção de menores, é preciso atentar para o fato de haver duas condutas criminosas sob essa rubrica na legislação brasileira, quais sejam, os arts. 218 e 218-A do Código Penal e art. 244-B do ECA. A corrupção de menores, conforme já visto, é conduta prevista no Código Penal e configura crime contra a dignidade sexual de criança ou adolescente de até 14 anos. Já o Estatuto da Criança e do Adolescente prevê em sua figura de corrupção de menores a conduta de praticar crime com pessoa menor de 18 anos, ou induzir a criança ou adolescente a praticá-lo, com previsão de aumento de pena se a infração que se quis induzir a pessoa menor de 18 anos a praticar constituir crime hediondo:

> Art. 244-B. Corromper ou facilitar a corrupção de menor de 18 (dezoito) anos, com ele praticando infração penal ou induzindo-o a praticá-la:
>
> Pena – reclusão, de 1 (um) a 4 (quatro) anos.
>
> § 1º Incorre nas penas previstas no *caput* deste artigo quem pratica as condutas ali tipificadas utilizando-se de quaisquer meios eletrônicos, inclusive salas de bate-papo da internet.
>
> § 2º As penas previstas no *caput* deste artigo são aumentadas de um terço no caso de a infração cometida ou induzida estar incluída no rol do art. 1º da Lei n. 8.072, de 25 de julho de 1990.
>
> Art. 244-C. Deixar o pai, a mãe ou o responsável legal, de forma dolosa, de comunicar à autoridade pública o desaparecimento de criança ou adolescente:
>
> Pena – reclusão, de 2 (dois) a 4 (quatro) anos, e multa[63].

---

62. "Art. 244-A. Submeter criança ou adolescente, como tais definidos no *caput* do art. 2º desta Lei, à prostituição ou à exploração sexual."

63. Artigo inserido pela Lei n. 14.811/2024.

Em todos os casos de crimes contra crianças e adolescentes (tanto do Código Penal quanto do Estatuto da Criança e do Adolescente), as condutas são apuradas e julgadas mediante ação penal pública incondicionada[64].

3.3. Questões para reflexão: as lacunas e ambiguidades do Código Civil e do Código Penal e os problemas decorrentes da ausência de regulamentação expressa dos direitos sexuais e reprodutivos de adolescentes no ECA

Nos tópicos anteriores, discorremos sobre as normas contidas no Código Civil e no Código Penal relativas aos direitos de crianças e adolescentes. O exame dos referidos Códigos à luz do Estatuto da Criança e do Adolescente é de extrema relevância para que se possa realizar uma interpretação sistemática adequada das normas jurídicas aqui mencionadas, sempre orientada pelos preceitos constitucionais de reconhecimento de crianças e adolescentes como pessoas e sujeitos de Direito, a quem se destina especial proteção em virtude de sua condição de pessoa em desenvolvimento. Deve-se considerar de forma atenta dispositivos que tenham tido sua redação original alterada – como ocorreu com o Código Penal no ano de 2009 no que se refere aos crimes sexuais – para verificar se as modificações estão em harmonia com a moldura jurídica preexistente.

Importante consignar que o Código Civil, não obstante sua versão atual datar do ano de 2002 (portanto, publicado após 12 anos de vigência do Estatuto da Criança e do Adolescente), contém pontos não totalmente harmonizados com a nova legislação e com a noção de proteção integral adotada não só pelo ECA, mas também pela normativa internacional ratificada pelo Brasil: primeiro, ainda emprega o termo "menor", abolido pelo ECA em razão de sua carga pejorativa e estigmatizante. Caso fosse a intenção do legislador referenciar qualquer pessoa com menos de 18 anos, poderia ter empregado exatamente esta expressão ("pessoa com menos de 18 anos"; "filhos com menos de 18 anos"), sem utilizar um termo tão desgastado e carregado de valoração negativa como "menor de idade". Segundo, ao manter o limite mínimo para idade núbil aos 16 anos, possibilita legalmente a celebração de casamentos infantis para os parâmetros internacionais (mesmo com o advento da Lei n. 13.811/2019, que vedou a antiga

64. Arts. 225, CP e 227, ECA. CP: "Art. 225. Nos crimes definidos nos Capítulos I e II deste Título, procede-se mediante ação penal pública condicionada à representação. Parágrafo único. Procede-se, entretanto, mediante ação penal pública incondicionada se a vítima é menor de 18 (dezoito) anos ou pessoa vulnerável". ECA: "Art. 227. Os crimes definidos nesta Lei são de ação pública incondicionada".

exceção que permitia a antecipação da idade núbil em caso de gravidez); e, terceiro, embora trate do exercício do poder familiar, silencia a respeito da hipótese de pais e mães adolescentes.

De outra parte, o Código Penal, em que pesem os pontos positivos das já mencionadas alterações referentes aos crimes sexuais, não faz mais do que estabelecer um limite etário para a prática de atos sexuais que, de um lado, não corresponde em grande medida à realidade social contemporânea dos adolescentes e, de outro, coloca sob a mesma rubrica de criminalização situações social e culturalmente muito diferentes entre si (tais como considerar como o mesmo crime de estupro de vulnerável, com penas de reclusão variando entre 8 e 15 anos – ou ato infracional equiparado –, a situação de um jovem casal com idades de 13 e 15 anos que decidem juntos iniciar sua vida sexual à situação de um adulto com mais de 18 anos que mantenha relações sexuais mediante pagamento com adolescente de 12 anos sexualmente explorado).

Para tornar ainda mais desafiadora a situação, o Estatuto da Criança e do Adolescente não disciplina expressamente como deve se dar o exercício dos direitos sexuais e reprodutivos de adolescentes e, consequentemente, não oferece soluções claras para essas questões, que passamos a ser analisar de forma detida.

O primeiro problema relevante a analisar é o do denominado casamento infantil. Como já visto, a redação original do art. 1.520 do Código Civil autorizava que adolescentes de qualquer idade se casassem (e fossem, portanto, considerados emancipados) se houvesse uma gravidez. Não obstante a alteração da redação deste artigo pela Lei n. 13.811/2019, vedando a antecipação da idade núbil em qualquer hipótese, ainda assim o limite etário para o casamento no Brasil permanece em 16 anos, nos termos do art. 1.517 do CC. Isto implica dizer que o Código Civil autoriza o que a comunidade internacional denomina "casamento infantil"[65], em que pese o fato de o Código Civil de 2002 ter sido produzido em período no qual o Brasil já era signatário de tratados internacionais de Direitos Humanos que vedam essa prática.

A definição de "casamento infantil" é formulada por pesquisadores e ativistas da área dos direitos de crianças e adolescentes a partir do parâmetro internacional fornecido pela Convenção dos Direitos da Criança da ONU (1989),

---

65. Para outras considerações sobre o tema, ver "Casados, erotizados, infantilizados e desprotegidos" (ZAPATER, 2017). Disponível em: http://observatorio3setor.org.br/colunas/maiar-zapater-direitos-humanos-e-sociedade/casados-erotizados-infantilizados-e-desprotegidos/. Acesso em: julho de 2018.

que define como criança a pessoa com menos de 18 anos[66]: entende-se por "casamento infantil" qualquer união conjugal formal ou informal em que ao menos um dos cônjuges tenha menos de dezoito anos. Mas além desse conceito fixado pelo critério etário, a noção de "casamento infantil" contém outras características, presentes no imaginário coletivo e que correspondem aos dados coletados e sistematizados por algumas pesquisas[67]: é mais frequente em regiões de alta vulnerabilidade socioeconômica, e prevalecem as uniões entre meninas e homens mais velhos, a denotar a assimetria de gênero e geracional formada pela sobreposição de relações de poder, que estabelecem relacionamentos potencialmente desiguais e violadores de direitos dessas meninas. Além disso, de acordo com esses mesmos estudos, esse tipo de união no Brasil, além de informal é consensual: segundo apurado, as meninas se casam por sua vontade e com anuência das famílias, por vislumbrarem nesses casamentos a possibilidade de uma estabilidade financeira e de uma posição social de "mulher casada", ainda valorizada culturalmente. Portanto, a mudança do texto do art. 1.520 do Código Civil, embora bem-vinda, não atingirá a questão da informalidade das uniões, nem a carência de políticas públicas que permitam oferecer às meninas outras trajetórias de vida possíveis para além de um casamento precoce. Nos termos da legislação brasileira examinada ao longo de todo o presente capítulo, verificamos que, em uma parte expressiva dos dispositivos legais civis e penais, crianças e adolescentes são pessoas cuja idade impede de manifestar vontade e consentimento em várias áreas da vida, sendo, em geral[68], tal manifestação juridicamente inválida para todos os fins. Sobre a imprescindibilidade da manifestação da vontade na celebração dos casamentos, dispõe a Declaração Universal dos Direitos Humanos (1948):

> Art. 16(2). O casamento não pode ser celebrado sem o livre e pleno consentimento dos futuros esposos.

Em sentido semelhante, a Convenção para Eliminação de Todas as Formas de Discriminação contra a Mulher (ONU, 1979) – também aplicável às meninas e adolescentes do sexo feminino – dispõe:

---

66. Vale ressaltar que, na legislação brasileira, o Estatuto da Criança e do Adolescente estabelece a distinção entre crianças e adolescentes dividindo-os em dois grupos por faixa etária: de zero a doze anos incompletos, e de doze anos completos a dezoito anos incompletos.

67. A esse respeito, consultar o relatório da pesquisa "Ela vai no meu barco – casamento na infância e na adolescência no Brasil"(2015), que será mencionada em outros pontos ao longo deste tópico. Íntegra disponível em: http://promundoglobal.org/wp-content/uploads/2015/07/SheGoesWithMeInMyBoat_ChildAdolescentMarriageBrazil_PT_web.pdf. Acesso em: julho de 2018.

68. Ressalvadas aqui as hipóteses de anulabilidade (e não nulidade absoluta) admitidas no Direito Civil.

Art. 16. As mulheres devem possuir os mesmos direitos que os homens de "escolher livremente o cônjuge e de contrair matrimônio somente com livre e pleno consentimento", e os "esponsais e o casamento de uma criança não terão efeito legal".

Mas não é este o único problema decorrente das lacunas e ambiguidades legislativas no tocante aos direitos sexuais e reprodutivos de adolescentes. Em relação à questão da gravidez na adolescência, não obstante a recorrência da situação[69], não há, no Brasil, legislação sistematizada a tratar do tema. Morais e Vitalle (2012) examinaram oito legislações[70] no intuito de compilar os principais marcos legais brasileiros garantidores de autonomia aos adolescentes no trato com sua saúde sexual e reprodutiva, e sustentam que, embora esta etapa etária gere polêmicas de cunho jurídico (com repercussões no direito de votar, casar, trabalhar e realizar contratos, entre outros), a lei não é clara quanto ao direito ao exercício da sexualidade segura (MORAIS; VITALLE, 2012, p. 49), e destacam que não há como assegurar a proteção integral pretendida pelo Estatuto sem considerar a dimensão dos direitos sexuais e reprodutivos que fazem parte desta integralidade (MORAIS; VITALLE, 2012, p. 50).

Dos textos legais analisados, Morais e Vitalle concluem que, ainda que de forma esparsa, há fundamento legal no Código de Ética Médica[71] para assegurar aos adolescentes o direito à privacidade e sigilo profissional pela adoção dos princípios da privacidade, confiabilidade e sigilo profissional

69. Apesar de ter reduzido o índice de gestações na faixa etária entre 15 e 19 anos (que recuou 23% entre 2003 e 2014 segundo dados do IBGE), a taxa de gestações na faixa etária das meninas de até 15 anos teve redução de apenas 5%, mantendo participação estável em relação aos nascimentos totais. Segundo dados da Organização Pan-Americana da Saúde/Organização Mundial da Saúde, do Fundo de População das Nações Unidas e da UNICEF (divulgados em fevereiro de 2018), a taxa de gravidez adolescente no Brasil está acima da média latino-americana e caribenha, sendo que a região detém a segunda maior taxa do mundo, superada apenas pela África Subsaariana. A esse respeito, acessar: https://nacoesunidas.org/gravidez-entre-meninas-de-ate-15-anos-diminui-menos-no-brasil-na-ultima-decada/ e https://nacoesunidas.org/taxa-de-gravidez-adolescente-no-brasil-esta-acima-da-media-latino-americana-e-caribenha/. Acesso em: julho de 2018.

70. Lei Federal n. 8.069/90 – Estatuto da Criança e do Adolescente (arts. 1º a 14); Lei Federal n. 9.263/96: "Dispõe sobre o planejamento familiar"; Lei Federal n. 6.202/75: "Atribui à estudante em estado de gestação exercícios domiciliares"; Código de Ética Médica – Resolução CFM 1.931 (arts.74 e 78); Código de Ética da Enfermagem – Resolução do COFEN 311/2007 (arts. 15 a 21 e arts. 81 a 85); Resolução CFM 1.811/2006: "Estabelece normas éticas para utilização pelos médicos de anticoncepção de emergência", Portaria Interministerial n. 796/92 dos Ministérios da Saúde e da Educação: "Estabelece normas e procedimentos educativos referentes à transmissão e prevenção da infecção pelo HIV"; Nota Técnica n. 13/2009 do Programa Nacional de DST/AIDS – MS (MORAIS; VITALLE, 2012, p. 50).

71. "O Código de Ética Médica, em seu art. 74, estabelece que é proibido 'revelar segredo profissional referente a paciente menor de idade, inclusive a seus pais ou responsáveis legais, desde que o menor tenha capacidade de avaliar seu problema e de conduzir-se por seus próprios meios para solucioná-lo, salvo quando a não revelação ocasionar danos ao paciente'. Mas o Código de Ética também responsabiliza os médicos se o segredo for violado por seus auxiliares conforme art. 78, 'deixar de orientar seus auxiliares e alunos a respeitar o sigilo profissional e zelar para que seja por eles mantido'". (MORAIS; VITALLE, 2012, p. 50) como forma ética de garantir a preservação de qualquer situação vexatória (vale lembrar que o próprio texto do ECA veda, em seu art. 18, a submissão de criança ou adolescente a tratamento vexatório ou constrangedor). Isso implica, por exemplo, que o adolescente tem o direito de ser atendido sozinho se assim quiser. Isso não significa, contudo, afastar as famílias de suas responsabilidades, cabendo ao profissional da saúde saber distinguir quais informações deve manter em sigilo e quais precisam ser comunicadas (p. ex.: risco à própria vida ou de terceiros; ou quando não há capacidade para autocuidado), e sempre comunicando o adolescente (MORAIS E VITALLE, 2012, p. 50). Morais e Vitalle (2012) também sustentam que a Lei de Planejamento familiar (Lei n. 9.263/96) não faz restrições de sua aplicabilidade a qualquer faixa etária, salvo quanto à participação em esterilizações para menores de 25 anos. Portanto, todos os direitos ali previstos podem ser estendidos a adolescentes (MORAIS E VITALLE, 2012, p. 51).

Todavia, os pontos levantados por Morais e Vitalle não cobrem outras questões, tais como a ausência de previsão expressa sobre o exercício do poder familiar pelos adolescentes quando na posição de pais e mães (RETTORE, SILVA e VIEIRA, 2017, p. 182), uma vez que não há qualquer dispositivo legal que discipline esta questão. Aliás, nem mesmo o ECA contém qualquer previsão para manter sob a proteção integral as meninas e meninos que têm filhos: será razoável afirmar que sua emancipação para os atos da vida civil compensam a pouca idade no tocante à sua necessidade de proteção, e mesmo de seus filhos? Idade e experiência dos pais são importantes para conquista da autonomia do filho (RETTORE, SILVA e VIEIRA, 2017, p. 188) e não há nada que determine que mães e pais adolescentes deixem de estar sob proteção do Estatuto da Criança e do Adolescente: portanto, direito à educação, à cultura, lazer, saúde, respeito e dignidade permanecem.

Ao mesmo tempo, estabelecem-se limites etários para o início da vida sexual – para o Direito Penal, é somente a partir dos catorze anos que se passa a considerar válido o consentimento para a prática de quaisquer atos sexuais[72]. Dessa forma, em face da doutrina da proteção integral e do reconhecimento de crianças e adolescentes como sujeitos de Direito, surge como urgente uma reflexão sobre haver ou não coerência entre os seguintes limites etários: para casamento, a idade exigida é de 16 anos. Todavia, para atos sexuais, a idade mínima exigida é de 14 anos – e tal exigência é feita na forma de lei penal, que se limita a criminalizar atos sexuais praticados com menores de 14 anos. Aliás, imprescindível ressaltar que todas as gestações existentes em meninas com menos de 14 anos são, sob a perspectiva do Direito Penal, decorrentes de estupro (na modalidade do art. 217-A, CP –

72. Estupro de vulnerável, art. 217-A, Código Penal.

estupro de vulnerável), o que lhes assegura, portanto, o direito ao aborto legal nos termos do art. 128, II CP[73].

Há, ainda, um ponto importante referente à questão do recorte de gênero no que tange às poucas previsões legais sobre a gravidez na adolescência: a Lei n. 13.509/2017 inseriu no Estatuto da Criança e do Adolescente os §§ 5º e 6º no art. 19, que correspondem à única previsão legal sobre o tema, estabelecendo o seguinte:

> Art. 19. É direito da criança e do adolescente ser criado e educado no seio de sua família e, excepcionalmente, em família substituta, assegurada a convivência familiar e comunitária, em ambiente que garanta seu desenvolvimento integral.
>
> (...)
>
> § 5º Será garantida a convivência integral da criança com a mãe adolescente que estiver em acolhimento institucional.
>
> § 6º A mãe adolescente será assistida por equipe especializada multidisciplinar.

Como se depreende da leitura do texto do artigo, apenas as adolescentes mães são consideradas na previsão legal, mas não os meninos adolescentes que são pais, a reforçar o padrão que atribui exclusivamente às mulheres (e às meninas) a responsabilidade pelos atos relativos à contracepção, gestação, pré-natal e pós-parto, e mesmo o envolvimento com os cuidados com o neonato.

Como se verifica, em que pesem todas as alterações empreendidas na legislação, em especial na primeira década do século XXI (em especial aquelas realizadas no ECA em 2008 como resultado da CPI da Pedofilia; e no Código Penal em 2009, referentes à reforma da moldura legal dos crimes sexuais, mais adequadas aos ditames constitucionais), é importante aqui tecer algumas reflexões a respeito dos direitos sexuais e reprodutivos de adolescentes como uma dimensão de seus direitos humanos e buscar soluções jurídicas compatíveis com tais diretrizes.

Os direitos sexuais e reprodutivos foram reconhecidos como uma dimensão dos Direitos Humanos na Conferência Internacional sobre População e Desenvolvimento do Cairo (1994), evento ao qual se atribui a primeira discussão no plano legal internacional da sexualidade em sentido positivo – ou seja, como um direito. A Conferência produziu um Plano de Ação

---

73. "Art. 128. Não se pune o aborto praticado por médico: *Aborto necessário* I – se não há outro meio de salvar a vida da gestante; *Aborto no caso de gravidez resultante de estupro* II – se a gravidez resulta de estupro e o aborto é precedido de consentimento da gestante ou, quando incapaz, de seu representante legal."

compilando os resultados das discussões ali empreendidas, e seu Capítulo VII trata dos direitos sexuais e reprodutivos, incluindo adolescentes com ênfase no sexo feminino.

Os direitos reprodutivos, nos termos do Programa de Ação do Cairo, se constituem:

> [no] reconhecimento do direito básico de todo casal e de todo indivíduo de decidir livre e responsavelmente sobre o número, o espaçamento e a oportunidade de ter filhos e de ter a informação e os meios de assim o fazer, e o direito de gozar do mais elevado padrão de saúde sexual e reprodutiva. Inclui também seu direito de tomar decisões sobre a reprodução livre de discriminação, coação ou violência, conforme expresso em documentos sobre direitos humanos.

Em uma definição ampliada, o exercício dos direitos reprodutivos é assegurado pelo Estado por políticas públicas que garantam educação sexual e acesso à informação de qualidade, acesso a métodos contraceptivos e regulamentação da interrupção de gestações indesejadas; direito a pré-natal, parto e pós-parto; licença-maternidade; creche e educação infantil.

Já os direitos sexuais encontram descrição no § 96, IV da Conferência Mundial sobre a Mulher (Beijing, 1995):

> Os direitos humanos das mulheres incluem seus direitos a ter controle e decidir livre e responsavelmente sobre questões relacionadas à sua sexualidade, incluindo a saúde sexual e reprodutiva, livre de coação, discriminação e violência. Relacionamentos igualitários entre homens e mulheres nas questões referentes às relações sexuais e à reprodução, inclusive o pleno respeito pela integridade da pessoa, requerem respeito mútuo, consentimento e divisão de responsabilidades sobre o comportamento sexual e suas consequências.

Também aqui, empregando-se uma definição ampliada, os direitos sexuais devem contemplar o direito à autonomia da pessoa; o direito de participação das pessoas na criação das estruturas, leis e normas que as afetam; o direito à igualdade e à não discriminação no tocante à diversidade sexual; direito à integridade corporal e à saúde (MILLER, 2001 e PETCHESKY, 1999, *apud* MATTAR, 2008).

Os Planos de Cairo e Pequim produziram avanços significativos na garantia dos direitos sexuais e reprodutivos, apesar de não terem força de lei como as convenções. Porém, possuem poder ético-normativo, apoiando a interpretação e a elaboração de diretrizes para a implantação de legislação nacional pelos Estados-Partes (TAQUETTE, 2013, p. 73). Mesmo assim, ainda são constatados casos de desrespeito aos direitos sexuais e reprodutivos por profissionais de saúde, em especial do público adolescente, por exemplo: pacientes mal tratadas porque provocaram a interrupção da gravidez; profissionais de saúde que se recusam a fazer o abortamento legal no SUS de gestações fruto de violência sexual; recusa de fornecer anticoncepção de emergência; impedimento de atendimento ou marcação de consulta de adolescentes quando desacompanhados; não garantia de privacidade, autonomia e confidencialidade; críticas, julgamentos da atividade sexual na adolescência; quebra de sigilo na consulta; negativa de informação conceptiva quando solicitada por adolescentes; tratar todos *a priori* como heterossexuais (TAQUETTE, 2013, p. 77).

Essa situação de violação de direitos já previstos em instrumentos internacionais (dos quais o Brasil é signatário) poderia ser modificada pelo seu reconhecimento expresso e devida regulamentação pelo ordenamento jurídico brasileiro: apesar de toda a doutrina da proteção integral e do direito à autonomia previsto no próprio ECA, as disposições existentes na legislação brasileira civil e penal não dão conta de proteger essa dimensão dos direitos de adolescentes. As leis penal e civil atualmente em vigor ainda reverberam valores culturais e sociais referentes a épocas anteriores à Constituição Federal de 1988, o que se mostra incompatível com a noção de proteção integral e de reconhecimento de adolescentes como sujeitos de Direito: persiste a noção segundo a qual adolescentes não podem ter vida sexual salvo se dentro do casamento, negando-se sua autonomia para exercer seus direitos individuais e personalíssimos à sexualidade de forma segura, o que envolveria políticas educacionais e de saúde para que isso se dê em relacionamentos e experiências saudáveis e igualitárias. A lei, na forma em que se encontra, a um só tempo limita a autonomia e os deixa desprotegidos. Mostra-se urgente uma reflexão para avançar em relação ao que já está previsto de forma esparsa em previsões tais como a garantia de estudos em regime domiciliar para estudantes gestantes, nos termos da Lei n. 6.202/75, o que é fundamental para as adolescentes que engravidam antes dos 20 anos e estão em processo de escolarização; ou o direito ao acesso à anticoncepção de emergência em qualquer etapa da vida reprodutiva, nos termos da Resolução n. 1811/2006 do Conselho Federal de Medicina; ou ainda o acesso irrestrito a preservativos masculinos, como determina a Nota Técnica n. 13/2009 do Programa Nacional DST/AIDS[74].

Se a liberdade sexual de adolescentes é considerada um bem jurídico digno de proteção penal, é razoável afirmar que eles sejam titulares deste direito. Combinado ao direito à saúde e à autonomia expressamente pre-

74. Referida Nota Técnica frisa, ainda, a importância da desburocratização da distribuição, sem necessidade de prescrição médica, solicitação de documentos de identificação, participação obrigatória em palestras, conforme recomendação do Ministério da Saúde.

vistos no Estatuto da Criança e do Adolescente, é preciso refletir e admitir que adolescentes têm (ou podem ter) vida sexual e o quanto é necessário que a lei contemple todas as possibilidades sociais e culturais de que isso ocorra, ao invés de limitar-se às previsões referentes à criminalização da violência sexual – que, evidentemente, demanda combate eficaz –, mas também empoderando adolescentes por meio de educação sexual de qualidade, que permita identificar situações de violação, bem como o exercício de sua sexualidade nas idades adequadas e de forma saudável.

3.4. Previsões das leis processuais: a participação de crianças e adolescentes em processos judiciais

3.4.1. Considerações gerais

Em relação à legislação processual, vale abordar como se dá a participação de crianças e adolescentes em processos.

Para ser parte em processos cíveis, crianças e adolescentes devem estar representados (até 16 anos) ou assistidos (16 a 18 anos), conforme visto neste capítulo.

Em qualquer caso, o processo deve correr em segredo de justiça, o que vem disposto de forma expressa no art. 189, II do Código de Processo Civil[75]. O Código de Processo Penal[76] e o Estatuto da Criança e do Adolescente[77], ainda que de forma menos assertiva, também contêm regras para que seja decretado segredo de justiça em processos envolvendo crianças e adolescentes, a fim de que seja resguardada sua privacidade e imagem.

---

75. "Art. 189. Os atos processuais são públicos, todavia tramitam em segredo de justiça os processos: (...) II – que versem sobre casamento, separação de corpos, divórcio, separação, união estável, filiação, alimentos e guarda de crianças e adolescentes."

76. "Art. 201. Sempre que possível, o ofendido será qualificado e perguntado sobre as circunstâncias da infração, quem seja ou presuma ser o seu autor, as provas que possa indicar, tomando-se por termo as suas declarações. (...) § 6º O juiz tomará as providências necessárias à preservação da intimidade, vida privada, honra e imagem do ofendido, podendo, inclusive, determinar o segredo de justiça em relação aos dados, depoimentos e outras informações constantes dos autos a seu respeito para evitar sua exposição aos meios de comunicação."

77. "Art. 27. O reconhecimento do estado de filiação é direito personalíssimo, indisponível e imprescritível, podendo ser exercitado contra os pais ou seus herdeiros, sem qualquer restrição, observado o segredo de Justiça. (...) Art. 206. A criança ou o adolescente, seus pais ou responsável, e qualquer pessoa que tenha legítimo interesse na solução da lide poderão intervir nos procedimentos de que trata esta Lei, através de advogado, o qual será intimado para todos os atos, pessoalmente ou por publicação oficial, respeitado o segredo de justiça."

3.4.2. *Aspectos do Código de Processo Penal relativos a crianças e adolescentes*

No Direito Processual Penal, são restritas as possibilidades de crianças e adolescentes figurarem como atores processuais: isto porque, como regra geral, a ação penal será pública, o que implica que seu polo ativo seja integrado pelo Ministério Público[78]. No polo passivo, necessariamente o réu deverá ter mais de 18 anos, já que a legislação penal e processual penal se aplica apenas aos imputáveis. Consideradas essas premissas, o Código de Processo Penal trata de crianças e adolescentes em dois momentos: primeiro, quando a criança ou adolescente for vítima de crime de ação penal privada; e segundo, em relação à possibilidade de crianças e adolescentes participarem como testemunhas em instrução penal.

A ação penal privada constitui uma exceção à regra geral da ação penal pública: são os casos especificados em lei nos quais se determina que a própria vítima deverá constituir advogado e ajuizar a ação penal. Se esta vítima tiver menos de 18 anos, deverá ser representada ou assistida por seu representante legal. No caso de divergência de interesses entre a pessoa incapaz (categoria na qual se incluem aqueles com menos de 18 anos) e seu representante legal, o art. 33 do Código de Processo Penal determina a nomeação de curador especial, nos seguintes termos:

> Art. 33. Se o ofendido for menor de 18 anos, ou mentalmente enfermo, ou retardado mental, e não tiver representante legal, ou colidirem os interesses deste com os daquele, o direito de queixa poderá ser exercido por curador especial, nomeado, de ofício ou a requerimento do Ministério Público, pelo juiz competente para o processo penal.

A Lei Orgânica da Defensoria Pública (Lei Complementar n. 80/94) atribuiu à instituição a função institucional da curatela especial, nos seguintes termos:

> Art. 4º São funções institucionais da Defensoria Pública, dentre outras:
>
> (...)
>
> XVI – exercer a curadoria especial nos casos previstos em lei;

Isto porque a curadoria especial é um instituto de Direito Processual de caráter protetivo, destinado a garantir a tutela dos interesses de pessoas em situação

78. Nos termos do art. 129 da Constituição Federal, a ação penal pública é atribuição privativa do Ministério Público, nos seguintes termos: "Art. 129. São funções institucionais do Ministério Público: I – promover, privativamente, a ação penal pública, na forma da lei".

de vulnerabilidade. Dessa forma, havendo colidência de interesses entre a criança ou adolescente vítima de crime de ação penal privada, pela combinação dos arts. 33 do CPP e 4º, inciso XVI da Lei Complementar n. 80/94, deve ser nomeado defensor público para exercer a curatela especial no caso específico.

Em relação à possibilidade de crianças e adolescentes prestarem depoimento como testemunha em instrução criminal, o Código de Processo Penal não veda o depoimento de pessoas com menos de 14 anos; contudo, estas testemunhas não têm o dever legal de dizer a verdade, pois não prestam compromisso[79] (o que significa que, se mentirem, não serão processadas por crime de falso testemunho[80]).

3.4.3. *Aspectos do Código de Processo Civil relativos a crianças e adolescentes*

Diferentemente do que ocorre com o Direito Processual Penal – que, devido à peculiaridade de a ação penal ser pública não admitirá, via de regra, crianças ou adolescentes como autores –, no Direito Processual Civil crianças e adolescentes têm capacidade para estar em juízo, encontrando-se abrangidos pela regra geral do art. 70 do Código de Processo Civil:

> Art. 70. Toda pessoa que se encontre no exercício de seus direitos tem capacidade para estar em juízo.

Todavia, sendo incapazes de fato conforme já visto, crianças e adolescentes devem ser representados ou assistidos por um responsável, preferencialmente os pais, nos termos do art. 71 do Código de Processo Civil:

> Art. 71. O incapaz será representado ou assistido por seus pais, por tutor ou por curador, na forma da lei.

Caso se trate de pessoa de até 16 anos (ou seja, absolutamente incapaz em razão da idade), será representado, o que implica que seu representante legal é responsável por todos os aspectos de sua vida, podendo manifestar sua vontade em juízo, celebrar negócios em seu nome etc., contanto que obedecidos os termos legais, e sempre com primazia aos interesses

79. "Art. 208. Não se deferirá o compromisso a que alude o art. 203 aos doentes e deficientes mentais e aos menores de 14 (quatorze) anos, nem às pessoas a que se refere o art. 206."

80. "*Falso testemunho ou falsa perícia*: Art. 342. Fazer afirmação falsa, ou negar ou calar a verdade como testemunha, perito, contador, tradutor ou intérprete em processo judicial, ou administrativo, inquérito policial, ou em juízo arbitral: Pena – reclusão, de 2 (dois) a 4 (quatro) anos, e multa."

do representado. Sendo pessoa relativamente capaz, com idade entre 16 e 18 anos, será assistido (nesse caso, o assistente terá a função de garantir a regularidade dos atos e negócios praticados pelo assistido, respeitando sua vontade).

Em relação à necessidade de nomeação de curador especial, o art. 72 do novo Código de Processo Civil incorporou a norma já anteriormente prevista na Lei Orgânica da Defensoria Pública quanto ao curador especial:

> Art. 72. O juiz nomeará curador especial ao:
>
> I – incapaz, se não tiver representante legal ou se os interesses deste colidirem com os daquele, enquanto durar a incapacidade;
>
> (...)
>
> Parágrafo único. A curatela especial será exercida pela Defensoria Pública, nos termos da lei.

Em relação à possibilidade de atuar como testemunha em processo, a regra do Código de Processo Civil não se afasta do disposto no Código de Processo Penal, nos termos do art. 447:

> Art. 447. Podem depor como testemunhas todas as pessoas, exceto as incapazes, impedidas ou suspeitas.
>
> § 1º São incapazes:
>
> I – o interdito por enfermidade ou deficiência mental;
>
> II – o que, acometido por enfermidade ou retardamento mental, ao tempo em que ocorreram os fatos, não podia discerni-los, ou, ao tempo em que deve depor, não está habilitado a transmitir as percepções;
>
> III – o que tiver menos de 16 (dezesseis) anos;
>
> (...)
>
> § 4º Sendo necessário, pode o juiz admitir o depoimento das testemunhas menores, impedidas ou suspeitas.
>
> § 5º Os depoimentos referidos no § 4º serão prestados independentemente de compromisso, e o juiz lhes atribuirá o valor que possam merecer.

Verifica-se, portanto, que tanto a lei processual penal quanto a lei processual civil levam em consideração a condição de pessoa em desenvolvimento inerente a crianças e adolescentes, sopesando sua participação como testemunhas em processos, bem como assegurando a curatela especial quando necessário.

3.4.4. *A Lei n. 13.431/2017 e o sistema de garantias de direitos de crianças e adolescentes vítimas ou testemunhas de violência*

A Lei n. 13.431/2017 – publicada em abril de 2017 com prazo de *vacatio legis* de um ano – criou o sistema de garantias de direitos de crianças e adolescentes vítimas ou testemunhas de violência. O texto operou modificações pontuais no Estatuto da Criança e do Adolescente, alterando o art. 208[81] e revogando o art. 248[82], mas estabeleceu por uma norma própria um sistema articulado e transdisciplinar de garantias de direitos da criança e do adolescente vítima ou testemunha de violência. Estabelece em seu art. 1º[83], medidas de assistência e proteção para prevenir e coibir a violência contra crianças e adolescentes, com fundamentos tanto na Constituição Federal (art. 227, CF) quanto em normas internacionais de Direitos Humanos (especificamente a Convenção sobre os Direitos da Criança e seus protocolos adicionais), e ainda a Resolução n. 20/2005 do Conselho Econômico e Social das Nações Unidas, sem prejuízo de outros diplomas internacionais pertinentes. O art. 3º, parágrafo único[84] da lei faculta sua aplicação para jovens com idade entre 18 e 21 anos.

A Lei n. 13.431/2017 está dividida em seis títulos: Disposições Gerais (Título I); Dos Direitos e Garantias (Título II); Da Escuta Especializada e do Depoimento Especial (Título III); Da Integração das Políticas de Atendimento (Título IV); e Dos Crimes (Título V); além de Disposições Finais e Transitórias (Título VI). Serão destacados os principais pontos do conteúdo da lei.

Nas Disposições Gerais, o art. 4º indica quatro formas de violência que configuram os casos para sua aplicação, com o propósito de delinear

---

81. Que passou a vigorar acrescido do seguinte inciso XI: "Art. 208. (...) XI – de políticas e programas integrados de atendimento à criança e ao adolescente vítima ou testemunha de violência".

82. Que tratava da seguinte infração administrativa: "Art. 248. Deixar de apresentar à autoridade judiciária de seu domicílio, no prazo de cinco dias, com o fim de regularizar a guarda, adolescente trazido de outra comarca para a prestação de serviço doméstico, mesmo que autorizado pelos pais ou responsável: Pena – multa de três a vinte salários de referência, aplicando-se o dobro em caso de reincidência, independentemente das despesas de retorno do adolescente, se for o caso".

83. "Art. 1º Esta Lei normatiza e organiza o sistema de garantia de direitos da criança e do adolescente vítima ou testemunha de violência, cria mecanismos para prevenir e coibir a violência, nos termos do art. 227 da Constituição Federal, da Convenção sobre os Direitos da Criança e seus protocolos adicionais, da Resolução n. 20/2005 do Conselho Econômico e Social das Nações Unidas e de outros diplomas internacionais, e estabelece medidas de assistência e proteção à criança e ao adolescente em situação de violência."

84. "Art. 3º Na aplicação e interpretação desta Lei, serão considerados os fins sociais a que ela se destina e, especialmente, as condições peculiares da criança e do adolescente como pessoas em desenvolvimento, às quais o Estado, a família e a sociedade devem assegurar a fruição dos direitos fundamentais com absoluta prioridade. Parágrafo único. A aplicação desta Lei é facultativa para as vítimas e testemunhas de violência entre 18 (dezoito) e 21 (vinte e um) anos, conforme disposto no parágrafo único do art. 2º da Lei n. 8.069, de 13 de julho de 1990 (Estatuto da Criança e do Adolescente)."

um conceito mais abrangente do que crime uma vez que nem toda conduta violenta caracteriza legalmente um crime, e nem todo crime (aqui em referência às condutas legalmente definidas como tais) é praticado mediante violência:

> Art. 4º Para os efeitos desta Lei, *sem prejuízo* da tipificação das condutas criminosas, são *formas de violência*:
>
> I – *violência física*, entendida como a ação infligida à criança ou ao adolescente que ofenda sua integridade ou saúde corporal ou que lhe cause sofrimento físico;
>
> *II – violência psicológica:*
>
> a) qualquer conduta de discriminação, depreciação ou desrespeito em relação *à* criança ou ao adolescente mediante ameaça, constrangimento, humilhação, manipulação, isolamento, agressão verbal e xingamento, ridicularização, indiferença, exploração ou intimidação sistemática (*bullying*) que possa comprometer seu desenvolvimento ps*í*quico ou emocional;
>
> b) o ato de alienação parental, assim entendido como a interferência na formação psicológica da criança ou do adolescente, promovida ou induzida por um dos genitores, pelos avós ou por quem os tenha sob sua autoridade, guarda ou vigilância, que leve ao repúdio de genitor ou que cause prejuízo ao estabelecimento ou à manutenção de vínculo com este;
>
> c) qualquer conduta que exponha a criança ou o adolescente, direta ou indiretamente, a crime violento contra membro de sua família ou de sua rede de apoio, independentemente do ambiente em que cometido, particularmente quando isto a torna testemunha;
>
> *III – violência sexual*, entendida como qualquer conduta que constranja a criança ou o adolescente a praticar ou presenciar conjunção carnal ou qualquer outro ato libidinoso, inclusive exposição do corpo em foto ou vídeo por meio eletrônico ou não, que compreenda:
>
> a) abuso sexual, entendido como toda ação que se utiliza da criança ou do adolescente para fins sexuais, seja conjunção carnal ou outro ato libidinoso, realizado de modo presencial ou por meio eletrônico, para estimulação sexual do agente ou de terceiro;
>
> b) exploração sexual comercial, entendida como o uso da criança ou do adolescente em atividade sexual em troca de remuneração ou qualquer outra forma de compensação, de forma independente ou sob patrocínio, apoio ou incentivo de terceiro, seja de modo presencial ou por meio eletrônico;
>
> c) tráfico de pessoas, entendido como o recrutamento, o transporte, a transferência, o alojamento ou o acolhimento da criança ou do adolescente, dentro do território nacional ou para o estrangeiro, com o fim de exploração sexual,

mediante ameaça, uso de força ou outra forma de coação, rapto, fraude, engano, abuso de autoridade, aproveitamento de situação de vulnerabilidade ou entrega ou aceitação de pagamento, entre os casos previstos na legislação;

IV – violência institucional, entendida como a praticada por instituição pública ou conveniada, inclusive quando gerar revitimização.

(grifo nosso)

É importante destacar, no inciso IV do art. 4º, a inclusão da *revitimização* como modalidade de violência institucional, que, neste contexto, corresponde ao ato de submeter a vítima (ou a testemunha) de uma violência a procedimentos administrativos ou judiciais que poderiam ser dispensados, ocasionando-lhe sofrimento continuado ou repetido em decorrência da lembrança forçada dos atos violentos que sofreu ou testemunhou.

O rol de direitos e garantias enumerados no art. 5º[85] reproduz o conteúdo já constante de outros dispositivos do Estatuto da Criança e do Adolescente, tais como o direito à prioridade absoluta (inciso I) e à proteção contra qualquer forma de discriminação (inciso IV), mas também incluem direitos especificamente relacionados com a previsão de novos mecanismos instituídos com a finalidade de minimizar o sofrimento decorrente da violência sofrida ou testemunhada e da submissão aos procedimentos burocráticos para sua apuração e julgamento, tais como assistência jurídica e psicossocial qualificada (inciso VII), segurança no caso de ameaças ou intimidações

---

85. "Art. 5º A aplicação desta Lei, sem prejuízo dos princípios estabelecidos nas demais normas nacionais e internacionais de proteção dos direitos da criança e do adolescente, terá como base, entre outros, os direitos e garantias fundamentais da criança e do adolescente a: I – receber prioridade absoluta e ter considerada a condição peculiar de pessoa em desenvolvimento; II – receber tratamento digno e abrangente; III – ter a intimidade e as condições pessoais protegidas quando vítima ou testemunha de violência; IV – ser protegido contra qualquer tipo de discriminação, independentemente de classe, sexo, raça, etnia, renda, cultura, nível educacional, idade, religião, nacionalidade, procedência regional, regularidade migratória, deficiência ou qualquer outra condição sua, de seus pais ou de seus representantes legais; V – receber informação adequada à sua etapa de desenvolvimento sobre direitos, inclusive sociais, serviços disponíveis, representação jurídica, medidas de proteção, reparação de danos e qualquer procedimento a que seja submetido; VI – ser ouvido e expressar seus desejos e opiniões, assim como permanecer em silêncio; VII – receber assistência qualificada jurídica e psicossocial especializada, que facilite a sua participação e o resguarde contra comportamento inadequado adotado pelos demais órgãos atuantes no processo; VIII — ser resguardado e protegido de sofrimento, com direito a apoio, planejamento de sua participação, prioridade na tramitação do processo, celeridade processual, idoneidade do atendimento e limitação das intervenções; IX – ser ouvido em horário que lhe for mais adequado e conveniente, sempre que possível; X – ter segurança, com avaliação contínua sobre possibilidades de intimidação, ameaça e outras formas de violência; XI – ser assistido por profissional capacitado e conhecer os profissionais que participam dos procedimentos de escuta especializada e depoimento especial; XII – ser reparado quando seus direitos forem violados; XIII – conviver em família e em comunidade; XIV – ter as informações prestadas tratadas confidencialmente, sendo vedada a utilização ou o repasse a terceiro das declarações feitas pela criança e pelo adolescente vítima, salvo para os fins de assistência à saúde e de persecução penal; XV – prestar declarações em formato adaptado à criança e ao adolescente com deficiência ou em idioma diverso do português."

(inciso X) e ser assistido por profissional capacitado (inciso XI), entre outros. Ainda, inova ao prever expressamente o direito a "ser resguardado e protegido de sofrimento, com direito a apoio, planejamento de sua participação, prioridade na tramitação do processo, celeridade processual, idoneidade do atendimento e limitação das intervenções" (inciso VIII).

É importante atentar para o disposto no *caput* do art. 6º da Lei n. 13.431/2017, que dispõe o seguinte:

> Art. 6º A criança e o adolescente vítima ou testemunha de violência têm direito a pleitear, por meio de seu representante legal, medidas protetivas contra o autor da violência.

Embora o artigo apresente previsão legal de medidas protetivas contra o autor da violência, a lei não esclarece o que fazer na hipótese de o próprio representante legal ser o autor da violência, deixando os casos omissos para serem interpretados à luz da Lei Maria da Penha e do próprio ECA[86].

Merecem destaque dois mecanismos criados pela lei e que representam uma inovação em termos de resguardo dos Direitos Humanos de vítimas e testemunhas de crimes: a escuta especializada e o depoimento especial.

A escuta especializada diz respeito à entrevista da criança ou adolescente com profissional pertencente à rede de proteção multidisciplinar (tais como psicólogos, médicos e assistentes sociais), e está descrita no art. 7º da lei:

> Art. 7º Escuta especializada é o procedimento de entrevista sobre situação de violência com criança ou adolescente perante órgão da rede de proteção, limitado o relato estritamente ao necessário para o cumprimento de sua finalidade.

Já o depoimento especial, previsto no art. 8º, se refere à tomada de depoimento da criança ou adolescente vítima ou testemunha de violência no decorrer do inquérito policial ou da ação penal:

> Art. 8º Depoimento especial é o procedimento de oitiva de criança ou adolescente vítima ou testemunha de violência perante autoridade policial ou judiciária.

Com o objetivo de reduzir o máximo possível o impacto do sofrimento da violência, o texto legal determina em seu art. 9º[87] que se

---

86. "Parágrafo único. Os casos omissos nesta Lei serão interpretados à luz do disposto na Lei n. 8.069, de 13 de julho de 1990 (Estatuto da Criança e do Adolescente), na Lei n. 11.340, de 7 de agosto de 2006 (Lei Maria da Penha), e em normas conexas."

87. "Art. 9º A criança ou o adolescente será resguardado de qualquer contato, ainda que visual, com o suposto autor ou acusado, ou com outra pessoa que represente ameaça, coação ou constrangimento."

resguarde a criança ou o adolescente de contato com a pessoa acusada da violência (ou qualquer outra pessoa que a intimide), estabelecendo ainda que os locais onde as crianças e adolescentes forem ouvidos em escuta especializada ou em depoimento especial sejam *apropriados* e *acolhedores*, nos termos do art. 10:

> Art. 10. A escuta especializada e o depoimento especial serão realizados em local apropriado e acolhedor, com infraestrutura e espaço físico que garantam a privacidade da criança ou do adolescente vítima ou testemunha de violência.

Ainda, em relação à tomada de depoimento especial pelo delegado de polícia ou pelo juiz de Direito, o texto legal estabeleceu critérios específicos no art. 11:

> Art. 11. O depoimento especial reger-se-á por protocolos e, sempre que possível, será realizado uma única vez, em sede de produção antecipada de prova judicial, garantida a ampla defesa do investigado.
>
> § 1º O depoimento especial seguirá o rito cautelar de antecipação de prova:
>
> I – quando a criança ou o adolescente tiver menos de 7 (sete) anos;
>
> II – em caso de violência sexual.
>
> § 2º Não será admitida a tomada de novo depoimento especial, salvo quando justificada a sua imprescindibilidade pela autoridade competente e houver a concordância da vítima ou da testemunha, ou de seu representante legal.

Os protocolos a que se refere o artigo anterior estão descritos no art. 12[88], que estabelece o seguinte procedimento: o depoimento será gravado

---

88. "Art. 12. O depoimento especial será colhido conforme o seguinte procedimento: I – os profissionais especializados esclarecerão a criança ou o adolescente sobre a tomada do depoimento especial, informando-lhe os seus direitos e os procedimentos a serem adotados e planejando sua participação, sendo vedada a leitura da denúncia ou de outras peças processuais; II – é assegurada à criança ou ao adolescente a livre narrativa sobre a situação de violência, podendo o profissional especializado intervir quando necessário, utilizando técnicas que permitam a elucidação dos fatos; III – no curso do processo judicial, o depoimento especial será transmitido em tempo real para a sala de audiência, preservado o sigilo; IV – findo o procedimento previsto no inciso II deste artigo, o juiz, após consultar o Ministério Público, o defensor e os assistentes técnicos, avaliará a pertinência de perguntas complementares, organizadas em bloco; V – o profissional especializado poderá adaptar as perguntas à linguagem de melhor compreensão da criança ou do adolescente; VI – o depoimento especial será gravado em áudio e vídeo. § 1º À vítima ou testemunha de violência é garantido o direito de prestar depoimento diretamente ao juiz, se assim o entender. § 2º O juiz tomará todas as medidas apropriadas para a preservação da intimidade e da privacidade da vítima ou testemunha. § 3º O profissional especializado comunicará ao juiz se verificar que a presença, na sala de audiência, do autor da violência pode prejudicar o depoimento especial ou colocar o depoente em situação de risco, caso em que, fazendo constar em termo, será autorizado o afastamento do imputado. § 4º Nas hipóteses em que houver risco à vida ou à integridade física da vítima ou testemunha, o juiz tomará as medidas de proteção cabíveis, inclusive a restrição do disposto nos incisos III e VI deste artigo. § 5º As condições de preservação e de segurança da mídia relativa ao depoimento da criança ou do adoles-

em áudio e vídeo (para atender à exigência do § 2º do art. 11) e, no caso de depoimento em processo judicial, em sala separada da audiência, onde será transmitido em tempo real. O depoimento será sempre acompanhado de um profissional especializado, que esclarecerá à criança ou ao adolescente sobre o que está ocorrendo, assegurando-lhe que narre a situação de violência da forma que preferir. As perguntas devem ser formuladas em linguagem acessível à criança ou ao adolescente, sem a leitura de peças processuais e adaptando as perguntas quando necessário à sua compreensão. Caso prefira, a vítima ou testemunha de violência poderá depor diretamente ao juiz, sem a mediação do profissional especializado. Por fim, ressalte-se que a privacidade e intimidade da vítima devem ser sempre preservadas, o que inclui a segurança da mídia onde for registrado o depoimento da criança ou adolescente, e assegurado o trâmite em segredo de justiça.

A lei prevê em seu Título IV a articulação de vários setores, como assistência social, saúde, segurança pública e sistema de justiça, para realização de políticas públicas voltadas integralmente ao tratamento multidisciplinar de crianças e adolescentes vitimados direta ou indiretamente pela violência.

Por fim, tipifica em seu art. 24 a conduta de violação do sigilo imposto ao depoimento de criança ou adolescente:

> Art. 24. Violar sigilo processual, permitindo que depoimento de criança ou adolescente seja assistido por pessoa estranha ao processo, sem autorização judicial e sem o consentimento do depoente ou de seu representante legal.
>
> Pena – reclusão, de 1 (um) a 4 (quatro) anos, e multa.

3.4.5. A Lei n. 14.344/2022 e o sistema de prevenção e enfrentamento da violência doméstica e familiar contra a criança e o adolescente

Em julho de 2022, após 45 dias de sua publicação oficial em 25 de maio do mesmo ano, entrou em vigor a Lei n. 14.344/2022, que cria mecanismos para a prevenção e o enfrentamento da violência doméstica e familiar contra a criança e o adolescente e que entra em vigor. Nos termos do art. 3º da lei, "A violência doméstica e familiar contra a criança e o adolescente constitui uma das formas de violação dos direitos humanos". O texto replica mecanismos já previstos na Lei Maria da Penha, com previsões análogas[89], formando

---

cente serão objeto de regulamentação, de forma a garantir o direito à intimidade e à privacidade da vítima ou testemunha. § 6º O depoimento especial tramitará em segredo de justiça."

89. Como é o caso do art. 2º da lei, que traz a definição legal de violência doméstica contra criança e adolescente como "qualquer ação ou omissão que lhe cause morte, lesão, sofrimento físico, sexual, psicológico ou dano patrimonial: I – no âmbito do domicílio ou da residência da

sistema de proteção com medidas que estabelecem obrigações ao agressor[90] e medidas protetivas de urgência para vítimas[91], por meio da adoção de ações articuladas entre o Sistema de Garantia dos Direitos da Criança e do

criança e do adolescente, compreendida como o espaço de convívio permanente de pessoas, com ou sem vínculo familiar, inclusive as esporadicamente agregadas; II – no âmbito da família, compreendida como a comunidade formada por indivíduos que compõem a família natural, ampliada ou substituta, por laços naturais, por afinidade ou por vontade expressa; III – em qualquer relação doméstica e familiar na qual o agressor conviva ou tenha convivido com a vítima, independentemente de coabitação", ou seja, em termos praticamente idênticos ao art. 5º da Lei Maria da Penha (n. 11.340/2006).

90. Nos termos do art. 20 da lei: "Art. 20. Constatada a prática de violência doméstica e familiar contra a criança e o adolescente nos termos desta Lei, o juiz poderá determinar ao agressor, de imediato, em conjunto ou separadamente, a aplicação das seguintes medidas protetivas de urgência, entre outras: I – a suspensão da posse ou a restrição do porte de armas, com comunicação ao órgão competente, nos termos da Lei n. 10.826, de 22 de dezembro de 2003; II – o afastamento do lar, do domicílio ou do local de convivência com a vítima; III – a proibição de aproximação da vítima, de seus familiares, das testemunhas e de noticiantes ou denunciantes, com a fixação do limite mínimo de distância entre estes e o agressor; IV – a vedação de contato com a vítima, com seus familiares, com testemunhas e com noticiantes ou denunciantes, por qualquer meio de comunicação; V – a proibição de frequentação de determinados lugares a fim de preservar a integridade física e psicológica da criança ou do adolescente, respeitadas as disposições da Lei n. 8.069, de 13 de julho de 1990 (Estatuto da Criança e do Adolescente); VI – a restrição ou a suspensão de visitas à criança ou ao adolescente; VII – a prestação de alimentos provisionais ou provisórios; VIII – o comparecimento a programas de recuperação e reeducação; IX – o acompanhamento psicossocial, por meio de atendimento individual e/ou em grupo de apoio. § 1º As medidas referidas neste artigo não impedem a aplicação de outras previstas na legislação em vigor, sempre que a segurança da vítima ou as circunstâncias o exigirem, e todas as medidas devem ser comunicadas ao Ministério Público. § 2º Na hipótese de aplicação da medida prevista no inciso I do caput deste artigo, encontrando-se o agressor nas condições referidas no art. 6º da Lei n. 10.826, de 22 de dezembro de 2003, o juiz comunicará ao respectivo órgão, corporação ou instituição as medidas protetivas de urgência concedidas e determinará a restrição do porte de armas, e o superior imediato do agressor ficará responsável pelo cumprimento da determinação judicial, sob pena de incorrer nos crimes de prevaricação ou de desobediência, conforme o caso. § 3º Para garantir a efetividade das medidas protetivas de urgência, poderá o juiz requisitar, a qualquer momento, auxílio da força policial".

91. Nos termos do art. 21 da lei: "Art. 21. Poderá o juiz, quando necessário, sem prejuízo de outras medidas, determinar: I – a proibição do contato, por qualquer meio, entre a criança ou o adolescente vítima ou testemunha de violência e o agressor; II – o afastamento do agressor da residência ou do local de convivência ou de coabitação; III – a prisão preventiva do agressor, quando houver suficientes indícios de ameaça à criança ou ao adolescente vítima ou testemunha de violência; IV – a inclusão da vítima e de sua família natural, ampliada ou substituta nos atendimentos a que têm direito nos órgãos de assistência social; V – a inclusão da criança ou do adolescente, de familiar ou de noticiante ou denunciante em programa de proteção a vítimas ou a testemunhas; VI – no caso da impossibilidade de afastamento do lar do agressor ou de prisão, a remessa do caso para o juízo competente, a fim de avaliar a necessidade de acolhimento familiar, institucional ou colação em família substituta; VII – a realização da matrícula da criança ou do adolescente em instituição de educação mais próxima de seu domicílio ou do local de trabalho de seu responsável legal, ou sua transferência para instituição congênere, independentemente da existência de vaga. § 1º A autoridade policial poderá requisitar e o Conselho Tutelar requerer ao Ministério Público a propositura de ação cautelar de antecipação de produção de prova nas causas que envolvam violência contra a criança e o adolescente, observadas as disposições da Lei n. 13.431, de 4 de abril de 2017. § 2º O juiz poderá determinar a adoção de outras medidas cautelares previstas na legislação em vigor, sempre que as circunstâncias o exigirem, com vistas à manutenção da integridade ou da segurança da criança ou do adolescente, de seus familiares e de noticiante ou denunciante".

Adolescente e os sistemas de justiça, de saúde, de segurança pública e de assistência social, os Conselhos Tutelares e a comunidade escolar.

A lei foi expressamente inspirada no caso de homicídio que vitimou Henry Borel, ocorrido em 2021, quando o menino tinha quatro anos de idade. O crime foi imputado à mãe e ao padrasto da criança, como resultado de lesões decorrentes de agressões e maus-tratos.

É perceptível – e digna de nota – a intenção do legislador de privilegiar a construção de uma rede de atendimento às vítimas de violência em detrimento de propor uma abordagem exclusivamente penal: o texto legal referente a crianças e adolescentes contém previsões no sentido de realizar estudos para traçar estratégias[92] e inclusão do tema em currículo escolar[93], além de estabelecer novas regras, tais como o dever imposto, nos termos da nova redação do art. 18-B do ECA, aos pais, aos integrantes da família ampliada, aos responsáveis, aos agentes públicos executores de medidas socioeducativas ou qualquer pessoa encarregada de cuidar de crianças e de adolescentes de garantir tratamento de saúde especializado às vítimas. Ainda, remete a outras medidas de atendimento que consideram especificidades pelas autoridades policiais e judiciais para evitar revitimização (neste sentido, ver texto sobre a Lei n. 13.431/2017, tratada no tópico anterior).

A lei, ao valorizar a rede de atendimento, apresenta no Capítulo II como se dará a assistência a essas pessoas em desenvolvimento, referindo a importância da adoção de ações articuladas entre o Sistema de Garantia dos Direitos da Criança e do Adolescente e os sistemas de justiça, de saúde, de segurança pública e de assistência social, os Conselhos Tutelares e a comunidade escolar. Uma abordagem exclusivamente penal e punitivista não seria suficiente e nem mesmo estaria em consonância com toda a construção legislativa em torno dos direitos das crianças e dos adolescentes, sendo razoável afirmar que a lei está adequada aos princípios constitucionais que regem o estatuto (BASTOS, ZAPATER, 2022).

92. Conforme previsto no art. 5º da lei: "Art. 5º O Sistema de Garantia dos Direitos da Criança e do Adolescente intervirá nas situações de violência contra a criança e o adolescente com a finalidade de: I – mapear as ocorrências das formas de violência e suas particularidades no território nacional; II – prevenir os atos de violência contra a criança e o adolescente; III – fazer cessar a violência quando esta ocorrer; IV – prevenir a reiteração da violência já ocorrida; V – promover o atendimento da criança e do adolescente para minimizar as sequelas da violência sofrida; e VI – promover a reparação integral dos direitos da criança e do adolescente".

93. Determinação operada pela inserção do inciso XIII no art. 70-A do Estatuto da Criança e do Adolescente.

4

ANEXO

PROPOSTAS DE ATIVIDADES

4.1. Algumas considerações sobre o ensino participativo no ambiente jurídico

Este Anexo contém propostas de atividades para sala de aula formuladas a partir das metodologias de ensino participativo.

Mas por que um anexo com propostas de atividades didáticas em um livro teórico?

> O ensino do direito é uma tarefa política – sobretudo em um país como o nosso em que o acesso ao terceiro grau ainda é restrito e desigual. Implica posicionar-se sobre a função social do ensino superior, isto é, sobre a própria razão de ser da universidade. (GHIRARDI, 2012, p. 15)

Considerando a natureza política do ensino do Direito, é também uma escolha a forma de examinar um conteúdo teórico. Os profissionais do Direito da contemporaneidade, sejam eles operadores do sistema de justiça, pesquisadores acadêmicos, consultores jurídicos ou de qualquer outra profissão da área, a todas e todos é necessária esta consciência do poder que se detém quando se atua no Direito: são as normas jurídicas que têm o poder de conservar um determinado estado de coisas, ou de modificá-las pelo olhar mais crítico e apurado. Portanto, a formação do profissional do Direito (tanto na graduação quanto na pós-graduação), tem uma importância central quando se discute que tipo de práxis jurídica se espera no dia-a-dia destes profissionais.

Saber conhecer a realidade social é um imperativo para uma nova forma de pensar o Direito para além da tradicional tríade legislação-doutrina-jurisprudência. Manter sem qualquer questionamento esse formato de ensino do Direito, concebido há quase dois séculos, é condenar esta área do saber à estagnação, à produção das "leis que não pegam", às decisões judiciais injustas e/ou descoladas da realidade e ao baixo grau de confiança da população no sistema de justiça.

Levando em consideração essas reflexões iniciais, as atividades sugeridas neste anexo foram formuladas a partir de métodos de ensino participativo, pretendendo oferecer às leitoras e leitores novas possibilidades de pensar sobre o Direito, calcadas em dados empíricos da realidade regulada pelas normas, ou por meio de ferramentas como suportes audiovisuais, aparentemente sem relação com o universo jurídico mas que, exatamente por isso, possibilitam uma reflexão criativa sobre os temas estudados.

O ensino participativo é uma proposta metodológica na qual alunas e alunos são agentes na construção de seu próprio conhecimento pela participação ativa no processo de aprendizado, desenvolvendo habilidades como raciocínio e a instrumentalização do conhecimento adquirido (FARIA; FEFERBAUM, 2012, p. 9).

Os métodos do ensino participativo procuram questionar a formação escolar/universitária tradicional, concebida a partir da Modernidade, que visa preparar os indivíduos de forma padronizada para o ambiente do trabalho. Neste contexto tradicional, aquele a quem se ensina é considerado alguém que nada (ou pouco) sabe, nem tampouco é capaz de produzir o saber, o qual, por sua vez, somente pode ser adquirido na instituição de ensino. Professores e instituições reproduzem sem grandes reflexões o conhecimento que receberam enquanto alunos, e avançam ao limite da análise, que consiste basicamente em distinguir (ou seja, conceituar, que consiste em reduzir o objeto à sua essência, à sua máxima singularidade) e classificar (organizar com outros objetos considerados assemelhados em um determinado sistema).

Essa descrição se aproxima em grande medida do que, em geral, se realiza no ensino tradicional do Direito, no qual se adotam sistematizações de categorias abstratas ("conceito analítico de crime"; "bens divisíveis e indivisíveis"; "melhor interesse da criança" e assim por diante) concebidas sem que se leve em consideração as relações cotidianas e realidades sociais pretensamente disciplinadas pelas normas jurídicas elaboradas a partir de tais categorias teóricas:

> Ao contrário das outras áreas do conhecimento, o estudioso do direito, o jurista, o doutrinador, se preocupa primordialmente em legitimar o seu pensamento teórico com base nele mesmo, desqualificando os críticos, e o seu *status* é medido pela contraposição às críticas, só que, de novo, com base em argumentos teóricos, internos. (BEDÊ; COLÁCIO; NETO, 2012, p. 255)

A questão, como se disse no início, reside no fato de ser o ensino do Direito uma tarefa política, ou seja, relacionada com a distribuição e exercício do poder na sociedade. Insistir na perpetuação de métodos tradicionais de estudar, ensinar e aprender Direito é abrir mão na inovação do olhar, da instrumentalização inédita das ferramentas que o Direito oferece – legislação e decisões judiciais – como forma de transformação de realidades.

Nesse contexto se desenvolvem os métodos participativos, pelos quais se propõe a experiência – e não o objeto – como ponto de partida: a experiência do indivíduo será o ponto de partida da reflexão, tornando o conhecimento subjetivo, ou seja, dependente do sujeito que conhece.

Para que as atividades aqui propostas possam ser mais bem aproveitadas, segue abaixo uma breve descrição[1] dos métodos de ensino participativo sugeridos para sua realização:

▶▶ 1. *Role-playing* e simulação

Os participantes assumem um *papel*, desenvolvendo, a partir dele, as atividades solicitadas pelo professor; visa prioritariamente levar o aluno a *pensar* os fatos e *construir seus argumentos* a partir do papel adotado. A simulação caracteriza-se pela criação de cenários que *simulam* a realidade e pela interação dos alunos a partir de seus diferentes papéis; visa prioritariamente levar o aluno a *interagir*, dentro do cenário, a partir do papel adotado.

▶▶ 2. Estudo de caso

A partir de decisões proferidas em casos reais, o professor responsável pela atividade conduz o diálogo levando os participantes a desenvolver o raciocínio jurídico por meio da análise, interpretação e construção de argumentos jurídicos.

▶▶ 3. *Problem-Based Learning*

A partir da análise de casos complexos (reais ou hipotéticos), que envolvem elementos jurídicos e não jurídicos, os participantes desenvolvem a capacidade de elaborar formulações jurídicas que equacionem a situação apresentada.

---

1. Descrições elaboradas a partir do acervo de métodos de ensino participativo do Núcleo de Metodologia de Ensino da FGV Direito-SP. Disponível em: https://ejurparticipativo.direitosp.fgv.br/metodos-de-ensino-participativo. Acesso em: julho de 2018.

▶▶ 4. Seminário Temático

Os participantes se dividem em grupos para pesquisar e apresentar um tema ainda não totalmente conhecido dos colegas; o objetivo prioritário é informar e/ou completar e ampliar o conhecimento da turma sobre o tema; tipicamente, é a atividade central da aula.

▶▶ 5. Seminário de Leitura

Os participantes se dividem em grupos para apresentar texto já conhecido dos colegas; o objetivo prioritário é sistematizar, problematizar e/ou criticar texto ou objeto previamente conhecido; tipicamente, serve como atividade inicial da aula.

▶▶ 6. Debate

Os participantes realizam um debate a respeito de um tema predeterminado, sendo que o professor responsável pela atividade atua apenas na coordenação e supervisão do processo.

Os exercícios aqui propostos se dividem em dois grupos:

No primeiro, serão exploradas abordagens de pesquisas empíricas sobre o tema da infância e juventude, para que a visão do jurista se aproprie do conhecimento produzido por outras áreas e enriqueça sua análise. Algumas das pesquisas sugeridas como material de apoio são citadas no corpo do livro, permitindo que seja feita relação do tema abordado na parte teórica de uma aula com o suporte empírico. Além disso, as atividades propostas permitem ao jurista conhecer a realidade que o Direito pretende regular e, a partir disso, buscar encontrar soluções jurídicas aplicáveis aos conflitos sociais empiricamente observados, bem como treinar um olhar crítico para avaliar se a norma jurídica vigente é adequada para a realidade social que pretende regular. Todos os materiais de apoio sugeridos em cada uma das fichas de exercício estão disponíveis *on-line* e acompanham os links para acessá-los.

No segundo grupo, sugere-se a utilização de suporte audiovisual (filmes ficcionais e documentais) para que, a partir de situações concretas, sejam elaboradas reflexões sobre os temas trabalhados ao longo de um curso sobre os temas abordados neste livro. Cada ficha de exercício propõe subverter a lógica tradicional do ensino do Direito – que parte da análise conceitual doutrinária para exemplificar com casos concretos – para treinar a formulação de conceitos a partir de casos concretos. O uso do cinema (bem como de outras formas de arte, como as artes plásticas, a literatura, o teatro) permite ainda fomentar a reflexão criativa e a produção de outros tipos de conhecimento.

As atividades propostas neste anexo não têm a intenção (ou pretensão) de serem enunciados fixos e fechados, mas sim sugestões abertas a contribuições e modificações por docentes que as apliquem em suas salas de aula. Mas não é só: os materiais de apoio e filmes sugeridos nas atividades podem constituir pontos de partida para a reflexão de qualquer leitor, ou temas para debates e perguntas para pesquisas: a proposta é abrir o tema para a conversa e a participação.

ANEXO 1

ATIVIDADES PARA SALA DE AULA: OS DADOS EMPÍRICOS E O DIREITO

FICHA DE ATIVIDADE
NOME DO EXERCÍCIO

Crianças no cárcere:
Qual o papel do Direito na solução desta questão?

ÁREA DE CONCENTRAÇÃO

Direito da Criança e do Adolescente

TEMA CENTRAL

MATERNIDADE E INFÂNCIA NO CÁRCERE

TEMAS SECUNDÁRIOS

DIREITO À LIBERDADE, DIREITO À DIGNIDADE, DIREITO À SAÚDE

APLICAÇÃO

Curso de Graduação
Curso de Pós-Graduação *lato sensu*

EMENTA

Elaboração de propostas de soluções jurídicas para violações de Direitos Humanos de crianças no cárcere.

PALAVRAS-CHAVE

Marco Legal da Primeira Infância; prisão.

MATERIAIS DE APOIO

- Relatório da pesquisa *"Dar à luz na sombra: condições atuais e possibilidades futuras para o exercício da maternidade por mulheres em situação de prisão"*. Disponível em: http://www.justica.gov.br/news/201clugar-de-crianca-nao-e-na-prisao-nem-longe-de-sua-mae201d-diz-pesquisa/pesquisa-dar-a-luz-na-sombra-1.pdf. Acesso em: julho de 2018.

- Levantamento Nacional de Informações Penitenciárias – Mulheres (2016). Disponível em: http://www.conectas.org/wp/wp-content/uploads/2018/05/infopenmulheres_arte_07-03-18.pdf. Acesso em: julho de 2018.

- Peças do *habeas corpus* impetrado pelo Coletivo de Advocacia em Direitos Humanos em favor das mulheres grávidas e mães em situação de prisão (2018). Disponível em: https://cadhu.wordpress.com/2018/02/27/leia-a-integra-do-habeas-corpus-coletivo-do-cadhu-peticao-inicial-documentos-amici-curiae-e-decisoes/. Acesso em: julho de 2018.

OBJETIVOS

O objetivo geral desta atividade é permitir aos participantes a identificação de situações de violação de Direitos Humanos de crianças encarceradas junto com suas mães. Como objetivo específico, pretende-se habilitar os participantes a identificar soluções jurídicas para reversão ou reparação das situações de violação.

NÚMERO DE ALUNOS QUE PARTICIPAM DA DINÂMICA

25 a 35 alunos

DINÂMICA

- MÉTODO DE ENSINO: *role-playing*.

- PREPARAÇÃO: Os participantes deverão ler previamente os materiais de apoio. Posteriormente, serão divididos em grupos de trabalho formados por tema: (i) atuação cível; (ii) atuação administrativa; (iii) atuação penal. A partir das recomendações formuladas na pesquisa "Dar à luz na sombra: condições atuais e possibilidades futuras para o exercício da maternidade por mulheres em situação de prisão", cada um dos grupos deverá formular uma solução jurídica dentro da área de atuação de seu grupo, objetivando cessar ou reparar as violações de Direitos Humanos a que as crianças encarceradas com suas mães estão submetidas, tais como: ações de indenização ou de obrigação de fazer na área cível; ações civis públicas na área administrativa; *habeas corpus* para mulheres não abrangidas pela decisão proferida pelo STF no *HC* 143.641 (material de apoio). A elaboração das propostas deverá considerar a adequação jurídica da medida e todas as formalidades legais (competência, legitimidade, possibilidade jurídica do pedido etc.).

- DESENVOLVIMENTO DA DINÂMICA: Cada grupo exporá em sala a solução proposta para sua área, seguido de debates entre os participantes de todos os grupos. Caberá ao professor responsável pela atividade coordenar e sistematizar os pontos levantados pela turma no debate.

- TÉRMINO DA DINÂMICA: cada grupo deverá entregar por escrito a peça judicial escolhida durante o desenvolvimento.

TEMPO DE APLICAÇÃO SUGERIDO:

01 (uma) aula.

FICHA DE ATIVIDADE
NOME DO EXERCÍCIO

Maternidade e infância em situação de rua: qual o papel do Direito?

ÁREA DE CONCENTRAÇÃO

Direito da Criança e do Adolescente

TEMA CENTRAL

CRIANÇAS EM SITUAÇÃO DE RUA; DIREITO À CONVIVÊNCIA FAMILIAR.

TEMAS SECUNDÁRIOS

DIREITO AO RESPEITO; DIREITO À DIGNIDADE; DIREITOS ECONÔMICOS E SOCIAIS.

CURSO DE APLICAÇÃO

Curso de Graduação
Curso de Pós-Graduação *lato sensu*

EMENTA

Simulação de processo judicial de destituição de poder familiar de mãe de recém-nascido em situação de rua.

PALAVRAS-CHAVE

Marco Legal da Primeira Infância, direito à convivência familiar; situação de rua.

MATERIAIS DE APOIO

- Relatório da pesquisa *"Maternidade e primeira infância na rua"*: https://issuu.com/cdh.luiz.gama/docs/relatorio_primeira_infancia. Acesso em: julho de 2018.

- Bibliografia sugerida: MELO, Eduardo Rezende. *Crianças e Adolescentes em situação de rua: Direitos Humanos e Justiça – Uma reflexão crítica sobre a garantia de direitos humanos de crianças e adolescentes em situação de rua e o sistema de justiça*. São Paulo: Editora Malheiros, 2011.

OBJETIVOS

O objetivo geral desta atividade consiste em estimular nos participantes a percepção crítica da questão multifacetada das pessoas em situação de rua, capacitando-os a identificar violações de Direitos Humanos de crianças e de seus genitores. Como objetivo específico, pretende-se habilitar os participantes a participar de processo judicial de destituição de poder familiar envolvendo violações de Direitos Humanos de adultos e crianças em situação de rua.

NÚMERO DE ALUNOS QUE PARTICIPAM DA DINÂMICA

25 a 35 alunos

DINÂMICA

► MÉTODO DE ENSINO: *role-playing.*

► PREPARAÇÃO: Os participantes deverão ler previamente os materiais de apoio. Posteriormente, serão divididos em grupos de trabalho formados por área de atuação no sistema de justiça: (i) Ministério Público da Infância e Juventude; (ii) Defensoria Pública; (iii) Juízo da Infância e Juventude.

A partir de um caso concreto de destituição de poder familiar de mãe de criança recém-nascida em situação de rua (que poderá ser hipotético formulado pelo professor responsável pela atividade; ou extraído de um julgado real) e com base nos dados obtidos e analisados no relatório de pesquisa *"Maternidade e primeira infância na rua"*, cada um dos grupos deverá formular argumentos para defender os seguintes pontos:

(i) Ministério Público da Infância e Juventude: petição inicial de ação de destituição do poder familiar.

(ii) Defensoria Pública: contestação da inicial em defesa da mãe.

Estes dois primeiros grupos deverão entregar as respectivas petições por escrito ao grupo representante do Juízo da Infância e Juventude.

► DESENVOLVIMENTO DA DINÂMICA: será realizada uma simulação de audiência de instrução com oitiva da mãe (ré) e alegações finais orais do Ministério Público e Defensoria Pública. Em turmas numerosas, o desenvolvimento da dinâmica poderá contar com mais um grupo de participantes que funcionarão como depoentes na audiência simulada, representando testemunhas e/ou profissionais da rede de atendimento (assistentes sociais, psicólogos etc.).

► TÉRMINO DA DINÂMICA: o grupo representante do Juízo da Infância e Juventude deverá proferir sua decisão em favor do Ministério Público ou da Defensoria Pública após encerrados os debates, e entregar a sentença por escrito.

TEMPO DE APLICAÇÃO SUGERIDO:

01 (uma) aula.

FICHA DE ATIVIDADE

NOME DO EXERCÍCIO

O Código Civil brasileiro em confronto com o conceito internacional de "*casamento infantil*".

ÁREA DE CONCENTRAÇÃO

Direito da Criança e do Adolescente

TEMA CENTRAL

CASAMENTO INFANTIL

TEMAS SECUNDÁRIOS

DIREITO À LIBERDADE; DIREITO AO RESPEITO; DIREITO DE BRINCAR

CURSO DE APLICAÇÃO

Curso de Graduação
Curso de Pós-Graduação *lato sensu*

EMENTA

Elaboração de projeto de lei e respectiva justificação para adequar o ordenamento jurídico brasileiro à normativa internacional.

PALAVRAS-CHAVE

Código Civil; casamento infantil.

MATERIAIS DE APOIO

- Relatório da pesquisa *"Ela vai no meu barco: casamento na infância e na adolescência no Brasil"* (2017). Disponível em: https://promundo.org.br/wp-content/uploads/sites/2/2015/07/SheGoesWithMyBoat_PT_Final_15SET.pdf. Acesso em: julho de 2018.

OBJETIVOS

O objetivo geral desta atividade é estimular a habilidade de análise crítica do ordenamento jurídico vigente, e a capacidade de verificar sua adequação à realidade que pretende disciplinar. Como objetivo específico, pretende-se treinar nos participantes a habilidade de elaborar um texto normativo que contemple a situação social almejada pela norma.

NÚMERO DE ALUNOS QUE PARTICIPAM DA DINÂMICA

25 a 35 alunos

DINÂMICA

- MÉTODO DE ENSINO: *role-playing.*

- PREPARAÇÃO: Os participantes deverão ler previamente os materiais de apoio.

- DESENVOLVIMENTO DA DINÂMICA: os alunos se dividirão em quatro grupos e, em sala, cada grupo deverá elaborar um projeto de lei federal e a respectiva justificação para regulamentar ou proibir o casamento infantil no Brasil. Finalizada esta etapa em sala, cada grupo ficará responsável por enviar seu projeto de lei aos demais participantes, para que todos tenham acesso ao que foi produzido por cada um dos grupos. Na aula seguinte, será realizada a votação de cada um dos projetos de lei, podendo ser aprovado somente um deles, ou mais de um – nessa segunda hipótese, os participantes deverão entrar em consenso sobre a redação final do projeto de lei fundindo os projetos originais aprovados.

- TÉRMINO DA DINÂMICA: deverá ser redigido o texto final da lei aprovada, individualmente ou em grupos, a critério do professor responsável pela atividade.

TEMPO DE APLICAÇÃO SUGERIDO:

02 (duas) aulas.

FICHA DE ATIVIDADE
NOME DO EXERCÍCIO

Meninas e discriminação de gênero:
o trabalho infantil doméstico

ÁREA DE CONCENTRAÇÃO

Direito da Criança e do Adolescente

TEMA CENTRAL

TRABALHO INFANTIL DOMÉSTICO

TEMAS SECUNDÁRIOS

DIREITO À DIGNIDADE; DIREITOS ECONÔMICOS E SOCIAIS.

CURSO DE APLICAÇÃO

Curso de Graduação
Curso de Pós-Graduação *lato sensu*

EMENTA

Análise de dados sobre o trabalho infantil doméstico realizado por meninas no Brasil em face da normativa internacional sobre o tema.

PALAVRAS-CHAVE

Trabalho infantil doméstico; trabalho infantil.

MATERIAIS DE APOIO

- Relatório da pesquisa "*Por ser menina no Brasil: crescendo entre Direitos e Violências – Pesquisa com meninas de 6 a 14 anos nas cinco regiões do Brasil.*" Disponível em: https://plan.org.br/por-ser-menina-no-brasil-crescendo-entre-direitos-e-violência#download-options. Acesso em: julho de 2018.

- Convenção 182 da OIT (promulgada no Brasil pelo Decreto n. 3.597/2000).

- Decreto n. 6.481/2008 (que regulamenta o art. 3º, alínea *d* e art. 4º da Convenção 182 da OIT).

- Convenção dos Direitos da Criança da ONU (1989).

OBJETIVOS

O objetivo geral desta atividade é sensibilizar o olhar dos participantes para o trabalho infantil doméstico como forma de violação de Direitos Humanos de crianças, com ênfase na perspectiva de gênero. O objetivo específico consiste em localizar os dispositivos legais nacionais e internacionais referentes às violações identificadas.

NÚMERO DE ALUNOS QUE PARTICIPAM DA DINÂMICA

25 a 35 alunos

DINÂMICA

- MÉTODO DE ENSINO: estudo de caso.

- PREPARAÇÃO: os participantes deverão ler previamente os materiais de apoio.

- DESENVOLVIMENTO DA DINÂMICA: os participantes deverão se dividir em grupos de até 4 pessoas, e juntos examinar os dispositivos normativos indicados nos materiais de apoio para identificar os fundamentos jurídicos de violações de Direitos Humanos de meninas que realizem trabalho infantil doméstico nos termos apresentados no relatório de pesquisa indicado como material de apoio.

- TÉRMINO DA DINÂMICA: cada grupo deverá eleger um relator que apresentará para todos os participantes os pontos identificados pelos integrantes. Encerrada a exposição dos relatores, o professor responsável pela disciplina deverá sistematizar os pontos apresentados pelos quatro grupos.

TEMPO DE APLICAÇÃO SUGERIDO:

01 (uma) aula.

FICHA DE ATIVIDADE
NOME DO EXERCÍCIO

Os "*rolezinhos*" e o direito de ir e vir

ÁREA DE CONCENTRAÇÃO

Direito da Criança e do Adolescente

TEMA CENTRAL

DIREITO DE IR E VIR

TEMAS SECUNDÁRIOS

DIREITO À NÃO DISCRIMINAÇÃO; DIREITO AO RESPEITO; DIREITOS ECONÔMICOS E SOCIAIS

CURSO DE APLICAÇÃO

Curso de Graduação
Curso de Pós-Graduação *lato sensu*

EMENTA

Elaboração de medida judicial em favor de adolescentes impedidos de ingressar em *shopping center* para realização de "*rolezinho*".

PALAVRAS-CHAVE

"*Rolezinho*"; direito de ir e vir.

MATERIAIS DE APOIO

- Relatório da pesquisa *"Dossiê rolezinhos: shopping centers e violações de Direitos Humanos no Estado de São Paulo"*. Disponível em: http://www.direitorp.usp.br/wp-content/uploads/2015/05/Dossie_rolezinho_isbn.pdf. Acesso em: julho de 2018.

- Decisão liminar proferida pelo TJSP no processo 1001597-90.2014.8.26.0100 (interdito proibitório). Disponível em: https://www.conjur.com.br/dl/liminar-rolezinho-shopping-iguatemi.pdf . Acesso em: julho de 2018.

OBJETIVOS

O objetivo geral desta atividade é estimular nos participantes a análise de uma situação conflituosa contemporânea a partir da perspectiva jurídica. Como objetivo específico, propõe-se treinar a habilidade de elaboração da peça jurídica apta a cessar as violações de direitos identificadas.

NÚMERO DE ALUNOS QUE PARTICIPAM DA DINÂMICA

25 a 35 alunos

DINÂMICA

- MÉTODO DE ENSINO: *role-playing.*

- PREPARAÇÃO: Os participantes deverão ler previamente os materiais de apoio. Posteriormente, serão divididos em grupos. Cada um dos grupos deverá formular uma solução jurídica em favor dos adolescentes impedidos de ingressar no *shopping center*. Podem ser elaboradas tanto medidas na área cível (como pedidos de indenização por danos morais) ou na área penal (*habeas corpus* individuais ou coletivos). A elaboração das propostas deverá considerar a adequação jurídica da medida e todas as formalidades legais (competência, legitimidade, possibilidade jurídica do pedido etc.).

- DESENVOLVIMENTO DA DINÂMICA: Cada grupo exporá em sala a solução proposta para sua área, seguido de debates entre os participantes de todos os grupos. Caberá ao professor responsável pela atividade coordenar e sistematizar os pontos levantados pela turma no debate.

- TÉRMINO DA DINÂMICA: cada grupo deverá entregar por escrito a peça judicial escolhida durante o desenvolvimento.

TEMPO DE APLICAÇÃO SUGERIDO:

01 (uma) aula.

FICHA DE ATIVIDADE
NOME DO EXERCÍCIO

Violações de Direitos Humanos no Sistema socioeducativo: qual o papel do Direito?

ÁREA DE CONCENTRAÇÃO

Direito da Criança e do Adolescente

TEMA CENTRAL

SISTEMA SOCIOEDUCATIVO

TEMAS SECUNDÁRIOS

DIREITOS INDIVIDUAIS FUNDAMENTAIS

CURSO DE APLICAÇÃO

Curso de Graduação
Curso de Pós-Graduação *lato sensu*

EMENTA

Identificação de múltiplas violações de Direitos Humanos e elaboração de propostas de soluções jurídicas.

PALAVRAS-CHAVE

Sistema socioeducativo; direitos individuais fundamentais.

MATERIAIS DE APOIO

- Relatório da pesquisa *"Um olhar mais atento nas unidades de internação e semiliberdade para adolescentes - Relatório da Resolução 67/2011 do Conselho Nacional do Ministério Público"*. Disponível em: http://www.cnmp.mp.br/portal/images/stories/Destaques/Publicacoes/Um_Olhar_mais_Atento_02.07_WEB-completo-ok-1_1.pdf. Acesso em: julho de 2018.

OBJETIVOS

O objetivo geral desta atividade é sensibilizar o olhar dos participantes para a identificação de violações de Direitos Humanos em situações de multiplicidade de violações. O objetivo específico consiste em treinar suas habilidades para selecionar e formular soluções jurídicas para as situações encontradas.

NÚMERO DE ALUNOS QUE PARTICIPAM DA DINÂMICA

25 a 35 alunos

DINÂMICA

▶ MÉTODO DE ENSINO: *role-playing.*

▶ PREPARAÇÃO: Os participantes deverão ler previamente os materiais de apoio. Posteriormente, serão divididos em grupos de trabalho formados por tema: (i) atuação cível; (ii) atuação administrativa; (iii) atuação socioeducativa. A partir dos dados levantados no relatório "Um olhar mais atento nas unidades de internação e semiliberdade para adolescentes - Relatório da Resolução 67/2011 do Conselho Nacional do Ministério Público", cada um dos grupos deverá formular uma solução jurídica dentro da área de atuação de seu grupo, objetivando cessar ou reparar as violações de Direitos Humanos a que os adolescentes em privação de liberdade ou em semiliberdade estão submetidos, tais como: ações de indenização ou de obrigação de fazer na área cível; ações civis públicas na área administrativa; *habeas corpus* para restrições indevidas da liberdade. A elaboração das propostas deverá considerar a adequação jurídica da medida e todas as formalidades legais (competência, legitimidade, possibilidade jurídica do pedido etc.).

▶ DESENVOLVIMENTO DA DINÂMICA: Cada grupo exporá em sala a solução proposta para sua área, seguido de debates entre os participantes de todos os grupos. Caberá ao professor responsável pela atividade coordenar e sistematizar os pontos levantados pela turma no debate.

▶ TÉRMINO DA DINÂMICA: cada grupo deverá entregar por escrito a peça judicial escolhida durante o desenvolvimento.

TEMPO DE APLICAÇÃO SUGERIDO:

01 (uma) aula.

FICHA DE ATIVIDADE
NOME DO EXERCÍCIO

Trabalho infantil e as crianças e adolescentes envolvidos no tráfico de entorpecentes.

ÁREA DE CONCENTRAÇÃO

Direito da Criança e do Adolescente

TEMA CENTRAL

TRABALHO INFANTIL DOMÉSTICO

TEMAS SECUNDÁRIOS

DIREITO À DIGNIDADE; DIREITOS ECONÔMICOS E SOCIAIS

CURSO DE APLICAÇÃO

Curso de Graduação
Curso de Pós-Graduação *lato sensu*

EMENTA

Análise de dados sobre o trabalho infantil no tráfico de entorpecentes no Brasil em face da normativa internacional sobre o tema.

PALAVRAS-CHAVE

Trabalho infantil; tráfico de entorpecentes.

MATERIAIS DE APOIO

- Relatório da pesquisa "*Tráfico de drogas entre as piores formas de trabalho infantil: mercados, famílias e rede de proteção social*". Disponível em: http://cebrap.org.br/wp-content/uploads/2017/04/Apresentacao_NEUFUMCAD_Final.pdf. Acesso em: julho de 2018.

- Convenção 182 da OIT (promulgada no Brasil pelo Decreto n. 3.597/2000).

- Decreto n. 6.481/2008 (que regulamenta o art. 3º, alínea *d* e art. 4º da Convenção 182 da OIT).

- Convenção dos Direitos da Criança da ONU (1989).

OBJETIVOS

O objetivo geral desta atividade é sensibilizar o olhar dos participantes para o trabalho infantil no tráfico de entorpecentes como forma de violação de Direitos Humanos de crianças, com ênfase na questão da categorização deste trabalho como ato infracional e suas consequências. O objetivo específico consiste em localizar os dispositivos legais nacionais e internacionais referentes às violações identificadas.

NÚMERO DE ALUNOS QUE PARTICIPAM DA DINÂMICA

25 a 35 alunos

DINÂMICA

- MÉTODO DE ENSINO: estudo de caso.
- PREPARAÇÃO: os participantes deverão ler previamente os materiais de apoio.
- DESENVOLVIMENTO DA DINÂMICA: os participantes deverão se dividir em grupos de até 4 pessoas, e juntos examinar os dispositivos normativos indicados nos materiais e apoio para identificar os fundamentos jurídicos de violações de Direitos Humanos de crianças e adolescentes que realizem trabalho infantil no tráfico de entorpecentes nos termos apresentados no relatório de pesquisa indicado como material de apoio.
- TÉRMINO DA DINÂMICA: cada grupo deverá eleger um relator que apresentará para todos os participantes os pontos identificados pelos integrantes. Encerrada a exposição dos relatores, o professor responsável pela disciplina deverá sistematizar os pontos apresentados pelos quatro grupos.

TEMPO DE APLICAÇÃO SUGERIDO:

01 (uma) aula.

FICHA DE ATIVIDADE

NOME DO EXERCÍCIO

Violência fatal contra adolescentes como violação de Direitos Humanos

ÁREA DE CONCENTRAÇÃO

Direito da Criança e do Adolescente

TEMA CENTRAL

DIREITO À VIDA

TEMAS SECUNDÁRIOS

DIREITO À INTEGRIDADE FÍSICA; DIREITO À DIGNIDADE

CURSO DE APLICAÇÃO

Curso de Graduação

Curso de Pós-Graduação *lato sensu*

EMENTA

Identificação de violações de Direitos Humanos e dos mecanismos internacionais para seu combate e prevenção.

PALAVRAS-CHAVE

Direito à vida; homicídio; violência fatal contra adolescentes.

MATERIAIS DE APOIO

- Relatório da pesquisa *"Homicídios na adolescência (2014)"*. Disponível em: https://secure.unicef.org.br/campanhas/wp-content/uploads/2017/10/livro-iha-2014.pdf. Acesso em: julho de 2018.
- Pacto dos Direitos Civis e Políticos (ONU).
- Convenção dos Direitos da Criança (ONU).
- Convenção Interamericana de Direitos Humanos (OEA).

OBJETIVOS

O objetivo geral desta atividade é sensibilizar o olhar dos participantes para o índice recorde de homicídios na adolescência no Brasil como forma de violação de Direitos Humanos, com ênfase nos aspectos de gênero, raça e classe. O objetivo específico consiste em identificar os mecanismos disponibilizados pelos sistemas internacionais de proteção aos Direitos Humanos e como acessá-los para denunciar as violações observadas.

NÚMERO DE ALUNOS QUE PARTICIPAM DA DINÂMICA

25 a 35 alunos

DINÂMICA

- MÉTODO DE ENSINO: estudo de caso.

- PREPARAÇÃO: os participantes deverão ler previamente os materiais de apoio.

- DESENVOLVIMENTO DA DINÂMICA: os participantes deverão se dividir em 03 (três) grupos, sendo que cada um deverá examinar uma norma internacional: (i) o Pacto dos Direitos Civis e Políticos (ONU); (ii) a Convenção dos Direitos da Criança (ONU) e (iii) Convenção Interamericana de Direitos Humanos (OEA), para localizar os dispositivos normativos correspondentes aos fundamentos jurídicos das violações verificadas no relatório de pesquisa indicado no material de apoio, que órgãos acionar para denunciar tais violações, e por quais mecanismos convencionais.

- TÉRMINO DA DINÂMICA: cada grupo deverá eleger um relator que apresentará para todos os participantes os pontos identificados pelos integrantes. Encerrada a exposição dos relatores, o professor responsável pela disciplina deverá sistematizar os pontos apresentados pelos quatro grupos. Como opção, o professor responsável pela atividade poderá propor que os grupos elaborem a peça processual internacional para denúncia de violação de Direitos Humanos adequada a cada órgão e mecanismo identificados no desenvolvimento da dinâmica.

TEMPO DE APLICAÇÃO SUGERIDO:

01 (uma) aula.

FICHA DE ATIVIDADE

NOME DO EXERCÍCIO

O papel do Direito no acesso à educação e no combate à exclusão escolar

ÁREA DE CONCENTRAÇÃO

Direito da Criança e do Adolescente

TEMA CENTRAL

DIREITO À EDUCAÇÃO

TEMAS SECUNDÁRIOS

DIREITOS ECONÔMICOS E SOCIAIS

CURSO DE APLICAÇÃO

Curso de Graduação
Curso de Pós-Graduação *lato sensu*

EMENTA

Elaboração de petição inicial de Ação Civil Pública para assegurar acesso de crianças e adolescentes à escola.

PALAVRAS-CHAVE

Direito à educação; ação civil pública.

MATERIAIS DE APOIO

- Relatório da pesquisa *"Cenário da exclusão escolar no Brasil (2017)"*. Disponível em: https://www.unicef.org/brazil/pt/cenario_exclusao_escolar_brasil.pdf. Acesso em: julho de 2018.

OBJETIVOS

O objetivo geral desta atividade é estimular a capacidade de articulação de um cenário problemático identificado empiricamente com as possibilidades jurídicas para sua solução. Como objetivo específico, propõe-se a elaboração de petição inicial de ação civil pública como medida de garantia de acesso de crianças e adolescentes à escola.

NÚMERO DE ALUNOS QUE PARTICIPAM DA DINÂMICA

25 a 35 alunos

DINÂMICA

- MÉTODO DE ENSINO: *role-playing*.

- PREPARAÇÃO: Os participantes deverão ser divididos em grupos por especificidade temática identificada no relatório de pesquisa indicado no material de apoio (por exemplo: especificidades de áreas rurais ou urbanas; especificidades de cada faixa etária – 4 e 5 anos; 6 a 14 anos; 14 a 17 anos).

- DESENVOLVIMENTO DA DINÂMICA: cada grupo deverá debater em sala de aula como elaborar, na qualidade de representante do Ministério Público ou da Defensoria Pública, uma petição inicial de ação civil pública para assegurar o acesso de crianças e/ou adolescentes à escola, a partir da especificidade temática escolhida. A elaboração das petições deverá considerar a adequação jurídica da medida e todas as formalidades legais (competência, legitimidade, possibilidade jurídica do pedido etc.).

- TÉRMINO DA DINÂMICA: cada grupo deverá entregar por escrito a petição elaborada durante o desenvolvimento.

TEMPO DE APLICAÇÃO SUGERIDO:

01 (uma) aula.

FICHA DE ATIVIDADE
NOME DO EXERCÍCIO

Vulnerabilidade *versus* autonomia: como pensar os direitos sexuais e reprodutivos adolescentes como Direitos Humanos?

ÁREA DE CONCENTRAÇÃO

Direito da Criança e do Adolescente

TEMA CENTRAL

DIREITOS SEXUAIS E REPRODUTIVOS; DIREITO À AUTONOMIA

TEMAS SECUNDÁRIOS

DIREITO À SAÚDE, DIREITO À LIBERDADE, DIREITO AO RESPEITO

CURSO DE APLICAÇÃO

Curso de Graduação
Curso de Pós-Graduação *lato sensu*

EMENTA

Elaboração de projeto de lei e respectiva justificação para adequar o ordenamento jurídico brasileiro à normativa internacional.

PALAVRAS-CHAVE

Direitos sexuais e reprodutivos; gravidez na adolescência.

MATERIAIS DE APOIO

- Relatório da pesquisa *"Gravidez na adolescência no Brasil: vozes de meninas e de especialistas (2017)"*. Disponível em: https://www.unicef.org/brazil/pt/br_gravidez_adolescencia_2017.pdf. Acesso em: julho de 2018.
- Relatório da Conferência Internacional sobre População e Desenvolvimento (Cairo).
- Declaração e Plataforma de Ação da IV Conferência Mundial sobre a Mulher (Beijing).

OBJETIVOS

O objetivo geral desta atividade é estimular a habilidade de análise crítica do ordenamento jurídico vigente, e a capacidade de verificar sua adequação à realidade que pretende disciplinar. Como objetivo específico, pretende-se treinar nos participantes a habilidade de elaborar um texto normativo que contemple a situação social almejada pela norma.

NÚMERO DE ALUNOS QUE PARTICIPAM DA DINÂMICA

25 a 35 alunos

DINÂMICA

- MÉTODO DE ENSINO: *role-playing*.

- PREPARAÇÃO: Os participantes deverão ler previamente os materiais de apoio.

- DESENVOLVIMENTO DA DINÂMICA: os alunos se dividirão em quatro grupos e, em sala, cada grupo deverá elaborar um projeto de lei federal e a respectiva justificação para regulamentar o exercício dos direitos sexuais e reprodutivos de adolescentes no Brasil, levando em consideração as atuais disposições do Código Penal sobre estupro de vulnerável (art. 217-A) e do Código Civil sobre incapacidades (arts. 3º e 4º). Finalizada esta etapa em sala, cada grupo ficará responsável por enviar seu projeto de lei aos demais participantes, para que todos tenham acesso ao que foi produzido por cada um dos grupos. Na aula seguinte, será realizada a votação de cada um dos projetos de lei, podendo ser aprovado somente um deles, ou mais de um – nessa segunda hipótese, os participantes deverão entrar em consenso sobre a redação final do projeto de lei fundindo os projetos originais aprovados.

- TÉRMINO DA DINÂMICA: deverá ser redigido o texto final da lei aprovada, individualmente ou em grupos, a critério do professor responsável pela atividade.

TEMPO DE APLICAÇÃO SUGERIDO:

02 (duas) aulas.

FICHA DE ATIVIDADE
NOME DO EXERCÍCIO

Crianças e adolescentes no futebol: o direito ao lazer, ao esporte e à profissionalização

ÁREA DE CONCENTRAÇÃO

Direito da Criança e do Adolescente

TEMA CENTRAL

DIREITO AO LAZER, AO ESPORTE E À PROFISSIONALIZAÇÃO

TEMAS SECUNDÁRIOS

DIREITOS ECONÔMICOS E SOCIAIS

CURSO DE APLICAÇÃO

Curso de Graduação
Curso de Pós-Graduação *lato sensu*

EMENTA

Análise comparativa de legislação.

PALAVRAS-CHAVE

Direito ao esporte; direito à profissionalização; Lei Pelé.

MATERIAIS DE APOIO

- Relatório da pesquisa *"Cenário da exclusão escolar no Brasil (2017)"*. Disponível em: https://www.unicef.org/brazil/pt/cenario_exclusao_escolar_brasil.pdf. Acesso em: julho de 2018.

- DIGIÁCOMO, Murillo José. *"Adolescentes jogadores de futebol: da necessidade de coibir os abusos de que são vítimas"*. Ministério Público do Estado do Paraná. CAOPCAE – Área da Criança e do Adolescente. Curitiba, PR, 2011. Disponível em: http://www.crianca.caop.mp.pr.gov.br/modules/conteudo/conteudo.php?conteudo=1043. Acesso em: julho de 2018.

- Lei Pelé (n. 9.615/98).

OBJETIVOS

O objetivo geral desta atividade é estimular a visão crítica dos participantes a respeito da legislação não especificamente destinada à população com menos de 18 anos, tendo por objetivo específico a identificação de incongruências entre esta e a legislação protetiva.

NÚMERO DE ALUNOS QUE PARTICIPAM DA DINÂMICA

25 a 35 alunos

DINÂMICA

► MÉTODO DE ENSINO: estudo de caso.

► PREPARAÇÃO: os participantes deverão ler previamente os materiais de apoio indicados.

► DESENVOLVIMENTO DA DINÂMICA: em sala, os participantes se dividirão em grupos de até 4 pessoas, e examinarão a Lei Pelé quanto aos dispositivos referentes a pessoas com menos de 18 anos, buscando identificar se estão ou não de acordo com as normas protetivas do Estatuto da Criança e do Adolescente e da Constituição Federal.

► TÉRMINO DA DINÂMICA: encerrado o tempo para o debate em grupos, o professor responsável pela atividade deverá coordenar um debate entre todos os participantes, sistematizando os principais pontos levantados.

TEMPO DE APLICAÇÃO SUGERIDO:

01 (uma) aula.

FICHA DE ATIVIDADE
NOME DO EXERCÍCIO

Etnias indígenas, discriminação e violação de Direitos Humanos: a questão do suicídio dos jovens indígenas

ÁREA DE CONCENTRAÇÃO

Direito da Criança e do Adolescente

TEMA CENTRAL

DIREITO À VIDA; DIREITO À INTEGRIDADE FÍSICA; DIREITO À AUTODETERMINAÇÃO.

TEMAS SECUNDÁRIOS

SAÚDE MENTAL; DIREITOS ECONÔMICOS E SOCIAIS.

CURSO DE APLICAÇÃO

Curso de Graduação
Curso de Pós-Graduação *lato sensu*

EMENTA

Identificação de violações de Direitos Humanos e dos mecanismos internacionais para seu combate e prevenção.

PALAVRAS-CHAVE

Suicídio; questão indígena.

MATERIAIS DE APOIO

- Relatório da pesquisa *"Suicídio adolescente em povos indígenas – 3 estudos"* (2014). Disponível em: https://www.unicef.org/brazil/pt/suicidio_adolescentes_indigenas.pdf. Acesso em: julho de 2018.
- Declaração Universal dos Direitos Humanos.
- Pacto dos Direitos Civis e Políticos (ONU - 1966).
- Pacto dos Direitos Econômicos, Sociais e Culturais (ONU - 1966).
- Declaração das Nações Unidas sobre os Povos Indígenas (2007).

- Convenção para a eliminação de todas as formas de discriminação racial (ONU - 1965).
- Convenção sobre os Direitos das Crianças (ONU - 1989).
- Convenção 169 da OIT (1989).
- Convenção interamericana de Direitos Humanos (1969) e jurisprudência sobre o tema.

OBJETIVOS

O objetivo geral desta atividade é apresentar situações-problema relativas a direitos de crianças e adolescentes sob a perspectiva intercultural e interdisciplinar. Como objetivo específico, propõe-se identificar em referidas situações-problema violações de Direitos Humanos que possam ser atribuídas aos Estados por meio da responsabilização no âmbito internacional.

NÚMERO DE ALUNOS QUE PARTICIPAM DA DINÂMICA

25 a 35 alunos

DINÂMICA

- MÉTODO DE ENSINO: estudo de caso.
- PREPARAÇÃO: os participantes deverão ler previamente os materiais de apoio.
- DESENVOLVIMENTO DA DINÂMICA: os participantes deverão se dividir em 3 grupos, sendo que cada um deverá examinar um tema contido nas normas internacionais indicadas nos materiais de apoio: (i) Documentos generalistas da ONU (Declaração Universal de Direitos Humanos, Pacto dos Direitos Civis e Políticos, Pacto dos Direitos Econômicos, Sociais e Culturais); (ii) Documentos temáticos específicos do sistema global de proteção (Convenção para a eliminação de todas as formas de discriminação racial da ONU, Convenção dos Direitos da Criança da ONU e Convenção 169 da OIT); e (iii) Documentos do sistema interamericano (Convenção Interamericana de Direitos Humanos e jurisprudência da Comissão e da Corte Interamericana de Direitos Humanos), para localizar os dispositivos normativos correspondentes aos fundamentos jurídicos das violações verificadas no relatório de pesquisa indicado no material de apoio, que órgãos acionar para denunciar tais violações, e por quais mecanismos convencionais.
- TÉRMINO DA DINÂMICA: cada grupo deverá eleger um relator que apresentará para todos os participantes os pontos identificados pelos integrantes. Encerrada a exposição dos relatores, o professor responsável pela disciplina deverá sistematizar os pontos apresentados pelos quatro grupos. Como opção, o professor responsável pela atividade poderá propor que os grupos elaborem a peça processual internacional para denúncia de violação de Direitos Humanos adequada a cada órgão e mecanismo identificados no desenvolvimento da dinâmica.

TEMPO DE APLICAÇÃO SUGERIDO:

01 (uma) aula.

FICHA DE ATIVIDADE
NOME DO EXERCÍCIO

Direito à convivência familiar e a diversidade das formas de família

ÁREA DE CONCENTRAÇÃO

Direito da Criança e do Adolescente

TEMA CENTRAL

ADOÇÃO; DIREITO À CONVIVÊNCIA FAMILIAR

TEMAS SECUNDÁRIOS

DIREITO À DIGNIDADE

CURSO DE APLICAÇÃO

Curso de Graduação
Curso de Pós-Graduação *lato sensu*

EMENTA

Simulação de participação em processo judicial de adoção de criança por casal homoafetivo.

PALAVRAS-CHAVE

Adoção; união estável homoafetiva.

MATERIAIS DE APOIO

- Voto da Ministra Carmen Lúcia (RE 846.102 – STF). Disponível em: http://stf.jus.br/portal/jurisprudencia/listarJurisprudencia.asp?s1=%28RE%24%2ESCLA%2E+E+846102%2ENUME%2E%29+NAO+S%2EPRES%2E&base=baseMonocraticas&url=http://tinyurl.com/psgqzt8. Acesso em: julho de 2018.

- Arguição de Descumprimento de Preceito Fundamental n. 132. Disponível em: http://redir.stf.jus.br/paginadorpub/paginador.jsp?docTP=AC&docID=628633. Acesso em: julho de 2018.

- UNICEF – *"Documento de posição: eliminando a discriminação contra crianças e pais baseada na orientação sexual e/ou identidade de gênero"* (2014). Disponível em: https://www.unicef.org/brazil/pt/PTBRDocumentoPosicaoOrientacaoSexualIdentidadeGeneroNov2014.pdf. Acesso em: julho de 2018.

OBJETIVOS

O objetivo geral desta atividade consiste em estimular nos participantes a percepção crítica da questão da discriminação por orientação sexual. Como objetivo específico, pretende-se habilitar os participantes a participar de processo judicial de adoção de criança por casal homoafetivo.

NÚMERO DE ALUNOS QUE PARTICIPAM DA DINÂMICA

25 a 35 alunos

DINÂMICA

▶ MÉTODO DE ENSINO: *role-playing*.

▶ PREPARAÇÃO: Os participantes deverão ler previamente os materiais de apoio. Posteriormente, serão divididos em grupos de trabalho formados por área de atuação no sistema de justiça: (i) Ministério Público da Infância e Juventude; (ii) Defensoria Pública; (iii) Juízo da Infância e Juventude.

A partir de um caso concreto de adoção de criança por casal homoafetivo (que poderá ser hipotético formulado pelo professor responsável pela atividade; ou extraído do julgado sugerido nos materiais de apoio) e com base no *"Documento de posição: eliminando a discriminação contra crianças e pais baseada na orientação sexual e/ou identidade de gênero"* da UNICEF indicado nos materiais de apoio, cada um dos grupos deverá formular argumentos para defender os seguintes pontos:

(i) Defensoria Pública: petição inicial de ação de adoção.

(ii) Ministério Público da Infância e Juventude: contestação da inicial.

Estes dois primeiros grupos deverão entregar as respectivas petições por escrito ao grupo representante do Juízo da Infância e Juventude.

▶ DESENVOLVIMENTO DA DINÂMICA: será realizada uma simulação de audiência de instrução com oitiva do casal (autoras ou autores) e alegações finais orais da Defensoria Pública e do Ministério Público. Em turmas numerosas, o desenvolvimento da dinâmica poderá contar com mais um grupo de participantes que funcionarão como depoentes na audiência simulada, representando testemunhas e/ou profissionais da rede de atendimento (assistentes sociais, psicólogos etc.).

▶ TÉRMINO DA DINÂMICA: o grupo representante do Juízo da Infância e Juventude deverá proferir sua decisão em favor do Ministério Público ou da Defensoria Pública após encerrados os debates, e entregar a sentença por escrito.

TEMPO DE APLICAÇÃO SUGERIDO:

01 (uma) aula.

FICHA DE ATIVIDADE
NOME DO EXERCÍCIO

O direito ao meio ambiente sadio e suas repercussões no direito à saúde e à educação

ÁREA DE CONCENTRAÇÃO

Direito da Criança e do Adolescente

TEMA CENTRAL

DIREITO AO MEIO AMBIENTE SADIO; DIREITO À SAÚDE; DIREITO À EDUCAÇÃO

TEMAS SECUNDÁRIOS

DIREITOS ECONÔMICOS E SOCIAIS.

CURSO DE APLICAÇÃO

Curso de Graduação
Curso de Pós-Graduação *lato sensu*

EMENTA

Elaboração de petição inicial de Ação Civil Pública para assegurar a crianças e adolescentes o direito à saúde e à educação no semiárido nordestino.

PALAVRAS-CHAVE

Direito à educação; direito à saúde; ação civil pública.

MATERIAIS DE APOIO

- Relatório da pesquisa *"Efeitos da seca na vida de crianças e adolescentes do Ceará"* (2014). Disponível em: https://www.unicef.org/brazil/pt/os_efeitos_da_seca.pdf. Acesso em: julho de 2018.

OBJETIVOS

O objetivo geral desta atividade é estimular a capacidade de articulação de um cenário problemático e multifacetado identificado empiricamente com as possibilidades jurídicas para solucionar cada diferente situação descrita nos dados empíricos. Como objetivo específico, propõe-se a elaboração de petições iniciais de ações civis públicas como medida para garantir os direitos à saúde e à educação de crianças e adolescentes, considerando a realidade regional retratada no relatório de pesquisa indicado nos materiais de apoio.

NÚMERO DE ALUNOS QUE PARTICIPAM DA DINÂMICA

25 a 35 alunos

DINÂMICA

- MÉTODO DE ENSINO: *role-playing*.

- PREPARAÇÃO: Os participantes deverão ser divididos em grupos por especificidade temática identificada no relatório de pesquisa indicado no material de apoio (problemas no acesso à saúde; problemas no acesso à educação).

- DESENVOLVIMENTO DA DINÂMICA: cada grupo deverá debater em sala de aula como elaborar, na qualidade de representante do Ministério Público ou da Defensoria Pública, uma petição inicial de ação civil pública para assegurar o acesso de crianças e/ou adolescentes à educação ou à saúde, a partir da especificidade temática escolhida. A elaboração das petições deverá considerar a adequação jurídica da medida e todas as formalidades legais (competência, legitimidade, possibilidade jurídica do pedido etc.).

- TÉRMINO DA DINÂMICA: cada grupo deverá entregar por escrito a petição elaborada durante o desenvolvimento.

TEMPO DE APLICAÇÃO SUGERIDO:

01 (uma) aula.

FICHA DE ATIVIDADE
NOME DO EXERCÍCIO

A epidemia de zika vírus e seus desafios para o Direito

ÁREA DE CONCENTRAÇÃO

Direito da Criança e do Adolescente

TEMA CENTRAL

DIREITO À SAÚDE

TEMAS SECUNDÁRIOS

DIREITOS ECONÔMICOS E SOCIAIS

CURSO DE APLICAÇÃO

Curso de Graduação
Curso de Pós-Graduação *lato sensu*

EMENTA

Exame de legislação a partir de caso concreto.

PALAVRAS-CHAVE

Marco Legal da Primeira Infância; zika vírus; direito à saúde.

MATERIAIS DE APOIO

- Relatório *"Redes de inclusão: garantindo direitos das famílias e das crianças com Síndrome Congênita do Zika vírus e outras deficiências"* (2018). Disponível em: https://www.unicef.org/brazil/pt/redes_inclusao2018.pdf. Acesso em: julho de 2018.
- Marco Legal da Primeira Infância (Lei Federal n. 13.257/2016).

OBJETIVOS

O objetivo geral desta atividade é treinar o olhar dos participantes para a análise de uma situação social concreta sob a perspectiva jurídica. Como objetivo específico, propõe-se o estudo da situação das crianças com Síndrome Congênita do Zika vírus e quais os direitos previstos no ordenamento jurídico brasileiro aplicáveis ao caso.

NÚMERO DE ALUNOS QUE PARTICIPAM DA DINÂMICA

25 a 35 alunos

DINÂMICA

- MÉTODO DE ENSINO: estudo de caso.

- PREPARAÇÃO: os participantes deverão ler previamente os materiais de apoio indicados.

- DESENVOLVIMENTO DA DINÂMICA: em sala, os participantes se dividirão em grupos de até 4 pessoas, e examinarão o Marco Legal da Primeira Infância (além do Estatuto da Criança e do Adolescente e da Constituição Federal), buscando identificar dispositivos aplicáveis às crianças com Síndrome Congênita do Zika vírus, a partir das informações contidas no relatório de pesquisa indicado nos materiais de apoio.

- TÉRMINO DA DINÂMICA: encerrado o tempo para o debate em grupos, o professor responsável pela atividade deverá coordenar um debate entre todos os participantes, sistematizando os principais pontos levantados.

TEMPO DE APLICAÇÃO SUGERIDO:

01 (uma) aula.

ANEXO 2

ATIVIDADES COMPLEMENTARES: O DIREITO E O CINEMA

FICHA DE ATIVIDADE

***Central do Brasil*, de Walter Salles. Brasil, 1998.**

NOME DO EXERCÍCIO

Laços afetivos x laços sanguíneos e o princípio do interesse superior da criança e adolescente

ÁREA DE CONCENTRAÇÃO

Direito da Criança e do Adolescente

TEMA CENTRAL

Direito à convivência familiar; adoção

TEMAS SECUNDÁRIOS

Direitos sociais, econômicos e culturais

APLICAÇÃO

Curso de Graduação
Curso de Pós-Graduação *lato sensu*

EMENTA

Realização de debate entre dois grupos: um defendendo a adoção de Josué por Dora; outro defendendo que seus irmãos sejam seus guardiães legais (*problem-based learning*)

PALAVRAS CHAVE

Adoção, guarda, tutela, família substituta.

OBJETIVOS

O objetivo geral desta atividade é fazer com que os participantes identifiquem argumentos jurídicos a partir do caso ficcional exibido no filme, e saibam argumentar juridicamente a partir dos elementos não jurídicos trazidos pela narrativa fílmica.

NÚMERO DE PARTICIPANTES DA DINÂMICA

25 a 35 participantes

DINÂMICA

- MÉTODO DE ENSINO: *problem-based learning*.

- PREPARAÇÃO: as alunas e participantes devem assistir previamente ao filme indicado, o que pode ser feito por cada um independentemente, ou em sala, com debates gerais. Nesse caso, a atividade poderá ocupar 02 (duas) aulas.

  Após assistido o filme, os grupos deverão se organizar previamente para organizarem seus argumentos, em defesa de Dora/Moisés.

- DESENVOLVIMENTO DA DINÂMICA: sugere-se sejam nomeados 03 (três) julgadores (professores convidados; participantes de outras turmas) para avaliar as argumentações apresentadas pelos grupos. Cada grupo deverá ter um tempo determinado para apresentar seus argumentos, e depois para réplica e tréplica.

- TÉRMINO DA DINÂMICA: Encerrados os argumentos, os julgadores devem decidir em favor de Dora ou de Moisés, a partir da melhor argumentação.

TEMPO DE APLICAÇÃO SUGERIDO

01 (uma) aula, se os participantes assistirem ao filme independentemente.
02 (duas) aulas, se o filme for exibido em sala.

FICHA DE ATIVIDADE

***Billy Elliot*, de Stephen Daldry. Reino Unido, 1999.**

NOME DO EXERCÍCIO

Menino faz ballet?

ÁREA DE CONCENTRAÇÃO

Direito da Criança e do Adolescente

TEMA CENTRAL

Direito à educação, à cultura, ao esporte e ao lazer

TEMAS SECUNDÁRIOS

Direito à liberdade, ao respeito e à dignidade.

APLICAÇÃO

Curso de Graduação
Curso de Pós-Graduação *lato sensu*

EMENTA

Apresentação de seminário temático sobre estereótipos de gênero nas atividades culturais e educacionais.

PALAVRAS-CHAVE

Direito à educação, à cultura, ao esporte e ao lazer, relações de gênero.

OBJETIVOS

O objetivo geral da atividade é estimular a discussão e a desconstrução de estereótipos de gênero nas atividades culturais e educacionais de crianças, possibilitando a introdução de conceitos sobre o estudo das relações de gênero e seu impacto nos Direitos Humanos de crianças e adolescentes.

NÚMERO DE PARTICIPANTES DA DINÂMICA

25 a 35 participantes

DINÂMICA

- MÉTODO DE ENSINO: seminário temático.

- PREPARAÇÃO: as alunas e participantes devem assistir previamente ao filme indicado, o que pode ser feito por cada um independentemente, ou em sala, com debates gerais. Nesse caso, a atividade poderá ocupar 02 (duas) aulas.

  Os participantes deverão se dividir em grupos para pesquisar sobre diferentes temas. Sugere-se a divisão nos seguintes temas (i) Relações de gênero - abordagem geral e introdutória; (ii) Estereótipos de gênero nas atividades educacionais e culturais; (iii) Responsabilidades do Estado, da sociedade e da família na desconstrução de estereótipos de gênero.

  Cada grupo deverá preparar dois materiais: (i) a apresentação de seu tema; (ii) formulação prévia de perguntas sobre os temas trabalhados pelos outros grupos.

- DESENVOLVIMENTO DA DINÂMICA: cada grupo deverá dispor de uma mesma quantidade de tempo para expor seu tema. Ao final de cada exposição, os participantes dos outros grupos colocarão suas perguntas previamente formuladas, e que devem ser satisfatoriamente respondidas pelo grupo que está apresentando.

- TÉRMINO DA DINÂMICA: debate final com fechamento pelo docente responsável.

- BIBLIOGRAFIA SUGERIDA: MOORE, Henrietta. *Compreendendo sexo e gênero*. Original em inglês: "Understanding sex and gender", in: Tim Ingold (ed.). *Companion Encyclopedia of Anthropology*. Londres, Routledge, 1997, p. 813-830. Tradução de Júlio de Assis Simões, exclusivamente para uso didático, disponível em: https://edisciplinas.usp.br/pluginfile.php/269229/mod_resource/content/0/henrietta%20moore%20compreendendo%20sexo%20e%20gênero.pdf. Acesso em: julho de 2018.

TEMPO DE APLICAÇÃO SUGERIDO

01 (uma) aula, se os participantes assistirem ao filme independentemente.
02 (duas) aulas, se o filme for exibido em sala.

FICHA DE ATIVIDADE
***Little Miss Sunshine*,**
de Jonathan Dayton e Valerie Faris. EUA, 2006.

NOME DO EXERCÍCIO

Criança participa de concurso de beleza?

ÁREA DE CONCENTRAÇÃO

Direito da Criança e do Adolescente

TEMA CENTRAL

Prevenção especial; regulamentação de participação de crianças e adolescentes em espetáculos

TEMAS SECUNDÁRIOS

Direito à educação, à cultura, ao esporte e ao lazer

APLICAÇÃO

Curso de Graduação
Curso de Pós-Graduação *lato sensu*

EMENTA

Os participantes deverão elaborar uma portaria judicial nos termos do art. 149 do Estatuto da Criança e do Adolescente.

PALAVRAS-CHAVE

Espetáculos; certames de beleza.

OBJETIVOS

O objetivo geral desta atividade é proporcionar aos participantes o treino na elaboração de um documento que consiste em atividade atípica do Poder Judiciário, a portaria. Como objetivo específico, pretende-se treinar a capacidade dos participantes de exercer funções atinentes às carreiras jurídicas, fazendo com que assumam o *papel* de juiz da infância e juventude, desenvolvendo, a partir dele, as atividades solicitadas *pensando* os fatos e *construindo seus argumentos* a partir do papel proposto.

NÚMERO DE PARTICIPANTES DA DINÂMICA
Indiferente (atividade individual)

DINÂMICA
▶ MÉTODO DE ENSINO: *role-playing*.
▶ PREPARAÇÃO: os participantes devem assistir previamente ao filme indicado, o que pode ser feito por cada um independentemente, ou em sala, com debates gerais. Nesse caso, a atividade poderá ocupar 02 (duas) aulas.
▶ DESENVOLVIMENTO DA DINÂMICA: após terem assistido o filme, os participantes deverão debater a respeito da participação de crianças e adolescentes em concursos de beleza a partir da narrativa fílmica.
▶ TÉRMINO DA DINÂMICA: os participantes deverão elaborar individualmente em sala (ou em casa para entrega posterior) uma portaria judicial nos termos do art. 149 do ECA, regulamentando a situação ficcional do concurso exibido no filme.

TEMPO DE APLICAÇÃO SUGERIDO
01 (uma) aula, se os participantes assistirem ao filme independentemente. 02 (duas) aulas, se o filme for exibido em sala.

FICHA DE ATIVIDADE

***Cidade de Deus*, de Fernando Meirelles e Kátia Lund. Brasil, 2002; e Cidade de Deus – dez anos depois, de Cavi Borges e Luciano Vidigal. Brasil, 2013.**

NOME DO EXERCÍCIO

Sem trabalho na cidade dos homens

ÁREA DE CONCENTRAÇÃO

Direito da Criança e do Adolescente

TEMA CENTRAL

Estereótipos raciais e seletividade penal
Direito à profissionalização e à proteção no trabalho

TEMAS SECUNDÁRIOS

Direitos Econômicos, Sociais e Culturais
Direito à liberdade, ao respeito e à dignidade

APLICAÇÃO

Curso de Graduação
Curso de Pós-Graduação *lato sensu*

EMENTA

Os participantes participarão de debates tendo como ponto de partida a exibição dos dois filmes, elaborando ao final uma resenha crítica sobre os pontos levantados nos debates.

PALAVRAS-CHAVE

Trabalho do adolescente; racismo; seletividade penal.

OBJETIVOS

O objetivo geral da atividade é estimular a reflexão sobre os estigmas racializados impostos a crianças e adolescentes negros no Brasil, suas relações com situações de vulnerabilidade econômica e seu impacto nas oportunidades de trabalho. O objetivo específico consiste em relacionar as questões sociais propostas para debate com figuras jurídicas previstas na Constituição Federal e no Estatuto da Criança e do Adolescente.

NÚMERO DE PARTICIPANTES DA DINÂMICA
25 a 35 participantes

DINÂMICA

- MÉTODO DE ENSINO: debate.

- PREPARAÇÃO: as alunas e participantes devem ler previamente os textos-base indicados.

- DESENVOLVIMENTO DA DINÂMICA: em um primeiro encontro em sala, os participantes deverão assistir ao filme *Cidade de Deus*, seguido de debate conduzido pelas seguintes questões: (i) quem são os personagens centrais do filme e como são representados? (ii) de que época e lugar trata o filme? (iii) qual a Constituição e legislação referente a crianças e adolescentes vigente então? (iv) há estereótipos racializados e relacionados com a seletividade penal?

  Em um segundo encontro também em sala, deverão assistir ao filme *Cidade de Deus - dez anos depois*, e analisar a trajetória dos atores retratada na obra à luz dos arts. 60 a 69 do ECA (do direito à profissionalização e à proteção ao trabalho).

- TÉRMINO DA DINÂMICA: os participantes deverão elaborar individualmente uma resenha crítica relacionando os dois filmes e os debates realizados em sala.

- BIBLIOGRAFIA SUGERIDA: NOGUEIRA, Oracy. (1985 [1954]) "*Preconceito racial de marca e preconceito racial de origem – sugestão de um quadro de referência para a interpretação do material sobre relações raciais no Brasil*". In: NOGUEIRA, O. (org.). *Tanto preto quanto branco: estudos de relações raciais*. São Paulo, T.A. Queiroz. Disponível em: https://edisciplinas.usp.br/pluginfile.php/842401/course/section/252001/Oracy%20Nogueira%20-%20Preconceito%20de%20Marca.pdf. Acesso em: julho de 2018.

TEMPO DE APLICAÇÃO SUGERIDO
02 (duas) aulas.

FICHA DE ATIVIDADE

5 ***Lion* – uma jornada de volta para casa, de Garth Davis. EUA, 2017.**

NOME DO EXERCÍCIO

Refletindo sobre adoção internacional

ÁREA DE CONCENTRAÇÃO

Direito da Criança e do Adolescente

TEMA CENTRAL

Adoção internacional

TEMAS SECUNDÁRIOS

Direito à convivência familiar e comunitária

APLICAÇÃO

Curso de Graduação
Curso de Pós-Graduação *lato sensu*

EMENTA

Os participantes analisarão a narrativa fílmica à luz do disposto no Estatuto da Criança e do Adolescente sobre adoção internacional.

PALAVRAS-CHAVE

Adoção internacional

OBJETIVOS

O objetivo geral desta atividade é permitir aos participantes a análise de um caso concreto baseado em fatos reais, procurando localizar na narrativa fílmica dispositivos legais do Estatuto da Criança e do Adolescente que seriam aplicáveis ao caso na hipótese de (i) as crianças serem brasileiras e os pais estrangeiros residentes no exterior; e (ii) as crianças serem estrangeiras e os pais brasileiros residentes no Brasil.

NÚMERO DE PARTICIPANTES DA DINÂMICA

25 a 35 participantes

DINÂMICA

- MÉTODO DE ENSINO: seminário temático.

- PREPARAÇÃO: os participantes devem assistir previamente ao filme indicado, o que pode ser feito por cada um independentemente, ou em sala, com debates gerais. Nesse caso, a atividade poderá ocupar 02 (duas) aulas.

- DESENVOLVIMENTO DA DINÂMICA: após terem assistido ao filme, os participantes deverão se reunir em sala em grupos de até 04 pessoas, procurando localizar na narrativa fílmica dispositivos legais do Estatuto da Criança e do Adolescente que seriam aplicáveis ao caso na hipótese de (i) as crianças serem brasileiras e os pais estrangeiros residentes no exterior; e (ii) as crianças serem estrangeiras e os pais brasileiros residentes no Brasil.

- TÉRMINO DA DINÂMICA: cada grupo deverá elaborar um relatório curto sobre a tarefa solicitadas a ser exposto por um relator escolhido pelos demais membros. Ao final da apresentação dos relatores, o professor deverá realizar um debate de fechamento.

TEMPO DE APLICAÇÃO SUGERIDO

01 (uma) aula, se os participantes assistirem ao filme independentemente.
02 (duas) aulas, se o filme for exibido em sala.

FICHA DE ATIVIDADE

***Moonlight*, de Barry Jenkins. EUA, 2017.**

NOME DO EXERCÍCIO

***Bullying*: reconhecendo e pensando estratégias**

ÁREA DE CONCENTRAÇÃO

Direito da Criança e do Adolescente

TEMA CENTRAL

Bullying e situação de risco.

TEMAS SECUNDÁRIOS

Direito à liberdade, ao respeito e à dignidade

APLICAÇÃO

Curso de Graduação
Curso de Pós-Graduação *lato sensu*

EMENTA

Os participantes analisarão a narrativa fílmica à luz do disposto no Estatuto da Criança e do Adolescente e da Lei n. 13.185/2015.

PALAVRAS-CHAVE

Bullying; Justiça Restaurativa.

OBJETIVOS

O objetivo geral desta atividade é permitir aos participantes a análise de um caso concreto baseado em fatos reais, procurando localizar na narrativa fílmica dispositivos legais da Lei n. 13.185/2015 e do Estatuto da Criança e do Adolescente que seriam aplicáveis ao caso, refletindo sobre possibilidades de resolução do conflito.

NÚMERO DE PARTICIPANTES DA DINÂMICA

25 a 35 participantes

DINÂMICA

- MÉTODO DE ENSINO: simulação.

- PREPARAÇÃO: as alunas e participantes devem assistir previamente ao filme indicado, o que pode ser feito por cada um independentemente, ou em sala, com debates gerais. Nesse caso, a atividade poderá ocupar 02 (duas) aulas.

  Após assistir ao filme, os participantes deverão se dividir em grupos de até 06 (seis) pessoas e debater quais seriam as saídas jurídicas possíveis para a situação de risco e o *bullying* a que o personagem Chiron está exposto. Uma vez escolhido o método, devem preparar uma simulação de ato correspondente ao método escolhido. Sugerem-se simulações de círculo restaurativo, de audiência cível para indenização por danos morais e de audiência socioeducativa para apuração de atos infracionais praticados contra Chiron.

- DESENVOLVIMENTO DA DINÂMICA: em cada aula, um grupo deverá apresentar a simulação escolhida.

- TÉRMINO DA DINÂMICA: depois de encerrado o ciclo de apresentações dos grupos, deve ser realizada uma aula-debate com o objetivo de consenso a respeito de qual dos meios escolhidos pelos grupos seria o mais eficaz.

TEMPO DE APLICAÇÃO SUGERIDO

01 (uma) aula para cada simulação apresentada por um grupo e
01 (uma) aula para o debate de encerramento.

FICHA DE ATIVIDADE

***Hoje eu quero voltar sozinho*, de Daniel Ribeiro. Brasil, 2014.**

NOME DO EXERCÍCIO

Uma visão sobre inclusão

ÁREA DE CONCENTRAÇÃO

Direito da Criança e do Adolescente

TEMA CENTRAL

Deficiência e direito à inclusão

TEMAS SECUNDÁRIOS

Direito à liberdade, ao respeito e à dignidade

APLICAÇÃO

Curso de Graduação
Curso de Pós-Graduação *lato sensu*

EMENTA

Os participantes devem ser instigados a debater a questão da inclusão de pessoa com deficiência física a partir da narrativa fílmica, à luz dos dispositivos legais do Estatuto da Criança e do Adolescente, da Lei Brasileira de Inclusão e da Constituição Federal, sob os recortes de classe e raça.

PALAVRAS-CHAVE

Deficiência; inclusão.

OBJETIVOS

O objetivo geral da atividade é apresentar aos participantes os principais dispositivos legais referentes aos direitos de crianças e adolescentes com deficiência. O objetivo específico consiste na consideração do impacto de fatores extrajurídicos (no filme estudado, raça e classe) nas oportunidades de vida inclusiva.

NÚMERO DE PARTICIPANTES DA DINÂMICA

25 a 35 participantes

DINÂMICA

- MÉTODO DE ENSINO: debate/roda de conversa.

- PREPARAÇÃO: as alunas e participantes devem assistir previamente ao filme indicado, o que pode ser feito por cada um independentemente, ou em sala, com debates gerais. Nesse caso, a atividade poderá ocupar 02 (duas) aulas.

- DESENVOLVIMENTO DA DINÂMICA: após terem assistido ao filme, os participantes deverão debater o filme tendo por fio condutor os seguintes questionamentos: (i) como o personagem Leonardo é representado no filme? como é visto por seus colegas de escola, sua família etc.? (ii) essa representação de Leonardo permite associar o personagem a alguma característica de raça e de classe econômica? quais? (iii) qual o impacto da deficiência visual na vida de Leonardo? (iv) a forma como Leonardo vive a deficiência visual está de acordo com os dispositivos legais pertinentes no ECA, na Lei Brasileira de Inclusão e na CF? (v) os elementos de raça e classe eventualmente identificados no item (ii) facilitam/dificultam/não fazem diferença em relação à forma como Leonardo vivencia sua deficiência?

- TÉRMINO DA DINÂMICA: o professor deverá sistematizar os principais pontos levantados pelos participantes.

TEMPO DE APLICAÇÃO SUGERIDO

01 (uma) aula, se os participantes assistirem ao filme independentemente.
02 (duas) aulas, se o filme for exibido em sala.

FICHA DE ATIVIDADE

***O ano em que meus pais saíram de férias*, de Cao Hamburger. Brasil, 2006.**

NOME DO EXERCÍCIO

O impacto de regimes autoritários nos direitos fundamentais de crianças e adolescentes

ÁREA DE CONCENTRAÇÃO

Direito da Criança e do Adolescente

TEMA CENTRAL

Família substituta

TEMAS SECUNDÁRIOS

Direito à convivência familiar e comunitária

APLICAÇÃO

Curso de Graduação
Curso de Pós-Graduação *lato sensu*

EMENTA

Os participantes deverão comparar o arcabouço legislativo existente sobre crianças e adolescentes no Brasil em 1970 (ano em que se desenvolve a ação do filme sugerido) e atualmente e indicar quais seriam os dispositivos aplicáveis ao caso concreto exibido na narrativa fílmica.

PALAVRAS-CHAVE

Família substituta, regime militar.

OBJETIVOS

O objetivo geral da atividade é estimular a reflexão a respeito do impacto de regimes autoritários na biografia de crianças, bem como as diferenças entre períodos democráticos e ditatoriais no que diz respeito à previsão legal de direitos fundamentais.

NÚMERO DE PARTICIPANTES DA DINÂMICA

25 a 35 participantes

DINÂMICA
▶ MÉTODO DE ENSINO: *problem-based learning.*
▶ PREPARAÇÃO: as alunas e participantes devem assistir previamente ao filme indicado, o que pode ser feito por cada um independentemente, ou em sala, com debates gerais. Nesse caso, a atividade poderá ocupar 02 (duas) aulas.
▶ DESENVOLVIMENTO DA DINÂMICA: após terem assistido ao filme, os participantes deverão se reunir em sala em grupos de até 04 pessoas, procurando comparar o arcabouço legislativo existente sobre crianças e adolescentes no Brasil em 1970 (ano em que se desenvolve a ação do filme sugerido) e atualmente e indicar quais seriam os dispositivos aplicáveis ao caso concreto exibido na narrativa fílmica.
▶ TÉRMINO DA DINÂMICA: cada grupo deverá elaborar um relatório curto sobre a tarefa solicitadas a ser exposto por um relator escolhido pelos demais membros. Ao final da apresentação dos relatores, o professor deverá realizar um debate de fechamento.

TEMPO DE APLICAÇÃO SUGERIDO
01 (uma) aula, se os participantes assistirem ao filme independentemente. 02 (duas) aulas, se o filme for exibido em sala.

FICHA DE ATIVIDADE

***O menino do pijama listrado*, de Mark Herman. EUA, 2008.**

NOME DO EXERCÍCIO

Os direitos humanos das crianças e adolescentes na era pré-1948

ÁREA DE CONCENTRAÇÃO

Direito Internacional dos Direitos Humanos

TEMA CENTRAL

O marco de 1948 no Direito Internacional dos Direitos Humanos

TEMAS SECUNDÁRIOS

Proteção internacional aos Direitos Humanos de crianças e adolescentes

APLICAÇÃO

Curso de Graduação
Curso de Pós-Graduação *lato sensu*

EMENTA

Os participantes deverão elaborar uma leitura crítica de documentos internacionais de proteção aos Direitos Humanos em geral e de crianças, em cotejo com a narrativa fílmica.

PALAVRAS-CHAVE

Direito Internacional; Declaração Universal dos Direitos Humanos; Direitos Humanos das crianças.

OBJETIVOS

O objetivo geral da atividade é possibilitar aos participantes o contato com o contexto do Holocausto na 2ª Guerra Mundial, para produzir a percepção sobre os fatos que fomentaram a criação de normas jurídicas internacionais para proteção dos Direitos Humanos.

NÚMERO DE PARTICIPANTES DA DINÂMICA

Indiferente (atividade individual).

DINÂMICA

- ▶ MÉTODO DE ENSINO: leitura crítica.

- ▶ PREPARAÇÃO: as alunas e participantes devem assistir previamente ao filme indicado, o que pode ser feito por cada um independentemente, ou em sala, com debates gerais. Nesse caso, a atividade poderá ocupar 02 (duas) aulas.

- ▶ DESENVOLVIMENTO DA DINÂMICA: após terem assistido ao filme, os participantes deverão realizar uma leitura crítica da Declaração Universal dos Direitos Humanos, da Convenção para Prevenção e Repressão ao Crime de Genocídio e da Convenção sobre os Direitos da Criança e elaborar um texto, a partir da narrativa fílmica, apontando as violações de direitos que esses documentos procuram evitar, indicando os dispositivos convencionais pertinentes.

- ▶ TÉRMINO DA DINÂMICA: elaboração e entrega de resenha crítica.

TEMPO DE APLICAÇÃO SUGERIDO

01 (uma) aula, caso o filme seja exibido em sala.

FICHA DE ATIVIDADE

***Juízo*, de Maria Augusta Ramos. Brasil, 2008.**

NOME DO EXERCÍCIO

Uma visita à Vara da Infância e Juventude

ÁREA DE CONCENTRAÇÃO

Direito da criança e do adolescente

TEMA CENTRAL

Procedimento de apuração de ato infracional

TEMAS SECUNDÁRIOS

Direito à liberdade, ao respeito e à dignidade
Execução de medida socioeducativa

APLICAÇÃO

Curso de Graduação
Curso de Pós-Graduação *lato sensu*

EMENTA

Os participantes deverão, a partir das cenas exibidas no documentário, localizar no Estatuto da Criança e do Adolescente, os dispositivos legais pertinentes e verificar se os atos foram praticados nos termos da lei.

PALAVRAS-CHAVE

Ato infracional; ação socioeducativa.

OBJETIVOS

O objetivo geral da atividade é estimular a visão crítica dos participantes em relação à distância eventualmente existente entre o mundo do *ser* correspondente à práxis do Direito e do *dever-ser* estabelecido pela legislação.

NÚMERO DE PARTICIPANTES DA DINÂMICA

25 a 35 participantes

DINÂMICA

- MÉTODO DE ENSINO: produção de relatórios críticos.

- PREPARAÇÃO: os participantes devem assistir previamente ao filme indicado, o que pode ser feito por cada um independentemente, ou em sala, com debates gerais. Nesse caso, a atividade poderá ocupar 02 (duas) aulas.

- DESENVOLVIMENTO DA DINÂMICA: após assistirem ao filme, os participantes deverão se dividir em duplas e, a partir das cenas exibidas no documentário, localizar no Estatuto da Criança e do Adolescente, os dispositivos legais pertinentes e verificar se os atos foram praticados nos termos da lei.

- TÉRMINO DA DINÂMICA: o professor deverá realizar debate de fechamento. Os relatórios críticos serão entregues.

TEMPO DE APLICAÇÃO SUGERIDO

01 (uma) aula, se os participantes assistirem ao filme independentemente.
02 (duas) aulas, se o filme for exibido em sala.

FICHA DE ATIVIDADE

***Pixote*: a lei do mais fraco, de Hector Babenco. Brasil, 1980.**

NOME DO EXERCÍCIO

Viagem no tempo: uma visita à FEBEM

ÁREA DE CONCENTRAÇÃO

Direito da criança e do adolescente

TEMA CENTRAL

Execução de medida socioeducativa

TEMAS SECUNDÁRIOS

História da tutela penal juvenil

APLICAÇÃO

Curso de Graduação
Curso de Pós-Graduação *lato sensu*

EMENTA

Os participantes deverão, a partir da narrativa fílmica, identificar institutos legais do Código de Menores de 1979 (em vigor na época retratada no filme) e comparar com as disposições atuais do Estatuto da Criança e do Adolescente e do Sistema Nacional Socioeducativo.

PALAVRAS-CHAVE

Execução de medida socioeducativa; FEBEM

OBJETIVOS

O objetivo geral da atividade é produzir no aluno a reflexão sobre as diferenças entre a doutrina da situação irregular e a doutrina da proteção integral, por meio de comparação entre o Código de Menores de 1979 e o ECA através de análise do caso concreto retratado no filme.

NÚMERO DE PARTICIPANTES DA DINÂMICA

25 a 50 participantes

DINÂMICA

- MÉTODO DE ENSINO: produção de relatórios críticos.

- PREPARAÇÃO: os participantes devem assistir previamente ao filme indicado, o que pode ser feito por cada um independentemente, ou em sala, com debates gerais. Nesse caso, a atividade poderá ocupar 02 (duas) aulas.

- DESENVOLVIMENTO DA DINÂMICA: após assistirem ao filme, os participantes deverão se dividir em duplas e, a partir das cenas exibidas no filme, localizar no Código de Menores de 1979, no Estatuto da Criança e do Adolescente e na Lei do Sinase os dispositivos legais pertinentes para elaboração de um relatório crítico.

- TÉRMINO DA DINÂMICA: o professor deverá realizar debate de fechamento. Os relatórios críticos serão entregues.

TEMPO DE APLICAÇÃO SUGERIDO

01 (uma) aula, se os participantes assistirem ao filme independentemente.
02 (duas) aulas, se o filme for exibido em sala.

FICHA DE ATIVIDADE

Menino 23, de Belisário Franca. Brasil, 2016.

NOME DO EXERCÍCIO

Os "menores abandonados" do início do século XX.

ÁREA DE CONCENTRAÇÃO

Direito da criança e do adolescente

TEMA CENTRAL

Código de Mello Matos e os "menores abandonados"

TEMAS SECUNDÁRIOS

Evolução histórica do acolhimento institucional

APLICAÇÃO

Curso de Graduação
Curso de Pós-Graduação *lato sensu*

EMENTA

Os participantes deverão, a partir das cenas exibidas no documentário, identificar institutos legais do Código de Menores de Mello Mattos de 1927 (em vigor na época retratada no filme) e comparar com as disposições atuais do Estatuto da Criança e do Adolescente no que diz respeito ao acolhimento institucional.

PALAVRAS-CHAVE

Menores abandonados, Código de Mello Mattos, acolhimento institucional.

OBJETIVOS

O objetivo geral da atividade é produzir no aluno a reflexão sobre as diferenças entre as diferentes categorias previstas no Código de Menores de 1927 e o ECA através de análise do caso concreto retratado no filme.

NÚMERO DE PARTICIPANTES DA DINÂMICA

25 a 35 participantes

DINÂMICA

▶ MÉTODO DE ENSINO: produção de relatórios críticos.

▶ PREPARAÇÃO: os participantes devem assistir previamente ao filme indicado, o que pode ser feito por cada um independentemente, ou em sala, com debates gerais. Nesse caso, a atividade poderá ocupar 02 (duas) aulas.

▶ DESENVOLVIMENTO DA DINÂMICA: após assistirem ao filme, os participantes deverão se dividir em duplas e, a partir das cenas exibidas no filme, localizar no Código de Menores de 1927, no Estatuto da Criança e do Adolescente os dispositivos legais pertinentes para elaboração de um relatório crítico.

▶ TÉRMINO DA DINÂMICA: o professor deverá realizar debate de fechamento. Os relatórios críticos serão entregues.

TEMPO DE APLICAÇÃO SUGERIDO

01 (uma) aula, se os participantes assistirem ao filme independentemente.
02 (duas) aulas, se o filme for exibido em sala.

REFERÊNCIAS BIBLIOGRÁFICAS

ALVAREZ, Marcos. A emergência do Código de Menores de 1927: uma análise do discurso jurídico e institucional da assistência e proteção aos menores. Dissertação de Mestrado em Sociologia. São Paulo: FFLCH-USP, 1989.

AMIN, André Rodrigues. Evolução histórica do Direito da Criança e do Adolescente. In: MACIEL, Katia (coord.) *Curso de direito da criança e do adolescente*: aspectos teóricos e práticos. São Paulo: Saraiva, 2017.

ANDRADE, Lucimary Bernabé Pedrosa de. Direitos da infância: da tutela e proteção à cidadania e educação. In: ANDRADE, LBP. *Educação infantil*: discurso, legislação e práticas institucionais [online]. São Paulo: Editora UNESP; Cultura Acadêmica, 2010. 193 p. Disponível em: http://books.scielo.org.

ANDREUCCI, Ana Claudia Pompeu Torezan; JUNQUEIRA, Michelle Asato. Crianças visíveis e direito à voz como direito humano fundamental: contributos jurídico--sociais do marco legal da primeira infância para o desenho de políticas públicas participativas no Brasil. *Cadernos de Direito Actual*, 2017, n. 7, p. 289-303.

ARANTES, Rogério Bastos. *Ministério Público e Política no Brasil*. São Paulo: EDUC; Editora Sumaré; Fapesp, 2002.

ARIÈS, Phillipe. *História social da criança e da família*. Rio de Janeiro: LTC, 2016.

BADINTER, Elisabeth. *Um amor conquistado – o mito do amor materno*. Rio de Janeiro: Editora Nova Fronteira, 1980.

BASTOS, Ísis. B. A.; ZAPATER, M. C. Violência contra crianças e adolescentes. Mais uma lei. E agora?. *Correio Braziliense*, 06 jul. 2022. Disponível em: https://www.correiobraziliense.com.br/opiniao/2022/07/5020284-analise-violencia-contra-criancas-e-adolescentes-mais-uma-lei-e-agora.html. Acesso em: novembro de 2022.

BARONI, Arethusa; CABRAL, Flávia Kirilos Beckert; CARVALHO, Laura Roncaglio de. Poder Familiar: o que é e como "termina"? Disponível em: https://direitofamiliar.com.br/poder-familiar-o-que-e-e-como-termina/. Acesso em: julho de 2018.

BITENCOURT, Cézar Roberto. *Tratado de Direito Penal – volume 3*. São Paulo: Editora Saraiva, 2008.

BORGES, Miller. A Escola Correcionalista e o pensamento de Pedro Dorado Montero e Concepción Arenal. In: BRITO, Alexis Couto (org.). *Caderno de Ciências Penais* – Reflexões sobre as Escolas e os movimentos político-criminais. São Paulo: Editora Plêiade, 2012, p. 127-150.

BRANCO, Paulo Gustavo Gonet. Cláusulas pétreas. In: CAMPILONGO, Celso Fernandes; GONZAGA, Alvaro de Azevedo; FREIRE, André Luiz (coords.). *Enciclopédia Jurídica da PUC-SP*. Tomo: Direito Administrativo e Constitucional (NUNES JR, Vidal Serrano; ZOCKUN, Maurício; ZOCKUN, Carolina Zancaner et al. – coords. de tomo). 1. ed. São Paulo: Pontifícia Universidade Católica de São Paulo, 2017. Disponível em: https://enciclopediajuridica.pucsp.br/verbete/21/edicao-1/clausulas-petreas. Acesso em: julho de 2018.

CARVALHO, José Murilo de. *Cidadania no Brasil*: o longo caminho. Rio de Janeiro: Editora Civilização Brasileira, 2007.

CURY, Munir. *Estatuto da Criança e do Adolescente comentado*. São Paulo: Editora Malheiros, 2010.

DAL RI, Aline Langner. O Estatuto da Criança e do Adolescente, a rede de atendimento e as ONGs. In: *Direito em Debate*, ano XIV, n. 25, jan./jun. 2006, p. 89-104.

DEL PRIORE, Mary. São Paulo: urbanização e higienismo. In: *História Hoje*, março de 2018. Disponível em: http://historiahoje.com/sao-paulo-urbanizacao-e-higienismo/. Acesso em: julho de 2018.

FAUSTO, Boris. *Crime e cotidiano*: a criminalidade em São Paulo (1880-1924). São Paulo: Edusp, 2001 [1984].

FERREIRA, Daniel. Infrações e sanções administrativas. In: CAMPILONGO, Celso Fernandes; GONZAGA, Alvaro de Azevedo; FREIRE, André Luiz (coords.). *Enciclopédia Jurídica da PUC-SP*. Tomo: Direito Administrativo e Constitucional (NUNES JR, Vidal Serrano; ZOCKUN, Maurício; ZOCKUN, Carolina Zancaner et al. – coords. de tomo). 1. ed. São Paulo: Pontifícia Universidade Católica de São Paulo, 2017. Disponível em: https://enciclopediajuridica.pucsp.br/verbete/107/edicao-1/infracoes-e-sancoes-administrativas. Acesso em: julho de 2018.

FRASSETO, Flávio Américo. Execução da Medida Socioeducativa de internação: primeiras linhas de uma crítica garantista. In: ILANUD; ABMP; SEDH; UNFPA (orgs.). *Justiça, Adolescente e Ato Infracional: socioeducação e responsabilização*. São Paulo: ILANUD, 2006.

FUKUMOTO, A. E. C. G.; CORVINO, J. M.; OLBRICH NETO, J. Perfil dos agressores e das crianças e adolescentes vítimas de violência sexual. *Rev. Ciênc. Ext.*, v. 7, n. 2, p. 71, 2011.

GIÁCOMO, Murillo. O Estatuto da Criança e do Adolescente e as portarias judiciais. *Ministério Público do Paraná*. Disponível em: http://www.crianca.mppr.mp.br/modules/conteudo/conteudo.php?conteudo=258. Acesso em: agosto de 2018.

GONÇALVES, Camila de Jesus Mello. *Breves considerações sobre o princípio do melhor interesse da criança e do adolescente*. Disponível em: http://www.editoramagister.com/doutrina_23385195_BREVES_CONSIDERACOES_SOBRE_O_PRINCIPIO_DO_MELHOR_INTERESSE_DA_CRIANCA_E_DO_ADOLESCENTE.aspx. Acesso em: agosto de 2018.

GOULD, Stephen Jay. *A Falsa Medida do Homem*. São Paulo: Martins Fontes, 1999.

GROSSI, Patrícia Krieger; SANTOS, Andréia Mendes dos; OLIVEIRA, Simone Barros de et al. Implementando práticas restaurativas nas escolas brasileiras como estratégia para a construção de uma cultura de paz. *Rev. Diálogo Educ*. Curitiba, v. 9, n. 28, p. 497-510, set./dez. 2009. Disponível em: http://meriva.pucrs.br/dspace/bitstream/10923/8143/2/Implementando_praticas_restaurativas_nas_escolas_brasileiras_como_estrategia.pdf. Acesso em: julho de 2018.

LIBERATI, Wilson Donizeti. *Comentários ao Estatuto da criança e do adolescente*. São Paulo: Editora Malheiros, 2015.

MINISTÉRIO PÚBLICO FEDERAL. Nota Técnica n. 11/2017/PFDC/MPF. Assunto: Liberdade de expressão artística em face da proteção de crianças e adolescentes. Disponível em: http://pfdc.pgr.mpf.mp.br/temas-de-atuacao/direitos-sexuais-e-reprodutivos/nota-tecnica-liberdade-artistica-e-protecao-de-criancas-e-adolescentes. Acesso em: agosto de 2018.

MORAES, Silvia Piedade de; VITALLE, Maria Sylvia de Souza. Direitos sexuais e reprodutivos na adolescência. *Revista da Associação Médica do Brasil*; v. 58, n. 1, p. 48-52, 2012.

OLIVEIRA, Neide M. C. Cardoso D. Os crimes praticados pela internet previstos no ECA. *Revista Eletrônica do Ministério Público Federal*, 2011.

PASSETTI, Edson. Crianças carentes e políticas públicas. In: DEL PRIORE, Mary (org.). *História das Crianças no Brasil*. São Paulo: Editora Contexto, 2016.

PEREIRA, André Ricardo. A criança no Estado Novo: uma leitura na longa duração. *Rev. bras. Hist.*, São Paulo , v. 19, n. 38, p. 165-198, 1999. Disponível em: http://www.scielo.br/scielo.php?script=sci_arttext&pid=S0102-01881999000200008& lng=en&nrm=iso. Acesso em: julho de 2018.

PINHEIRO, Ângela de Alencar Araripe. A criança e o adolescente, representações sociais e processo constituinte. *Psicol. estud.* Maringá, v. 9, n. 3, p. 343-355, 2004. Disponível em: http://www.scielo.br/scielo.php?script=sci_arttext&pid=S1413-73722004000300003&lng=en&nrm=iso. Acesso em: abril de 2018.

(PNDH-3) Programa Nacional de Direitos Humanos/Secretaria Especial dos Direitos Humanos da Presidência da República. Brasília: SEDH/PR, 2010.

RODRIGUES, Gilda de Castro. O bullying nas escolas e o horror a massacres pontuais. *Ponto-e-Vírgula*: *Revista de Ciências Sociais* [S.l.], n. 11, mar. 2013. ISSN 1982-4807. Disponível em: http://revistas.pucsp.br/index.php/pontoevirgula/article/view/13877/10204. Acesso em: julho de 2018.

RODRIGUES, Guttemberg. *Os filhos do mundo*: a face oculta da menoridade: 1964-1979. São Paulo: Monografias IBCCrim – v. 17, 2001.

ROCHA, Simone. A educação como projeto de melhoramento racial: uma análise do art. 138 da constituição de 1934. *Revista Eletrônica de Educação*. v. 12, n. 1, p. 61-73, jan./abr. 2018.

ROSEMBERG, Fúlvia; MARIANO, Carmem Lúcia Sussel. A convenção internacional sobre os direitos da criança: debates e tensões. *Cad. Pesqui.*, São Paulo, v. 40, n. 141, p. 693-728, 2010. Disponível em: http://www.scielo.br/scielo.php?script= sci_arttext&pid=S0100-15742010000300003&lng=en&nrm=iso. Acesso em: julho de 2018.

SANTOS, Ângela Maria Silveira dos. Prevenção. In: MACIEL, Katia (coord.) *Curso de direito da criança e do adolescente*: aspectos teóricos e práticos. São Paulo: Saraiva, 2017.

SANTOS, Marco Antonio Cabral dos. Criança e Criminalidade no início do século XX. In: DEL PRIORE, Mary (org.). *História das Crianças no Brasil*. São Paulo: Editora Contexto, 2016.

SHECAIRA, Sérgio Salomão. *Sistema de Garantias e o Direito Penal Juvenil*. São Paulo: Editora Revista dos Tribunais, 2015.

SPOSATO, Karyna. Elementos para uma teoria da responsabilidade penal de adolescentes. Tese de doutorado. Salvador: Universidade Federal da Bahia, 2011.

STORNIG, Katharina. Geneva, 1924: The Geneva Declaration of the Rights of the Child. In: KLOSE, F.; PALEN, M.; PAULMANN, J. et al. (eds.). *Online Atlas on the History of Humanitarianism and Human Rights*. dez. 2015. Acesso em: julho de 2018.

TAQUETTE, Stella R. Direitos sexuais e reprodutivos na adolescência. *Adolescência e Saúde*. Rio de Janeiro, v. 10, supl. 1, p. 72-77, abril 2013.

TAYLOR, A.Y.; LAURO, G.; SEGUNDO, M. et al. Ela vai no meu barco. Casamento na infância e adolescência no Brasil. Resultados de Pesquisa de Método Misto. Rio de Janeiro e Washington DC: Instituto Promundo & Promundo-US. Setembro 2015.

ZAPATER, Maíra. Por que você quer a redução da idade penal? *Justificando*, 2015. Disponível em: http://justificando.cartacapital.com.br/2015/04/03/por-que-voce-quer-a-reducao-da-idade-penal/. Acesso em: agosto de 2018.

__________. A intervenção estatal pela Lei Menino Bernardo é correta? Não. *Justificando*, 2015. Disponível em: http://justificando.cartacapital.com.br/2015/04/06/a-intervencao-estatal-pela-lei-menino-bernardo-e-correta-nao/. Acesso em: agosto de 2018.

__________. Casados, erotizados, infantilizados e desprotegidos. *Portal do Observatório do Terceiro Setor*. Disponível em: http://observatorio3setor.org.br/colunas/maira-zapater-direitos-humanos-e-sociedade/casados-erotizados-infantilizados-e-desprotegidos/. Acesso em: julho de 2018.

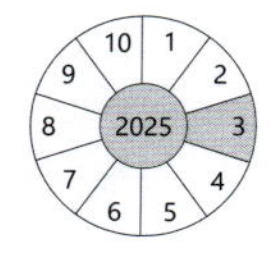
10
1
2
3
4
5
6
7
8
9
2025